河南省“十四五”普通高等教育规划教材
财政部规划教材

财商训练

CAISHANG XUNLIAN

李爱红 ◎ 主　编
张红星　黄祖梅 ◎ 副主编

“大学财商”
系列丛书

中国财经出版传媒集团
中国财政经济出版社

图书在版编目（CIP）数据

财商训练 / 李爱红主编. -- 北京：中国财政经济出版社，2023.5

（“大学财商”系列丛书）

河南省“十四五”普通高等教育规划教材　财政部规划教材

ISBN 978-7-5223-2107-3

Ⅰ.①财… Ⅱ.①李… Ⅲ.①财务管理－高等学校－教材 Ⅳ.①F275

中国国家版本馆CIP数据核字（2023）第050659号

责任编辑：张怡然　　责任印制：张　健
封面设计：陈宇琰　　责任校对：张　凡

财商训练

CAISHANG XUNLIAN

中国财政经济出版社 出版

URL：http：//www. cfeph. cn

E-mail：cfeph@ cfeph. cn

社址：北京市海淀区阜成路甲28号　邮政编码：100142

营销中心电话：010-88191522

天猫网店：中国财政经济出版社旗舰店

网址：https：//zgczjjcbs. tmall. com

北京富生印刷厂印刷　各地新华书店经销

成品尺寸：185mm×260mm　16开　25.75印张　476 000字

2023年5月第1版　2023年5月北京第1次印刷

定价：49.60元

ISBN 978-7-5223-2107-3

（图书出现印装问题，本社负责调换，电话：010-88190548）

本社图书质量投诉电话：010-88190744

打击盗版举报热线：010-88191661　QQ：2242791300

PREFACE

前 言

“财商训练”是为大学高年级学生开设的财经素养教育课程之一。财经素养是财经知识、理财技能、财富观念、人生信念等基础修养的总和，与个人生活、职场工作息息相关，更与家庭稳定以及国家的金融安全、经济稳定乃至政治稳定密切相关。开展大学财经素养教育，能帮助学生树立正确的财富观念，提升其创造财富和驾驭财富的能力，是落实立德树人根本任务、建设高质量教育体系的重要举措，对大学生的全面健康发展起着至关重要的作用。

《财商训练》教材针对企业经营和个人财富管理的相关问题，着重培养学生的8大财经思维，具体包括：①战略思维：组织形式和股权架构；②经营思维：经营活动和经营环境；③成本思维：成本核算和成本管理；④数据思维：企业报告和财务信息；⑤激励思维：薪酬激励和股权激励；⑥投资思维：对内投资和对外投资；⑦现金流思维：现金流管理和资金预算；⑧风险思维：风险管理和内部控制。

教材以真实需求为驱动，通过专项训练，让学生参与到财富的创造和应用中来；通过热点财经问题和经典案例的分析，让学生学习到企业经营、成本控制、投资理财、风险防范等方面的先进经验，从而提升其认识财富和驾驭财富的能力，形成正确的财富观和价值观。

本教材由河南财政金融学院的李爱红任主编，河南财政金融学院的张红星、黄祖梅任副主编。李爱红负责拟定全书大纲，并负责全书初稿的修改、最终的统稿和定稿。

具体的编写分工：第一章由李爱红编写，第二章和第三章由王齐琴编写，第四章由张红星编写，第五章由刘帆编写，第六章由黄祖梅编写，第七章由罗倩编写，第八章由王林江编写。

由于编者认知水平和实践经验有限，书中难免存在不妥之处，恳请读者批评指正。请将您的意见和建议发至邮箱463331316@qq.com，十分感谢！

编　者

2023年1月

CONTENTS

目　录

第一章　战略思维：组织形式和股权架构　1

第一节　选择合适的组织形式　3

第二节　企业股权架构　21

第三节　企业组织架构的设计　39

第二章　经营思维：经营活动和经营环境　61

第一节　企业商业模式设计　63

第二节　市场定位和竞争环境分析　75

第三节　经营战略和营销策略选择　87

第三章　成本思维：成本核算和成本管理　103

第一节　财务成本的计算　105

第二节　管理成本的计量　112

第四章　数据思维：企业报告和财务信息　139

第一节　从企业报告看企业　141

第二节　战略视角下的财务报表分析　181

第五章　激励思维：薪酬激励和股权激励　209

第一节　职工薪酬激励　211

第二节　企业股权激励　228

第六章　投资思维：对内投资和对外投资　245
第一节　企业对内投资　247
第二节　企业对外投资　263
第三节　个人财富管理　272

第七章　现金流思维：现金流管理和资金预算　313
第一节　企业现金流管理　315
第二节　企业资金预算　334

第八章　风险思维：风险管理和内部控制　351
第一节　企业风险管理　353
第二节　企业内部控制　383

参考文献　406

1 Part

第一章

战略思维：组织形式和股权架构

学习目标

了解企业组织架构对战略的支撑作用，了解不同组织形式涉及的税种和行业税负率，理解企业组织形式和股权架构的重要性，能合理规划企业的组织形式、股权结构和组织架构。通过完成模拟企业的开办，培养财税规范和提前谋划的意识。

知识点、技能点

企业组织形式与综合税负；企业战略与组织架构；股权结构设计；一般纳税人企业；小规模纳税人企业；小型微利企业；注册资本；双元股权结构

企业组织形式是指企业存在的形态和类型，无论企业采用何种组织形式，都具有两种基本的经济权利，即所有权和经营权，它们是企业从事经济运作和财务运作的基础。企业所有者为解决控制权和利益分配，产生了不同的股权架构；企业经营者为解决组织内部各部门之间关系，产生了不同的组织结构。不同的组织形式、股权架构和组织结构，对企业战略执行和生产运营产生重大的影响。

第一节 选择合适的组织形式

项目需求

如何选择组织形式?

李磊大学毕业后准备自主创业，他联合王飞、张达、赵强三人组成团队，准备成立一家食品公司专门生产休闲食品。他们考察了加工厂和生产设备，从父母那里借来200万元作为创业基金，准备大干一场。他们通过“掌上登记”App申报了企业的名字，但在选择企业类型时犯了难，有那么多种企业类型：有限责任公司、个人独资企业、合伙企业、个体工商户……每种类型下又有若干组织形式，该如何选择呢?

项目分析

李磊是刚毕业的大学生，他与小伙伴准备进入的是食品加工行业。在选择企业类型和组织形式时，不仅要考虑未来债务承担的形式，还要考虑经营风险、税收风险的规避。企业初创时就要做好规划，要了解不同企业类型在承担责任上的不同，还要了解企业需要缴纳的主要税种，会估算企业应承担的综合税负。

一、企业基本类型

企业是自主经营、独立核算、依法设立的一种营利性的经济组织，通常我们按企业财产的组织形式和所承担的法律责任，将企业分为个体工商户、个人独资企业、合伙企业和公司制企业（见图1–1）。

承担无限责任是指当企业的全部财产不足以清偿到期债务时，投资人应以个人的全部财产用于清偿，即企业的责任与投资人的责任连为一体。相对应的，承担有限责任的企业，责任人以其出资额为限对企业的债务承担责任。假设公司注册资金是100万元，企业只以100万元的上限对其债务承担责任，超过的债务不再另外追究投资者的责任。

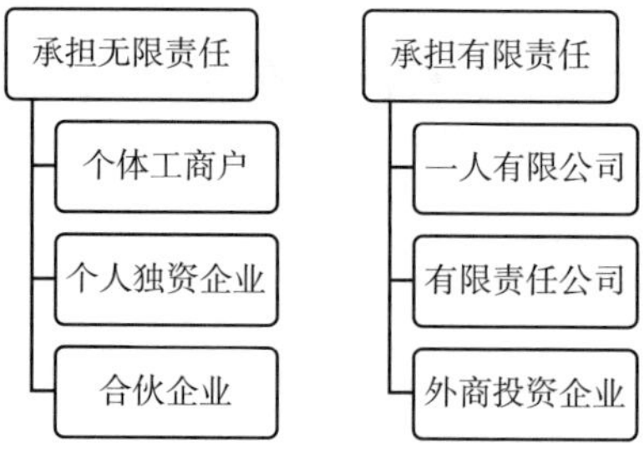

图1-1　企业基本类型

（一）承担无限责任的企业类型

1. 个体工商户

个体工商户是指在法律允许的范围内，依法核准登记，从事工商经营活动的自然人或者家庭。针对个体工商户的债务，《中华人民共和国民法典》（以下简称《民法典》）规定："个人经营的，以个人财产承担；家庭经营的，以家庭财产承担；无法区分的，以家庭财产承担。"

个体工商户经批准可以起字号、刻图章、在银行开立账户，以便开展正常的经营活动。个体工商户的字号享有名称权，其他任何人不得侵犯。在经营活动中，没有起字号的个体工商户，应当以市场监督管理部门登记的经营者的姓名作为经营者的名义，不过这种经营者使用的姓名实际上已经与自然人本身的姓名有所区别，具有字号的含义。

个体工商户组织形式主要应用于手工业、加工业、零售行业以及修理业、服务业等，街边的小饭馆、水果店、蛋糕店大多都属于个体工商户。

当个体工商户变更经营者时，应当办理注销登记，再由新的经营者重新申请办理注册登记。家庭经营的个体工商户在家庭成员间进行变更的，也需要依照前款规定办理变更手续。所以个体工商户是唯一不能变更投资者的企业类型，但是个体工商户可以升级为一人有限公司，将无限责任转化为有限责任。

2. 个人独资企业

个人独资企业是由一个自然人投资，财产为投资人个人所有，投资人以其个人财产对企业债务承担无限责任的经济实体。

个人独资企业有很大的自由度，要雇多少人、贷多少款全由业主自己决定。赚了钱，交了税，一切听从业主的分配；赔了本，欠了债，全由业主的资产来抵偿。这种组织形式比较适合一些小规模经营者、对税收敏感的经营者，包括直播行业的主播、网络作家等。

个人独资企业应该具备以下条件：投资人是一个自然人；有合法的企业名称；有固定的生产经营场所和必要的生产经营条件；有投资人申报的出资额；有必要的从业人员。

个人独资企业在设立登记的时候，也可以明确以家庭共有财产作为个人出资，那么该企业就以家庭财产来对外承担无限责任。个人独资企业可以变更经营者，但是不可以升级为一人有限公司。

3. 合伙企业

合伙企业是由几个人、几十人，甚至几百人联合起来，由各合伙人订立合伙协议，共同出资、共同经营、共享收益、共担风险，并对企业债务承担无限连带责任的营利性组织。它通常是依合同或协议组织起来的，不如所有权和管理权分离的公司制企业结构那么稳定。

合伙企业分为普通合伙企业和有限合伙企业。普通合伙企业的合伙人对外部债务承担无限连带责任，在内部则按约定的比例承担债务、分配红利。有限合伙企业由普通合伙人（General Partner，GP）和有限合伙人（Limited Partner，LP）组成，普通合伙人对合伙企业债务承担无限连带责任，有限合伙人以其认缴的出资额为限对合伙企业债务承担责任。

设立普通合伙企业，应该满足以下条件：企业名称中应当标明“普通合伙”字样；有2个以上的合伙人，合伙人为自然人的，应当具有完全民事行为能力；有书面的合伙协议；有合伙人认缴或者实际缴付的出资；有生产经营场所和法律、法规规定的其他条件。我们常见的有“普通合伙”字样的会计师事务所、税务师事务所，都属于普通合伙企业。

设立有限合伙企业，应该满足以下条件：企业名称中应当标明“有限合伙”字样；由2个以上、50个以下合伙人设立（法律另有规定的除外）；至少有一个是普通合伙人。

有限合伙企业中，普通合伙人执行合伙事务，有限合伙人不执行合伙事务，所以有限合伙企业实现了企业管理权和出资权的分离。有限合伙人不负责具体经营，对合伙债务承担有限责任；普通合伙人有权管理、决定合伙事务，负责带领团队运营，对合伙债务负无限责任。这种企业类型能有效利用企业管理方和资金方的优势，是很多私募基金的主要组织形式，比如黑石集团、红杉资本等都是合伙制企业。

（二）承担有限责任的企业类型

1. 一人有限公司

一人有限公司简称“一人公司”或“独资公司”“独股公司”，是指由一名股东

（自然人或法人）持有公司全部出资的有限责任公司。一个人只能设立一个一人公司，一人公司没有股东会，但公司年度财务报告须经审计。

当个体工商户满足以下条件，可以升级为一人公司：无被市场监督管理部门立案查处且尚未办结案件的；升级企业的投资者包含至少一个原个体工商户经营者；个体工商户经营场所和拟设升级企业住所在同一县（市、区）行政区划内。

2. 有限责任公司

有限责任公司也称“有限公司”，是我国企业实行公司制最重要的一种组织形式。有限责任公司是由两个以上投资人（自然人或法人）依法出资组建，有独立的法人财产，自主经营、自负盈亏的法人企业。公司所有权和管理权分离，出资者按出资额对公司承担有限责任。

有限责任公司指不通过发行股票，由为数不多的股东集资组建的公司，其资本无须划分为等额股份，股东在出让股权时受到一定的限制。有限责任公司的财务状况不必向社会披露，公司的设立和解散程序比较简单，管理机构也比较简单，较为适合中小型企业和初创公司。

股份有限公司的全部注册资本由等额股份构成，通过发行股票筹集资本，公司以其全部资产对公司债务承担有限责任。股份制公司适合规模化、集约化、成熟型的企业。

设立有限责任公司需满足以下条件：公司名称中应该标明“有限责任公司”或者“有限公司”字样；股东符合法定人数，有限公司应由50个以下的股东出资设立；有股东共同制定的公司章程；有符合公司章程规定的全体股东认缴的出资额；有公司住所和组织机构。

设立股份有限公司需满足以下条件：公司名称中应该标明“股份有限公司”或者“股份公司”字样；股份有限公司发起人符合法定的人数，股份有限公司应有2人以上、200人以下的发起人；发起人认缴和向社会公开募集的股本达到法定的最低限额500万元；股份的发行、筹办事项符合法律规定。

拓展阅读

法人是一个组织而不是自然人，是社会组织在法律上的人格化，它按照法律规定产生，有独立的财产权，能够独立承担民事责任。最常见的“法人”是公司，而合伙企业、个人独资企业、个体工商户不是法人，这是因为后者没有独立的财产权，不能独立对外承担民事责任，其财产所有权和责任完全由投资者承担，即投资者承担无限连带责任。我们通常说的法定代表人，是指代表法人行使职权的负责人，比如公司的董事长、工厂的厂长。法定代表人的职务行为就是企业法人的行为，由此产生的民事责任由其承担。在公司营业执照上，就写有法定代表人姓名，通常说的“法人章”，其实就是法定代表人的姓名章。还有一个易混淆的词，叫“法人代表”，它是法人或法定代表人授权办理某个或某些事项的代理人。法人代表，不一定是法定代表人。

3.外商投资企业

外商投资企业是在中国境内设立的中外合资经营企业、中外合作经营企业、外商独资经营企业。

中外合资经营企业又叫“中外合资企业”，是指外国公司、企业和其他经济组织或个人，按照平等互利的原则，经中国政府批准，在中华人民共和国境内，同中国的公司、企业或其他经济组织共同投资、共同经营、共担风险、共负盈亏而从事某种经营活动的企业。它的组织形式为有限责任公司。

我国规定，在中外合资企业中，外国合营者的投资比例一般不得低于25%，没有明文规定上限；总投资额在300万美元以下的，注册资本要等于投资总额的70%，且注册资本在合营期限内不得减少，对全营各方的认缴资本不负还本付息责任；国外投资者所得的利润及其合法所得，必须是外汇才能汇出，这就要求在合同中规定产品外销出口比例，在经营中强调外汇收支平衡。

中外合作经营企业又叫“中外合营企业”，是指为了扩大对外经济合作和技术交流，外国公司、企业和其他经济组织或个人按照平等互利的原则，同中华人民共和国境内的企业或其他经济组织共同举办的，按合同规定的各方投资条件、收益分配、风险责任和经营方式等进行经营的非股权式的经济组织。合营方式可以是法人企业，也可以是为实施某一项目或共同进行某一经济活动而形成的非法人式的组织。中外合营企业一般是由中国合作者提供土地（使用权）、自然资源、劳动力或现有厂房、设备和相应的水电设施等；外国合作者提供资金，先进设备和技术、材料等。

中外合营企业双方要以法人身份签订合作经营企业合同，并按合同规定的投资方式和分配比例来分配收益。它可以是具有法人资格的企业，也可以是不具有独立资格的合营实体。合作各方权利、义务必须确立在平等互利的基础上，在合同中要明确合作各方提供的合作条件，通常不以合作各方的投资额计股分配利润，而是将双方提供的合作条件均折算为投资本金作为注册资金。

外商独资经营企业又叫“外资企业”，是指在中国境内设立的，全部资本由外国企业和其他经济组织或个人投资的企业（不包括外国的企业和其他经济组织在中国境内设立的分支机构）。外资企业是在中国注册登记，其法定地址在中国，大部分经营活动在中国境内进行。因此，凡符合中国法规关于法人条件的，可依法取得中国法人资格，受中国法律的管辖和保护。由于外资企业是由外商自己投资和经营，不能直接向中国企业转让技术，因此，在中国设立的外资企业必须是有利于中国国民经济发展的先进技术型企业或产品出口型企业。

（三）不同类型企业的主要区别

在注册企业之前，要根据自身资金实力、拟进入的行业和经营模式选择好公司类型，同时也要意识到不同类型的企业税种不同，享受的税收优惠不同，提前做好筹划。公司和非公司制企业的主要区别，如表1–1所示。

表1–1　　公司和非公司制企业的主要区别

项目	公司制企业	非公司制企业（以独资和合伙企业为例）
在责任承担上	承担有限责任，即股东对企业的最大责任仅以其出资额为限	承担无限责任，即股东对企业的责任除出资额外，还要以民事责任（私家财产）与刑事责任来担保
在所得税的处理上	作为法人，需要缴纳企业（法人）所得税；在股利分配时，股东需要缴纳个人所得税	不是法人，不需要缴纳企业（法人）所得税，只需要缴纳个人所得税
在企业的发展规模上	作为法人，可以独立存在；实现了风险隔离；企业容易做大做强	不是法人，需以自然人的形式存在；未实现风险隔离；企业连续性差

二、企业组织形式的演化

企业组织形式是指企业存在的形态和类型，它的发展经历了点、线、面、网的过程。

（一）“点”状组织形式

第一种企业组织结构是“点”。“点”上的企业可以追溯到手工作坊，如铁匠炉、木匠铺、裁缝店等。那么从手工作坊怎么演进成现代化的大工厂呢？主要是因为蒸汽机的出现。蒸汽机带来了动力，有了机器来替代人后就要达到规模，否则成本就降不下来。一旦买了机器，就一定得有规模效应，必须要建工厂、建流水线，所以我们说蒸汽机的发明推动了大型工厂组织结构的出现。

大工厂的出现也带来一个问题，那就是必须要广泛筹集资金，这时有限责任公司和股份制就出现了。马克思说：“假如必须等待积累去使某些单个资本增长到能够修建铁路的程度，那么恐怕直到今天世界上还没有铁路。但是，集中通过股份公司转瞬之间就把这件事完成了。”股份制下的股东每个人只承担有限责任，所以尤瓦尔在《人类简史》里对“有限责任公司”这种组织形式给予了高度评价，认为它是推动科学技术进步的一个重要的新型组织，因为在无限责任的情况下，谁也不敢冒险去做探索性的事。

尤瓦尔详细描述了标致汽车组织形式的创新。阿尔芒·标志在成年之后从父亲手里接管标致工厂，与祖辈一样做马车和马车相关的业务，比如生产马车用的弹簧、给马蹄钉掌、制造脚踏车等。阿尔芒认为这样没有太大的发展空间，所以他想要研发汽车，当他把这个想法在家族会议上提出来时，却遭到了家族长辈们的一致反对，他们认为风险太大，担心如果汽车研发不成功，家族的所有财产都得赔进去。所以阿尔芒就请了著名的律师设计出一种新型的企业组织结构——有限责任公司，有效地实现了债务隔离，为家庭财产建立了防火墙。后来他成功地研发出汽车，实现了企业的转型。

（二）"线"状组织形式

第二种企业组织形式是"线"。阿尔芒研究开发汽车，确实把汽车生产出来了，但是生产出来的汽车非常昂贵，因为所有的零部件都得自己生产，无法形成经济批量，制造成本居高不下。同样，福特也生产汽车，所有的零部件也都是福特自己制造，因而也无法形成经济批量。那个时候，"点"上的企业往往是小而全的，都是自己生产零部件，成本降不下来，进而影响企业的收入和长远发展。

于是，企业的组织结构就往外扩散，零部件让别人去生产，这样就演变成了有一个核心企业，上游有很多企业来供应零部件，下游有很多企业去销售产品，组合在一起就形成了一条价值链。每一个企业都是价值链上的一个节点，但是中间有一个核心企业。

（三）"面"状组织形式

组织形式演进的第三个阶段是"面"。"面"其实就是大型企业集团，因为它像一个扇子面，所以称为"面"状组织结构形式，如图1–2所示。

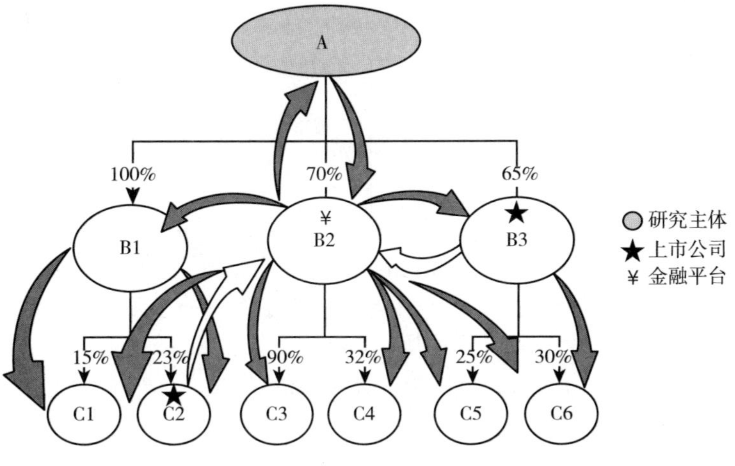

图1–2 "面"状组织结构形式

在图1–2中，大型企业集团A作为核心企业，通过资金的控制与其他企业形成层层控制关系。在“面”状组织形式里，通常存在一个金融平台（B2公司），因为一个大型企业集团，要想做好财务管理，做好内部资本市场，就必须有一个金融平台。例如，中国石油集团就有一个资本股份有限公司，它是中石油金融业务整合、金融股权投资、金融资产监管、金融风险管控的平台，业务范围涵盖财务公司、银行、金融租赁、信托、保险、保险经纪、证券等多项金融业务，是全方位、综合性的金融业务公司。另外，大型企业集团组织中往往还有一个或多个上市公司，能和外部资本市场相连接，成为集团组织的融资平台。

（四）“网”状组织形式

组织形式发展的第四个阶段是“网”，即价值网平台企业组织。这种组织包括了前面说的点、线、面，因为每一个企业就是一个“点”，上下游企业组成一个价值链，企业集团又是一个“面”，与业务合作伙伴、战略合作伙伴、财务合作伙伴等又组成了一个“网”，其结构形式如图1–3所示。

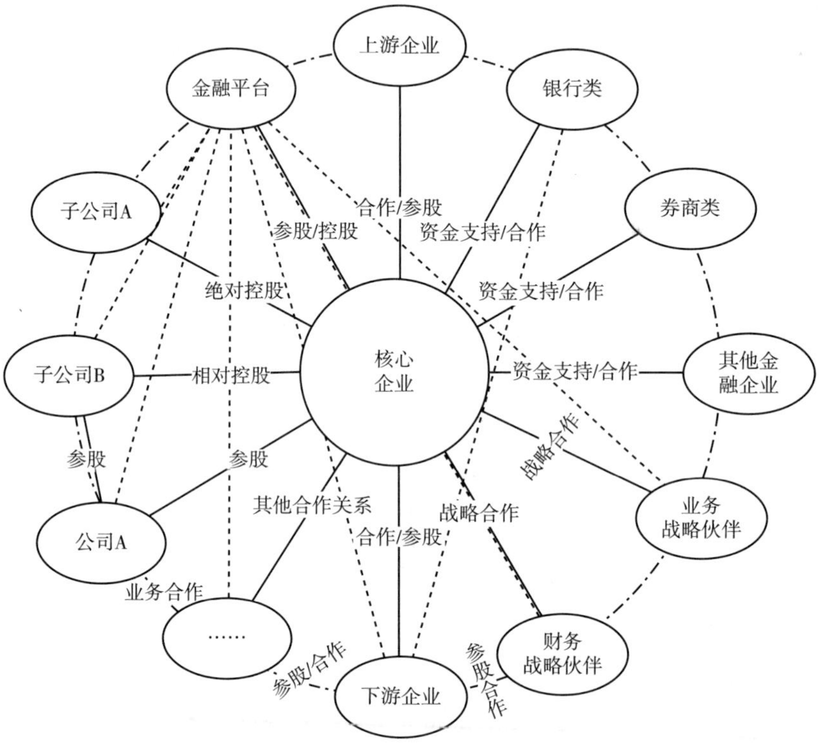

图1–3 “网”状组织结构形式①

① 本小节图片和案例根据中国人民大学王化成教授的讲座整理而成。

价值网是以顾客需求为导向，以某一重点企业为核心的产品流、信息流、资金流纵横交错的网络生态系统。从组织机制上来说，网状的企业是自驱动、自适应的，价值网中的每一个企业都没有被上层组织所控制，大家更像是合作伙伴，自己做不了的事情，进入一个网络平台，从而在平台上完成。例如，淘宝店主进入淘宝平台，就可以把大山里的土特产卖到世界各地。

三、企业类型选择的税收考量

随着公司注册门槛的不断降低以及各地财政的支持政策，注册公司的数量急剧上升，这使市场的竞争变得非常激烈。一些创业者把主要的精力都放在业务的发展上，认为只要做好业务，就有利润可赚，从而忽视了企业管理、财务规范和税收筹划。事实上，开立公司以前，就应该确认企业类型和增值税纳税人身份，因为不同的类型，适用不同的税率，税费计算方法和税收优惠政策也不同，这将引起较大的税负差异，进而影响企业的净收益。

（一）企业需缴纳的税种

目前我国现行的税种共18个，通过人大立法的税种有9个，分别是个人所得税、企业所得税、车船税、环保税、烟叶税、船舶吨税、车辆购置税、耕地占用税和资源税。实务中，企业不会涉及所有的税种，不同行业可能涉及的税种和税率也不同。

一般情况下，增值税、城市维护建设税、个人所得税、企业所得税、印花税是基本税种，大部分企业都会涉及；房产税、城镇土地使用税、资源税、土地增值税、车船税、烟叶税、契税、耕地占用税、环境保护税等财产行为税种，只在发生财产类行为时才会涉及；关税只有涉及进口的行业才会被征收；船舶吨税只针对自中华人民共和国境外港口进入境内港口的船舶征收。

税收与企业净收益息息相关，创业者或投资人应该了解企业所缴纳的税种以及缴纳方式。不同类型的企业涉及的主要税种，如表1-2所示。

表1-2　不同类型的企业涉及的主要税种

企业类型	涉及的主要税种
个人独资企业	增值税、消费税、附加税、个人所得税（生产经营所得）
合伙企业	增值税、消费税、附加税、个人所得税（生产经营所得）
有限责任公司	增值税、消费税、附加税、企业所得税（企业经营所得）、个人所得税（股东分红所得）

1. 增值税

增值税是以商品（含应税劳务）在流转过程中产生的增值额作为计税依据而征

收的一种流转税，所有企业都属于缴纳增值税的纳税人。

2.企业所得税

企业所得税是仅次于增值税的第二大税收来源，是对我国国内企业和经营单位的生产经营收入和其他收入征收的一种税收。公司制的企业，无论什么行业，都应按规定申报并缴纳企业所得税。企业所得税是所有税种中计算最为复杂、规定最为烦琐，也是优惠最多的一种税种。

3.个人所得税

个人所得税也是财政收入的重要来源，它不仅会影响到企业，也会影响到我们每一个人。除企业员工工资需要缴纳个人所得税以外，个体工商户生产经营所得，企事业单位承包经营、承租经营所得，劳务报酬所得，股息红利所得等，都需要缴纳个人所得税。

4.附加税

附加税是在“正税”的基础上征收的一种税。目前我国的“正税”主要是增值税和消费税等流转税。所谓流转税是以商品生产、流通环节的流转额为征税对象的一类税。当前，我国的附加税主要有城市维护建设税、教育附加费、地方教育附加费等。

税收是国家参与国民收入分配和再分配的重要手段，国家通过不同税种的建立、税目的增减和税率的升降，来调节不同类型企业的利润水平，从经济利益上鼓励国民经济需要的行业和产品发展，抑制乃至淘汰无助于国民经济发展的行业和产品，从而促进国民经济的发展。

实务应用

创业者来自各行各业，虽然不可能全部都精通财税知识，但也一定要清楚公司性质和涉及的税种，了解税收政策，一方面能避免公司陷入税务风险，另一方面也能充分意识到税收筹划的重要性，有效利用税收优惠政策，合理节税，降低税负。

（二）企业综合税负估算

图1-4是国家统计局公布的我国2014—2020年各项税收的占比，可以清楚地看到，增值税和企业所得税占比最高，达到所有税收收入的60%以上。对于一般企业而言，增值税和企业所得税基本上决定了企业税负的高低，所以本书以这两个税种来估算企业综合税负。

（4）假设公司将利润全部进行分配，则还应缴纳个人所得税，计算如下：

应纳个人所得税=195 000×20%=39 000（元）

最终净收益=195 000–39 000=156 000（元）

由此我们可以看到，企业组织形式不同，所承担的税负也不相同。一般来说，公司制企业的税负要重于合伙企业和个人独资企业。

但同时我们也要看到，公司制企业在某些领域也能享受合伙企业所不能享受的税收优惠政策，比如软件行业、高端制造业等；还要看到公司制企业经营的非税优势，比如对公司债务承担有限责任，较为完善的公司法规，能取得增值税专用发票，有利于大规模生产经营等。所以，在选择组织形式时，要综合考虑企业所处行业、盈利水平、税收优惠政策、未来发展等多种因素，不能以偏概全，只考虑一种因素。

任务分析

李磊创业团队了解到休闲食品的利润率虽然比较高，但随着技术和设备的不断完善，市场竞争也日益加剧。根据投资的规模和行业平均指标，他们估算自己的加工厂年产值不高于100万元，税前利润不高于20万元，注册合伙企业每人分得的税后净利稍高一些。但考虑到公司制企业承担的有限责任和企业的长远发展，以及国家对小微企业的扶持，他们决定注册有限责任公司。

3.行业预警税负率

税负率一般指企业在某个时期内的税收负担的大小，一般用税收占收入的比重来进行衡量。最常用的税负率为增值税税负率和所得税税负率。

（1）增值税行业预警税负率。增值税税负率是指增值税纳税义务人当期应纳增值税占当期应税销售收入的比例。具体计算如下：

税负率=当期应纳增值税 ÷ 当期应税销售收入 ×100%

案例分析

企业增值税税负率

老王在县城里开办了一家商贸公司，为增值税一般纳税人，本期销售收入1 000万元，供应商也均为一般纳税人，采购成本600万元，其他成本共计208万元。不考虑其他影响因素，老王公司的增值税税负是多少呢？

由于进销项均为一般纳税人，因此实际负担的增值税为52万元（1 000×13%–600×13%），税负率为5.2%。

但是，在现实中，并不是所有的采购都能够取得进项票，也不是所有的供应商都是一般纳税人，能够提供13%的税票，他们很有可能提供的是3%的进项发票或者购买了一些税率为6%的服务。在这种情况下，企业的增值税税负还会更高。因此，实际的税负可能受多重因素的影响。

我国的税收征管系统可以根据行业自动统计综合税负率，并据此对企业进行纳税评估。常见行业的增值税预警指标，如表1–5所示。

表1–5　常见行业的增值税预警指标

序号	行业	行业预警税负率	序号	行业	行业预警税负率
1	农副食品加工	3.50%	11	非金属矿物制品业	5.50%
2	食品饮料	4.50%	12	金属制品业	2.20%
3	纺织品（化纤）	2.25%	13	机械交通运输设备	3.70%
4	纺织服装、皮革羽毛（绒）及制品	2.91%	14	电子通信设备	2.65%
5	造纸及纸制品业	5.00%	15	工艺品及其他制造业	3.50%
6	建材产品	4.98%	16	电气机械及器材	3.70%
7	化工产品	3.35%	17	电力、热力的生产和供应业	4.95%
8	医药制造业	8.50%	18	商业批发	0.90%
9	卷烟加工	12.50%	19	商业零售	2.50%
10	塑料制品业	3.50%	20	其他	3.50%

（2）所得税行业预警税负率。所得税税负率是指年度应纳所得税税额（包含预缴）占年度应税销售收入的比例。具体计算如下：

税负率＝当期应纳所得税 ÷ 当期应税销售收入 ×100%

案例分析

企业所得税税负率

上例中，先计算企业的所得，因增值税为52万元，在此基础上计算附加税（假设城市建设维护税7%，教育费附加3%，地方教育费附加2%）。

附加税=52×（7%+3%+2%）=6.24（万元）

印花税=（1 000+600）×0.0003=0.48（万元）

应纳所得税额=（1 000−600−6.24−0.48−208）×25%=46.32（万元）

所得税税负 =46.32 ÷ 1 000×100%=4.63%

这里的计算基于一个假设，即企业发生的成本都取得合规的税前扣除凭证，并且没有其他的调整事项。实际中，企业可能有未取得发票，取得了不合规的发票，或者有些项目因税法规定而不能扣除的情况，这些都会影响企业的所得税税负。

常见行业的所得税预警指标，如表1-6所示。

表1-6　　常见行业的所得税预警指标　　单位：%

序号	行业	行业预警税负率	序号	行业	行业预警税负率
1	租赁业	1.50	24	木材加工及木、竹、藤、棕、草制品业	1.00
2	专用设备制造业	2.00	25	零售业	1.50
3	专业技术服务业	2.50	26	居民服务业	1.20
4	专业机械制造业	2.00	27	金属制品业—轴瓦	6.00
5	造纸及纸制品业	1.00	28	金属制品业—弹簧	3.00
6	印刷业和记录媒介复制印刷	1.00	29	金属制品业	2.00
7	饮料制造业	2.00	30	建筑材料制造业—水泥	2.00
8	医药制造业	2.50	31	建筑材料制造业	3.00
9	畜牧业	1.20	32	建筑安装业	1.50
10	通用设备制造业	2.00	33	家具制造业	1.50
11	通信设备、计算机及其他电子设备制造业	2.00	34	计算机服务业	2.00
12	塑料制品业	3.00	35	化学原料及化学制品制造业	2.00
13	食品制造业	1.00	36	工艺品及其他制造业—珍珠	4.00
14	商务服务业	2.50	37	工艺品及其他制造业	1.50
15	其他制造业—管业	3.00	38	废弃资源和废旧材料回收加工业	1.50
16	其他制造业	1.50	39	非金属矿物制品业	1.00
17	其他建筑业	1.50	40	纺织业—袜业	1.00
18	其他服务业	4.00	41	纺织业	1.00
19	其他采矿业	1.00	42	纺织服装、鞋、帽制造业	1.00
20	皮革、毛皮、羽毛（绒）及其制品业	1.00	43	房地产业	4.00
21	批发业	1.00	44	电气机械及器材制造业	2.00
22	农副食品加工业	1.00	45	电力、热力的生产和供应业	1.50
23	农、林、牧、渔服务业	1.10	46	道路运输业	2.00

案例分析

13.41亿元的罚款

2021年12月20日，国家税务总局浙江省税务局发布“浙江省杭州市税务部门依法对某电商主播偷逃税案件进行处理”的公告，称该电商主播在2019—

2020年期间，通过隐匿个人收入、虚构业务转换收入性质虚假申报等方式偷逃税款6.43亿元，其他少缴税款0.6亿元。依据《中华人民共和国个人所得税法》《中华人民共和国税收征收管理法》《中华人民共和国行政处罚法》等相关法律法规规定，按照《浙江省税务行政处罚裁量基准》，对该电商主播追缴税款、加收滞纳金并处罚款，共计13.41亿元。据税务机关通报，针对该电商主播隐匿收入偷税但主动补缴的5亿元和主动报告的少缴税款0.31亿元，处以0.6倍罚款；对于隐匿收入偷税但未主动补缴的0.27亿，处以4倍罚款；对于虚构业务转换收入性质偷税少缴的1.16亿元，处以1倍罚款。2021年12月20日晚，该电商主播的淘宝、微博、抖音等账号均被封禁。

本案例中，"转换收入性质"的手段主要是将应计入个人综合所得的收入转换成了个人独资企业所得。个人所得税适用表1–7的个人所得税税率表，个人独资企业所得适用表1–4的税率表，比较两表可以发现，个人所得税最高税率为45%，而个人独资企业经营所得最高税率为35%。差异不仅仅是这些，企业经营所得=收入–成本，纳税的基础是减去经营成本的。此外，在符合国家区域性政策、行业性政策的"税收洼地"，个人独资企业还可以核定征收，享受更低税率优惠。比如，某企业园区规定本区内个人独资企业按10%利润率核定企业所得，则相当于以收入的10%为应纳税所得额。有资料显示，核定征收且为小规模纳税人的个人独资企业，综合税负率在1.5%~5.5%之间，这相较于45%的个人所得税税率，简直是微不足道。这就是"转换收入性质"偷逃税款的主要思路。

表1–7　个人所得税税率表

级数	应纳税所得额（含税）	预扣率（%）	速算扣除数
1	不超过36 000元的部分	3	0
2	超过36 000元至144 000元的部分	10	2 520
3	超过144 000元至300 000元的部分	20	10 500
4	超过300 000元至420 000元的部分	25	31 920
5	超过420 000元至660 000元的部分	30	52 920
6	超过660 000元至960 000元的部分	35	85 920
7	超过960 000元的部分	45	181 920

注：个人工资薪金所得、预扣预缴适用，起征点为每月5 000元。

在越来越多偷税案后，2021年12月30日，国家税务总局出台了第41号文件，降低了核定征收的应用范围，指出"持有股权、股票、合伙企业财产份额等权益性投资的个人独资企业、合伙企业，一律适用查账征收方式计征个人所得税"。2022年，多地税务局陆续开始取消核定征收，逐步堵塞利用"核定征收"避税的漏洞，全面取消核定征收是大势所趋。

思考与讨论

阅读分析上述案例，完成以下计算与讨论。

（1）按不同收入性质计算个人所得税。假设某明星一年的代言费、佣金等个人收入为50亿元人民币，且个人独资企业核定利润率为10%。请按个人综合收入、个人独资企业收入两种不同性质的收入，分别计算其应缴纳的个人所得税。其中，个人独资企业适用表1–4所示的税率，个人综合所得适用表1–7的税率。

（2）结合企业税收优惠政策，讨论不同组织形式对综合税负的影响。

第二节 企业股权架构

项目需求

如何设计企业的股权架构?

股权架构是组织架构的顶层，是企业管理的根基，也是企业成形的基因。股权架构直接决定了企业的组织架构，间接决定了企业的行为和效益。行业不同，企业的股权架构可以不同；企业的阶段不同，其股权架构也可以不同。股权架构设计合理，会对企业持续快速发展起到决定性的作用，企业可以因良好的股权架构及股权激励而获得旺盛的活力。股权架构设计不合理，或使用不当，不仅会成为企业发展路上的绊脚石，还可能会带来经营风险甚至导致企业日渐没落。李磊作为企业创始人，该如何搭建合理的股权结构呢?

项目分析

著名投资人徐小平曾表示，企业的基础，一个是团队，另一个是股权结构。如果股权结构不合理，这个公司一定做不成，因为企业的发展过程绝对会出现冲突。要使企业长远发展，创始人不仅要选择正确的合伙人，还要考虑合伙人之间的合伙机制、股权分配关系，要提前设置好合伙人退出机制，在股权架构设计时还要考虑税收的影响，充分利用税收优惠政策。

一、股权架构的概念和类型

（一）什么是股权架构

股权架构是指公司内不同性质的股份所占比例及其相互关系，它解决了企业中两个最核心的问题，即控制权与利益分配，凝聚了各方的博弈，代表了股东、投资人、员工等各方利益的平衡。从本质来讲，股权架构影响企业股东大会的决策机制，对企业董事会、监事会及管理者的选任和运行，以及对企业的决策、监督和激励都具有实质性影响。在公司治理概念中，股权架构也称为公司的治理结构，公司的治理结构如能够符合有效制衡的要求，会使公司形成高效的运营机制。

拓展阅读

2005年，我国启动了国企改制和股权分置化改革。改革使中国资本市场一股独大、股权高度集中的现象得以逐步改变，解决了非流通股和流通股的流通制度差异问题，消除了“同股不同权、同股不同利”的弊端。国企混改支持民资通过出资入股、收购股权等多种方式，参与国有企业改制重组、国有控股上市公司增资扩股以及企业经营管理。2017年8月，国务院发布《关于促进外资增长若干措施的通知》，鼓励外资参与国有企业混合所有制改革；2018年6月，国务院发布《关于积极有效利用外资推动经济高质量发展若干措施的通知》，让内外资作为战略投资者公平参与国企改革。上述一系列促进公司股权多元化发展的改革措施，加速了上市公司股权分散化的进程，加之国内资本市场的逐渐成熟，使股权分散化的公司逐渐增多，其中具有股权高度分散化特征的无主公司也呈现出逐渐增多的趋势。

（二）股权架构类型

常见的股权架构类型主要分为一元股权架构、二元股权架构、多元股权架构三类。

1. 一元股权架构

一元股权架构是指股权比例、表决权、分红权均一体化的股权模式。这是最简单、较传统的股权架构类型，倡导的是风险和责任匹配的“一股一票”原则。由于股东之间的股权比例只能根据其出资来确定，对于初创企业的创始人而言，其对企业控制权的掌握也缺少了自主性和灵活性，甚至很容易因企业融资或其他人恶意争夺企业控制权而失去对企业的控制。

在实务中存在几个表决权“节点”：

（1）一方出资比例超过66.7%；

（2）有两股东持股比例分别为51%和49%；

（3）有两股东且各方出资比例均分为50%；

（4）一方股东持有出资比例33.4%以上的。

实务应用

股权控制是股权设计首要考虑的问题。假定公司章程约定股东会是按照出资比例行使表决权，避免“死股”的结构是：若两人合伙，股权一大一小，一强一弱；若三人合伙，最大股东的股权要超过51%，第二大股东不要超过33.4%；若四人及以上合伙的，分两种情况，对于重资产的企业，建议大股东的股权要大于第二、第三、第四、第五和其他小股东股权的和，即“1”>“2+3+4+5+n”；对于轻资产的企业则建议“1”<“2+3+4+5+n”。

2. 二元股权架构

二元股权架构也称为“双重股权架构”，是指在股权比例、表决权（投票权）、分红权之间作出不等比例的安排，将股东权利进行分离设计。不同于传统的“一股一票”原则，双重股权架构是给予部分股东与其持股数量不成比例的投票权或其他相关权利的股权设计架构。它将公司股票分为高投票权（一般由管理层持有，而管理层普遍为创始人团队）和低投票权（一般为外围股东持有）两类，两类股票每股的现金流权相同，但前者每股的投票权更大。

双重股权架构作为控制权不对称分配的途径，实现了投票权配置权重向具有创业团队身份的股东倾斜，保证了企业在引入外部资金的同时，其控制权不被稀释，即确保创始人团队的经营决策权，但不影响股东所持股份的收益权，且对股东收益权的保护是创始人团队人力资本掌握控制权的前提。

进入21世纪以来，以互联网技术为标志的第四次工业革命浪潮引导企业向创新导向的企业组织变革，对企业权利重新配置提出了内在需求。双重股权架构以其控制权与现金流权分离的股权设计，保证了企业在控制权不被稀释的同时引入外部资金，成为互联网浪潮下众多新经济企业股权结构设计的优先选择。包括谷歌、脸书等在内的很多美国高科技企业，一改传统主流的“同股同权构架”，选择投票权向创业团队倾斜的AB双重股权架构。美国由于接纳双重股权架构股票上市，成为大量优秀高科技企业上市的目的地。为提高对高科技企业的吸引力，新加坡等地股票交易所相继修改上市制度，接纳双重股权架构。在此背景下，2019年4月，上海证券交易所（以下简称“上交所”）对《上海证券交易所科创板股票上市规则》进行了修订，允许企业以差异化表决权股权结构的形式上市，成为我国关于双重股权架构的首次尝试；2019年6月开板的科创板则成为首个接纳双重股权架构股票发行的板块。继科创板之后，A股的创业板也放开了对双重股权架构股票发行的限制。当前，创新已经上升到国家战略层面，我国接纳双重股权架构的上市制度改革也已经拉开帷幕。

以京东为例，截至2017年2月28日，京东一共拥有2 856 708 469股普通股，腾讯为京东第一大股东，通过旗下黄河投资持有516 974 505股，持股比例18.1%，拥有投票权4.4%；京东集团CEO刘强东为第二大股东，共持有452 044 989股，持股比例15.8%，其中15.7%的股权通过Max Smart Limited持有，这部分股权拥有投票权71.7%，Fortune Rising Holdings Limited持股1.7%，拥有8.3%的投票权，这部分投票权归刘强东所有，因此刘强东共拥有80.0%的投票权。这意味着，刘强东对京东拥有绝对的控制权。

案例分析

优刻得科技的双重股权结构①

2020年1月，优刻得科技正式登录科创板，成为中国A股市场首家“同股不同权”的上市企业。在上市前，2019年3月，优刻得召开临时股东大会并且表决通过采用双重股权结构：将公司股份分为A、B两类，三位创始人团队成员（季昕华、莫显峰及华琨）持有A类股份，其他股东持有B类股份，每股A类股份的表决权数量是B类股份的5倍（5倍表决权）。优刻得各类股权数量和表决权数量及比例，如表1–8所示。

表1–8　　优刻得各类股权数量和表决权数量及比例

股东名称	A类股票份数	B类股票份数	股票比例（%）	表决权数量	表决权比例（%）
季昕华	50 831 176	0	12.03	254 155 880	31.25
莫显峰	23 428 536	0	5.54	117 142 680	14.40
华琨	23 428 536	0	5.54	117 142 680	14.40
其他原有股东	0	266 343 919	63.04	266 343 919	32.75
公众股东	0	58 500 000	13.85	58 500 000	7.19
合计	97 688 248	324 843 919	100.00	813 285 159	100.00

资料来源：根据优刻得科技招股说明书整理计算。

三位创始人团队成员签署了《一致行动协议》，根据该协议，三人共持有公司60.09%的表决权，获得公司绝对控制权。协议规定：三人作出一致性的表决

① 资料来源：根据网络资料整理分析而成。

意见；在意见不统一的时候，三人之间按照少数出资额服从多数出资额的原则商议投票，也可以共同作出一致性的意见。三人约定，在公司股票上市后的36个月内，三人均不可以退出一致行动协议。根据《一致行动协议》，如果在36个月后有退出一致行动协议的，则所持的A类股将自动转变成B类股。通过A、B股的设置，季昕华、莫显峰以及华琨三人凭借A类股份的表决权就能决定优刻得股东大会的普通决议，获得对公司极强的控制力。

3. 多元股权架构

在二元股权架构的基础上，公司的股东可分为多个类型，比如创始人、合伙人、员工、投资人、资源股东等。针对他们的权利进行整体性安排，以实现企业维护创始人控制权、凝聚合伙人团队、让员工分享公司财富、促进投资者进入等目标。

相对于前两种股权架构来说，多元架构能充分考虑企业各类主体间的利益关系，以及各类主体对企业本身的贡献等多方因素，从而指导股权的划分思路。因此，在此种架构下划分股权能有利于公司整体快速发展，而不是个别股东利益最大化，同时也符合企业治理的需求。

二、企业股权架构设计

股权架构的设计是股权管理的核心环节，股权架构代表了股东、投资人、员工等各方利益的平衡，也是股权投资需要考虑的决策依据。股权架构设计的核心是解决谁投资、谁来做、谁收益以及谁承担的问题。那么，股权架构核心的规则应如何把握？企业股权架构又该怎样设计？

（一）股权架构设计基本规则

股权架构设计最核心的就是控制权规则，其落脚点是利益。《中华人民共和国公司法》（以下简称《公司法》）为股权确定了多项规则，包括分红权、表决权、查账权、派生诉讼权、优先购买权等，实际操作中股东又自行约定了多项规则，如回购权、反稀释权等，其实都是围绕利益实现而设置的控制权规则，即只要在股权架构中通过各种方式保证了控制权，也就保证了利益。

公司控制权是从股东所有权中派生出来的经济性权利，其本质上是一种新的利益存在方式，是利益冲突的产物。公司控制权的正当行使，有利于建立股东之间的信任基础，提高公司运行的效率。在实务中扩大控制权的方式主要有投票权委托、一致行动协议、股权代持、通过有限合伙持股、搭建金字塔式股权架构、相互交叉持股、发行类别股份（AB股）等，这些方式可以单独或组合使用。

案例分析

公司控制权安排的革命①

2015年7月10日，宝能系通过连续举牌，持股比例增至15.7%，成为万科第一大股东，万科股权之争爆发。这场股权之争从开始就注定了它不是一场普通的并购。并购对象万科的管理层是以王石为首的创业团队，使万科股权之争很快陷入是应该遵循资本市场的"股权至上"逻辑还是应该对创业团队的人力资本投资进行鼓励的争论之中。万科究竟是谁的万科？是王石创业团队的，是原第一大股东华润集团的，还是举牌后的新股东宝能的？

与万科陷入"谁的万科"争论不同，不仅过去和现在，即使未来很长一段时期依然会控制在马云创业团队手中的阿里巴巴、刘强东手中的京东则显得幸运得多。2014年9月19日，阿里巴巴在美国纽约交易所成功上市。从阿里巴巴的股权结构来看，第一大股东软银（日本孙正义控股）和第二大股东雅虎分别持股31.8%和15.3%，远超阿里巴巴合伙人团队所共同持有的13%，马云本人更是仅持股7.6%。然而，根据阿里巴巴公司章程的相关规定，以马云为首的34位合伙人有权任命董事会的大多数成员，成为公司的实际控制人。2014年，在美国纳斯达克上市的京东同时发行两类股票，其中A类股票一股具有1票投票权，B类股票一股则具有20票投票权。出资只占20%的创始人刘强东通过持有B类股票，获得83.7%的投票权，实现了对京东的绝对控制。那么，股东为何会接受不平等投票权呢？

无论是京东发行的双层股权结构股票还是阿里巴巴的合伙人制度，它们的共同特征是以有限的出资额，通过实际或变相推出的"不平等投票权"，实现了对企业的实际控制，形成了"铁打的经理人，流水的股东"的局面。

（二）企业股权架构设计内容

1. 选择合适的合伙人

股权架构是企业存续的根基，合伙人是这个根基的主体，选择合适的合伙人等于成功了一半。要慎重选择合伙人，其中品性、责任心、能力、协同力四个方面可以作为考察合伙人的最优先判断标准，这四个方面都符合要求的，可以将其视为相对合格的合伙人。

2. 选择合适的合伙机制

合伙机制主要有三个类型：其一是商业合伙，侧重于项目合作，一般股权集中、

① 资料来源：根据网络资料整理分析而成。

业务集中，可以没有实物投资，适用于绝大多数的创业团队。其优点是商业性强，规则清晰，适合早期创业；缺点是过于看重利益，行为往往具有短期效应。其二是事业合伙，侧重于行业应用，一般股权相对分散，业务决策更加民主。其优点是执行力强，有很强的环境适应性；缺点是对个人视野和格局要求较高，代表企业如新东方、万科等。其三是价值合伙，侧重于产业应用，一般股权更加均衡，业务决策也更加具有理性。其优点是生命力强，有战略预见性；不足是对产业认识、战略、运营和文化管理的要求比较高，代表企业如阿里巴巴、小米等。不过，这三种类型的合伙机制，代表的是企业在不同发展阶段的演进模式，相互之间在本质上并没有严格的区分，核心要素均强调团队和个人在企业发展中的重要性，只是在不同的发展阶段其侧重点不同而已。

3. 分配股权

（1）依据价值贡献度分配股权。创业合伙人对创业项目的贡献或潜在贡献与其持股比例成正比，但一定要避免均等现象。在估算价值时要把能够量化的要素予以量化，以体现公平；不能量化的要素可以适度放宽标准。

（2）股权比例的确定与调整。依据投入的要素计算各自股比。在初始股权架构设计、股权分配及之后的重大变动中，需要着重考虑创始人团队对创业企业的控制权安排及保障，这对激发、维持创业团队的企业家精神，提升公司治理效率与经营管理效率都相当关键。

（3）设置约束机制。股权持有人的中途离职会不利于实现创业者与公司利益的长期绑定，受限于总量减少，新进入的关键人员也拿不到足够的股权激励。因此，要设置控制授权进度的约束机制，适时调整或改进股权架构设计和股权分配，将股权持有人与公司紧密绑定在一起，并实现对双方的公平。此外，初创企业的股权架构设计和股权分配要有利于后续融资和首次公开募股（IPO）安排，以便借助资本和市场的力量快速发展。

实务应用

公司初创时期，最好避免容易导致发展冲突的股权结构设置，如50∶50、40∶40∶20甚至50∶40∶10这样的股权结构设置。尽管50∶50这样的股权结构设置往往是对股东作用或影响力的一种真实反映，或者是对现实的一种妥协，在公司初创的“蜜月期”或能平安无事，但随着公司的发展壮大，往往会发生“贫贱易，富贵难”的情况，利益分配的冲突日趋明显，小股东可能会行使投票权否决公司重大事项，使公司失去“船小好调头”的决策迅速优势。同样，类似于40∶40∶20的股权结构设置可能会导致两大股东都希望联合小股东控制公司董事会的情形，50∶40∶10的股权结构设置也面临小股东联合易出现僵局的可能性。

4. 安排合伙人退出机制

受企业成长过程中的多种因素影响，创业时期的合伙人退出是很正常的事情。为了避免退出环节产生纠纷，应事先约定好退出情形、退出方式、退出价格等，降低各方发生矛盾的概率，有利于企业稳定发展。

（三）常见的股权架构方案

要想控制企业，拥有更高的持股比例肯定是最简单且最有效的办法。到底股东拥有的持股比例达到多少可以牢牢控制公司呢？创始人如何实现以较少的持股比例却也能控制企业呢？

1. 自然人直接持权

在这种架构中，由实际投资人（通常是自然人）直接持有核心公司的股权。自然人直接持权的股权架构十分简单明了，搭建不用耗费过多精力（见图1–5）。但这种股权架构，不利于控制权的集中，无法产生股权杠杆效应。

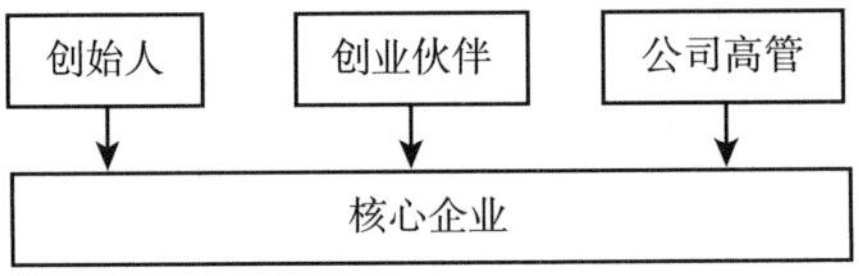

图1–5　自然人直接持有公司股权

对于有限责任公司，通常是按认缴出资额作为确定持股份额的依据，但收益权可以在公司章程中由股东约定。我国现行《公司法》规定，控股股东是指其出资额占有限责任公司资本总额50%以上，或者其持有的股份占股份有限公司股本总额50%以上的股东；出资额或者持有股份的比例虽然不足50%，但依其出资额或者持有的股份所享有的表决权已足以对股东会、股东大会的决议产生重大影响的股东。在股权分配和企业融资时，需要注意以下几个股权生命线：

（1）绝对控股：持股比例超过2/3以上，即大于66.7%。拥有该股权的股东可以决定修改公司章程、增加或减少注册资本，以及公司合并、分立、解散或者变更公司形式等7项关乎公司生死的大事。

（2）相对控股：持股超过50%。拥有该股权的股东对除上述重大事项以外的事情，具有决策权。

（3）一票否决权：持股超过33.3%。该类股东的存在，会导致其他的股东无法达到66.7%的股权，所以该类股东对股东大会的7类事项决策拥有一票否决权。

（4）重大影响：持股超过20%。根据《企业会计准则》规定，当股东持股比例超过20%但低于50%时，通常被认为对投资公司有重大影响。

（5）申请解散权：持股超过10%。这类股东可以单独或者联合申请公司召开临时股东大会或申请解散公司。

2. 有限合伙企业

2007年6月1日，新修订的《中华人民共和国合伙企业法》（以下简称《合伙企业法》）开始实施，我国从此诞生了一种新的组织体——有限合伙企业。有限合伙企业与普通合伙企业的不同之处在于，除“普通合伙人”之外，企业还包括“有限合伙人”，普通合伙人对合伙企业债务承担无限连带责任，有限合伙人则以其认缴的出资额为限对合伙企业债务承担责任。有限合伙企业实现了企业管理权和出资权的分离，可以结合企业管理方和资金方的优势，因而是国外私募基金的主要组织形式，我们耳熟能详的黑石集团、红杉资本等都是合伙制企业。

在有限合伙企业中，控股股东不是直接持股拟设立的核心公司，而是作为普通合伙人与其他股东搭建有限合伙企业为持股平台，再由持股平台间接持有核心公司。典型的有限合伙企业架构，如图1–6所示。

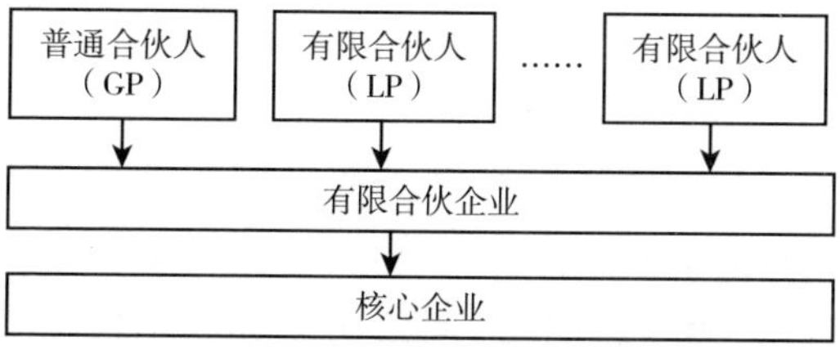

图1–6 典型的有限合伙企业架构

3. 金字塔架构

金字塔股权架构，即控股公司架构，是指公司实际控制人通过间接持股形成一个金字塔式的控制链，从而实现对该公司的控制。在这种方式中，公司控制权人控制第一层公司，第一层公司再控制第二层公司，依此类推，通过多个层次公司控制链条取得对目标公司的最终控制权。金字塔架构是一种形象的说法，就是多层级、多链条的集团控制结构。

企业创始人位于金字塔架构最顶层，只需少量出资，便可通过几层纵向间接控股而实现对目标公司的控制权。这种结构是很多上市公司实际控制人经常采用的架构方式，在创始人股东和拟上市公司中间搭建多层控股公司，即“自然人—控股公司—拟上市公司”，就可以产生股权杠杆，用少量的自有资金控制大量的外部资金，从而起到“四两拨千斤”的效果。金字塔的链条越长，控股股东用同样财富控制的资产规模就会越大。典型的金字塔股权架构，如图1–7所示。

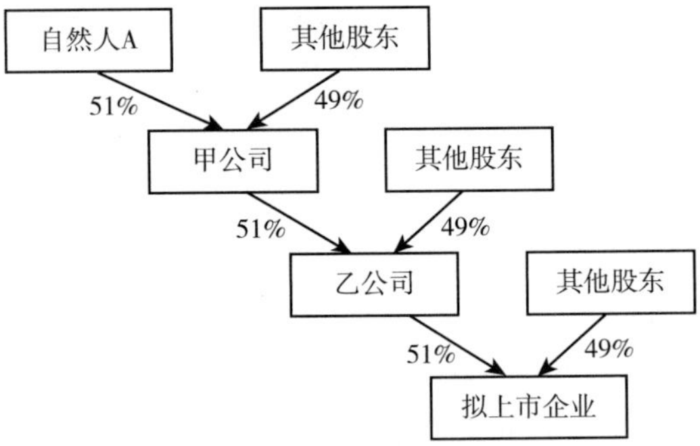

图1-7 典型的金字塔股权架构

思考与讨论

自然人A想注册成立一家有注册资本100万元的公司，若要拥有51%的控制权，通过金字塔股权架构，自然人A最少需出资多少钱？

4. 投票权委托

委托投票权是指股东在股东大会召开之前已经在某些问题上进行了投票，或把投票权转让给出席股东大会的其他人来行使。我国《公司法》规定："股东可以委托代理人出席股东大会会议，代理人应当向公司提交股东授权委托书，并在授权范围内行使表决权。"

例如京东，刘强东团队在上市前的股权比例为23%，但老虎基金、腾讯、高瓴资本、今日资本等11家投资人将其投票权委托给了刘强东团队行使。上市后，刘强东团队虽然持股20%，却拥有了83.7%的投票权。

5. 一致行动协议

一致行动人是指通过签署协议约定，某些股东就特定事项采取一致行动。意见不一致时，某些股东跟随一致行动人投票。例如，创始股东之间、创始股东和投资人之间就可以通过签署一致行动协议加大创始股东的投票权权重。一致行动协议内容通常体现为一致行动人同意在其作为公司股东期间，在行使提案权、表决权等股东权利时作出相同的意思表示，以其中某方意见作为一致行动的意见，以巩固该方在公司中的控制地位。

6. 控制董事会

公司的日常经营事项，主要由公司董事（会）来决定。一般情况下，公司很少需要开股东会，所以也很少通过股东会的控制权来参与公司日常经营，只是在有重大事件（如修改章程、进行融资）时才开股东会，或者要求股东签署决议等文件。

因而，如核心创始人占有公司董事会的大部分席位，也就控制了公司的日常经营管理，以保障决策效果和决策效率。

除上述股权架构以外，控制权还包括AB股权、优化股、公司章程特别约定等工具。在实务中，往往多种股权工具结合使用，比如小米集团的股权设置方案。

合理的股权结构可以明晰股东之间的权责利，科学体现各股东之间对企业的贡献、利益和权力，从而使各股东的积极性得以充分调动。合理、稳定的股权结构及恰当的退出机制，有助于维护公司和创业项目的稳定。在未来引资时，股权要稀释，合理的股权架构有助于确保创业团队对公司的控制权。无论是主板、创业板还是新三板，均要求上市标的股权结构明晰、清楚、稳定，完美的股权架构有利于企业顺利走向资本市场，避免出现公司股权僵局或股权争议。

案例分析

小米集团的股权设置[①]

2018年7月9日，小米集团正式在香港证券交易所上市，其是首家在香港上市的“同股不同权”（AB股）的公司。小米集团的创始人雷军持有小米集团31.41%的股份，但其投票权为57.9%。雷军为小米集团的股权架构进行了如下安排，从而在公司经历了N轮股权融资后依然保证了自己的控股权。

一是AB股架构。上市前，小米集团的公司章程约定了不同的投票权架构。持有公司B类普通股的股东为Smart Mobile Holdings Limited（雷军的持股平台）、林斌、as trustee of Bin Lin TRUST（林斌的持股平台）。

投票权架构中关于A类普通股与B类普通股和其他各轮优先股的设计区别在于审议事项时所代表的投票权数量。除涉及极少数保留事项有关的决议案外，对于提呈公司股东大会的任何决议案，A类股份持有人每股可投1票，B类股份持有人每股可投10票。对于保留事项的议案，A类股份、B类股份每股均只有1票投票权。此外，持有不少于公司实缴股本10%并附带股东大会投票权的股份股东（包括B类股份持有人），有权召开本公司股东特别大会，并在会议议程中加入决议案。

二是优先股架构。小米集团在上市前进行了九轮融资，对这些投资人，公司章程中约定了优先股条款，例如：①股息权。若公司董事会宣告发放股利，优先股股东有权优先于现有或未来的普通股及任何其他类别股份持有人，按初始投资额享有年利率为8%的非累积优先股股利。②转换权利。优先股持有人有权将其所持有的优先股转换为A类普通股，或在达到指定条件时，优先股将自

① 资料来源：根据网络资料整理分析而成。

动转换为本公司的A类普通股。③赎回权利。④优先清算权利。

三是委托投票权。投票权委托指公司部分股东通过协议约定，将其投票权委托给其他特定股东（如创始股东）行使。小米集团的部分股东和雷军签署了投票权委托协议，雷军作为受托人可实际控制另外2.2%的投票权。

四是公司章程约定。小米集团公司章程约定，在公司股东大会上，对于应当由普通决议通过的事项，由出席股东大会的股东所持的过半数的投票权赞成方可通过；对于应当由特别决议通过的事项，由出席股东大会的股东所持的超过3/4的投票权赞成方可通过。

通过上述几种方式，除设计优先股特别决议事项的部分情形外，或按照适用的法律及上市规则的规定需要雷军回避表决的事项外，雷军在小米集团上市时控制的投票权为57.9%。此外，雷军还是小米集团的董事长和首席执行官，因此，虽然雷军的持股比例并不是很高，但其是小米集团的实际控制人。

（四）应避免的几种股权架构

（1）持股比例过于均衡。持股比例过于均衡容易形成股东僵局，无法形成有效的股东会决议，也容易激化股东矛盾，造成公司控制权与利益索取权的失衡。

（2）股权过于集中。在一股独大的情况下，容易给监管机构公司治理结构不健全的感觉，建议至少少量进行股权激励及引入外部投资机构（相应可给予一定董事席位）。

（3）股权过于分散。很多企业由于创始人资金实力有限，为了加快公司发展只能不断引入外部投资，造成创始人股权不断稀释。

（4）夫妻、亲属合营。夫妻、亲属公司股东结构的优点是意见比较容易统一，不宜出现公司管理僵局。但是夫妻、亲属公司股东结构经营管理活动不规范，公私不分，财产混同，存在法人人格被否定的法律风险。另外，一旦彼此感情出现危机，随之带来的是股权争夺战、公司控制权争夺战。企业可以通过章程约定非参与方的亲属经营权与收益权分离，包括继承权也要提前约定好。

（5）挂名股东。注册的股东没有实际出资，真正的股东以及管理者却没有任何工商注册的痕迹，出现显明股东和隐名股东。一旦出现家庭矛盾，发生道德危机，显明股东将股权处分，或者违背隐名股东意愿表决公司事务，均会产生法律纠纷。

（6）外资、国企及特殊行业股东有特殊规定，违法代持。有些行业，国家对股东资格是要进行审查审批的，比如金融类企业（证券公司、典当行、银行等）；在外资企业、国有企业的股权问题发生变化时，国家也要进行审批。有些股东为了绕开这些规定，就找人代持，自己当隐名股东，这样的持股情况也存在被法律认定为无效的风险。

案例分析

李子柒的股权纠纷①

古风短视频创作者李子柒创作的视频具有“归园田居”般的恬淡和温暖，展现了中国的乡土生活，得以“圈粉”无数，央视新闻也接连发文，盛赞李子柒“讲好了中国文化，讲好了中国故事”。然而，这个圆了太多人田园梦想的视频于2021年7月14日停更了。

李子柒与杭州微念品牌管理有限公司（以下简称“杭州微念”）的合作始于2017年7月，两者共同成立四川子柒文化传播有限公司（以下简称“四川子柒文化”），李子柒为公司法人，持有49%的股份，杭州微念持有51%的股份。四川子柒文化和杭州微念的股权架构，如图1–8所示。

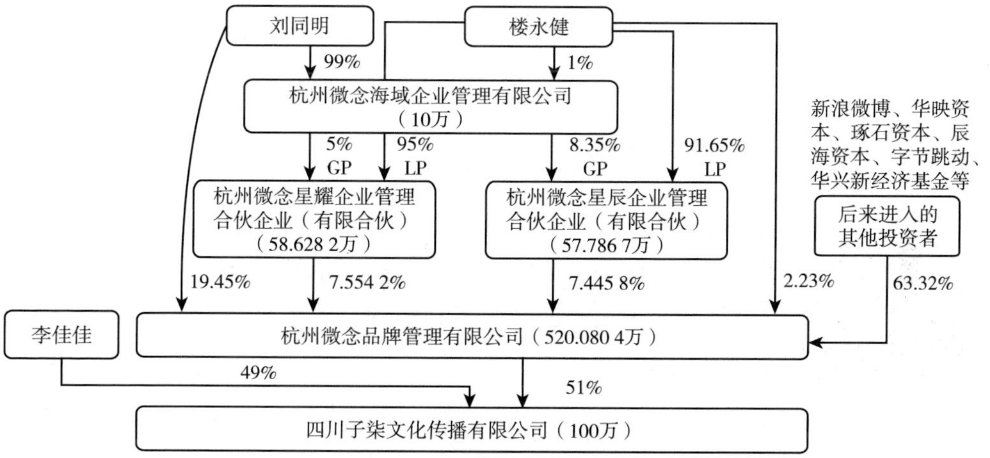

图1–8 四川子柒文化和杭州微念的股权结构

刘同明通过控制杭州微念海域企业管理有限公司以及杭州微念星耀、杭州微念星辰两个有限合伙企业，从而将其在杭州微念里的控制权达到了34.45%（19.45%+7.445 8%+7.554 2%），拥有了对公司7项重大事项的一票否决权。

杭州微念在“李子柒”品牌的影响下，身价暴涨，被品牌商和资本所青睐。在2021年2月获得字节跳动的投资后，杭州微念的估值已经达到50亿元。刘同明在杭州微念享有20.44%［19.45%+99%（5%×7.554 2%+8.35%×7.445 8%］的收益权，作为受让股权的股东，其在一场场股权转让中还享有可观的个人收益。

相比之下，“李子柒”品牌带给李子柒本人的收益却显得寥寥无几。因为李子柒在杭州微念并不持股，不管是商品销售收入，还是出让股权融资的收益，都与李子柒无关。

---

① 资料来源：本案例根据互联网媒体报道整理而成。

2021年10月25日，李子柒关联四川子柒文化正式起诉杭州微念及其实际控制人刘同明。2022年1月27日、3月10日，杭州微念以“股东知情权纠纷”为由又起诉了四川子柒文化。2022年12月26日，李子柒关联公司四川子柒文化传播有限公司发生工商变更，杭州微念品牌管理有限公司董事长刘同明卸任四川子柒文化公司高管职位，同时，股权由李子柒出资人民币49万元，杭州微念科技有限公司出资人民币51万元，变更为李子柒出资人民币99万元，杭州微念品牌管理有限公司出资人民币1万元。

思考与讨论

案例中四川子柒文化与杭州微念的股权架构设计是有问题的。从股权分配角度来看，双方违反了哪些原则或要求呢？在早期股权架构设计时，可以采取哪些措施来避免这种“双输”的结局呢？

（五）股权架构的动态调整

企业合作之初确定的股权架构，与经过一定时间后复盘的价值贡献可能不一致，包括承诺的资源没有按照预期到位、没有达到绩效指标等，如果不依据实际情况调整股权结构，则可能会对企业未来发展产生不利影响。

1.股权架构动态调整原因

（1）应对股权结构设计之初的信息不对称。股权结构设计之初，是在很多信息不确定、不对称的情况下进行的，而公司的变化发展又是一个常态。按照最初想法设计的股权架构，随着时间的推移，可能会出现股东付出与回报不对等的问题。

（2）解决未来的价值判断问题。股权是一项面向未来的权利，其价值大小取决于各个股东对公司的价值贡献、员工的绩效表现、公司自身的业绩表现等多重因素，这些事项在股权架构设计之初是难以判断的，主要体现在：①对于初始投资价值不易衡量的出资形式，如承诺的关系资源、营销渠道等，只有在经过时间验证之后，才能判断其价值。②对于授予员工的激励股权，获得激励股权的员工未来能够发挥的作用、带来的价值，是需要花费时间对其绩效表现进行评价的。③对于采用基于未来收益的估值方法确定投资价格的公司，如果未来期限内没有实现盈利预测的数字，则说明公司价值高估了，投资价格应当被调减；如果超出了盈利预测，则说明公司价值低估了，投资价格应当被调增。

（3）股权调整本质上是一种纠偏机制。股权架构的动态调整在本质上是一种纠偏机制，纠正的是股权未来价值和设计股权架构时的价值之间的差额。

思考与讨论

找一家今年拟上市的企业，通过查阅其招股说明书，分析企业股权架构是否存在以下隐患：股东之间是否存在平均分配股权的问题？是否给兼职人员发放大量股权？是否存在仅提供一次性资源的股东？是否给短期资源承诺者发放大量股权？是否由外部投资人控股？是否存在小股东在操盘公司的问题？是否给投资人预留股权？是否为管理团队预留股权？是否考虑创业合伙人的退出机制？是否有创业合伙人人退股不退的情况？

2.股权架构动态调整时应注意的问题

（1）注意控制权的变化。防止由于调整股权而导致控制权发生变化，否则不仅对未来的公司上市有直接影响，且不利利于公司经营管理的稳定性。

（2）避免频繁地调整股权。频繁调整股权容易增加股东的不安全感，降低股权在股东心中的价值认同，不利于全体股东的利益绑定，进而不利于公司发展的稳定性。

（3）始终坚持公平性。解决好公平性的问题，是股权动态调整的出发点，也是终点，要使创始股东的价值贡献与所得股权相对等，员工获得的激励股权与其绩效贡献相对等，外部投资者获得的股权与其投资资本的价值相对等。

实务应用

对于创新创业型公司而言，在进行股权分配和股权架构设计时，一定要考虑创业团队中（关键人力资本）的动态性问题，适时权衡其在各方面、各个阶段的作用与贡献，动态平衡调整投资者、创业团队尤其是创业团队中的关键人力资本之间的股权分配，以期实现关键人力资本在控制权、收益权层面的平衡。

三、股权架构设计中的税务筹划

在做股权架构设计时，要充分考虑企业的未来发展以及现今的企业规模，依据国家给予的税收优惠政策，合理构建企业所得税的税务筹划体系，降低企业税务负担。目前给予民营企业的所得税优惠政策主要是两项：一是对小微企业的税收优惠；二是对高新科技型企业的税收优惠。例如，利用小微企业享受的所得税优惠政策，在做股权架构设计时，可以考虑分散股权、合理投资，以成立控股子公司的形式将企业的规模变小，确保企业的税务筹划合理合法，降低企业的税务负担。不过，一直保持企业的小微状态，从长远来看，很难使企业做大做强。

依照当前相关法律规定，民营企业给予股东的分红，股东需要缴纳个人所得税；股东在自己投资的民营企业之间进行资金流转时，除去贷款等外来资金注入的方式，如若先提取分红再流转资金，需要缴纳个人所得税，这对民营企业之间的资金流转造成了一定的阻碍。但子公司分红给控股的母公司时，这一分红无须缴纳税款。在做股权架构设计时，可以将企业的股权架构设计成一个母公司控股几个子公司的形式，用以代替自然人直接控股子公司，避免自然人股东在控股多个民营公司时所提取分红需要多次缴纳税款。因无须缴纳税款，几个子公司之间的资金流转效率得以提高，提升了企业的盈利能力，同时有利于企业达到为股东谋取利益的经营目标。

案例分析

两种股权架构的综合税负

我们以控股公司架构和有限合伙企业为例，来计算不同股权架构所牵涉的综合税负。在这两种股权架构下，产生的财产收益有两种：一种是从被投资公司取得的分红，另一种是转让被投资公司股份的所得。

假设自然人张三计划设立××公司作为经营主体，有控股公司架构和有限合伙架构两种方案，如图1-9所示。假设张三持有××公司期间，取得了××公司分红。张三转让××公司股权，取得股权转让所得。不同持股模式下的税负对比，如表1-9所示。

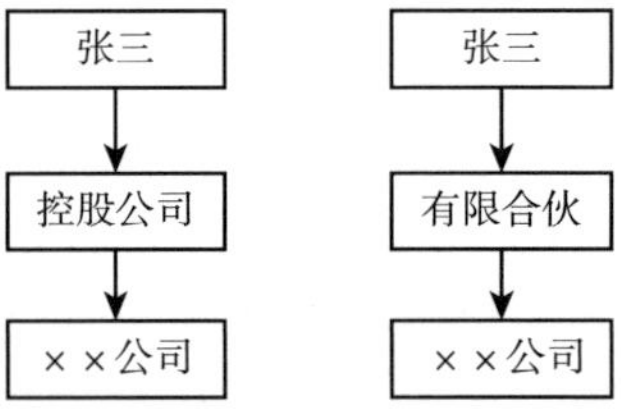

图1-9　控股公司架构和有限合伙架构

表1-9　不同持股模式下的税负对比

收入类型	控股公司做持股平台			有限合伙企业做持股平台		
	控股公司	张三	税负合计	有限合伙	张三	税负合计
取得分红	免税①	20%②	20%	不纳税③	20%④	20%
转让所得	25%⑤	15%⑥	40%	不纳税③	20%或35%⑦	20%或35%

计算方法：

①控股公司取得的××公司分红，免征企业所得税。参见《中华人民共和国企业所得税法》（以下简称《企业所得税法》）第二十六条。

②控股公司将从××公司投资取得的分红分配给张三，张三应按股息红利税目缴纳20%个人所得税。参见《中华人民共和国个人所得税法》（以下简称《个人所得税法》）第三条第三款。

③合伙企业不是个人所得税的纳税主体（见《关于印发〈关于个人独资企业和合伙企业投资者征收个人所得税的规定〉的通知》财税〔2000〕91号第三条），同时合伙企业也不是企业所得税的纳税主体（见《企业所得税法》第一条），因此合伙企业对取得的所得无须缴纳所得税。

④参见《国家税务总局关于〈关于个人独资企业和合伙企业投资者征收个人所得税的规定〉执行口径的通知》（国税函〔2001〕84号）。

⑤控股公司转让××公司股权取得的所得属于财产转让所得，企业所得税税率为25%。参见《企业所得税法》第六条第三款和第四条。

⑥控股公司转让××公司取得的所得缴纳了25%的企业所得税，控股公司实现75%的税后利润。75%的税后利润分配给张三，张三需缴纳20%个人所得税，即张三承担的所得税税负为：75%×20%=15%。

⑦关于自然人合伙人从合伙企业取得分配的合伙企业转让股权所得，合伙人如何缴纳个人所得税，存在两种观点，一种认为应该按“财产转让所得”适用20%的个人所得税税率，另一种观点认为有限合伙人适用20%的税率，变通合伙人适用5%~35%的税率。随着我国税收立法的逐步完善，未来对合伙企业会出台更细化的税收法规。

选择何种股权架构税负更优，与持股目的息息相关。如果自然人为财务投资者（即以获利为目的，通过投资行为取得经济上的回报，在适当的时候进行套现的投资者），采取有限合伙企业转股套现时整体税负为20%或35%，远低于控股公司架构的整体税负40%；如果是战略投资人（即与被投资公司业务联系紧密，有业务合作关系或潜在合伙意向，且欲长期持有被投资公司股份的投资者），采取控股公司架构与有限合伙企业在取得分红收益时整体税负均为20%，但考虑到合伙企业的税收立法对纳税时点、税基计算、纳税地点等规定存在模糊性，控股公司作为持股平台为更优的选择。

四、企业注册资本的确定

（一）认缴制的实质

我国现行《公司法》及相关条例规定，有限责任公司“注册资本”的登记管理已经从“实缴登记制”调整为“认缴登记制”，即注册资本的实缴数没有期限承诺的限制，也没有认缴最低限额，允许公司股东自主约定认缴出资额和出资期限。于是，社会上出现了大量注册资本巨大而实缴能力不足的公司，很重要的原因之一就是不少人对认缴制的误解，认为认缴制下“认缴不实缴”就等于“认而不缴”“可以不缴”，其实这是非常不正确的理解。

有限公司的“有限”体现在两方面，即股东以出资为限对公司的债务承担责任，公司以其全部资产对债权人承担责任，全体股东的出资额就是有限责任公司的注册资本。

认缴制下公司股东的出资义务只是暂缓缴纳，而不是永久免除，在公司经营发生了重大变化时，公司包括债权人可以要求公司股东缴纳认缴的出资额，用以清偿公司债务。比如某公司注册资本2 000万元，股东实缴出资额400万元，当公司经营不善破产时，破产管理人可以要求股东将剩余未缴纳的1 600万元出资缴付至公司，统一进行清算，以偿还债务。

（二）注册资本考虑因素

注册资本认缴制实行后，注册公司的门槛降低了，理论上注册资本可以随意设定，但并不是写得越多越好。在填写注册资本金额时，要考虑以下因素：

1. 所在行业资质要求

比如，互联网企业申请互联网信息服务业务经营许可证（ICP经营许可证）时，注册资金必须在100万元以上；天猫、京东对入驻平台的商家，要求注册资本为200万元以上；一些招投标项目，也有最低注册资金的限制。

2. 承担注册资本风险的能力

注册资本与所能承担的风险和责任是成正比的，比如，一家公司的注册资本为100万元，股东A占70%的股权，所以需要出资70万元，如果公司经营不善，欠了1 000万元的外债，那么A最多只需用他70万元的出资额来承担责任，超出的部分和他个人就没关系了。但如果这家公司的注册资本是1 000万元，A依旧占70%的股权，那么A就要承担700万元的责任。

3. 印花税的考虑

我国税法规定，每年年底企业要按实收资本和资本公积缴纳0.05%的印花税。例如，一家科技类公司的注册资本是100万元，如果企业完成实缴，那么企业的印花税就是500元。举一个真实的例子，2015年安徽玉龙地智慧餐饮公司注册成立，注册资本为50 000亿元，如果该公司完成实缴，其印花税则将达到25亿元。

所以，注册资本并不是越大越好，大部分互联网创业者采取股权融资的方法，通过股权比例而不是注册资本来控制企业。

过去实行“实缴制”的时候，注册资本是需要验资报告的。现在多数情况下已经不需要了，只有一些招投标项目或者比较大型的合作伙伴，为了确认合作公司的注册资本已经实缴，需要其出具验资报告。验资报告可以在实缴完成后，找会计师事务所来出具。

实践参考

公司注册资本确立为多少，要考虑所在行业的资质要求、实缴时的印花税、转让时的企业所得税和个人所得税，以及所承担的风险和责任。假设企业注册资本是500万元，如果完成实缴，则企业的印花税将是500元；如果以900万元转让，则需要缴纳的企业所得税100万元［(900－500）×25%］；若分红到自然人股东手里，还需要缴纳个人所得税60万元［(900－500－100）×20%］。如果1元注册公司，900万元转让，则需要缴纳的企业所得税225万元（900×25%）；若分红到自然人股东手里，还需要缴纳的个人所得税135万元［(900－225）×20%］，合计纳税360万元。

第三节 企业组织架构的设计

项目需求

如何设计企业的组织架构？

组织架构是企业的流程运转、部门设置及职能规划等最基本的结构依据，它反映组织内部各要素之间的关系，包括组织内上下级之间、职能部门之间、各子公司之间、总公司与分（子）公司之间、员工之间等的关系。组织架构决定企业效率，常见的组织架构形式有直线制、职能制、直线职能制、事业部制、矩阵制、阿米巴等。那么，如何兼顾企业战略、管理要求、管控定位以及业务特征，架构起适用的组织结构呢？

项目分析

设计企业组织架构时，首先要考虑的因素是企业战略，组织架构应与企业经营战略相匹配，一旦新的经营战略形成，组织架构要随之调整。其次，要考虑企业发展阶段、企业规模、外部环境等因素，综合考虑各因素影响，积极采取相应措施，运用科学、有效的方法，设计出适应企业发展阶段的组织架构。

一、企业组织架构的基本类型

企业组织结构是指为了实现组织目标，经过组织设计形成的组织内部各个部门、各个层次之间固定的排列方式，即组织内部的构成方式，有以下几种基本形式。

（一）直线制

直线制是一种最先出现，也是最简单的组织形式。所谓的“直线”，是指在这种组织结构下，职权直接从高层开始向下“流动”（传递、分解），经过若干个管理层次达到组织最低层。在这种组织结构形式中，企业各级行政单位从上到下实行垂直领导，下属部门只接受一个上级的指令，各级主管负责人对所属单位的一切问题负责。典型直线制结构形式，如图1–10所示。

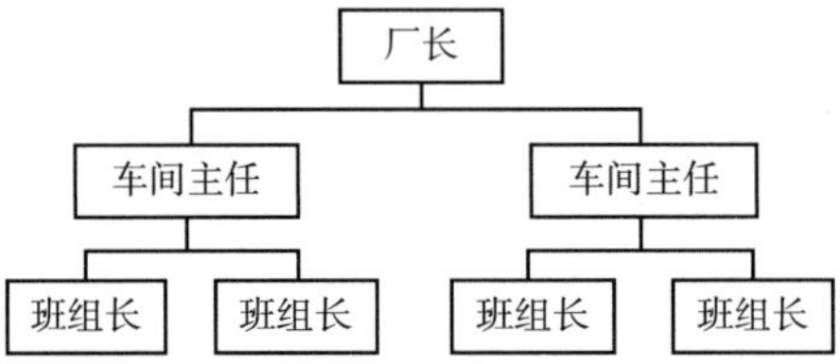

图1–10　典型直线制结构形式

直线制组织结构的特点是：组织中的一切管理工作均由领导者直接指挥和管理，上下级的权责关系是直线型的，上级在其职权范围内具有直接指挥权和决策权，下属必须服从。这种结构形式具有权责明确、命令统一、决策迅速、反应灵敏和管理机构简单的优点，但也存在权限高度集中，易于造成家长式管理作风，形成独断专行、长官意志，组织发展受到管理者个人能力的限制，组织成员只注意上下沟通，而忽视横向联系。

直线制适用于规模较小、生产技术比较简单的企业，对生产技术和经营管理比较复杂的企业则不适宜。

（二）职能制

职能制结构是一种以职能为导向的组织结构形式。这种结构将技能相似的专业人员集合在各自专门的职能机构内，并在各自的业务范围内分工合作，组织任务集中、明确，上行下达。典型职能制结构形式，如图1–11所示。

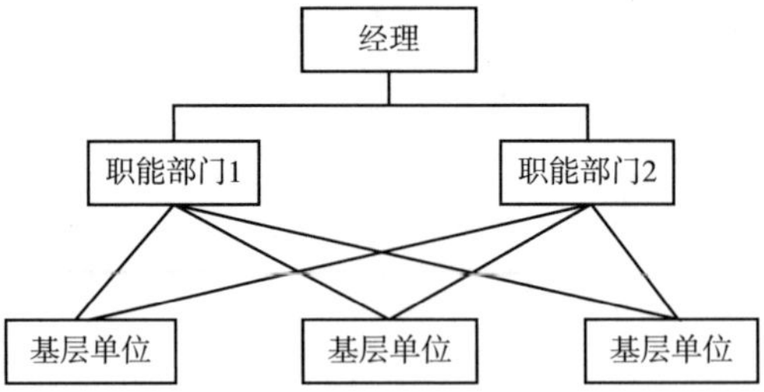

图1–11　典型职能制结构形式

职能制组织结构是一种强调专业分工的大跨度组织结构模式，其特点是：强调管理职能的专业化，由总负责人将相应的管理职权和权力交给各个职能部门负责人，后者在其职权圈子范围内直接指挥下级单位，它有利于发挥各职能机构的专业管理，提高工作效率。

职能制组织结构具有专业化的优势，可以弥补行政领导的不足，但容易形成多头领导，削弱统一指挥，导致没有人对最终结果负全部责任，不利于选拔、培养后备领导者。

（三）直线职能制

直线职能制是由直线制和职能制结合而成的组织结构模式。它是把企业管理机构和人员分为两大类：一类是直线领导机构和人员，按命令统一原则对组织各级行使指挥权；另一类是职能机构和人员，按专业化原则从事组织的各项职能管理工作。直线领导机构和人员在自己的职责范围内有一定的决定权和对所属下级的指挥权，并对自己部门的工作负全部责任；职能机构和人员则是直线指挥人员的参谋，不能直接对部门发号施令，只能进行业务指导。典型直线职能制结构形式，如图1–12所示。

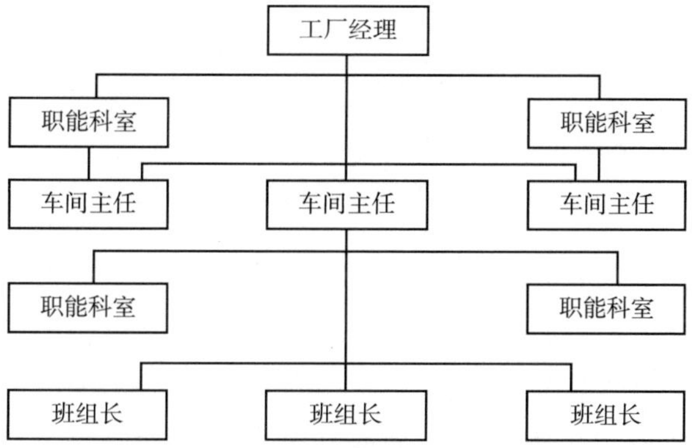

图1–12　典型直线职能制结构形式

直线职能制综合了直线制和职能制的优点，各级领导都有自己的职能机构人员做参谋和助手，帮助收集信息、分析问题，因而能对各部门的生产、技术、经济活动进行有效的指挥和组织。这种组织结构形式，能够发挥专家的作用，提高管理水平，每个部门都是由一个统一领导人指挥，可以满足统一协调组织和严格责任制的要求，但容易因职能部门之间的协作和配合性较差而导致办事效率低。

（四）事业部制

事业部制是为满足企业规模扩大和多样化经营对组织机构的要求而产生的一种

组织结构形式。具体的设计思路是：在总公司的领导下，设立多个事业部，把分权管理与独立核算结合在一起，按产品、地区或市场划分经营单位，即事业部。每个事业部都有自己的产品和特定的市场，能够完成某种产品从生产到销售的全部职能。事业部不是独立的法人企业，但具有较大的经营权限，实行独立核算、自负盈亏，是一个利润中心。从经营的角度上来说，事业部与一般的公司没有什么太大的不同。

事业部制下的各事业部独立经营，公司总部具有人事决策权和预算控制权，监督协调各个事业部的工作，实行集中决策、分散经营，将集权与分权相融合。典型事业部制结构形式，如图1-13所示。

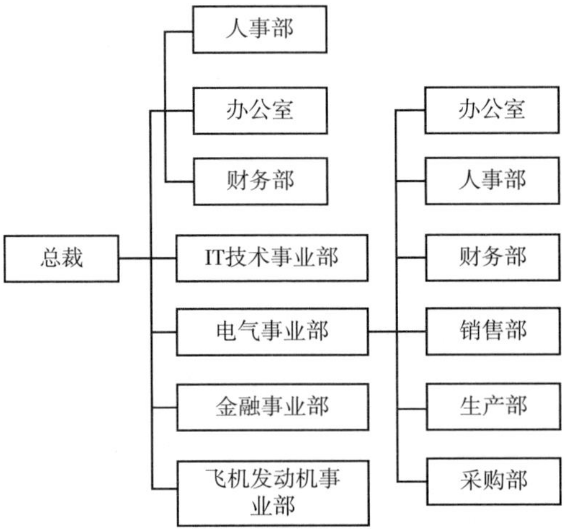

图1-13　典型事业部制结构形式

当管理者按照他们所提供的产品或服务的类型组织事业部时，可以采取产品结构；当管理者按照经营运作所在国家或全世界的区域来组织事业部时，可以采取地域结构；当针对顾客的类型组织事业部时，可以采取市场结构。

事业部制结构执行“集中决策、分散经营”的管理原则，其优点是总公司领导可以摆脱日常事务，集中精力考虑全局问题；各事业部实行独立核算，更能发挥经营管理者的积极性，培养“多面手”级的管理人才；各部门之间的比较和竞争有利于企业的发展；事业部内部的供、产、销之间容易协调。但该结构中公司与事业部的职能机构重叠，使管理成本增高，同时由于实行独立核算，各事业部只考虑自身的利益，影响合作。

（五）矩阵制

矩阵制组织结构形式是在直线职能制垂直形态组织系统的基础上再增加一种横向的领导系统，它由职能部门系列和完成某一临时任务而组建的项目小组系列组成，从而同时实现了事业部制与职能制组织结构特征的组织结构形式。典型矩阵制组织结构形式，如图1–14所示。

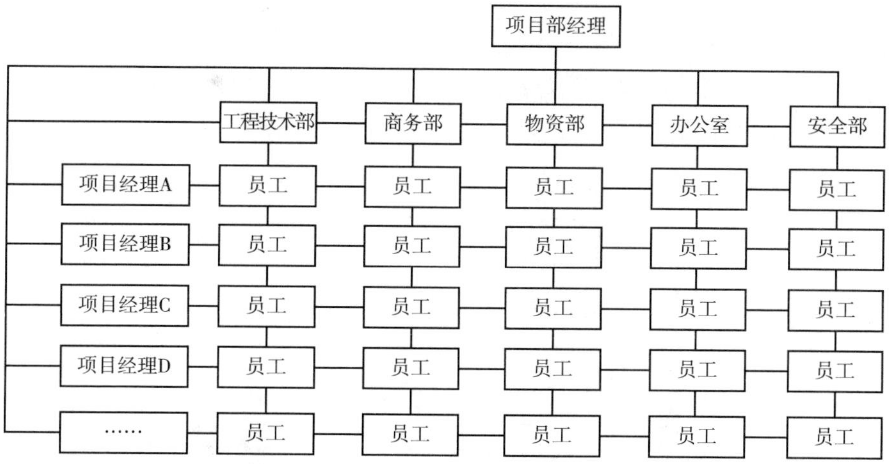

图1–14 典型矩阵制组织结构形式

矩阵制组织的特点表现在围绕某项专门任务成立跨职能部门的专门机构，比如组成一个专门的产品小组去从事新产品的开发工作，在研究、设计、试验、制造各个不同阶段，由有关部门派人参加，力图做到条块结合，以协调有关部门的活动，保证任务的完成。

矩阵制结构的优点是机动、灵活，可随项目的开发与结束进行组织或解散；由于这种结构是根据项目组织的，任务清楚，目的明确，各方面有专长的人都有备而来，因此在新的工作小组里能沟通、融合，将自己的工作同整体工作联系在一起，为攻克难关、解决问题而献计献策；从各方面抽调来的人员具有信任感、荣誉感，同时可以增加他们的责任感，激发其工作热情，促进项目的实现；这种结构形式还加强了不同部门之间的配合和信息交流，克服了直线职能结构中各部门互相脱节的现象。

其缺点是项目负责人的责任大于权力，因为参加项目的人员都来自不同部门，隶属关系仍在原单位，只是为“会战”而来，所以项目负责人对他们的管理存在一定的困难，没有足够的激励手段与惩治手段，这是矩阵制结构双重管理的先天缺陷。

矩阵制结构适用于一些重大攻关项目，特别适用于以开发与实验为主的单位，如科学研究单位，尤其是应用性研究单位等。

（六）阿米巴组织结构

当企业规模不断扩大，业务量持续提升，且员工有了经营意识，具备管理能力，企业就要为员工提供足够的平台，发挥集体的智慧去经营企业。此时，最好的组织结构形式就是阿米巴组织结构。

把大企业划分为许多个独立的阿米巴组织，从员工中选取合适的管理者来经营“阿米巴”。这样，公司由一个经营者变成由许多个“经营者”共同管理，既提高了员工的工作效率，也能更好地宏观调控公司的发展方向。从长远发展来看，让各个“阿米巴”自主经营、独立核算，就是为企业培养更多的优秀经营人才。阿米巴组织结构形式，如图1-15所示。

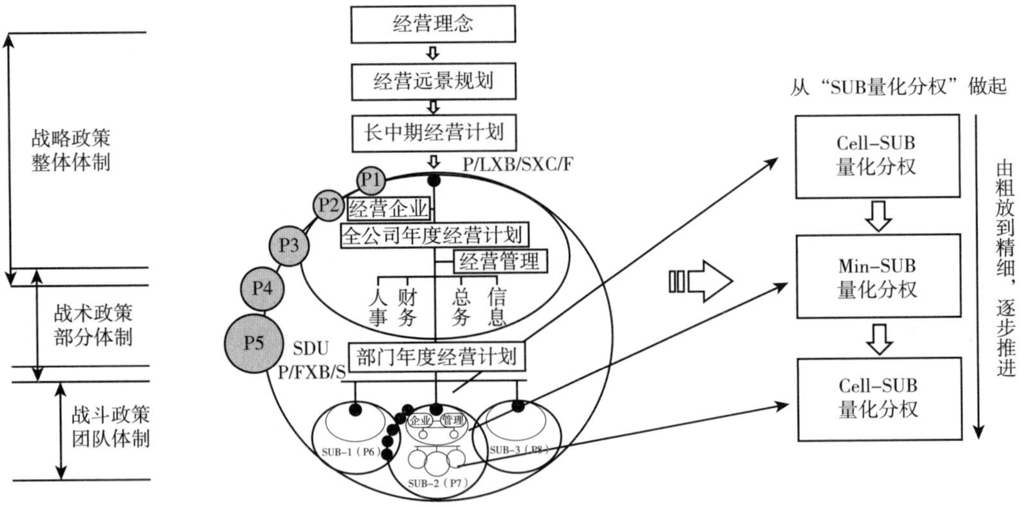

图1-15　阿米巴组织结构形式

“阿米巴”（Amoeba）在拉丁语中是单个原生体的意思，这种虫体赤裸而柔软，其身体可以向各个方向伸出伪足，使形体变化不定，故而得名“变形虫”。变形虫最大的特性是能够随外界环境的变化而变化，不断地进行自我调整以适应所面临的生存环境。在阿米巴经营方式下，企业组织也可以随着外部环境的变化而不断“变形”，调整到最佳状态，即能适应市场变化的灵活组织。

阿米巴组织结构和经营方式是京瓷公司的创始人稻盛和夫创造的。为了保持公司的发展活力，稻盛和夫将企业分成小的集体，通过与市场直接联系的独立核算制进行运营，培养具有管理意识的领导，让全体员工参与经营管理。比如，某陶瓷产品有混合、成型、烧结、精加工四道工序，就将这四道工序分成四个“阿米巴”，每个“阿米巴”都像一个小企业，都有经营者，也都有销售额、成本和利润。阿米巴经营不仅考核每个“阿米巴”的领导人，而且考核到每个“阿米巴”人员每小时产生的附加价值，这样就可以真正落实“全员经营”的方针，发挥企业每一位员工的积极性和潜在的创造力。

二、企业组织架构设计原则

企业之所以要进行组织结构设计，就是为了适应企业战略的需要，确保企业的每一项工作任务都有部门来承办，部门再把工作分解到具体的岗位。企业面临的竞争对手、市场环境、技术实力等都有所不同，所需的部门和岗位也不尽相同，但有一些原则是企业在进行组织结构设计时都需要遵守的。

（一）任务目标原则

所谓任务目标，是指企业组织结构的设计必须以企业的战略任务和经营目标为依据和出发点，并以实现企业战略任务和经营目标为最终目的。在进行战略调整时，组织结构设计也要随之调整，比方说企业要实现多元化经营战略，采用事业部制组织结构形式的可能性更大，原来的结构可能就过于单调和简单了。企业的阶段性任务发生变化时，例如要进行并购重组，各职能部门和管理岗位都要进行调整，组织结构也随之变化。

这一原则是企业组织结构设计总的指导原则。首先，任务目标是企业组织结构设计的出发点，组织结构设计是为实现企业的任务、目标服务的，因此要因事设人。其次，任务目标是组织结构设计的归宿，衡量企业组织结构是否合理，应是看其是否最大限度地促进企业任务和目标的实现。

（二）专业分工与协作原则

现代社会是一个强调分工和协作的时代，在企业管理中也不例外。不同的职能部门能给企业管理者提供不同的管理信息并完成不同的任务。企业内的各职能部门只有注重合作和沟通，才能实现组织整体利益的最大化。为贯彻这一原则，在组织设计中要十分重视横向协调的问题。企业应进行适当而明确的分工，设置若干部门分头管理并加强协调与配合，从而收到事半功倍的效果。应用这一原则必须注意两点：

（1）分工要适当，不是越细越好。

（2）必须加强协调配合。

（三）指挥统一原则

机构设置应当保证行政命令和生产经营指挥的集中统一，这是企业组织结构设计的基本原则，也是社会化大生产提出的客观要求。如果一个下级同时收到两个上级领导的命令，且这两个命令还不一致时，就会给这位员工造成困扰。无论此员工按照谁的指示工作，都有可能招致另一位领导的不满，这样的情况显然会给组织带来很坏的影响。

为贯彻统一指挥原则，应做到：

（1）实行首长负责制。企业的每一级机构，无论是企业整体、一个车间，还是一个科室、一个科组，都必须确定一个人的全面负责制度，只有统一指挥，才可以避免多头领导和无人指挥现象。

（2）正确处理直线经理与职能经理的关系，实行直线参谋制。直接指挥权只给直线经理，职能经理对直线经理和下级实行监督和业务指导。职能经理对下级的命令必须通过直线经理下达，从而避免了多头领导。

（3）在同一层次领导班子中必须明确主副关系。在每一组织层次中，应严格规定正职与副职领导者的职责和职权，正职领导者对组织的工作全面负责，副职领导者负责某一局部的工作。正副职之间如果发生意见分歧，正职拥有最终决定权。

（4）一级管一级，防止越级指挥。在多级指挥体系中，应当坚持逐级指挥，形成连续的指挥链。一般情况下，不能为显示个人权威而越级指挥。

（四）有效管理幅度原则

所谓管理幅度，是指一名主管人员直接指挥的下级人员的人数。有效管理幅度是指主管人员直接指挥下级人员的恰当数量。有效管理幅度原则产生的根本原因在于主管人员的知识、经验和精力是有限的，因而能够有效领导的下级人数也是有限的，如果超过了这个限度，就不可能进行有效的领导。

确定管理幅度应考虑的主要因素是：

（1）管理的层次。

（2）领导者和下级的能力。

（3）组织机构的健全程度。

管理幅度与企业管理的层次有着密切的关系，在企业规模一定的条件下，通常是管理幅度越大则层次越少，管理幅度越小则层次越多。管理层次是指厂长、经理到基层工作人员之间隶属关系的数量。

（五）责权利相结合的原则

所谓责权利相结合，就是使企业中每一个职位或岗位上的职责、职权、经济利益统一起来，形成责权利相一致的关系。在组织结构设计过程中，需要明确管理的权责利，保证产权清晰，实现相互之间的制约平衡，避免出现权力过度集中的问题。

实际上，管理理论早就提出了责权一致的原则，即强调有多大责任，就应有多大权力。随着对责权一致原则进行的不断深入研究，该原则已发展为责、权、利对应的三角关系。在此基础上，还有学者提出职、责、权、利的四边形模式，以及职、责、权、效、利的五星形模式。

（六）集权和分权相结合的原则

集权与分权指的是企业决策权的集中化与分散化。集中化是指企业高层保留较多、较大的决策权，中层和基层只有较少和较小的决策权；分散化则相反，即企业高层只保留较少的重大决策权，而把较多和较大的决策权授予中层和基层。集中化和分散化各有利弊，集中化有利于企业的统一领导，但会压抑下级的积极性；分散化有利于发挥下级的积极性，但有时会损害企业的统一指挥。

衡量集权与分权的标志：

（1）决策的数量。

（2）决策的重要性及影响面。

（3）审批手续的繁简。

企业集权与分权的程度，应根据企业的具体条件，全面考虑影响集权与分权的客观因素，如企业规模、生产技术特点、管理工作的性质以及管理者素质等因素，实事求是地确定。企业的各级管理者必须拥有相应的权力才能开展工作，合理的集权与分权对企业的稳定有着重要的意义，过于集权或分权都不是明智的选择。组织权力的集中或分散程度是由管理层次的决策情况来确定的。如果下级的决策越频繁、重要，跨越幅度越大，分权程度就更应该大些，反之就小些。

（七）稳定性和适应性相结合的原则

稳定性是指组织抵抗干扰和保持其正常运行规律的能力，适应性则指组织调整运行方式以保持其对内外环境变化的适应能力。

稳定性要求“保持”，适应性则要求“调整”，它们是一对相互依存的矛盾，没有适应性便会失去稳定性，同时没有稳定性也难做到适应性。若要贯彻这一原则，应该在保持稳定性的基础上进一步增强企业组织机构的适应性。

（八）精简机构的原则

精简机构就是指部门、人员、管理层次能减则减，办事程序和规章制度力求简单明了。精简机构的原则是指企业组织机构的设置在完成任务、目标的前提下应当力求做到紧凑精干。机构越简单越好，管理层次和人员越少越好。

帕金森在其书《帕金森手册》中阐述了两个法则：增加部下法则和增加工作量法则。

（九）具有一定弹性的原则

在外部环境和任务发生变化时，合理的组织结构能相应地做出改变，使组织依然能够安然运转。一些部门的设计要存在弹性，当组织战略发生改变或部门职能完成之后，应该能够随时进行撤销或改组。因此，在进行组织结构设计时，要建立完善的内控制度、指挥模式、责权体系等，使组织在变动的环境中自动调节。

三、海尔集团组织架构的演变

海尔集团创立于1984年，经过30多年的发展，已经成长为海内外享有盛誉的大型国际化企业集团，连续3年作为全球唯一物联网生态品牌蝉联全球百强，连续13年稳居国际世界家电第一品牌，旗下子公司海尔智家位列世界500强。

海尔集团从一个濒临倒闭、资不抵债的集体所有制小厂，发展成为物联网时代世界引领的生态型企业，受益于其不断发展的经营模式和组织结构。海尔集团不同发展时期的战略和组织架构关系，如表1–10所示。

表1–10　海尔集团不同发展时期的战略和组织架构关系

时间（年）	经营战略	典型事件	组织架构
1984—1991	名牌战略	“砸冰箱”，创出中国第一个冰箱名牌	直线职能式结构
1991—1998	多元化战略	以海尔文化激活“休克鱼”，创出中国家电第一品牌	事业部制
1998—2005	国际化战略	成为中国品牌走向全球的代表，创出中国的世界名牌	超事业部制战略业务单元（SBU）组织
2005—2012	全球化品牌战略	整合三洋家电、斐雪派克、通用电器等，创出全球最大的家电品牌集群	倒三角组织结构
2012—2019	网络化战略	变成网络上的一个节点，实现从“制造产品”到“孵化创客”的转变	平台型组织结构
2019至今	生态品牌战略	从传统时代的产品品牌到互联网时代的平台品牌，再到物联网时代的生态品牌	生态组织体系

海尔集团的创始人张瑞敏曾先后登上美国哈佛大学、沃顿商学院和哥伦比亚大学的讲台，纵论海尔管理模式。2021年9月17日，张瑞敏和欧洲管理发展基金会（EFMD）主席科尼埃尔联合签署首张“人单合一”管理创新体系国际认证证书，标志着中国企业创造了首个管理模式国际标准，开创了中国企业从接受国际标准认证到输出国际标准认证的新时代。

在论述海尔组织结构的变迁时，张瑞敏提出了“有序的非平衡结构”的观点，他说：“整个组织结构的变化源自我们组织创新的观点，就是企业要建立一个有序的非平衡结构。一个企业如果是有序的平衡结构，这个企业就是稳定的结构，是没有活力的。但如果一个企业是无序的非平衡结构，肯定就是混乱的。我们在建立一个新的平衡时，就要打破原来的平衡，在非平衡时再建立一个平衡。就像人的衣服一样，人长大了服装就要改，如果不改肯定要束缚这个人的成长。”海尔集团的发展经历了6个战略阶段，每一个战略阶段，都从战略适配角度对组织结构形式进行了调整。

（一）名牌战略阶段

海尔最早的组织结构是直线职能制的结构，其组织结构如图1-16所示。直线职能制结构就像一个金字塔，下面是最普通的员工，最上面是厂长、总经理，它的好处就是容易控制到终端。

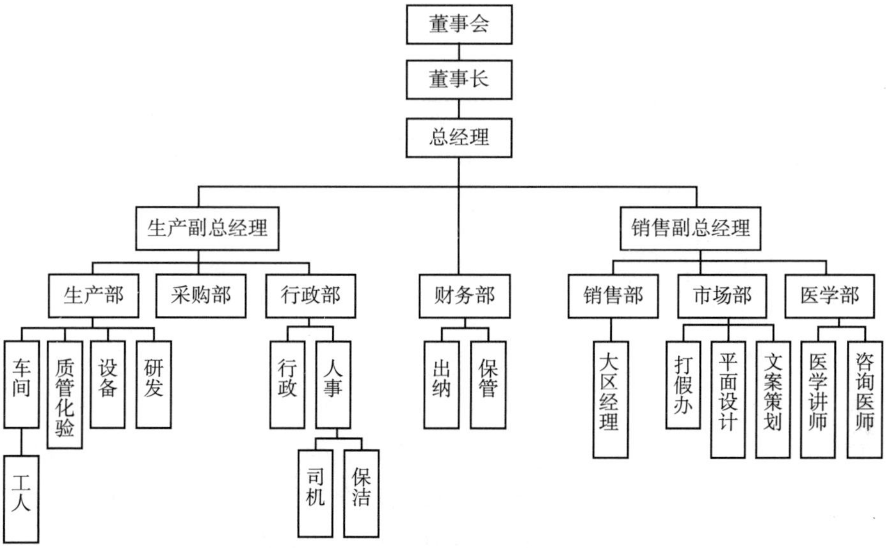

图1-16 海尔的直线职能制结构

直线职能制结构是一种集权式的组织结构形式，在企业小的时候，“一竿子抓到底”，反应非常快。这种结构在海尔发展的初期起了很大的作用，当时海尔内部局面混乱、纪律涣散、员工素质较低，如果不采用这种组织结构，张瑞敏的领导力无法展现，海尔就无法发展。这一时期，海尔组织架构模式的效能在“日事日毕、日清日高”为特征的“全方位优化（OEC）管理模式”下达到了顶峰。

（二）多元化战略阶段

直线职能制迅速使海尔树立了声誉和信誉，确立了其品牌地位。但企业大了以后，这种组织结构就不行了，最大的弱点就是对市场反应太慢。随着海尔多元化战略进程的推进，直线职能制的弊端对海尔的多元化战略产生了阻碍。

第一，多元化经营加重了企业高层管理者的工作负担，这种工作负担主要集中于各个产品或服务之间的决策、协调，容易顾此失彼；第二，直线职能制下的高度专业化分工使各个职能部门眼界狭窄，导致横向协调比较困难，妨碍部门之间的信息沟通，不能对外部环境的变化及时做出反应，适应性较差；第三，直线职能制下的员工专业化发展不利于培养素质全面的、能够经营整个企业的管理人才，从而在对多元化经营特别是新经济增长的机会把握上带来损失。

基于这些弊端，在多元化经营战略下，海尔的组织架构由原有的直线职能制开始向矩阵型管理、事业部制管理进行转变。其中，基于多元化战略的海尔矩阵事业部制组织结构，如图1–17所示。

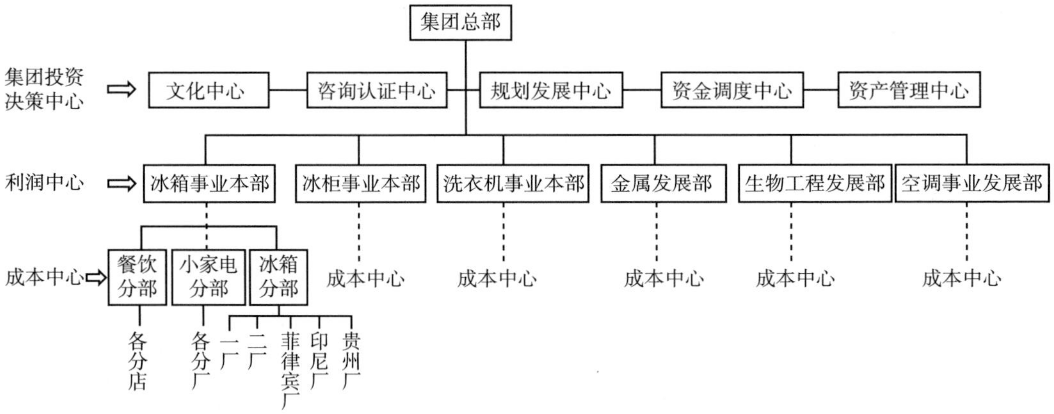

图1–17　海尔矩阵事业部制组织结构

矩阵型组织结构，是由纵横两套管理系统组成的组织结构，一套是纵向的职能领导系统，另一套是为完成某一任务而组成的横向系统。这种结构把组织的纵向联系和横向联系很好地结合起来，加强了职能部门之间的协作与配合；具有较强的机动性，能根据特定需要和环境活动的变化保持高度的适应性；把不同部门、不同专长的专业人员组织在一起，有利于互相启发、集思广益，攻克各种复杂的技术难题。

基于多元化战略，海尔集团后将组织结构调整为事业部制（见图1–18）。事业部制组织亦称“M型”组织，它是以目标和结果为基准来进行部门的划分和组合的。事业部的主要特点是“集中政策，分散经营”，即在集权领导下实行分权管理。在总公司的领导下，按产品或地区分别设立若干事业部，每个事业部都是独立核算单位，在经营管理上拥有很大的自主权。事业部有其本身的管理部门，自行经营其单位业务，从而使事业部在快速变化或复杂的环境下，能够更加快速、积极地回应市场，决策也更加快捷并符合市场实际情况。

海尔从1996年开始实行事业部制，这是在组织领导方式上由集权制向分权制转化的一种改革。经过第二阶段的调整，海尔集团的组织结构可以描述为：集团总部是决策的发源地，管辖一些职能中心；下边是事业部，事业部是一个利润中心，是市场竞争的主体。

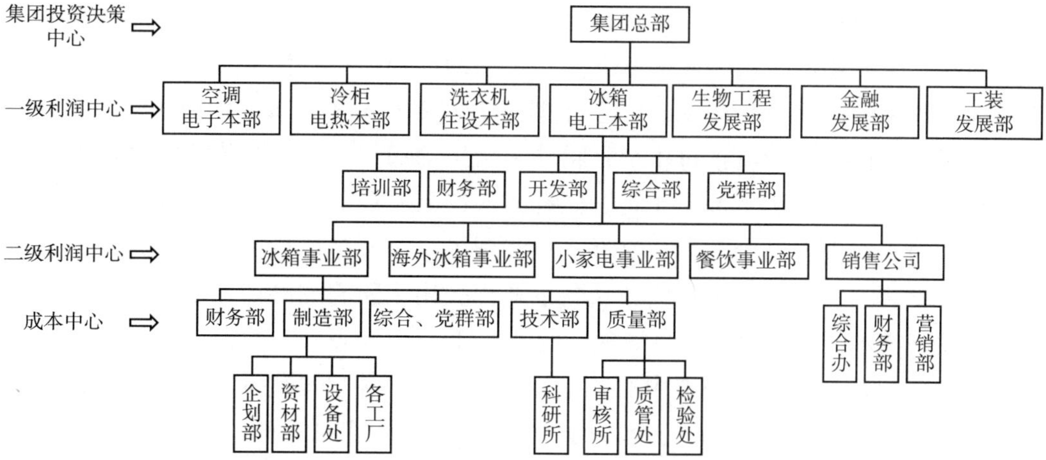

图1-18 海尔事业部制组织结构

（三）国际化战略阶段

为了应对网络经济和加入世界贸易组织（WTO）带来的挑战，海尔从1998年就开始实施以市场链为纽带的业务流程再造，形成了超事业部制组织结构，如图1-19所示。

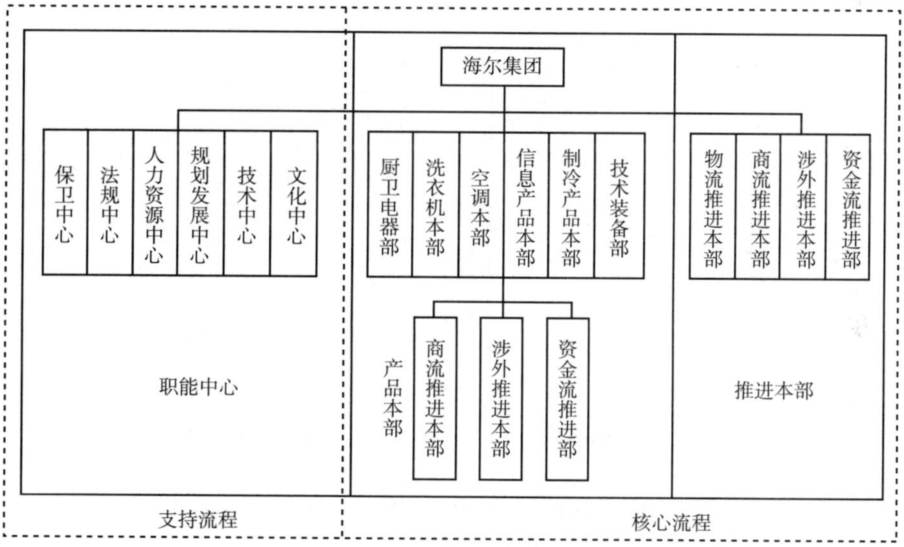

图1-19 海尔超事业部制组织结构

这个阶段，海尔集团的组织结构是更加扁平化、信息化和网络化的市场链流程，该结构以定单信息流为中心，带动物流、资金流的运动，加快了用户零距离、产品零库存和营运零资本的“三零”目标实现。

超事业部制的组织结构依据规模经济及专业化分工的原则，将各产品事业部的采买职能、仓储职能、运输职能整合为一个新的部门——物流推进本部，由物流推进本部一致履行各产品事业部的上述3种职能；将各产品事业部的国内营销功能整合为一个新的部门——商流推进本部；将外国营销部门整合为涉外推进本部；将财务部门整合为资金流推进本部。于是，原有的各产品事业部就演变为独立的生产及研发部门，而不再拥有其余功能。这样，就实现了全公司范围内的一致营销、一致采买和一致结算。另外，海尔集团还从各事业部分出了所有支持业务的资源，如人力资源开发、技术质量管理、信息管理、设备管理等，形成一个独立经营的服务公司。上述几大部门在公司组织构造中的地位是平等的，这种扁平化的组织构造，把公司与市场联合在了一起，流程运行全以用户为中心，满足了创新的需求。

（四）全球化战略阶段

适逢互联网时代来临，在同行还在打价格战时，海尔开始了“砸仓库”，推动基于零库存的即需即供，倒逼整个体系去满足用户的个性化需求。此时，“市场链”逐渐淡出，“自主经营体”和“倒三角”开始成为海尔的核心组织概念，并迅速成为世界多家商学院的研究案例。传统“正三角”式组织结构和海尔“倒三角”式组织结构，分别如图1–20、图1–21所示。

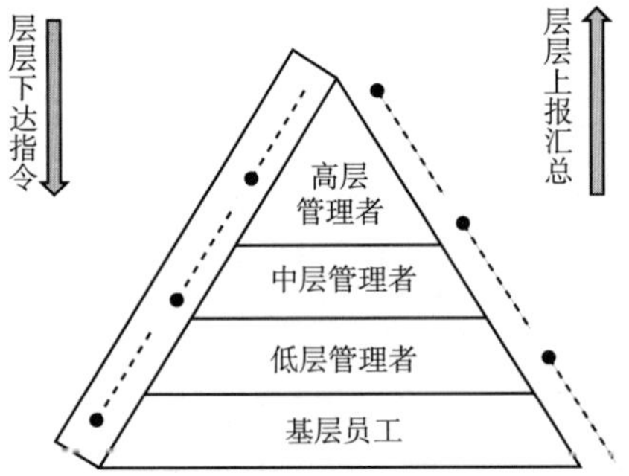

图1–20 传统“正三角”式组织结构

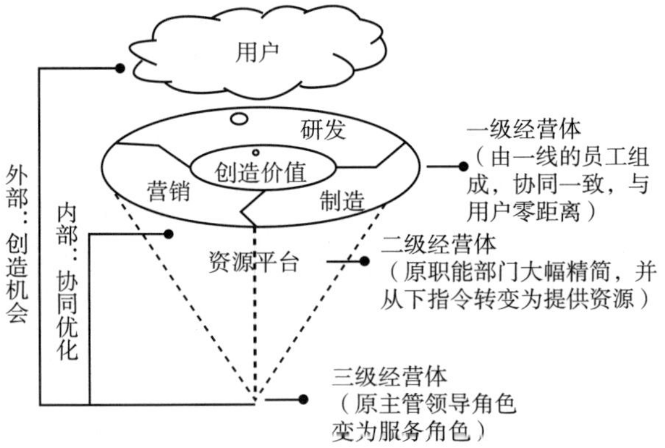

图1–21 海尔“倒三角”式组织结构

大部分企业的组织架构就如同一个正三角，管理者在最高层，员工在最底层；也好比是一个金字塔，管理层在金字塔的顶端，员工在金字塔的底端。这种组织形式的优点是很稳定，缺点是员工缺少活力。“倒三角”管理模式就是让员工在上面，直接面对用户的需求，管理层在下面，为员工提供支援和平台，帮助员工去满足用户需求。这个改变不仅仅是形式上的改变，其本质是管理者角色和职责的很大改变，从以往的“发号施令”转变为服务者和支持者。

2009年，海尔即提出了“人单合一”的商业模式。“人”就是“自主创新的战略业务单元（SBU）”，“单”就是“有第一竞争力的市场目标”，“人单合一”模式包括“人单合一”“直销直发”和“正现金流”。

为使“人单合一”的商业模式落地，海尔进行了组织结构的管理变革，建立了“倒三角”的组织架构。通过资源的层层倒逼和传递机制，海尔建立了以用户需求为服务起点和以用户需求的满足为服务终点的闭环管理流程，而实现用户需求满足的管理单元就是各种各样的自主经营体。自主经营体的特征是自创造、自驱动、自运转，企业给了自主经营体极大的自主性，充分释放了员工的主动性和积极性，大大激发了员工的创造性。自主经营体的组织模式在实现海尔由制造型企业向服务型企业转型的过程中发挥了重大的作用。

（五）网络化战略阶段

互联网时代的到来颠覆了传统经济的发展模式，新模式的基础和运行则体现在网络化上，市场和企业更多地呈现出网络化特征。在海尔看来，网络化企业发展战略的实施路径主要体现在三个方面：按需设计、按需制造、按需配送。

伴随网络化发展战略，海尔集团步入了“砸组织”阶段，先是“企业无边界、管理无领导、供应链无尺度”，后是“企业平台化、员工创客化、用户个性化”，由此在企业内部构筑出激烈的竞争氛围。经营单元在自主经营体的基础上升级演化出小微企业和按单聚散的利益共同体，构成多形态的、开放的生态管理系统。与此相适应的平台型组织结构，如图1–22所示。

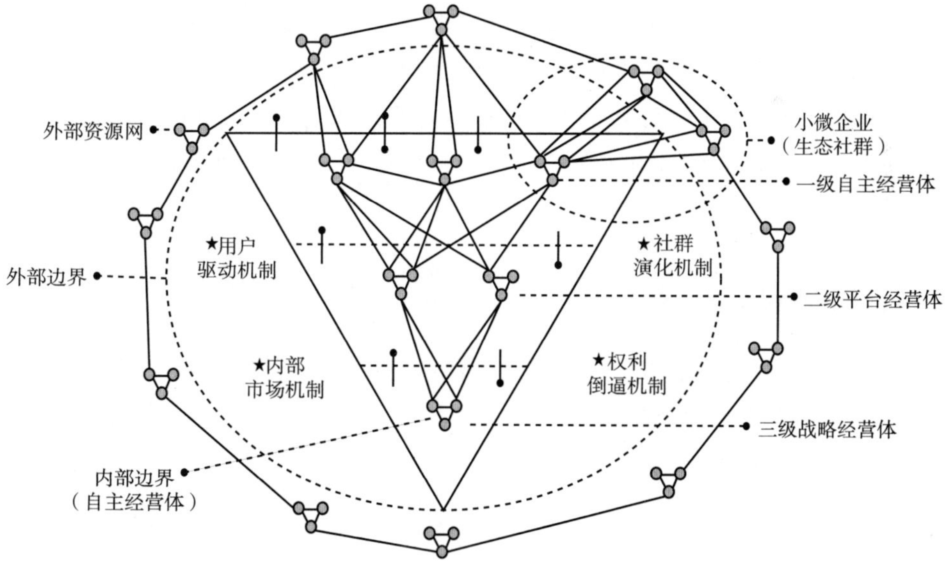

图1–22 海尔平台型组织结构

拓展阅读

海尔的创客平台“海创汇”和小微企业[1]

“海创汇”是海尔集团面向全球创业者打造的加速器平台，自成立以来，通过搭建开放的大企业创新创业平台，围绕科技创新，探索“有根创业”加速模式，提升创业成功率，已逐步形成大中小企业融通发展生态。

“雷神科技”就是海尔平台孵化的第一家小微企业。“雷神”最初的创客是海尔笔记本产品部的三名普通员工李艳兵、李欣、李宁。“三李”都是游戏发烧友，他们花了整整两天时间从京东商城上3万条“差评”中总结出用户对现有游戏笔记本的13条“抱怨”。通过与用户深度交互，“三李”产生了开发一款更适合游戏玩家的笔记本的创业想法。于是，在时任海尔笔记本事业部总经理路凯林的带领下，他们于2014年1月成立了雷神科技有限公司。

2017年11月15日，“雷神科技”在新三板上市。它的诞生颠覆了传统的先有产品再开发市场的思维模式，完全根据用户需求设计产品，对产品进行公测、改进、再公测、再改进，通过吸收用户反馈，再推出迭代产品，用户全流程参与产品的研发设计。“雷神”通过不断追求最佳产品和最佳用户体验，最终成为行业的引领者。正是在海尔这种创客文化的氛围中，三个年轻人获得了创业的机会，他们迅速组建“雷神”小微团队，小微主路凯林在访谈中表示：“如果没有海尔的平台，我从未考虑过创业”。

截至2021年2月，“海创汇”平台项目孵化成功率达到了50%，海尔生物医疗、盈康一生、海泰新光、涂鸦智能、雷神小微、有屋科技、海尔婴童等品牌在“海创汇”的孵化下蓬勃生长。海尔的创业平台已成功孵化上市公司3家、Pre-IPO轮[2]公司（含独角兽公司）19家、瞪羚企业7家，获得A轮融资及以上的公司161家、天使轮投资的公司204家、种子轮投资的公司144家，孵化加速公司365家、小微企业4 000多个，同时为社会创造了220多万个工作机会。

（六）生态品牌战略阶段

2019年年底，海尔集团宣布进入新战略阶段——生态品牌战略阶段，这意味着，海尔已经不再是传统意义上的家电品牌了。如今的海尔已经打通了行业界限，建立起多个“生态方”共创共赢的链接。

① 资料来源：胡国栋，《海尔制》，北京联合出版公司，2021年。

② Pre-IPO轮：公司在上市前最后阶段的一轮投资。

海尔生态品牌战略的实质就是要跟用户交互，借助区块链、物联网等新工具，提供用户所需要的产品和服务。具体而言，在物联网语境下，海尔将持续以用户需求为导向，让员工发挥最大价值为用户创造价值；以生活场景为目标，突破产品和行业边界，深度挖掘和掌握用户动态的需求，持续为用户提供个性化产品和场景服务，打破过去价格交易的传统产品售卖逻辑，开启新的价值交互模式。

比如，“智慧衣柜”提供穿搭建议，定制模块提供个性化服装定制，香薰模块提供高端衣物护理……目前，海尔衣联网生态已覆盖服装、家纺、洗衣液、皮革等13个行业，包括服装品牌、家纺品牌、洗护用品、射频识别（RFID）物联技术等在内的5 300余家生态资源方先后接入其中，实现了从一台洗衣机到洗衣服务再到衣物全流程智能体验的迭代。

为配合这一战略规划，海尔改进了商业生态体系，完成了组织结构的转变；布局打造食品、医疗、家电等生态互联平台，力求实现用场景替代产品，用生态覆盖行业。海尔非线性、自演化的生态圈组织体系，如图1–23所示。

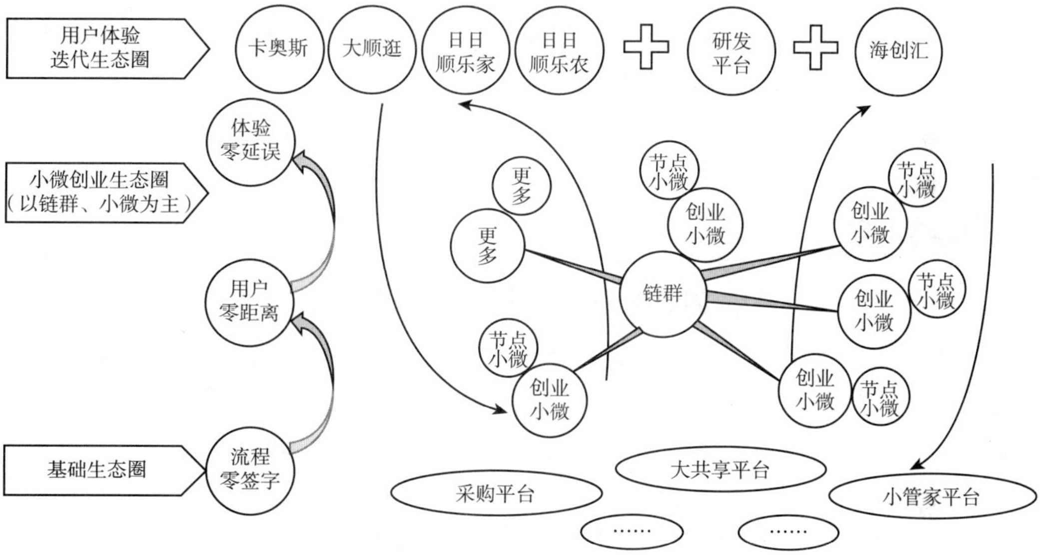

图1–23 海尔非线性、自演化的生态圈组织体系

拓展阅读

基于物联网的生态链小微群①

当今时代，物与物的互联互通使用户不再满足于单个产品或服务，基于场景的整体解决方案成为用户新的需求。但即便是一个简单的场景，涉及的品类

① 资料来源：胡国栋，《海尔制》，北京联合出版公司，2021年。

也非常丰富，一家企业无法通盖所有的产品或服务，必然需要与跨行业、跨品类的合作伙伴通力协作，共同推出整体的解决方案。因此，物联网时代呼唤一种能够打破传统的行业或品类壁垒、有效促成动态多边合作的模式。生态链通过与用户、合作伙伴联合共创，不断提供无界且持续迭代的整体价值体验，最终实现终身用户及生态各方共赢共生，为社会创造价值循环。

海尔将物联网技术落到定制化用户体验中，实现跨行业赋能，连接了3.3亿用户，10万名开发者，覆盖了建陶、房车、农业、教育、医疗、服装等15个行业生态，吸引4 118家资源方，其中头部企业77家。生态链中的小微围绕用户需求，结合成生态链小微群（以下简称“链群”），它根据社群用户的需求，以“增值分享”机制为动力，实现组织的自组织（各小微自主根据用户需求并联内外资源组成链群）、自驱动（整个链群是一个利益共同体）、自增强（链群内成员的薪酬取决于整个链群为用户创造的价值）、自进化（链群不断为用户创造新的价值，不断开拓创新），开创了物联网时代管理新范式。

全球著名期刊《经济学人》认为：“终极的生态品牌或许就是海尔。”《哈佛商业评论》评价海尔生态系统内各小微、各节点摆脱了科层制下来自上层的重重压力，得以自由发挥潜力。

训练项目

创办企业并设计其股权架构

李磊与朋友王飞、张达、赵强三人组建了创业团队，准备成立一家食品加工公司，研发和生产休闲类食品。他们预计投入资金300万元，第一次出资200万元（4个人每人出资50万元），半年后，第二次出资100万元，之后增资按持股比例出资。团队中李磊全职任职，王飞、张达半年内到岗，赵强不参与公司运营管理。按照步骤，完成以下企业开办和股权架构、组织结构的设计。

1.注册登记

开办企业需要进行设立登记、银行开户、税务登记和社保登记。以河南省的企业开办为例，企业设立基本流程如图1–24所示。

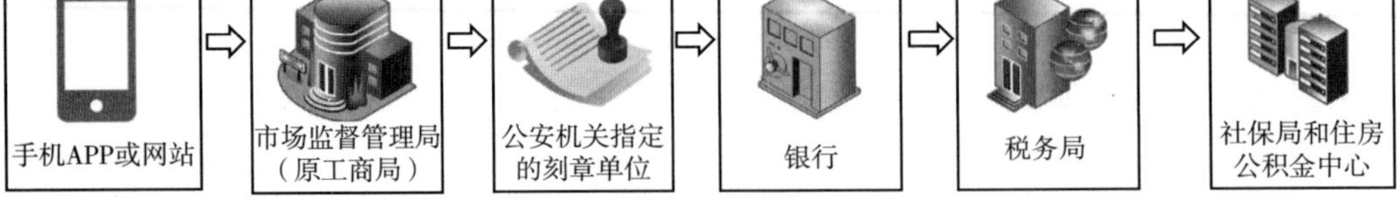

图1–24　企业设立基本流程

以上企业开办流程只是基本流程，各地的具体操作可能不尽相同，请关注当地行政服务中心网站并自行调整，推荐关注各地的“政务服务网”“市场监督管理局”“电子税务局”等网站，了解最新办事指南和操作流程。

2. 首次办税

新办企业工商注册、银行开户后，信息将共享到税务局，纳税人在网上进行信息确认和补充，再到税务局现场确认。新办纳税人首次办税流程，如图1–25所示。

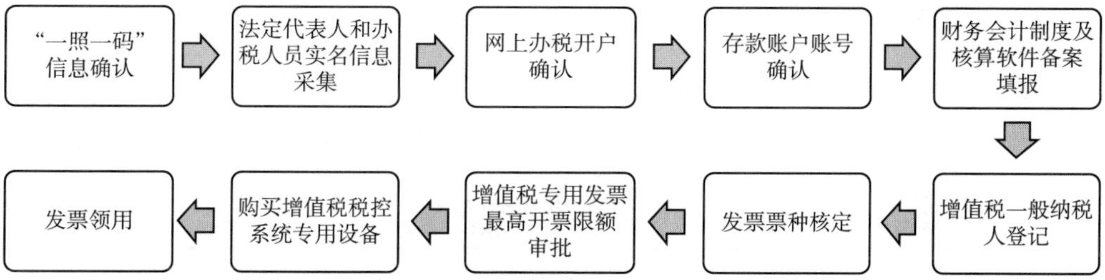

图1–25 新办纳税人首次办税流程

目前，很多地市的办税流程均可采用“线上申请、线下取件”的形式，纳税人核对市场监督管理部门共享来的信息和金税三期征管系统自动生成的信息，对其中不全的信息进行补充，对不准确的信息进行更正，对需要更新的信息进行修改，生成“财务会计制度及核算软件备案报告书”“纳税人办税授权委托书”“纳税人领用发票票种核定表”“增值税一般纳税人资格登记表”等相应文书，下载后盖章，到税务局现场确认。

3. 选择合适的企业类型

在注册登记时，要综合考虑承担的责任、适合的行业、资本需求、管理能力和综合税负，选择并填报企业组织形式、增值税纳税人身份、注册资金等信息。企业类型和组织形式选择，如图1–26所示。

首先定性地判断。公司制企业承担“有限责任”，能对个人财产产生有效保护；独资企业基本上全部依赖于投资者的个人能力；合伙企业的合伙人可以优势互补。此外，公司制企业经营权和所有权分离，可以让专业的管理者来经营企业。

然后定量地分析。在资本需求方面，初创企业在开办之前就要预测开办费用及以后的融资问题，注册成独资企业对初创成本的要求最低，但未来的融资能力也最差；公司制企业初始投资大（详细的资金预测见本书第七章第二节），但能募集到的资本也更多。

最后要考虑的因素是综合税负问题。不同类型的企业适用的税收政策不同、

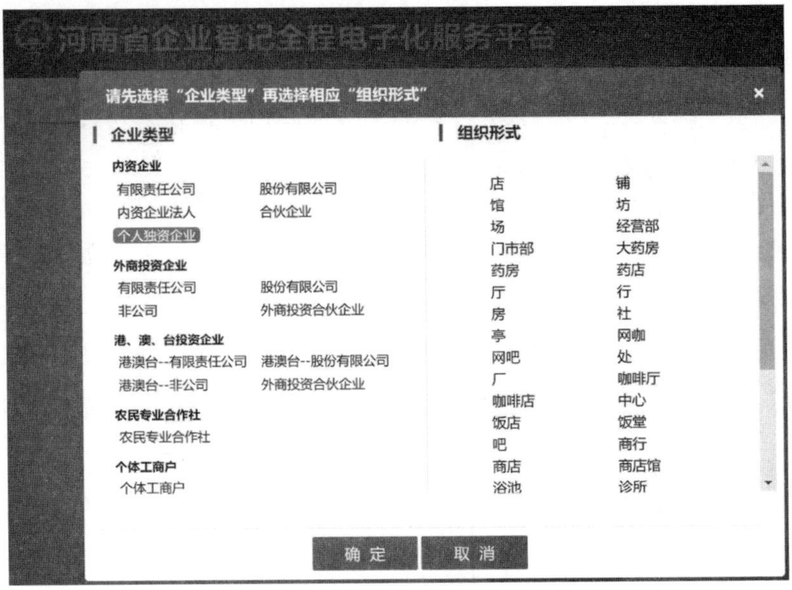

图1-26 企业类型和组织形式选择

税收优惠不同，充分利用税收政策，合理进行税收筹划，就相当于给企业带来了净收益。

4.设计企业股权架构

（1）明确合伙人诉求。一般来说，公司初创组建最为核心的四类人为：创始人、合伙人、核心员工、投资人，他们是公司早期的风险承担者和价值贡献者。在轻资产型的初创公司中，股权架构的设计基本上是围绕着风险承担和人力资本（智力资本）价值输出的大小进行股权的量化分配。

创始人的诉求是控制权，以掌握公司的发展方向，因而要有一个相对较大的股权，一般建议是合伙人平均持股比例的2~4倍。合伙人的诉求是一定的参与权和话语权，基于合伙理念，价值观必须高度一致。为保障团队稳定性和合伙人话语权，一般建议其持股比例基本上占到8%~15%。投资人追求高净值回报，对于优质项目，他们要求快速进入和快速退出，其诉求通常是优先清算权和优先认购权。在人力资本驱动的创业公司，建议投资人的资金股占比为10%~30%。核心员工的诉求是分红权，核心员工在公司高速发展阶段起到至关重要的作用，需要把这部分股权预留出来，等公司处于高速发展阶段时，通过授予期权等方式（基于基础贡献和岗位贡献）分配给核心员工，通常建议初次分配之后同比例稀释预留的10%~25%。

（2）股权初步分配。该创业公司属于轻资产型企业，更应注重人力资本价值的体现。依据公司创始团队成员及其投入资源的差异，公司基本信息如表1-11所示。

表1-11　公司基本信息

股权类别	李磊	王飞	张达	赵强
创始人身份	是	否	否	否
创始股东身份	是	是	是	是
资金投入（万元）	50	50	50	50
人力资本贡献	10分	9分	9分	9分

我们将创业公司整体股权分为四部分：创始人身份股、创始股东身份股、资金股和人力资本贡献股，并约定各个股权占比。假设创始人身份股占比21%，创始股东身份股占比12%（每人占3%），资金股占比28%（每人占7%），人力资本贡献股占比39%（根据贡献得分计算），进一步细分计算后的股权分配方案如表1-12所示。其中：

李磊：创始人身份股21%，创始股东身份股12%÷4=3%，资金股28%÷4=7%，人力资本贡献股39%×10÷（10+9+9+9）=10.5%，合计41.5%。

王飞：创始股东身份股12%÷4=3%，资金股30%÷4=7%，人力资本贡献股39%×9÷（10+9+9+9）=9.5%，合计19.5%。

张达：创始股东身份股12%÷4=3%，资金股30%÷4=7%，人力资本贡献股39%×9÷（10+9+9+9）=9.5%，合计19.5%。

赵强：创始股东身份股12%÷4=3%，资金股30%÷4=7%，人力资本贡献股39%×9÷（10+9+9+9）=9.5%，合计19.5%。

表1-12　股权分配方案

股权类别	李磊	王飞	张达	赵强
创始人身份	21%	—	—	—
创始股东身份	3%	3%	3%	3%
资金投入	7%	7%	7%	7%
人力资本贡献	10.5%	9.5%	9.5%	9.5%
合计	41.5%	19.5%	19.5%	19.5%

（3）期权池预留。初步的股权分配完成后，基于团队基本情况作出相应调整，在股权分配的基础之上，综合性地考虑预留期权池和设计合伙人动态股权调整机制（见表1-13）。

表1-13　项目期权池预留

股 东	出资额（万元）	实际持股	工商局登记股权	备注
李磊	50	41.5%	51%	自行持有
王飞	50	17.6%	17.6%	自行持有
张达	50	17.6%	17.6%	自行持有
赵强	50	13.8%	13.8%	自行持有
预留核心员工期权池	—	9.5%	—	由创始人李磊代持

基于团队成员全职与兼职的区别，对人力资本价值进行折扣计算。假设半年内到岗的人力资本股权按8折计算，兼职的人力资本股权按4折计算，因为赵强不参与公司运营管理，人力资本股占比调整为3.8%（即9.5%×40%），则其总持股比变为13.8%（7%+3%+3.8%）。

（4）控制权保障。对创始团队控制权做一个全面的保障与设计。在股权架构设计上，体现了同股不同权的原则，公司层面只有一个实际控制人李磊。投票权分配，如表1-14所示。

表1-14　投票权分配

实际控制人	实际持股人	投票权比例	董事会席位	备注
李磊	李磊	51%	暂不设立	自行行使
	王飞	17.6%	暂不设立	一致行动人
	张达	17.6%	暂不设立	一致行动人
	赵强	13.8%	暂不设立	一致行动人
	预留核心员工期权池	9.5%	暂不设立	有限合伙

（5）合伙人的进入、退出机制。

思考与讨论

依据创业公司情况，对上述股权架构设计进行完善，并设计企业的组织架构；尝试完成合伙人进入、退出的制度设计。

2 Part

第二章

经营思维：经营活动和经营环境

学习目标

了解企业商业模式的内涵和类型，理解外部宏观环境和行业竞争环境对企业战略的影响，掌握PEST、波特五力模型、SWOT等战略分析方法，能够利用商业模式画布分析或设计企业的商业模式，选择适合企业的市场定位、经营战略和营销策略。通过典型案例分析，培养经营思维和全局意识。

知识点、技能点

企业商业模式；内外部环境分析；市场定位；经营战略；营销策略；企业竞争环境分析

企业赚钱的逻辑就是企业“做什么，如何做，怎样赚钱”的逻辑，为实现目标，企业要明确如何配置资源，如何组织企业所有内外部活动。为此，企业要进行内外部环境分析，做到知己知彼、运筹帷幄；要关注日新月异的技术发展和日趋激烈的市场竞争，进行正确的市场定位；要确定获得竞争优势的途径和方法，明确自身的经营战略和营销策略。

第一节 企业商业模式设计

项目需求

企业赚钱的逻辑是什么？

有人统计了数百家企业的创业案例，得到了这样一组数据：在创业企业中，因为战略原因而失败的只有23%，因为执行原因而夭折的也只不过是28%，但因为没有找到正确的商业模式而走上绝路的却高达49%。在经营企业的过程中，商业模式比技术、管理都重要，因为它是企业立足的前提，好的商业模式是企业持续竞争优势的源泉，是在同质化竞争中脱颖而出的基石。所以，在成立公司之前，就要先设计好商业模式。

项目分析

商业模式是利益相关者的交易结构，好的商业模式一定是创造了全局性的增量。在设计商业模式时，要回答好以下问题：谁是你的客户？你能提供什么价值？怎样才能赚到钱？

一、商业模式的内涵及类型

（一）商业模式的内涵

商业模式是指企业根据自己的战略性资源，结合市场状况与合作伙伴的利益要求而设计的一种商业运行组织。通俗地说，商业模式就是企业通过什么样的途径和方法来赚钱。例如，汽车公司通过生产、销售汽车来赚钱，快递公司通过送快递来赚钱，网络公司通过点击率来赚钱，等等。只要有赚钱的地方，就有商业模式的存在。

商业模式解决的是企业“做什么，如何做，怎样赚钱”的问题，企业围绕“如何盈利”这个核心命题来配置企业资源，组织企业所有内外部活动。商业模式至少要满足两个必要条件：第一，商业模式必须是一个整体且有一定结构；第二，商业模式的组成部分之间必须有内在联系，这个内在联系把各组成部分有机地关联起来，使它们互相支持、共同作用，形成一个良性的循环。

商业模式作为一种利润生成模式，它包括企业的战略定位、业务系统、关键资源能力、盈利模式、现金流结构、企业价值等要素。其中，盈利模式是商业模式的核心。盈利模式是指企业获得收入、分配成本和赚取利润的方式，是利润生成和利润产出的形式，良好的盈利模式不仅能够为企业带来利益，还能为企业编织一张稳定、共赢的价值网。如果企业的经营没有利润来源，就无从谈起盈利、经营和发展，商业模式也就没有意义。因此，商业模式的设计选择始终离不开对企业利润来源、利润生成过程、利润产出形式的研究和探寻。

（二）商业模式的类型

商业模式有很多种形式，归纳起来大致可分成以下几种类型：

（1）产品盈利模式。在一个企业的日常经营管理中，经营者始终以产品作为利润的生成和产出的载体，企业所有经营要素均是围绕产品差异化来进行培育和配置的。

（2）规模盈利模式。在企业或者商业发展的过程中，把扩大市场空间或者经营范围作为对抗竞争、获取利润的基本保障的生意经营思路。例如，手机零售连锁经营即是规模盈利模式的一种。

（3）服务盈利模式。通过提供顾客需要的服务，在产品中增加或创新服务的方式来为产品增值，从而更有效地满足顾客利益的一种盈利模式。这种模式在零售行业中应用较为广泛，零售行业本身不能决定产品的质量，为顾客提供物质价值，但是能够决定产品到达消费者手中的方式和途径，服务的水平、形式、内容往往能够为产品增加价值。在盈利要素的占比中，服务是实实在在的。

（4）其他盈利模式。例如，渠道盈利模式、品牌盈利模式、产业联盟盈利模式等。

企业的盈利模式有多种类型，且可动态调整，企业经营者要设计适合本企业内外部环境的盈利模式，可以将多种盈利模式综合应用。

二、商业模式画布

（一）商业模式画布的概念

商业模式是企业的经营根本，是一种包含了一系列要素及其关系的概念性工具，用以阐明某个特定实体的商业逻辑。它描述了公司所能为客户提供的价值，以及公司的内部结构、合作伙伴网络、关系资本等用以实现这一价值并产生可持续盈利收入的要素。为描述各部分之间的关系，我们经常会用“商业模式画布”来帮助我们设计和展示企业的商业模式。

商业模式画布（Business Model Canvas）是一款简单易用的商业模式设计工具，它是由亚历山大·奥斯特瓦德和伊夫·皮尼厄与全球超过470位参与者共同开发的。创始人对商业模式画布的定义是：一种用来描述商业模式、可视化商业模式、评估商业模式以及改变商业模式的通用语言。奥斯特瓦德说：“就好像丑媳妇见公婆，很多看起来靠谱的商业计划会在第一次见客户的时候流产，让人感觉所有的时间和精力统统白费。而商业模式画布把商业模式涉及的9个关键模块整合到一张画布之中，不仅能够提供更多灵活多变的计划，而且更容易满足用户的需求。”更重要的是，它可以将商业模式中的元素标准化，并强调元素间的相互作用。

商业模式画布的9个关键模块分别是客户细分、价值主张、渠道通路、客户关系、收入来源、核心资源、关键业务、重要合作和成本结构（见图2-1）。

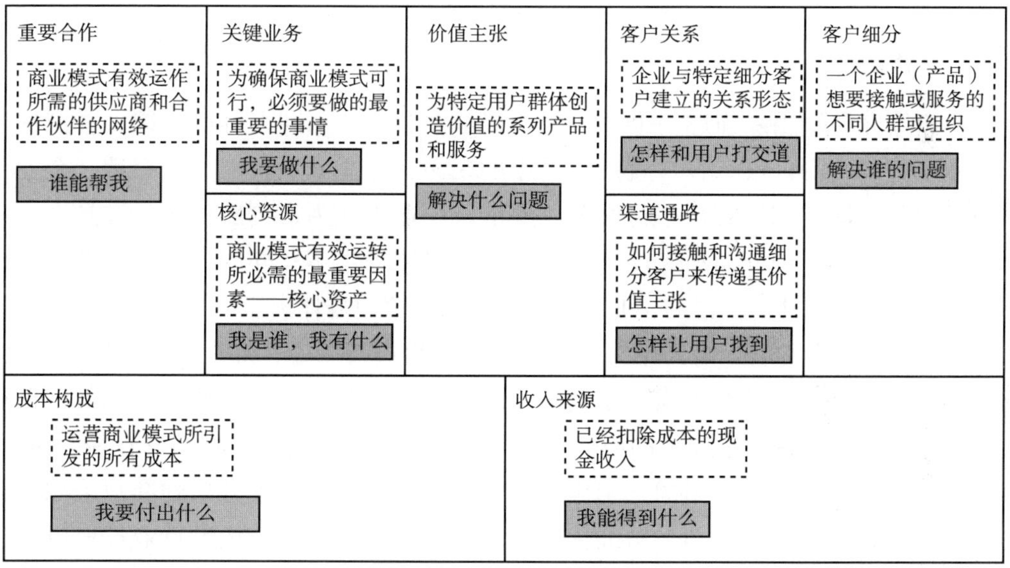

图2-1 商业模式画布

它们的一般逻辑关系：首先，企业要了解目标用户群（客户细分），再确定他们的需求（价值主张），想好如何借助渠道（渠道通路）宣传产品和服务，与客户建立并维护关系（客户关系），满足他们的需求，凭借核心资源和业务流程（关键业务）实现盈利（收入来源），了解谁是与你并肩作战的合伙人（重要合作），以及这个过程中你可以了解到的成本构成。

（二）商业模式画布要素分析

商业模式画布的9个模块并不是简单的罗列，每一个模块都代表着成千上万种可能性和替代方案，企业要做的仅仅是按图索骥，找到最佳的组合。对于初学者而言，需要把它们按照一定的逻辑顺序组合起来，并以这样的顺序去学习或解读商业模式（见图2-2）。接下来我们将按照顺序对9个模块逐一进行解读。

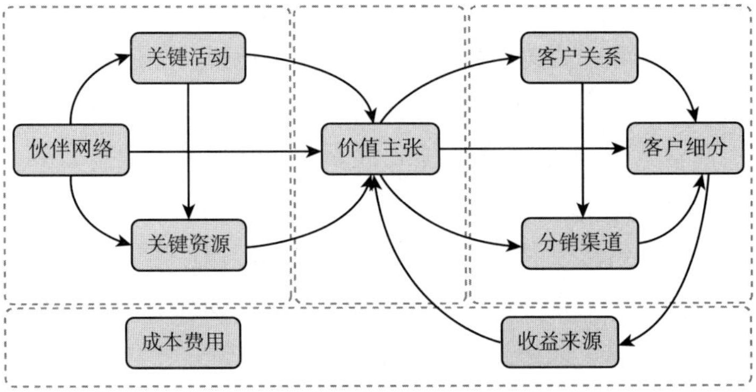

图2-2　商业模式画布要素关系

1. 客户细分

客户细分模块用来描述一个企业想要接触和服务的不同人群或组织。客户构成了商业模式的核心，没有客户就没有货币的来源，企业就不可能长久存活。企业要根据客户的不同需求对客户进行细分，要清楚企业正在为谁创造价值，谁是企业最重要的客户。客户细分，不仅仅是为不同客户群体提供不一样的产品或服务，还能够在资源有限的基础上，帮助企业找到更有价值的客户群体。

对于初创企业而言，客户细分可以从两个方面进行考虑：外在属性和内在属性。外在属性就是客户的外在因素决定的属性，比如客户所在地域、所在组织等；内在属性就是客户的内在因素决定的属性，比如性别、年龄、爱好、收入、心理取向等。客户细分是把客户按照选出的几个维度来分类，目的是能对细分后的客户采取有针对性的措施，比如精准营销、精细化客户服务等。举个例子，快餐行业按照顾客选择快餐店的原因将客户细分为5个基本群体：希望体验愉悦用餐过程的、对价格敏感的、希望尽可能方便的、想尽情享受美食的、希望有利于健康的，还有一小部分顾客对所有这些都想要。这就是按照客户爱好这个维度做的分类。因为用户之间的关键性差异无法调和，所以应该细分出来，把不同的用户分在不同类别里，至于按什么维度分类，则要看研究的目的和背景。

2. 价值主张

价值主张模块用来描绘为特定细分客户创造价值的系列产品和服务。价值主张是指客户能够得到的一切，既包括有形的，也包括无形的。价值主张表达了我们该向客户传递什么样的价值，我们正在帮助我们的客户解决哪一类难题，我们正在满足哪些客户需求。一个好的价值主张应该能够描述客户期望从产品和服务中得到的收益。任何希望实现内生式增长的公司，都必须为自己已经引领的细分市场制定更为完善的价值主张，从而扩大市场份额，或者为自己目前尚未引领的细分市场制定更新的价值主张。只有满足客户需求，产品和服务才有市场。因此，价值主张值得我们花更多的时间去思考和设计。

3. 渠道通路

渠道通路模块用来描绘公司是如何接触、沟通其细分客户，从而传递公司价值主张的。与客户关系的不同阶段，渠道沟通有不同的任务（见表2-1）。渠道通路就是要明确，把产品和服务转移到客户的具体通道或路径是什么，企业如何接触客户，企业的渠道如何整合，哪些渠道最有效，哪些渠道成本效益最好，如何把企业的渠道与客户的例行程序进行整合。例如快餐店，可以开实体店，也可以通过网络直接销售，但它们的成本和效益是不一样的。

表2-1 渠道通路类型与不同阶段任务

渠道类型		渠道阶段				
自有渠道	销售队伍	（1）认知：企业如何在客户中提升公司产品和服务的认知	（2）评估：企业如何帮助客户评估公司价值主张	（3）购买：企业如何协助客户购买特定的产品和服务	（4）传递：企业如何把价值主张传递给客户	（5）售后：企业如何提供售后支持
	在线销售					
	自有店铺					
合作伙伴渠道	合作伙伴店铺					
	批发商					

4. 客户关系

客户关系模块用来描绘公司与特定客户细分群体建立的关系类型，描绘公司希望与每个客户细分群体建立和保持何种关系，哪些关系已经建立了，这些关系成本如何，如何把客户关系与商业模式的其余部分进行整合。例如，快餐店可通过建立微信群、发放优惠券、赠送礼品、发布各种免费体验活动等方式增强客户黏性，提升品牌认知度，提高销量。

5. 收入来源

收入来源模块用来描绘公司从不同客户细分群体中获得的现金收入。收入的方式有资产销售、使用收费、租赁收费、授权收费，还有互联网企业中常见的广告收费等。收入来源模块需要解决以下问题：什么样的价值能让客户愿意付费？客户是如何支付费用的？他们更愿意如何支付费用？每个收入来源占总收入的比例是多少？例如，快餐店可通过提供快餐、品牌加盟等方式获得收入。

6.核心资源

核心资源模块用来描绘使商业模式有效运作所必须的重要资源，这是商业模式的基础。核心资源可以分以下几类：有形资源、无形资源、人力资源等。有形资源包括厂房、设备、原材料、资金等；无形资源包括品牌、技术、专利、企业文化、经验等；人力资源是组织成员向组织提供的技能、知识以及推理和决策能力。核心资源模块主要解决企业的价值主张需要什么样的核心资源，渠道通路需要什么样的核心资源等问题。这里要强调三点：

（1）核心资源可以是自有的，也可以是从重要伙伴那里获得的；

（2）不同的商业模式所需的核心资源也会有所不同；

（3）创业者要非常清晰创业项目的核心资源所在。

7.关键业务

关键业务模块用来描绘为了确保其商业模式可行，企业必须做的最重要的事情。关键业务是商业模式的另一个基础。此模块主要明确：企业的价值主张需要哪些关键业务，渠道通路需要哪些关键业务等问题，如宣传、促销、生产、配送等。要认清关键业务是什么，不妨应用价值链模型帮助我们更好地思考，比如智能手机的核心资源是产品的专利，关键业务是研发设计和市场营销。

8.重要合作

重要合作模块是要识别出企业要实现价值主张，需要哪些外部的合作伙伴，如投资方、供应商、利益相关部门、上下游产品团队等。该模块需要明确谁是企业的重要伙伴，谁是企业的重要供应商，企业正从伙伴那里获取哪些核心资源，合作伙伴都执行哪些关键业务。重要合作是商业模式的基石，主要有三种类型：合资关系、可靠的供求关系和战略联盟。

9.成本结构

成本结构模块用来描绘运营一个商业模式所引发的所有成本，比如产品在采购、设计、开发、推广、运营中的成本结构，就包括人力、设备、差旅、原材料等方面的成本及比例。该模块需要明确的是：什么是企业商业模式中最重要的固有成本？哪些核心资源花费最多？哪些关键业务花费最多？

商业模式画布是一个整体，当需要对个别的模块进行深入挖掘的时候，商业模式画布肯定就不够用了，这时候就需要其他的细分工具来帮忙。比如研究重要伙伴时，我们就可以用后续学到的波特五力模型来分析。

商业模式画布之所以是一个很好用的工具，是因为它具有完整性、一致性，且一目了然、便于沟通。商业模式画布用视觉化的方式捋清商业思路，清晰展示模式中的价值流转，找到企业的核心价值。通过商业模式画布，还可以发现现有模式中的漏洞与误区，从而健全商业模式。

三、商业模式画布设计要点

商业模式画布只有9个方格，但是每个方格的背后都代表着成千上万种的可能。那么在创业过程中，我们如何设计和应用商业模式画布呢？

（一）设计商业模式画布的方式

第一种方式，打印画布，用笔填写。这种方法比较适合初学者或者个人使用。

第二种方式，画出画布的框架，贴上便利贴。把画布的框架画在一个白板上，与团队成员一起进行头脑风暴，把思路和想法写在便利贴上，并粘贴在画布相应的方格中（见图2–3）。这种方法比较适合小团队使用。

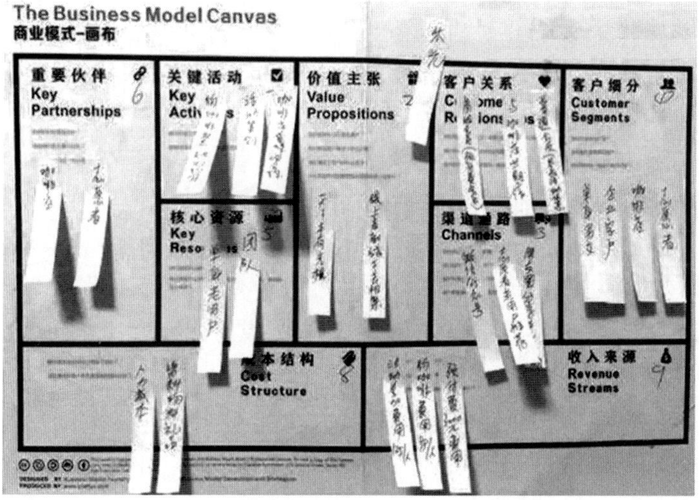

图2–3 团队使用商业模式画布头脑风暴

第三种方式，使用投影仪投影出商业模式画布。当团队的成员比较多的时候，第二种方式就没有办法满足讨论的需求，通过投影增加画布的面积，更容易让所有人看得清楚。这样，一群人可以用便利贴、马克笔等共同绘制或讨论商业模式的不同组成部分，这是一种可以促进理解、讨论、创意和分析的实操工具。

第四种方式，使用软件进行设计。目前国内外都有类似的软件，使用软件来设计商业模式画布的好处就在于，丰富的色彩能够激发人的灵感和想象，每个方格的背后都自带着更加细化的设计功能，比手绘的方式更加直观、更容易整理，同时，也让设计者的思路更加有条理。

第五种方式，用身边任何可能的东西进行设计，如树枝、叶片等，抓住灵感，随时随地进行商业模式画布的设计，因为好的思路或灵感总是稍纵即逝的。

（二）传达商业模式画布内容的方式

创业计划书详尽地介绍了设计者的创业构思，其内容包括公司的商业模式，但是创业计划书往往是厚厚的一沓纸，相比起一张直接展示商业模式的画布，后者更加容易让人快速地了解创业活动所用的商业模式，但前提是对方能看懂画布，否则就需要将商业模式画布的内容通过其他的形式表达出来。

第一种方式是按照9个模块的先后顺序把内容连接起来。前面强调了第1到第9个模块的顺序，因为这样的顺序能很好地表述商业模式的逻辑，因此只要我们把每个模块中的内容按一定的顺序汇总起来，整理好9个模块之间的关系，就能够将商业模式画布的内容相应地转化为文字和图片，并使用幻灯片、模型图、视频等不同的方式对商业模式进行形象化的展示。

第二种方式就是故事讲述。对于比较复杂的商业模式，如果我们单纯用文字或者图片去描述，往往不容易让人理解。这个时候，如果设计一个故事，在故事中包含想要表达的商业模式，那么就能更直观地表现出这个商业模式是如何创造价值的，这种方式不仅更有趣，而且更加形象。

（三）设计商业模式画布的步骤

（1）先将猜想和计划写在便笺纸上，展开最基本的商业模式。

（2）仔细想想，每一个方格背后的含义和假设，哪一个是促成全局的最重要因素，哪一个能够带来盈利。

（3）规划未来的路线，确保重要格子的内容能不断推进，并且方向正确。

（4）设计实验，验证猜想。为每一个格子设置参数，比如目标用户数，他们所能承受的价格等。

商业模式画布不仅适用于创业公司，现有公司也同样可以借鉴。虽然现有公司的商业模式已经成型，但商业模式画布却能将其锦上添花，不断形成新的模式。下面给出大家熟知的淘宝（如图2–4）、蔚来汽车（如图2–5）的商业模式画布，大家可以对照学习。

四、商业模式设计案例分析

美国精神航空公司是一家超低成本航空公司，总部位于佛罗里达州的美丽华，

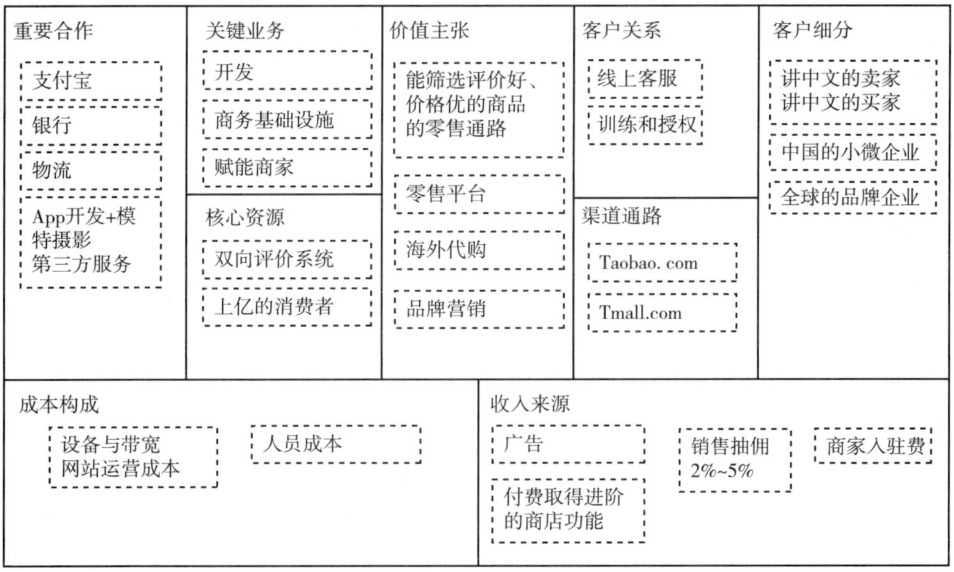

图2-4 淘宝商业模式画布

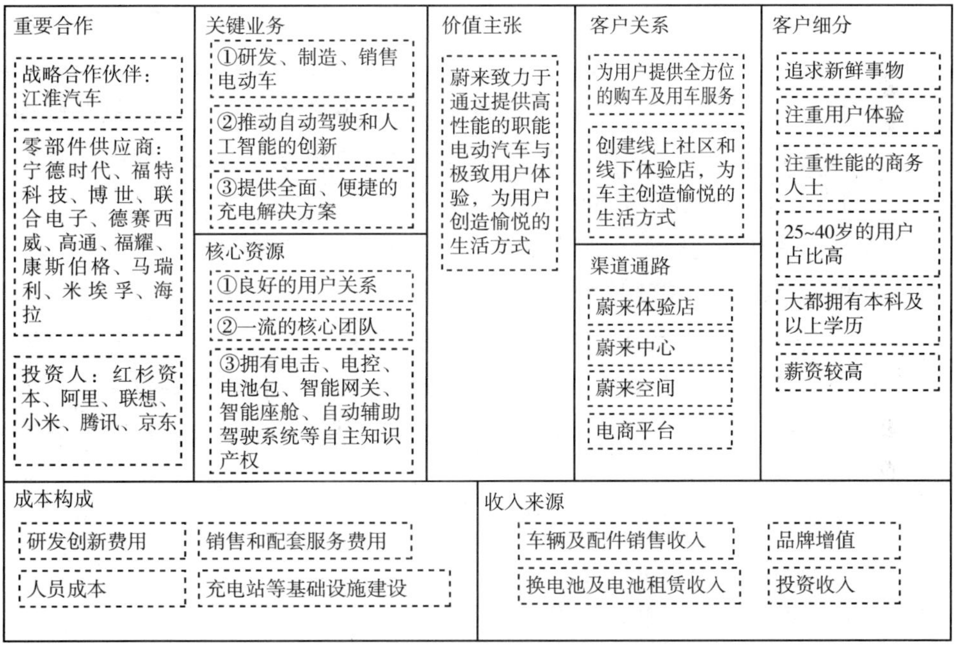

图2-5 蔚来商业模式画布

其前身是1964年成立于密歇根州的一家货运公司，1990年开始包机业务，1992年改名为“Spirit Airlines”，即精神航空。该航空公司规模不大，截至2014年12月31日，精神航空公司共拥有65架空客单通道飞机，每天运营约300多个航班。公司开发的主要航线网络包括美国国内的利基市场、加勒比和拉丁美洲的增长市场，以及价格敏感旅客的高客座率航线。

2013年精神航空完成销售收入16.54亿美元，2014年销售收入19.32亿美元，同比增长16.81%；2013年净利润1.77亿美元，2014年净利润2.25亿美元，同比增长27.12%；销售净利润率达到11.65%，创全球航空公司新高，大约是全球航空公司平均利润率（3%）的3倍以上。

1.低基数票价

“裸票价”是精神航空的定价与服务亮点，也是其定价体系的核心。其他航空公司把行李、饮料、零食等费用一起打包加入到机票价格中，精神航空与众不同，它的机票收费是完全非捆绑的，机票价格就是将一个旅客和最少量的随身物品（不超过16英寸×14英寸×12英寸）从A地送到B地的最低费用。在“裸票价”体系下，任何旅客都不为别人的消费“买单”，从而使旅客机票的性价比最高。旅客如果需要其他服务，可以另外选择，并另外支付费用。不选择其他服务，“裸票价”的机票就可以实现航空旅行。

2.可选择附加增值服务

精神航空的非捆绑定价策略，使其每名乘客飞行段平均非机票收入从2006年的5美元，增长到2013年的54美元，收入贡献占40.4%，这个贡献率超过了欧洲超低成本航空公司润安航空的24.3%。为提高非机票收入，精神航空公司不断创新服务定价策略，显著提高非机票收入，提供了很多可选的增值服务和产品，增值服务大致分为4类，分别是行李、座位、会员和其他。

（1）随身行李和托运行李，需要付费。

（2）检查随身行李，需要收费。

（3）大前座——配置额外的腿部空间，需要付费。

（4）指定座位。如果希望挑自己喜欢的座位，需要支付额外的费用。精神航空在2014年完成了软件更新，使他们能够通过更多的销售渠道以及更严格的方法来管理他们的舱位。

（5）更改和取消票务服务，需要收费。

（6）通过公司网站销售第三方旅行保险。

（7）飞机上的饮料、零食等需要收费。

（8）提供第三方旅游服务。精神航空可以提供酒店、租车、度假、游轮等配套的服务，方便了出行，但需旅客支付费用。

（9）销售产品和机载广告。

（10）9美元超低票价俱乐部的订阅服务。

精神航空公司行李收费标准，如表2-2所示。

表2-2　　精神航空公司行李收费标准

购买渠道与期间	官网、预定期间		官网、在线值机前		官网、在线值机时		机场/集团平台/预定中心/全球分销系统（GDS）（美元）	登机口（美元）
价格类别	9美元票价俱乐部会员价（美元）	标准价（美元）	9美元票价俱乐部会员价（美元）	标准价（美元）	9美元票价俱乐部会员价（美元）	标准价（美元）		
手提行李	26	35	31	40	36	45	55	100
第1件托运行李	21	30	26	35	31	40	50	100
第2件托运行李	31	40	36	45	41	50	60	100
第3~5件托运行李	76	85	81	90	86	95	100	100

注：此收费标准自2015年4月9日执行。

9美元票价俱乐部是精神航空推出的一种会员制服务产品，成为该俱乐部会员后，旅客在购买机票、托运行李、购买旅游度假产品等方面都会享受优惠价格。从表2-2的行李收费标准可以看出，在不同情况下，行李收费有较大差异，即：

官网外的价格>精神航空官网购买价格>9美元俱乐部会员价格

在线值机时价格>在线值机前价格>预定期间价格

这种定价方式既可以吸引旅客加入俱乐部，增强旅客服务黏性，还能吸引旅客在官网购买产品和服务，鼓励旅客尽早订购服务。在官网订购服务时，订的时间越早，价格越低。

加入9美元票价俱乐部能够为旅客带来直接的经济利益，但加入该俱乐部也不是免费的。根据精神航空的规定，加入俱乐部的费用是59.95美元，以后每年的年费是69.95美元。

精神航空聚焦于价格敏感的旅客，力争成为潜在客户市场认可的低票价领导者。通过积极采用低票价来刺激航空旅行需求，以增加航班载客量、客座率和非航空性收入。精神航空相信差异可选的服务收费可以使客户和公司双赢，为客户提供非常低的基础票价与一系列可选服务，让客户自由选择需要的产品和服务。实行完全透明的收费服务项目和标准，确保客户购买机票之前看到所有可用的选项及其价格。较高的客运量和客座率促进销售更多的配套产品和服务，从而使其能够降低基本票价，更进一步刺激旅客额外的需求。

3.精神航空的低成本结构

精神航空模式的成功在于他们的低成本结构，这使他们能够提供非常低的基础票价，同时还能维持行业最高的利润率。精神航空2013年的每座位里程（CASM）运营成本为9.90美分，其实现超低成本结构的主要手段包括：

（1）高飞机利用率。

2013年，精神航空飞机日利用率为12.7小时，远远优于捷蓝航空的11.9小时，以及西南航空的9.7小时；客座率在86%以上，高于捷蓝航空和西南航空3~6个百分点。

（2）飞机高密度座位配置，尽量提高客座率。与同样采用空客320系列机队的捷蓝航空相比，精神航空的同等机型多提供28个座位，座位增加了19%。

（3）操作比较简单。精神航空还鼓励旅客通过网站办理订票、值机等手续，尽量减少公司运营成本。

（4）高效率的员工队伍。

（5）运营功能伺机外包，非核心的功能外包出去。

（6）单一高效的空客A320系列飞机机队。维修技师、零件采购等简化，不用备用多种机型客机需要的维修技师和零件，大大降低了成本。

（7）直接面向消费者的营销，减少销售营销及分销成本。

（8）高效率的飞行计划，包括航班之间最小地面转机。在机场停留时间越短，所支付的机场占用费越少。

（9）专注于推动成本更低的全公司的企业文化。

超低的成本结构和精益化的成本控制，使精神航空的机票价格具有绝对竞争优势。如果旅客的行为导致公司人工服务的增加，精神航空也会收取费用。例如，精神航空要求旅客在线办理值机、自助值机，自己打印登机牌，如果旅客到柜台打印登机牌，精神航空将每人收费10美元。①

下面我们根据案例，将精神航空的商业模式列示到商业模式画布上（见图2-6）。

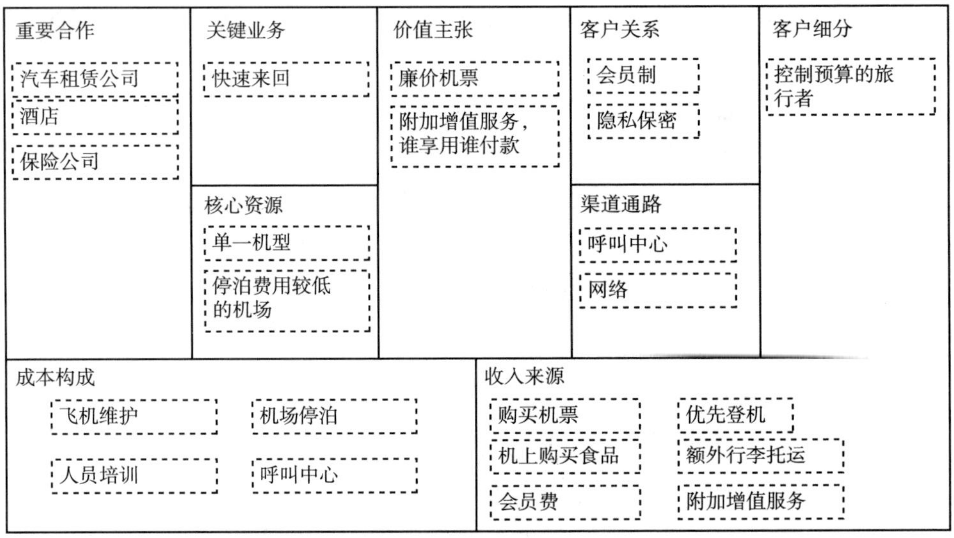

图2-6　美国精神航空商业模式画布

① 案例来源：赵巍，《超低航空的精神航空如何赚钱？》，http：//news.carnoc.com/list/297/297654.html。郭才森，《低成本航空最新服务模式概览之三——精神航空》，http：//news.carnoc.com/list/329/329091.html。

第二节 市场定位和竞争环境分析

项目需求

如何进行企业环境分析与市场定位？

《孙子兵法·谋攻篇》中，孙子曰："故曰：知己知彼，百战不殆；不知彼而知己，一胜一负；不知彼不知己，每战必殆。"企业战略目标的制定及战略的选择，既要知彼又要知己。其中，"知彼"便是要分析企业的外部环境或条件，认清企业外部的机会和威胁；"知己"便是要分析企业的内部环境或条件，认清企业内部的优势和劣势。那么企业如何才能做到"知己知彼"，并在消费者中树立起自己鲜明的形象呢？

项目分析

企业在进行营销战略、经营战略等决策前，不仅要对所面临的政治环境、经济环境、社会环境、技术环境等宏观环境进行分析，还要对企业即将进入的行业、产业进行分析，再将自身的目标、公司内部资源与外部宏观环境和产业环境进行结合分析，弄清自己的优势与劣势、面临的机会和威胁，然后确定产品在市场上的位置，树立产品在消费者心目中独特的形象。

一、企业内外部环境分析

环境是企业赖以生存的基础。企业经营的一切要素都要从外部环境中获取，同时，企业的产品也必须通过外部市场进行营销，因此企业从事生产经营活动，必须从环境的研究与分析开始，主动适应环境，在环境中求得生存与发展。

分析企业组织环境常用的方法有：PEST分析法、波特五力模型分析法、SWOT分析法等（见图2–7）。

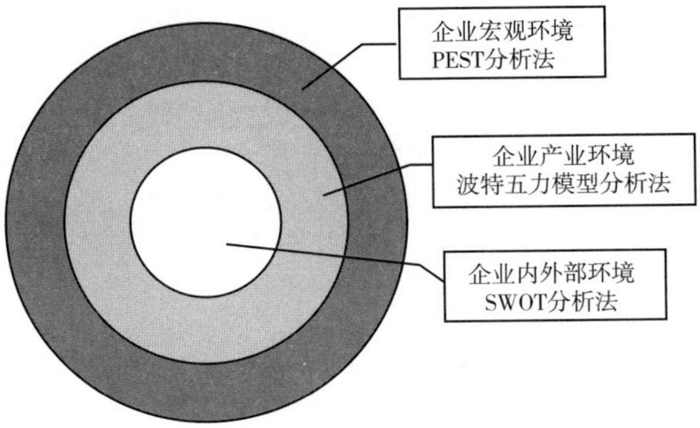

图2-7 企业组织环境与分析方法

（一）PEST分析和PESTEL分析

PEST分析是进行宏观环境分析的常用方法。宏观环境又称“一般环境”，指一切影响行业和企业的宏观因素，包括政治环境因素（Political）、经济环境因素（Economic）、社会环境因素（Social）和技术环境因素（Technological）。后来，人们在此基础之上又增加了生态环境因素（Environmental）和法律环境因素（Legal），形成了“PESTEL”6因素分析法。

宏观环境分析的目的是通过分析确定影响行业和企业的关键因素，预测这些关键因素未来的变化以及这些变化对企业影响的性质和程度，确定企业外部的机会和威胁。PESTEL分析模型各要素组成，如表2-3所示。

表2-3 PESTEL分析模型各要素组成

政治（P）	经济（E）	社会（S）	技术（T）	生态（E）	法律（L）
·政府政策 ·政治形势 ·国际贸易壁垒或贸易协定 ·双边关系等	·GDP ·市场机制或需求 ·财政与货币政策 ·能源和运输成本 ·失业率水平 ·可支配收入 ·利率或汇率 ·通货膨胀与紧缩失业率等	·人口规模 ·年龄结构 ·收入分布 ·教育水平 ·消费方式 ·文化传统 ·交通、基础设施等	·创新机制 ·科技投入 ·技术总体水平 ·技术转移和技术转换速度 ·企业竞争对手的研发投入 ·社会技术人才的素质水平和待遇	·自然资源 ·绿色环保等问题	·法律限制或立法变化

在使用PESTEL分析法时，一般应遵循以下步骤：

（1）分别考虑各项因素，从中找出需要重点考虑的因素；

（2）对这些因素进行仔细分析，分析它们对企业战略的影响；

（3）对这些因素进行评价，确定关键战略因素。

案例分析

共享单车PESTEL分析①

公共交通工具的“最后一公里”是城市居民采用公共交通出行的主要障碍，也是建设绿色城市、低碳城市过程中面临的主要挑战。共享单车通过分时租赁模式，在校园、地铁站点、公交站点、居民区、商业区、公共服务区等提供服务，完成交通行业最后一块“拼图”。绿色环保的理念和共享经济的蓝图，使市场上一度涌现几十个共享单车品牌。用PESTEL模型对共享单车进行外部环境分析，结果如表2–4所示。

表2–4 共享单车PESTEL分析

环境因素		积极影响	消极影响
政治	政策支持	√	
	安全控制趋紧，出台很多共享单车使用标准		√
	设置共享单车专用道路	√	
经济	经济增长率稳中有进	√	
	燃料价格上升	√	
	互联网共享经济出现	√	
	居民可支配收入增加		√
	专门经营单车市场的生产企业开始出现	√	
社会	道路交通压力大	√	
	公共交通基础设施便捷	√	
	活跃用户上升	√	
	部分用户素质低		√
技术	智能手机普及	√	
	移动互联网发展	√	
	GPS定位不是很精确		√
生态	绿色出行	√	
	乱丢乱放，影响城市交通、形象		√
	季节变化、天气状况使用量降低，并面临更加高昂的车损折旧成本		√
法律	共享单车市场逐渐成熟，法律监管越来越细		√

① 资料来源：根据网络资料整理分析而成。

（二）波特五力分析

波特五力模型是进行产业环境分析的常用工具，由迈克尔·波特（Michael Porter）于20世纪80年代初提出。波特五力模型将大量不同的因素汇集在一个简便的模型中，以此分析一个行业的基本竞争态势。五种力量分别为：同行业内现有竞争者的竞争能力、潜在竞争者进入的能力、替代品的替代能力、供应商的讨价还价能力与购买者的议价能力（见图2-8）。波特五力模型可以用来帮助企业寻找最有吸引力的行业以及行业中最有利的竞争位置。

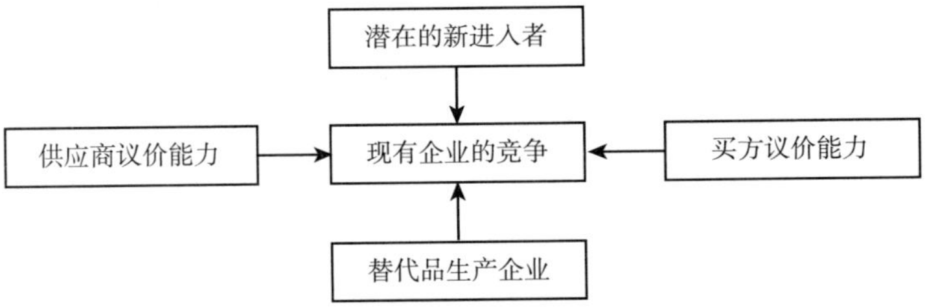

图2-8　波特五力分析模型

1.现有企业的竞争

现有企业之间的竞争影响着行业的盈利水平。通常来说，竞争程度越高，价格越接近于边际成本，盈利水平越低。

分析现有企业间的竞争主要应从影响企业间竞争的因素入手，通常包括以下内容：

（1）行业增长速度分析。行业增长速度越快，现有企业间越不必为相互争夺市场份额而展开价格战；反之，如果行业增长速度较慢或停滞不前，则竞争势必激烈。一般来说，产品处于初创或者成长期，竞争就没有那么激烈，因为产品还有增量的空间可以争取。但是在成熟和衰退期则竞争较为激烈，此时产品已无增量空间，大家要在存量的基础上进行血拼，使用产品的客户只有这么多，要抢“蛋糕”的话，只能抢别人的“蛋糕”了。

（2）差异程度分析。产品的差异性越大，竞争越不激烈。如果是同质化产品，大家都可以卖，竞争一定很激烈。

（3）行业集中程度分析。如果行业市场主要集中在少数企业，即集中程度高，则竞争程度低；反之，则竞争程度高。

（4）退出成本分析。资产有很强的专属性，比如这个设备只能用于生产这种产品，退出后就一文不值。固定成本投资比重越大，退出壁垒越大，企业往往会坚持在这个行业做下去，所以行业竞争更加激烈。

2.供应商的议价能力

供应商的议价能力会影响企业的采购价格，进而影响毛利率，同时也会影响付款条件。供应商的谈判能力越强，越要求企业提前付款、付现金甚至预付款项，不太能允许企业赊欠，因而供应商的议价能力越强，企业的应付款越少。

决定供应商议价能力高低的主要因素包括：

（1）供应商的客户集中度。如果某公司上游供应商是具有稳固市场地位的企业，其产品的买主很多，客户集中度很低，有大量客户对其产品有需求，则供应商的议价能力较强。

（2）供应商产品的差异化程度。如果供应商提供的产品为异质类产品，以至于买主很难找到可与供应方企业相竞争的替代品，则供应商的议价能力较强。对于下游公司来说，面临的威胁越多，机会越小，竞争越激烈。

（3）供应商向前整合（Forward Integration）的能力。如果供应商有较强的向前整合能力，则意味着其议价能力较强。这里的向前整合能力，是站在产业链角度来分析的。比如面粉公司、方便面生产公司和超市，三家公司在产业链的位置如图2–9所示。

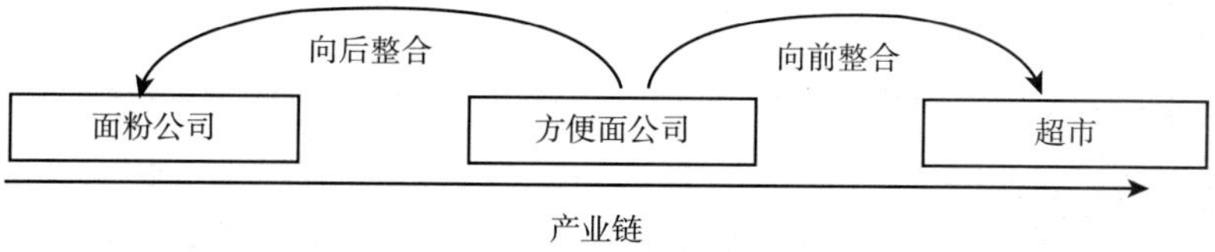

图2–9　产业链的整合

（4）上游供应商的数量。如果产业链上游存在着大量类似的供应商，则供应商的议价能力较弱，因为对于下游企业而言，容易寻找到替代品。

（5）产品的转换成本。下游厂商更换供应商所产生的成本就是转换成本。如果转换成本较高，则现有的下游买方就不大可能更换供应商，供应商的议价能力就比较强。比如生产零配件的公司，上游供应商供应设备，如果要换供应的设备，则人员要重新培训，配套设施也全部都要换，意味着转换成本较高。

3.买方议价能力

购买方主要通过压价以及要求上游公司提供较高的产品或服务质量，来影响上游公司的盈利能力。一般来说，决定买方议价能力大小的因素包括：

（1）购买方的重要性程度。如果下游的购买方采购数额较大，占公司销售收入比重较高，则购买方的议价能力较强。

（2）产品的差异化程度。如果现有公司提供的产品或服务与其他公司相比不具有差异性，以至于买方很容易找到类似的替代品，则购买方的议价能力较强。

（3）购买者向后整合（backward integration）的能力。如果购买者有较强的向后整合的能力，则购买方的议价能力较强。

（4）产品的转换成本。如果转换成本较高，则现有的下游买方不大可能采购其他公司的产品，买方的议价能力就较弱。反之，若转化成本较低，则买方的议价能力就较强。

4.潜在的进入者

潜在的进入者可能会与现有企业发生原材料与市场份额的竞争，最终拉低行业中现有企业的盈利水平。潜在进入者的力量大小取决于以下因素：

（1）行业的进入壁垒。进入壁垒主要包括规模经济（扩大产能可以大幅降低成本）、产品差异、投入资本、销售渠道开拓、政府行为与政策、规模效益、地理环境（如造船厂只能建在海滨城市）等方面。

（2）预期现有企业对新进入者的反应。现有企业采取报复行动的可能性大小取决于有关厂商的财力情况、报复记录、固定资产规模、行业增长速度等。假定其他条件相同，行业现有企业的反应越激烈，则潜在进入者面临的风险越大，其力量越小，给行业内现有企业带来的威胁也越小。

5.替代品

两个处于同行业或不同行业中的企业，可能会由于所生产的产品可互为替代，从而在它们之间产生相互竞争的行为。这种源自替代品的竞争会以各种形式影响行业中现有企业的盈利能力以及企业战略的制定。比如去海南的机票往往折扣都比较小，因为去海南的交通替代品比较少。替代品少，则竞争比较小，对企业的威胁也较小。

案例分析

柯达公司的兴衰

伊士曼柯达公司（Eastman Kodak Company），简称“柯达公司”，是世界上最大的影像产品及相关服务的生产和供应商，总部位于美国纽约州罗切斯特市，是一家在纽约证券交易所挂牌的上市公司，业务遍布150多个国家和地区，全球员工约8万人。多年来，柯达公司在影像拍摄、分享、输出和显示领域一直处于世界领先地位，在百余年间帮助无数的人们留住美好回忆、交流重要信息以及享受娱乐时光。

1966年，柯达公司的海外销售额达到21.5亿美元，在《财富》杂志中排名第34位，纯利润位居第10位，当时在感光界排名第2的爱克发的销量仅及它的1/6。哈佛商学院2005年的一份研究报告显示，截至1975年，柯达垄断了美国

90%的胶卷市场以及85%的相机市场份额。直到1997年，柯达的主要竞争对手富士胶卷才抢占了部分美国市场，但也仅是17%。1984年洛杉矶奥运会之前，柯达一直垄断着世界体育大赛的胶卷专售权。至2002年，柯达的全球营业额增至128亿美元，其中一半以上都来自美国以外的市场。柯达全球员工总数约7万人，其中39 000人在美国。

柯达虽然发明了世界上第一台数码相机，而且早在1998年就开始感觉到胶卷业务的下滑，可是由于胶卷业务的利润十分丰厚，公司一直舍不得放弃，因而没有大力发展数码相机的业务。2000年之后，随着数码技术的崛起，数码相机的市场需求开始呈现翻倍的增长，胶卷相机却以每年10%的速度下滑，这使柯达在1997—2011年的15年间，市值蒸发了整整99%，最终柯达公司于2012年1月19日申请破产保护。

这是一个典型的被替代品颠覆的例子。形象地说，替代品的提供者就是那个来颠覆你的“门口的野蛮人”，而这也是企业在行业竞争中最容易忽略的。

（三）SWOT分析

当企业设定了愿景和使命之后，在制定战略之前要先做一个内外部环境的分析。SWOT分析法就是将自身目标与公司的内部资源和外部环境有机地结合起来的一种分析方法。

SWOT模型是一种将与研究对象密切相关的各种主要内部优势（Strengths）、劣势（Weaknesses）以及外部的机会（Opportunities）和威胁（Threats）等，通过调查列举出来，并依照矩阵形式排列，然后用系统分析的思想把各种因素相互匹配起来进行系统评价，从中得出一系列相应的结论，选择最佳经营战略的方法。SWOT分析的主要方面，如表2-5所示。

表2-5 SWOT分析的主要方面

资源优势	资源劣势	机遇	威胁
·有力的战略 ·雄厚的财务条件 ·良好的品牌形象或商誉 ·市场领导者 ·联盟或合资企业 ·良好的产品质量 ·良好的顾客服务 ·产品创新能力 ·营销能力强 ·成本优势 ·专有性技术	·战略方向模糊 ·过时的设备 ·财务状况恶化 ·成本过高 ·缺少某些关键技能或能力 ·利润水平低 ·内部经营问题 ·研究开发不足 ·产品线狭窄 ·营销能力不足	·服务于更多的消费群体 ·向新的地理区域扩张 ·向新产品转移技能 ·拓展产品线 ·纵向一体化 ·从对手处获得市场份额的机会 ·收购对手 ·通过联盟或合资企业拓展市场占有率 ·利用新技术的机会 ·延伸品牌的机会	·新加入的竞争者的威胁 ·替代品抢占市场份额 ·市场增长缓慢 ·汇率或贸易政策的不利影响 ·新法规增加了经营成本 ·易受经济周期的影响 ·顾客或供应商的影响力量增强 ·消费者需求的变化 ·人口统计的变化

1. 优势与劣势分析

此分析主要着眼于企业自身的实力及其与竞争对手的比较。判断企业内部优势与劣势的标准有两项：

（1）单项的优势与劣势，如资金、技术、产品、市场、管理等；

（2）综合的优势和劣势，如运营效率、组织机构、企业文化等。为了评估企业的综合优势与劣势，可以选择一些重要因素加以评价打分，然后根据其重要程度按加权平均法进行确定。

2. 机会与威胁分析

这部分的分析是将注意力放在外部环境的变化，即对企业可能的影响上。机会是指随着外部环境变化而产生的有利于企业的时机，如政府支持、新技术应用、良好的客户关系、新的市场空间等。威胁是指随着企业外部环境的改变而不利于企业的时机，如新的竞争者出现、市场缩减、技术老化等。

SWOT分析的理论是有效的战略能最大限度地利用业务优势和环境机会，同时使业务劣势和环境威胁降到最低。SWOT分析具体做法是：对列出的内部条件和外部环境及各个关键因素逐项打分，然后按各个因素的重要程度加权并求其代数和，再将上述结果在SWOT模型十字图上具体定位（见图2-10），从而确定企业战略。通过将优势、劣势、机会和威胁对应进行分割，可得出企业应对环境变化的4个主要战略（见表2-6）。

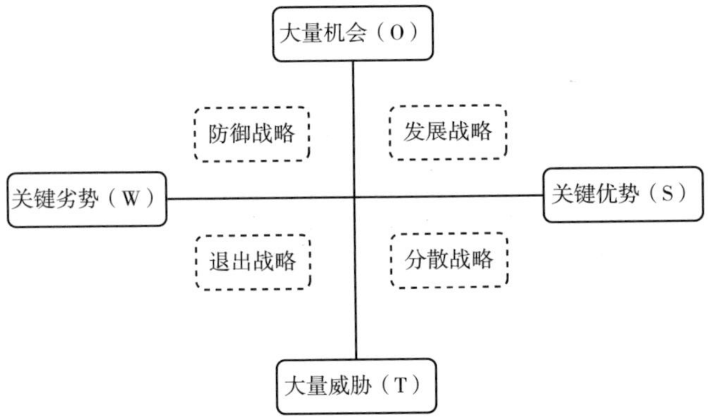

图2-10　SWOT模型十字图

表2-6　SWOT分析得出的主要战略

公司环境	优势（S）	劣势（W）
机会（O）	（SO）发展战略：当企业内部有优势、外部有机会时，它应该充分利用有利的内外部环境，把机会和优势变成企业良好的盈利能力	（WO）防御战略：企业存在一些外部机会，但企业内部有一些劣势妨碍着它利用这些外部机会；企业可以采取通过外部机会来弥补内部劣势的战略

续表

公司环境	优势（S）	劣势（W）
威胁（T）	（ST）分散战略：采取利用本企业的优势，回避或减轻外部威胁影响的战略	（WT）收缩或放弃战略：是一种旨在减少内部劣势，同时回避外部环境威胁的防御性战略；一个面对大量外部威胁和具有众多内部劣势的企业处于不安全和不确定的境地，可以考虑清理、清算、出售现有资产，把资源转移到更有竞争力的领域

二、市场定位

市场定位（marketing positioning）又称为“营销定位”，是由美国营销学家艾·里斯和杰克特劳特在1972年提出的。市场定位是指企业根据竞争者现有产品在市场上所处的位置，针对顾客对产品某种特征或属性的重视程度，强有力地塑造出本企业产品与众不同的、给人印象鲜明的个性或形象，并把这种形象生动地传递给顾客，从而使该产品在市场上确定适当的位置，包括产品定位、企业定位、竞争定位、客户定位等。

市场定位并不是对一件产品本身做些什么，而是在潜在消费者的心目中做些什么。简而言之，就是在目标客户心目中树立产品独特的形象。市场定位的实质是使顾客将本企业和其他企业区分开，可以明显感觉和认识到本企业产品的独特优势，保证产品在顾客心目中占有特殊、有价值的位置，在消费者的心目中留下值得购买的形象。

（一）市场定位的方法

1.避强定位

企业避免与强有力的竞争对手发生直接竞争，而将自己的产品定位于另一市场的区域内，使产品在某些特征或属性方面与对手有明显的区别，从而在消费者心中树立起一定形象。这种做法的风险较小，成功率较高，常为多数企业所采用。

2.迎头定位

直面实力最强或较强的竞争对手，直接与其正面竞争，使自己的产品进入与对手相同的市场位置。由于竞争对手强大，这一竞争过程往往相当引人注目，企业及其产品能较快地为消费者所了解，达到树立市场形象的目的。因此，市场竞争更加激烈，企业面临较大的风险。企业必须知己知彼，了解市场容量，正确判定自己的资源和能力。

3.重新定位

企业对销路少、市场反应差的产品进行的二次定位。初次定位后，如果消费者的需求或偏好发生了变化，使企业产品销售量骤减；或者新的竞争者进入市场，侵占了企业产品的部分市场，使企业产品的市场占有率下降，这时企业就需要对其产品进行重新定位。重新定位对于企业适应市场环境、调整市场营销战略、寻求新的活力是必不可少的，可以视为企业的战略转移。重新定位可能导致产品的名称、价格、包装和品牌的更改，也可能导致产品用途和功能上的变动，企业必须考虑定位转移的成本和新定位的收益问题。

此外，企业还可以考虑区域定位、阶层定位、职业定位、个性定位、年龄定位等。例如，将饲料销售给农民及养殖户，将文具销售给学生，将婴儿用品陈列在中年女性经常出入的地方，为经常饮用啤酒而又担心发胖的人推出低热量的啤酒，为高血糖、重视健康的人群推出低脂、低糖产品等，都是企业市场定位的表现。事实上，许多企业进行市场定位的方法往往不止一个，而是多个方法同时使用。要体现企业及其产品的形象，市场定位必须是多维度、多方面的。

市场定位的关键是企业要设法在自己的产品上找出比竞争者更具有竞争优势的特性。竞争优势一般有两种基本类型：一是价格竞争优势，就是在同样的条件下比竞争者定出更低的价格。这就要求企业采取一切努力来降低单位成本。二是偏好竞争优势，即能提供确定的特色来满足顾客的特定偏好。这就要求企业采取一切努力在产品特色上下功夫。

（二）市场定位的步骤

企业市场定位的全过程可以通过以下三大步骤来完成：

1.识别潜在竞争优势

企业通过系统地设计、搜索、调研等手段，了解目标市场上顾客的满意程度及额外需求、竞争对手的产品定位，分析并确定自己的潜在竞争优势。

2.定位核心竞争优势

选择竞争优势实际上就是一个企业与竞争者各方面实力相比较的过程。竞争优势既可以是现有的，也可以是潜在的，因此比较的指标应是一个完整的体系，只有这样，才能准确地选择相对竞争优势。通常的方法是分析、比较企业与竞争者在经营管理、技术开发、采购、生产、市场营销、财务和产品7个方面究竟哪些是强项，哪些是弱项，借此选出最适合企业的优势项目，以初步确定企业在目标市场上所处的位置。

3.制定营销战略

这一步骤的主要任务是通过一系列的宣传促销活动，将企业独特的竞争优势准确传播给潜在顾客，并在顾客心目中留下深刻印象。另外，企业应注意目标顾客对其市场定位出现的理解偏差和误会，或由于企业市场定位宣传上的失误而造成的目标顾客模糊、混乱，及时纠正其与市场定位不一致的形象。

三、市场定位和环境分析案例

海底捞于1994年成立了第一家火锅店，当时只有四张火锅餐桌。截至2017年，海底捞公司拥有员工5万人，净利润为11.94亿元，运营的餐厅数量达到了320家，包括大陆的296家，中国台湾、中国香港、海外等地的24家。它的快速发展令人惊叹，下面是海底捞2015—2017年的有关财务数据（见表2-7）。

表2-7　　2015—2017年海底捞有关财务数据

年份	营业收入（亿元）	净利润（亿元）	经营活动现金净流量（亿元）
2015	57.57	4.11	6.42
2016	78.08	9.78	14.14
2017	106.37	11.94	14.00

近几年来，我国政府倾力于制定和实施“互联网+”行动计划，以此来推动移动互联网、云计算、大数据、物联网等技术与现代制造业的结合，从而促进电子商务、工业互联网和互联网金融的健康发展，引导互联网企业拓展国际市场。“互联网+”正式上升为国家战略。

海底捞紧跟政策，利用互联网设计完成自身IT系统的整合和重建，完成全门店覆盖。这一技术的利用，为海底捞带来了新的亮点。对用户来说，记录顾客点餐信息及个人喜好，可以支持“千人千味”计划，顾客再次光临时店员可按其喜好提供服务；平板电脑端点锅、点菜界面优化，可以实现及时督促上菜、准确上菜；支持自动买单，绑定支付宝开通自动买单功能后，可一键自动支付；支持发票快开功能；支持混合支付，即顾客使用会员积分抵扣金额后，剩余款项可以继续使用现金、微信、支付宝等支付方式。对于店长来说，通过平板电脑中的桌台总数，可以实时查看全店顾客用餐情况，细致查询各项营业指标，了解门店生产运营情况。同时，利用相关技术，海底捞开通了线上外卖服务。

（一）海底捞的波特五力分析

1.现有企业的竞争

火锅在中国餐饮市场中占据了最大的市场份额。2017年，火锅的市场份额为13.7%。由此可见，餐饮业是一个快速增长的行业，而火锅是餐饮业最好的赛道。

伴随着火锅企业经营步伐的加快，越来越多连锁店在不断增加网点，企业规模

项目分析

经营战略和营销策略关系到企业的长远利益和企业的成败。经营战略是对经济活动整体进行建设的过程，是以经济实体为目的而开展的运营管理策略，一般围绕扩大销售、控制成本、产品差异等方面来考虑。营销策略是以销售为目的的经营活动，一般是经营战略的一部分，主要解决经营中的销售问题，常遵循“市场调研—消费者分析—制定营销路线”的程序而设计。

一、经营战略的类型

经营战略是指在给定的一个业务或行业内，企业用于区分自己与竞争对手业务的方式，或者说是企业在特定市场环境中如何营造、获得竞争优势的途径和方法的战略。

经营战略决策是关系企业前途命运的重要工作，在企业管理中处于核心地位。

（1）企业通过制定经营战略，对外部环境和内部条件进行调查分析，可以明确自己在市场竞争中所处的地位，对于增强自身经营实力有了明确的方向。

（2）企业有了经营战略，就有了经营发展的总纲，能够发挥企业的整体效益，有利于调动职工的积极性。

（3）便于国家和有关部门对企业进行指导，有利于宏观经济和微观经济的有机结合和协调发展。

（4）有利于全面推进企业管理现代化。

企业在市场竞争中获得竞争优势的途径虽然有很多，但最基本的战略概括起来有三种，即成本领先战略、差异化战略和集中化战略。

（一）成本领先战略

成本领先战略，就是企业通过成本上的领先地位来取得竞争优势的方法。只要企业能把成本降到比任何竞争对手都低的程度，就有能力把价格定到竞争者都无法接受的水平。这样，企业就能以低于竞争对手的产品价格，获得市场占有率，并获得同行业平均水平以上的利润，常说的“薄利多销”就是这个道理。

企业可以通过降低生产和经营成本的方法来实现成本领先，比如通过提高产量或者提高效率的方式降低产品成本；通过简化产品设计，去掉不重要功能的方法降低产品成本；通过减少广告费的方式降低经营成本；通过建立严格的成本管理制度来降低经营成本。

成本领先战略是低效益、高效率的战略，它的价格比较低，吸引了更多的顾客购买商品，使企业将产品尽快变现，通过牺牲一些效益换取更高的效率。成本领先战略一般定位于大众化市场。

实务应用

成本都是100元的两件产品，甲企业定价120元，乙企业定价180元。卖120元的甲企业是在成本基础上加价20元，比乙企业卖得低，处于薄利状态。这个20元就是收入与成本的差额，财务上叫“毛利润”，用毛利润除以销售收入，就得到了毛利率。所以，“薄利”用财务语言讲就是毛利率低、赚钱少，从效益上说就是效益低的状态。“多销”即卖得多，也就是说产品卖得很快。“多销”是从效率上来说，效率可以简单地理解为一种产品在一年内可以卖多少次。效率用财务术语来形容，就是周转率。周转率的经济含义就是产品在一定时间内可以完成多少次从现金到现金的循环。比如销售一种产品，毛利率是15%，这代表效益；一个月卖2次，这代表效率。这个月一共赚30%（2×15%），这30%就是效率和效益共同的结果。如果企业想赚的更多，就可以通过这两条途径来实现，一条是效益的途径，另一条是效率的途径。

1.成本领先战略的特征

（1）企业在生产经营中通过低成本优势取得行业领先地位。成本优势的来源因产业结构不同而异，可以通过追求规模经济、专利技术、原材料的优惠待遇和其他因素来实现。

（2）成本领先并不等同于价格最低。如果企业陷入价格最低而成本并不最低的误区，换来的只能是把自己推入无休止的价格战。因为竞争对手比自己的成本更低，具有更多的降价空间，能够支撑其更长时间的价格战。

（3）依赖成本上的领先地位取得竞争优势的企业，要成为经济效益高于平均水平的超群者，就必须与其竞争厂商相比，在产品别具一格的基础上取得价值相等或价值近似的有利地位，从而赚取高于平均水平的收益。

（4）成本领先战略一般必然地要求企业就是一个成本领先者，而不只是争夺这个位置的若干企业之一。当渴望成为成本领先者的企业不止一家时，它们之间的竞争通常是很激烈的，因为每一个百分点的市场占有率都被认为是至关重要的。

（5）成本领先战略的成功取决于企业日复一日地实施该战略的技能。成本不会自动下降，它是艰苦工作和持之以恒地重视成本工作的结果。要改善相对成本地位，与其说需要在战略上作出重大改变，不如说需要管理人员更多的重视。

实务应用

战略大师波特认为，做企业首先应该分析企业产品所处的市场生命周期和市场份额，然后确定其应采取的战略，而不是一味地降低成本。不能以降低企业成本为最终目标，而是要在充分考虑企业整体发展战略的基础上完成企业的成本管理。在树立正确的成本效益思想这一方面，为了保持较高的生产效率，提高产品技术水平，日本企业有一个普遍的做法，即采取加速折旧、提前报废的方式，不断进行设备的更新改造，乃至宁愿缴纳设备提前报废的税金。我国企业的设备老化与陈旧问题是普遍现象，有些企业甚至采用不提或少提折旧的方式来降低成本，这使产品的竞争力逐渐下降。

2.成本领先战略的适用条件

（1）大批量生产的企业。产量要达到经济规模，才会有较低的成本。

（2）企业有较高的市场占有率。严格控制产品定价和初始亏损，从而形成较高的市场份额。

（3）企业必须采用先进的生产设备。先进的生产设备使生产效率提高，产品成本进一步降低。

（4）要严格控制一切费用开支，全力以赴地降低成本，最大限度地减少研发、服务、摊销、广告及其他一切费用。

（二）差异化战略

差异化战略也称特色优势战略，是指企业力求在顾客广泛重视的一种或多种特质上赋予其独特的地位，以满足顾客的要求，在该行业内独树一帜。企业可以通过追求产品品质的优异化、产品可靠度的优异化、产品专利权的优异化、产品创新力的优异化、产品售前和售后服务的优异化、产品品牌的优异化等途径，达到产品的市场占有率小但投资回报率高的效果。

差异化战略是高效益、低效率的战略，它的产品定价高，所以毛利率高、效益好，但因为高端产品定价高，买的人少，所以产品卖得慢，周转率会比较低，效率受到影响。差异化战略有意识地牺牲了一些效率，换取了更高的效益，它一般定位于高端市场。比如汽车市场，既有奔驰、宾利这样走高端市场的，也有奇瑞、五菱汽车这样走大众化市场的，很显然，它们选择了不同的经营战略。

1.差异化战略的特征

（1）差异化战略并不意味着公司可以忽略成本，只是低成本目前不是企业首要的战略。

（2）如果差异化战略成功地实施了，它就成为公司在一个产业中赢得高水平收益的积极战略。

（3）推行差异化战略与提高市场份额两者往往不可兼顾，因此公司要对这一战略的排他性有思想准备。

（4）公司在建立差异化战略的活动中，总是伴随着很高的成本代价，有时即便全行业范围的顾客都了解公司的独特优点，也并不意味着所有顾客都愿意或有能力支付公司要求的高价格。

2.差异化战略的适用条件

（1）企业具有很强的研究开发能力，其研究人员要有创造性的眼光。

（2）企业具有以其产品质量或技术领先的声望。

（3）企业在这一行业有悠久的历史或吸取其他企业的技能并自成一体。

（4）企业有很强的市场营销能力。

（5）研究与开发、产品开发以及市场营销等职能部门之间要具有很强的协调性。

实务应用

成本领先战略选择的是主动牺牲一些效益来换取较高的效率，而差异化战略则刚好相反，是主动牺牲一些效率来换取较高的效益。如果一家公司的效率、效益两个指标都低，就说明这家公司的战略执行出了问题。公司确实舍弃了它愿意牺牲的部分，但却没有换来它想要的东西。

（三）集中化战略

由于受自身资源和能力的限制，企业无法在整个产业中实现成本领先或者差异化，但它可以选择将资源和能力集中于目标细分市场，从而实现成本领先或差异化，以获取竞争优势。这种经营战略称为“集中化战略”，也称“目标集聚战略”。

拓展阅读

细分市场也称“市场细分”，是指营销者通过市场调研，依据消费者的需要、欲望、购买行为和购买习惯等方面的差异，把某一产品的市场整体划分为若干消费者群的市场分类过程。每一个消费者群就是一个细分市场，每一个细分市场都是由具有类似需求倾向的消费者构成的群体。目标细分市场，是指企业根据产品细分市场划分，结合公司战略目标确定的某一类型的细分市场，比如某头盔的目标细分市场可确定为18~35岁、追求时尚的自行车骑行爱好者。

集中化战略根据集中化的内容分为产品集中化战略、顾客集中化战略、地区集中化战略、低占有率集中化战略。集中化战略还可以根据实施方法分为单纯集中化、成本集中化、差别集中化、业务集中化等。

拓展阅读

（1）单纯集中化是企业在不过多考虑成本领先和差异化的情况下，选择或创造一种产品、技术和服务为某一特定顾客群创造价值，并使企业获得稳定可观的收入。

（2）成本集中化是企业采用低成本的方法，为某一特定顾客群提供服务。通过低成本集中化战略，可以在细分市场上获得比较领先的竞争优势。

（3）差别集中化是企业在集中化的基础上，突出自己的产品、技术和服务特色。企业如果选择差别集中化，那么差别集中化战略的主要措施都应该从集中化战略中来。但不同的是，集中化战略只服务狭窄的细分市场，而差别化战略要同时服务于较多的细分市场。

（4）业务集中化是企业在不过多考虑成本的情况下，按照某一特定顾客群的要求，集中企业中的某一项较好的业务，如物流企业可选择准时制配送、流通加工、仓储等。业务集中化可使企业某项业务的竞争力增强。

1.集中化战略的特征

集中化战略与成本领先战略和差异化战略不同的是，企业不是围绕整个行业，而是面向某一特定目标市场开展生产经营和服务活动，以期能更好、更有效地为特定目标顾客群服务。实施集中化战略的企业由于其市场面狭小，可以更好地了解市场和顾客，提供更好的产品与服务。

集中化战略是指企业以某个特殊的顾客群、某产品线的一个细分区段或某一个地区市场为主攻目标的战略。细分区段是细分市场的具体化，区段的意思为区域及地段，或区域及阶段，细分区段就是指企业可根据区段对产品及顾客群进行进一步的市场细分。这一战略整体是围绕着为某一特殊目标服务，通过满足特殊对象的需要而实现差别化或低成本。集中化战略是以更高的效率、更好的效果为某一特殊对象服务，从而超过面向广泛市场的竞争对手，或实现差别化，或实现低成本，或两者兼得。

2.集中化战略的适用条件

（1）企业具有完全不同的市场顾客群。

（2）没有其他竞争对手试图在目标细分市场实施集中化战略。

（3）由于地理位置、收入水平、消费习惯、社会习俗等因素的不同，将形成专门化市场，这些市场之间的隔离性越强，越有利于集中化战略的实施。

（4）行业中各细分部分在规模、成长率、获利能力等方面存在很大的差异。

二、经营战略的选择

企业经营战略选择涉及的因素较多，其中较重要的影响因素来自企业面临的市场竞争范围和企业的竞争优势来源。

1. 市场竞争范围

明确企业市场竞争范围是企业经营战略选择的首要因素。市场细分是确定企业市场竞争范围的基本方法。无论是市场开发、产品开发、市场渗透，还是多元化经营，都必须建立在新的或改进的市场细分基础上，企业可用有限的资源灵活地经营某个细分市场。市场细分决策为经营战略选择明确了方向。

2. 企业竞争优势来源

竞争优势是企业生存与发展的前提。企业在明确市场竞争范围的基础上，应进一步明确自身的竞争优势来源。通常而言，企业的竞争优势主要来源于两个方面：

一是低成本优势。如果企业在长期发展过程中形成了降低成本的文化氛围，使自己的业务成本水平和管理费用水平都在行业中处于领先地位，企业在经营战略选择时就可以利用这种优势战胜竞争对手。

二是独特性优势。如果企业在发展过程中形成了产品、服务或管理等的独特性，以致使竞争对手难以模仿或超越，那么企业在经营战略选择时就要充分挖掘这种独特性，使自身优势得以发挥。

案例分析

海底捞的经营战略分析

企业的经营战略一般来说分为两种：一种是成本领先战略，另一种是差异化战略。成本领先战略通过提供标准化产品，扩大生产规模，严格控制成本，提高效率和企业收益。差异化战略是通过提供有特色的产品，提高产品和品牌的辨识度，获得客户的认可，从而获得更多的溢价。在火锅这个生意里，呷哺呷哺是标准化服务的代表，它的特点是复制更为简单，品质易于保证，但其人均单价不可能太高，所以利润也很难超出预期。呷哺呷哺成功的关键在于低价、低成本和快速复制。

海底捞走的是差异化战略。在火锅味道方面，它注重新口味的开发，为消费者带来更多选择；在食品原料方面，采用统一配送的方式，确保高效运转；以极致的服务为特色，让服务口口相传，形成自己独特的竞争力。海底捞成功的关键在于，让企业员工自发地提高服务，并且创新服务，提高客户的满意度和回头率。海底捞以其特色的服务方式和经营理念，成为火锅行业当之无愧的龙头企业。

三、市场营销策略

市场营销策略是企业以顾客需要为出发点，根据经验获得顾客需求量以及购买力的信息、商业界的期望值，有计划地组织各项经营活动，为顾客提供满意的商品和服务，从而实现企业目标的过程，是多种营销方法（如产品、价格、渠道、促销、公关策略）的综合。

推销是一对一的，营销是一对多的。推销就是把产品卖好，营销则是让产品好卖。营销是通过各种手段使目标客户记住、赏识企业的产品或服务，建立起客户对企业产品的认知。

1960年，美国市场营销专家麦卡锡（E.J.Macarthy）教授在人们营销实践的基础上提出了著名的4P营销策略组合理论，即产品（Product）、定价（Price）、渠道（Place）、促销（Promotion）。4P以市场为导向，4P营销策略能从复杂的营销变数中找到最为重要的因素，并从单纯的因素上升为一组策略，从而更好地适应日益复杂的营销环境。4P营销理论为企业的营销策划提供了一个有用的框架，奠定了营销策略组合在市场营销理论中的重要地位，为企业实现营销目标提供了最优手段，即最佳综合性营销活动，也称“整体市场营销”。不过，4P营销策略是以满足市场需求为目标的，重视产品导向而非消费者导向，代表的是企业立场而非客户的立场。随着市场营销理论研究的发展，又出现了6P、10P、11P策略，它们都是4P营销策略的扩展，其核心仍是4P。

1990年，美国学者劳特朋（Lauterborn）提出以消费者需求为导向的4C营销策略。4C营销策略在理念上有了很大的进步与发展，它以客户（Consumer）为中心进行营销，关注并满足客户在成本（Cost）、便利（Convenience）方面的需求，加强与客户的沟通（Communication）。

20世纪90年代中期，美国学者舒尔茨（Don E. Schultz）提出以竞争为导向的4R理论。该营销理论认为，随着市场的发展，企业需要从更高层次上以更有效的方式在企业与顾客之间建立起有别于传统的、新型的主动性关系。以上各种营销策略的基本内容及其优劣比较，如表2–8所示。

表2-8 营销策略的基本内容及优劣比较

营销策略	基本内容	优劣比较
4P营销策略	**产品策略**：包括产品组合、产品寿命周期、产品包装、品牌等内容 **价格策略**：包括决定定价导向、作出调整价格的反应、设计价格的风险评价 **渠道策略**：包括渠道模式和中间商的选择、调整协调管理、实体分配 **促销策略**：包括推销、广告、营业推广等	优： （1）使营销理论有了体系感 （2）使复杂的现象和理论简单化 （3）为营销提供了易于操作的框架 （4）理论上概括，实务上可操作 劣： （1）不足以涵盖所有行业可控制的变量 （2）只适合制造业中消费品的营销活动和生产者主权的卖方市场
4C营销策略	**顾客策略**：忘掉产品，记住顾客的需求和期望，以顾客为中心 **成本策略**：忘掉价格，记住成本与顾客的费用，让顾客在成本上相对满意 **方便策略**：忘掉地点，记住方便顾客，为其提供方便的消费通道 **沟通策略**：忘掉促销，记住与顾客沟通，培养其忠诚度	优： （1）以顾客为中心进行一对一传播 （2）注重资源整合，宣传企业形象 （3）以传播和双向沟通为基础 劣： （1）与市场经济的竞争导向矛盾 （2）不能形成营销个性营销优势 （3）未解决满足顾客的操作性问题 （4）被动适应顾客需求的色彩较浓
4R营销策略	**关联策略**：与顾客建立关联，提高其满意度和忠诚度，减少顾客流失 **反应策略**：提高市场反应速度，倾听和满足顾客的需求与渴望 **关系策略**：与顾客保持合作关系、建立长期而稳固的关系 **回报策略**：注重利润回报与价值回报	优： （1）以竞争为导向，概括了新框架 （2）体现并落实了关系营销的思想 （3）反应机制为互动与合作、建立关联提供了基础 （4）回报兼容了成本和双赢的内容 劣： 实施4R营销策略需要实力基础或某些特殊条件

拓展阅读

4S营销理论由满意（Satisfaction）、服务（Service）、速度（Speed）、诚意（Sincerity）4个要素组成，是继4P、4C、4R理论之后，以顾客为中心的营销思维的扩展和深化。4S营销理论主要是从营销人员的视角，以顾客为中心，通过对其满意指数和等级的测评来促进企业产品质量、服务质量和品牌的改进与提升，从而扩大企业知名度，提升企业美誉度和顾客忠诚度。具体来讲，“满意”即追求顾客满意，企业通过产品、价格、促销、服务等方式让顾客满意。“服务”是营销过程中的关键环节，营销人员应以优质的服务让顾客有良好的体验感，进而提升其对企业的忠诚度。首先，营销人员要精通产品知识，为顾客提供专业化服务。其次，对待顾客要亲切友善，体贴入微。再次，秉承“顾客是上帝”的原则，认真对待每一位顾客。另外，以温馨的环境、暖心的服务留住顾客。最后，以最真诚的微笑打动顾客。“速度”体现企业对市场的反应能力，当顾客有需求时，营销人员必须迅速反应、灵活应对。“诚意”是服务顾客的基础和前提，营销人员对顾客要以诚相待、诚实守信，让顾客感受到企业的诚意，才能获得顾客的信任。

（一）产品策略

所谓产品营销策略，即指企业制定经营战略时，首先要明确企业能提供什么样的产品和服务以满足消费者的要求，也就是要解决产品策略问题。产品策略主要包括商标、品牌、包装、产品定位、产品组合、产品生命周期等方面的具体实施策略。企业的产品策略是其市场营销组合策略中的重要组成部分，从一定意义上讲，企业成功与发展的关键在于产品满足消费者的需求的程度以及产品策略的正确与否。

案例分析

旺旺集团的产品战略①

旺旺集团自1992年进入大陆并打入食品市场以来，至今已经有30余年的时间。旺旺的持续成功，与其不断推陈出新的产品策略密不可分。旺旺集团对新产品的开发非常重视，旺旺的产品已经涵盖米果、糖果、休闲食品、饮料、酒类、米、餐饮行业，产品品项多达130多种。在这个庞大的产品体系中，糖果、米果、牛奶是位居主导地位的三大支柱。旺旺雪饼、旺仔牛奶等产品始终引导着中国食品的市场潮流。与此同时，旺旺又不断开发出贝比妈妈、厚烧海苔、旺旺“挑逗系列”、旺仔小馒头、旺旺饼干、旺仔QQ糖等充满个性的产品，持续推陈出新，充分保持品牌的活力。

旺仔牛奶是旺旺集团特别针对儿童设计的保健型牛奶，为行业液态奶中唯一得到国家保健食品认证的产品。旺仔牛奶有别于一般的保鲜奶，在生产工艺和原料配方上有其独特的方面。旺仔牛奶的配方也专门针对儿童口味加以设计，如今已成为儿童生活中最钟爱的产品之一。

旺旺依据国人口味喜好而研究开发出邦德咖啡，通过引进德国先进成套设备，采用咖啡原豆研磨萃取，配以成熟的灌装工艺，最大程度地保证了咖啡的香醇。此外，旺旺还开发出旺旺果冻、旺旺大米、神旺白酒等产品，新产品的不断开发，为保持旺旺品牌的活力作出了不可磨灭的贡献。

① 资料来源：根据网络资料整理分析而成。

（二）价格策略

价格策略是指企业通过对顾客需求的估量和成本分析，选择一种能吸引顾客、实现市场营销组合的策略。在营销组合中，价格是唯一能产生收入的因素，其他因素表现为成本。价格策略就是根据购买者各自不同的支付能力和效用情况，结合产品进行定价，从而实现最大利润的定价办法。

（1）企业根据不同经营战略和价格策略、不同市场环境和经济发展状况等，常选择以下三种定价方法：

成本导向定价法。这是一种卖方定价导向的定价方法，它忽视了市场需求、竞争和价格水平的变化，有时候与定价目标相脱节。此外，运用这一方法制定的价格均是建立在对销量主观预测的基础上，从而降低了价格制定的科学性。因此，在采用成本导向定价法时，还需要充分考虑需求和竞争状况，以确定最终的市场价格水平。

竞争导向定价法。此方法是以竞争者的价格为导向的，其特点是价格与商品成本和需求不发生直接关系。商品成本或市场需求变化了，但竞争者的价格未变，就应维持原价；反之，虽然成本或需求都没有变动，但竞争者的价格变动了，则相应地调整其商品价格。当然，为实现企业的定价目标和总体经营战略目标，谋求企业的生存或发展，企业可以在其他营销手段的配合下，将价格定得高于或低于竞争者的价格，并不一定要求和竞争对手的产品价格完全保持一致。

顾客导向定价法。该方法是以市场需求为导向的定价方法，价格随市场需求的变化而变化，不与成本因素发生直接关系，符合现代市场营销观念要求，企业的一切生产经营均以消费者需求为中心。价格是企业竞争的主要手段之一，企业除了根据不同的定价目标，选择不同的定价方法，还要根据复杂的市场情况，采用灵活多变的方式确定产品的价格。

（2）考虑消费者的心理，定价会使用以下几种：

尾数定价或整数定价。许多商品的价格，宁可定为0.98元或0.99元，而不定为1元，就是适应消费者购买心理的一种取舍。尾数定价使消费者产生一种“价廉”的错觉，比定为1元反应积极，可促进销售。相反，有的商品不定价为9.8元，而定为10元，同样会使消费者产生一种错觉，迎合消费者“便宜无好货，好货不便宜”的心理。

声望性定价。此种定价法有两个目的：一是提高产品的形象，以价格说明其名贵；二是满足购买者的地位欲望，适应购买者的消费心理。

习惯性定价。某种商品，由于同类产品多，在市场上形成了一种习惯价格，个别生产者难以改变。降价易引起消费者对品质的怀疑，涨价则可能受到消费者的抵制。

（3）为鼓励顾客早日付清货款、大量购买或增加淡季购买，企业还要酌情调整其基本价格，提供价格折扣或折让。

数量折扣。这种折扣方式是企业给那些大量购买某种产品的顾客的一种折扣，以鼓励顾客购买更多的货物。例如：顾客购买100单位以下的某种商品，每单位10元；购买100单位以上，每单位9元。

现金折扣。该折扣是为了鼓励购货方在一定时期内早日付款而给予的价格折扣。例如：5/10、2/20、n/30，意思是如果顾客在10天内付款，就能够从发票面值中得到5%的折扣，比如发票面值为10 000元，则只需要支付9 500元就可以了；如果顾客在20天内付款，就能够从发票面值中得到2%的折扣，即支付9 800元；否则，在30天内付款，需要支付发票的全部金额，即10 000元。现金折扣也能招揽一些视折扣为减价促销的顾客前来购买产品。许多行业习惯采用此法以加速资金周转，减少收账费用和坏帐。

职能折扣，也叫"贸易折扣"，是制造商给予中间商的一种额外折扣，使中间商可以获得低于目录价格的折扣价格。

季节折扣。该折扣是企业鼓励顾客淡季购买的一种减让，使企业的生产和销售在一年四季都能保持相对稳定。

推广津贴。为扩大产品销路，生产企业向中间商提供促销津贴。比如零售商为企业产品刊登广告或设立橱窗；生产企业除负担部分广告费外，还在产品价格上给予一定优惠。

（4）差别定价。根据不同顾客、不同时间和场所、不同的花色品种、不同式样、不同部位等，定不同的价格，即对同一产品或劳务定出两种或多种价格，但这种价格差别不反映成本的变化。实行差别定价的前提条件是：市场必须是可细分的且各个细分市场的需求强度是不同的；商品不可能转手倒卖；高价市场上不可能有竞争者削价竞销；不违法；不引起顾客反感。

（三）渠道策略

营销渠道策略是整个营销系统的重要组成部分，它对降低企业成本和提高企业竞争力具有重要意义，是规划中的重中之重。

营销渠道是指与提供产品或服务以供使用或消费这一过程有关的一整套相互依存的机构，它涉及信息沟通、资金转移和实物转移，包含直接渠道、间接渠道等。

（1）订货系统。它为消费者提供产品信息，同时方便厂家获取消费者的需求信息，以求达到供求平衡。一个完善的订货系统，可以最大限度降低库存，减少销售费用。

（2）结算系统。消费者在购买产品后，可以有多种方式方便地进行付款，因此厂家（商家）应有多种结算方式。当前国外流行的几种方式有信用卡、电子货币、网上划款等，国内的付款结算方式主要有邮局汇款、货到付款、信用卡等。

（3）配送系统。一般来说，产品分为有形产品和无形产品，对于无形产品，如软件、音乐等，可以直接在网上进行配送；对于有形产品的配送，要涉及运输和仓储问题。国外已经形成了专业的配送公司，如美国联邦快递公司，它的业务覆盖全球，实现了全球快速的专递服务，以至于从事网上直销的戴尔公司将美国货物的配送业务都交给它完成。专业配送公司的存在是国外网上商店发展较为迅速的一个原因所在。

（四）促销策略

促销策略（promotion tactics）是一种促进商品销售的谋略和方法。促销策略是指企业通过人员推销、广告、公共关系、营销推广等各种促销手段，向消费者传递产品信息，引起他们的注意和兴趣，激发他们的购买欲望和购买行为，达到扩大销售目的的活动。

企业将合适的产品、在适当地点、以适当价格出售的信息传递到目标市场，一般是通过两种方式：一是人员推销，即推销员和顾客面对面地进行销售；另一种是非人员推销，即通过大众传媒在同一时间向大量消费者传递信息，主要包括广告、公共关系、营销推广等多种方式。这两种推销方式各有利弊，起着相互补充的作用。

实务应用

1992年正式拓展大陆市场的旺旺集团，为了提前打响品牌知名度，采取反向思维，实施了“未投产先营销”的经营战略。在投产前半年，公司投入1 000多万元人民币在大陆进行广告宣传活动，首开大陆食品行业大规模广告的先河，引起轰动。短短一年，旺旺系列产品在广大消费者心中已经提前留下好感，市场处于等待产品上市的饥饿状态。于是在投产当年，旺旺便创下了产值人民币2.5亿元的佳绩。

此外，目录、通告、赠品、店标、陈列、示范、展销等，也都属于促销策略的范畴。一个好的促销策略，往往能起到多方面的作用，如提供信息情况，及时引导采购；激发购买欲望，扩大产品需求；突出产品特点，建立产品形象；维持市场份额，巩固市场地位，等等。

一般有以下9种促销策略：

（1）供其所需，即千方百计地满足消费者的需要，做到“雪中送炭，雨中送伞”，这是最根本的促销策略。

（2）激其所欲，即激发消费者的潜在需要，以打开商品的销路。

（3）投其所好，即了解并针对消费者的兴趣和爱好组织生产与销售活动。

（4）适其所向，即努力适应消费市场的消费动向。

（5）补其所缺，即瞄准市场商品脱销的“空档”，积极组织销售活动。

（6）释其所疑，即采取有效措施排除消费者对新商品的怀疑心理，努力树立商品信誉。

（7）解其所难，即大商场采取导购措施以方便顾客。

（8）出其不意，即以出其不意的宣传策略推销商品，以收到惊人的效果。

（9）振其所欲，即利用消费者在生活中不断产生的消费欲望来促进销售。

以上策略的使用基础在于商品本身的质量，相关策略的实施最忌蒙骗手法。

训练项目

设计商业模式和营销策略

“共享经济”在我国蓬勃发展，它既满足了人们的物质需求，又解决了环境保护和资源配置不合理的问题。共享汽车、共享单车、共享充电宝、共享雨伞等事物如雨后春笋般地出现。然而，“共享经济”中的多数企业并未找到有效的商业模式，同质化竞争较为普遍。请同学们以摩拜单车的商业画布和商业模式为例，进行共享电单车和共享汽车的商业模式分析。

摩拜单车是一项互联网短途出行解决方案，是无桩借还车模式的智能硬件，在App上实名注册并缴纳保障金，即可租用。人们通过智能手机快速租用和归还一辆摩拜单车，用可负担的价格来完成一次几公里的市内骑行。2015年1月，北京摩拜科技有限公司成立；2016年4月，摩拜单车进入上海正式运营；2017年，摩拜单车获得B轮、C轮融资，10多家资本进入，融资超过1亿美元；2017年1月，摩拜单车与富士康达成合作，解决了单车供应链的问题；2017年6月16日，摩拜单车完成超6亿美元融资；2018年4月4日，摩拜以37亿美元的总价出售给美团。

以摩拜为代表的共享单车，由公司投放车辆，不用停车桩，不用办卡，扫描二维码就能开锁，不用的时候停在任意合法非机动车停车点即可，半小时收费五角或者一元，用车成本低到可以忽略，完美解决了城市“最后一公里”的困扰。摩拜单车的商业模式，如图2–11所示。

看似非常完善的盈利模式，在经过几年的运转，是否盈利已昭然若揭。“共享经济”前期的大量投资、海量投放，并没有带来预期的回报。因为每辆单车的日均效益极低、单车使用存在潮汐现象、运维成本高、管理粗放、监管部门不支持等原因，共享单车产业已成为业内公认的失败商业模型。巨头入场接盘，

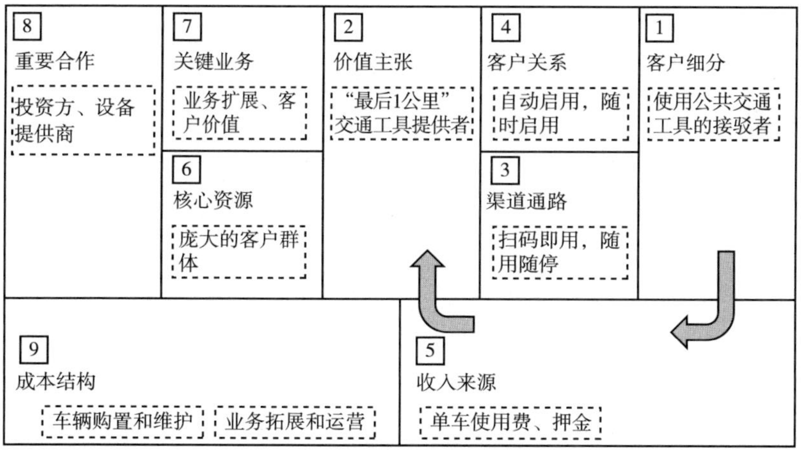

图2-11 摩拜单车的商业模式

是为了多业务联动，实现商业闭环，而不是单纯为了盈利。

在共享单车废墟过后，共享电单车似乎迎来了发展契机。据中国城市公共交通协会在2020年发布的《共享电单车行业报告》数据，共享电单车的每车平均日骑行率大约是同区域内共享单车的5~10倍。此外，电单车的单次使用价格也多在2~3元起步，费用是共享单车的数倍。如果从运营效率来看，投放1辆共享电单车相当于投放超过20辆的共享单车。

思考与讨论

登录“松果出行”官网，了解其共享电单车项目和相关新闻报道，通过商业画布分析其商业模式，并通过宏观环境分析、产业分析和自身优劣势分析，判断共享汽车行业还有没有进入的空间？如果进入共享汽车行业，我们应该选择什么样的经营战略和营销策略？

3

Part

第三章

成本思维：成本核算和成本管理

学习目标

了解财务成本与管理成本的分类依据，理解作业成本法核算和控制的原理，掌握成本计算与成本管理的基本方法和流程，能利用本量利分析模型对企业的生产经营进行保本、保利、经营安全分析。通过产品的全生命周期成本管理，树立业财融合理念和成本节约意识。

知识技能点

作业成本法；本量利分析；成本习性；固定成本；变动成本；保本分析；保利分析；经营安全程度；亏损产品决策；全生命周期成本管理

成本管理是企业管理的一个重要组成部分，它要求企业对成本的控制系统而全面、科学且合理，对于促进企业增产节支，加强经济核算，改进企业管理，提高企业整体管理水平具有重大意义。但要充分认识到，成本管理不是财务部门简单的计算，而是全过程、全方位、全人员的管理，只有当产品的全生命周期成本得到有效控制，成本才会显著降低。

第一节　财务成本的计算

项目需求

如何计算产品的成本？

丰庆公司是一家制造企业，主要从事甲、乙两种产品的生产与销售。甲产品和乙产品的生产加工工艺不同，甲产品的工艺比较复杂，每月生产1 000件，乙产品每月生产1 500件，假设本月均已完工。2022年12月该公司成本相关资料，如表3–1、表3–2所示。

表3–1　甲产品和乙产品的直接材料和直接人工资料

项目	产品名称	
	甲产品	乙产品
产品产量（件）	350	540
直接材料（元）	35 000	43 200
直接人工（元）	7 000	10 800

表3–2　甲产品和乙产品的间接费用

材料费（元）	包装费（元）	质量检验（元）	设备维护（元）	装卸搬运（元）	合计（元）
25 000	18 000	28 000	32 000	14 000	117 000

说明：甲产品和乙产品的机器制造工时分别为630小时和1 170小时。

根据上述资料，丰庆公司生产甲产品和乙产品的成本各是多少？

项目分析

“算为管用，算管结合”，要做好成本的预测、决策和计划，核算是基础。财务成本计算要先确定成本计算对象和成本计算期，选择合适的成本计算方法，设置成本项目，然后将发生的各项费用进行划分和分配，最后进行完工产品成本与在产品成本的划分，计算出产品的总成本和单位成本。

一、成本的概念和内涵

长期以来，人们对于成本的使用存在较大的分歧。成本是一个内涵丰富、范围广泛的概念，从会计领域来看，我们可以从财务会计和管理会计两个视角来解读成本。

（一）财务会计中的成本概念

财务会计以会计报告为工作核心，以计量和传送信息为主要目标，因此其工作要以公认会计准则和企业会计制度为指导。在会计核算与报告体系中，根据产生效益期的长短，支出有两种状态：一个是效益期在一年以上的，形成资产；另一个是效益期在一年以内的，形成费用。这个“费用”是广义的费用，按照费用的经济用途，用于产品生产形成的就叫作“产品成本”，用于组织和管理形成的就叫作“期间费用”。这是财务会计的基本分类，其分类的结果主要是确定存货成本和期间损益，以满足对外报告的需要。

1.产品成本

产品成本又称“制造成本”，是指生产单位在生产过程中为生产产品或服务而发生的各项费用，包括直接制造成本（直接材料、直接人工）和间接制造成本（又称“制造费用”，包括车间管理发生的人工成本、设备折旧等其他资源耗费）。

2.期间费用

期间费用又称“非制造成本”，是指非生产车间发生的各种耗费，包括销售费用（如广告宣传费用、销售人员工资、分销运输费用、售后费用等）、管理费用（如管理部门人员工资费用、行政办公费用等）、财务费用（如筹款活动发生的各项手续费、佣金、利息等以及汇兑损失等）、研发费用等。期间费用按照功能或者职能归集，它要求不同职能部门、不同人员承担不同的成本责任。这些非制造成本是因为当期为顾客提供产品或劳务而发生的各项耗费，根据配比原则，纳入当期损益核算范围，从当期利润中扣除。

（二）管理会计中的成本概念

管理会计中的成本是指为达到特定目的而发生的各项经济资源的消耗。在管理会计中，根据管理的不同需要，将成本按照不同的标准进行分类。比如，按照成本的可控性划分为可控成本和不可控成本；按照成本与业务量之间的关系（成本习性）划分为固定成本和变动成本；按照与决策问题的相关性划分为相关成本与无关成本；按照与方案的关系分为差额成本和机会成本；按照成本实际发生的时态分为历史成本和未来成本等。另外，质量成本、责任成本、资本成本等也是管理会计研究的成本范围。因此，管理会计中的成本要比财务会计中成本的外延宽泛得多、复杂得多。

二、成本管理的职能与原则

（一）成本管理的职能

成本管理是企业管理的一个重要组成部分，其目的是促进企业加强成本管理，提高企业成本管理水平，充分调动全体人员的积极性，在保证产品质量的基础上，尽量降低和控制成本，力求以最少的耗费取得最大的生产成果，提升企业竞争力。《管理会计应用指引第300号——成本管理》（以下简称《成本管理指引》）指出，成本管理是指企业在营运过程中实施成本预测、成本决策、成本计划、成本控制、成本核算、成本分析和成本考核等一系列管理活动的总称。

上述成本管理职能是相互联系、相互补充的，在生产经营活动的各个阶段，相互配合发挥作用。预测是决策的基础，决策是计划的依据，计划是决策的具体化，控制是对计划实施的监督，核算是对计划的检验，分析与考核是实现决策目标和完成计划的手段。其中，成本核算是成本管理最基本的职能。

成本管理一般按照事前成本规划、事中成本控制、事后成本核算与业绩评价等程序进行，其职能如图3-1所示。由于财务会计对外报告的特殊性，财务会计更加强调成本核算的职能，即产品成本和期间费用的核算。

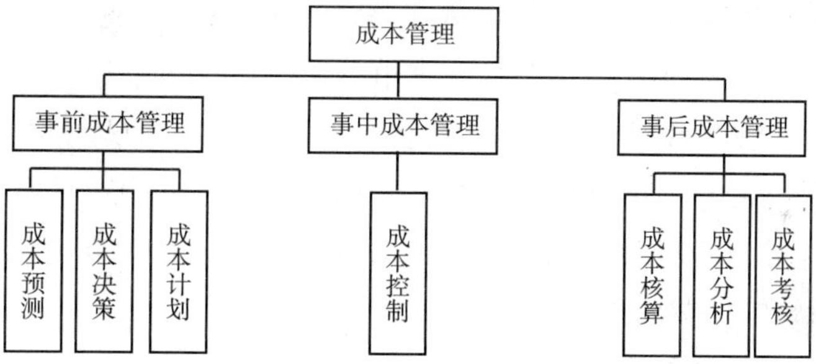

图3-1　成本管理的职能

（二）成本管理的原则

企业进行成本管理，一般应遵循以下四项原则：

1.融合性原则

成本管理是一个系统工程，应该实现全员参与，通过成本的计划、执行与考核加以落实。因此，成本管理应以企业的业务模式为基础，将其嵌入业务的各领域、各层次、各环节，实现成本管理责任到人、控制到位、考核严格、目标落实。

2.适应性原则

成本管理应当与企业的生产经营特点和目标相一致，尤其要与企业发展战略或者竞争战略相适应。

3.成本效益原则

成本并非越少越好，应当考虑企业获得的收益，如果通过减少成本而使企业收益大幅度减少，那么这样的成本控制是失败的，比如通过使用低廉的原材料降低成本，会影响产品质量，使企业错失许多顾客。因此，在进行成本管控时，要权衡为企业带来的收益和付出的成本，避免获得的收益小于其投入的成本。

4.重要性原则

成本管理的重点应该关注对成本具有重大影响的项目，对成本不具有重大影响的项目可以适当简化处理。

三、产品成本的核算

（一）费用界限的划分

企业每天都在发生支出，支出的名目繁多，哪些支出应该计入产品成本呢？在进行产品成本核算时，应注意区分以下几个界限：

1.生产经营管理费用与非生产经营管理费用的界限

企业在生产经营活动中会发生各种支出，比如购买机器设备等固定资产、对外投资、偿还负债、缴纳各种税款、缴纳罚款、对外捐赠、分配利润等，这些支出通常与企业获得收入无关，属于非生产经营管理费用支出。企业日常经常发生的以取得收入为目的的支出，如支付员工工资、支付办公费、差旅费、营销广告费等，均被划分为生产经营管理费用支出。

2.生产费用和期间费用的界限

产品从设计到推向市场，需要多个部门配合，比如生产部、销售部、人力资源部、技术开发部、采购部、财务部等，每一个部门都在为产品增值服务，也都要消耗资源，按照提供支持活动的类型不同，企业的部门有三类：生产部门、销售部门和管理部门，当期的费用就应该由这三类部门来承担，会计上称为生产费用、销售费用和管理费用。另外，生产经营需要资金，如果这些资金是借贷而来，就要支付相应的利息，会计上用“财务费用”来描述。

生产经营管理费用中哪些应计入产品成本，哪些不计入呢？按照“制造成本法”的原理，生产部门产生的生产费用，理应由它所生产的产品来负担，这就构成了我们常说的产品成本。

我们可以发现，生产单位以外的行政管理部门发生的管理费用，销售部门发生的销售费用，因资金筹集等发生的财务费用，这些费用与产品的品种和数量没有直接关系，却与当期的收入有关，需要用当期的收入来弥补，会计上就把这三大费用称为“期间费用”。2018年，我国的会计准则把原来计入管理费用的研发费用作为独立项目单独列示在利润表里了。这样，利润表里的期间费用就成了管理费用、销售费用、财务费用和研发费用。

拓展阅读

销售费用是指企业在销售商品或提供劳务的过程中发生的各项费用，如广告费、展览费、运输费以及专设销售机构人员的工资、福利费、差旅费等。

管理费用是指企业管理和组织生产经营活动所发生的各项费用，如企业董事会和行政部门发生的各种费用，行政管理人员的工资、办公费、保险费等。

财务费用是指企业为筹集资金而发生的各项费用，如借款手续费、利息费用、汇兑损益等。

研发费用包括研究支出、开发支出以及相关的费用（如专利购置费用）等。

3. 各月份费用的界限

支出虽然在本月发生在该部门，但也不应当直接计入该月的费用中。比如，管理部门本年12月支付了下一年的杂志费1 200元，但是观看杂志的活动发生在下一年，并在每月的观看中使用该支出。为了按月考核企业的经营成果，根据权责发生制原则，应由本月负担的期间费用计入本月，不应由本月负担的期间费用不得列入本月。同样，需要将应计入产品成本的生产费用在各个月份之间进行划分，应由本月负担的费用计入本月生产成本，不应由本月负担的费用不得列入本月的产品成本。

拓展阅读

企业应当根据权责发生制原则，正确划分各期费用成本的界限。划分的基本要求是：应由本月负担的费用都应在本月入账，计入本月的产品成本和期间费用；不应由本月负担的费用，一律不得列入本月的产品成本和期间费用。根据这项要求，在成本核算过程中，凡本月发生的费用，都要在本月入账，既不允许将其延至下月记账，也不得提前入账。另外，对应由本月和以后月份负担的长期待摊费用，要根据其受益期限，分别摊提到本月和以后月份，以便正确反映各月份的成本、费用水平。

4. 各种产品的费用界限

企业往往不只生产一种产品，因此，对于生产两种及两种以上产品的生产企业，还要对应计入产品成本的生产费用在各有关产品之间进行划分，以便分析和考核各种产品成本计划或成本定额的执行情况。这种划分的基本要求是：属于某种产品单独发生、能够直接计入该种产品成本的生产费用，应该直接计入该种产品的成本；属于几种产品共同发生、不能直接计入某种产品成本的生产费用，则应采用适当的分配方法，分配计入这几种产品的成本。要如实反映各种产品的耗费，不能人为地在不同产品之间，特别是亏损产品与盈利产品、可比产品与不可比产品之间任意转移生产费用。要防止以盈补亏、掩盖亏损产品亏损额，或虚报产品成本、掩盖利润的错误做法。

5. 本月完工产品成本与在产品成本的界限

通过以上费用界限的划分，确定了各种产品本月应负担的生产费用。期末计算产品成本时，除本期已完工产品外，还可能存在未完工的产品，即期末在产品。这样，为了正确计算完工产品总成本和单位成本，就需要正确划分本期完工产品与期末在产品的费用界限，即应采用适当的方法对生产该种产品的累计生产费用在本期完工产品与期末在产品之间进行分配。当然，如果某种产品都已完工，该产品的累计生产费用就全部是完工产品成本；如果某种产品都未完工，该产品的累计生产费用就全部是期末在产品成本。在这两种情况下，都不存在累计生产费用在本期完工产品与期末在产品之间分配的问题。也就是说，只有本月既有完工产品又有未完工产品的情况下，月末才存在需要划分完工产品和月末在产品费用的界限问题。

以上对各种费用界限的划分过程，也就是产品成本的计算和各项期间费用的归集过程，如图3–2所示。在这一过程中，应贯彻受益原则，即何者受益何者负担费用，何时受益何时负担费用，负担费用的多少应与受益程度的大小成正比。

（二）产品成本的计算

产品成本的传统计算是计算单位产品成本，从而满足外部财务报告中计算存货成本和销货成本的需要。产品成本计算的基本方法有三种，即品种法、分批法和分步法，其中品种法是最基本的方法，因为其他方法都必须与品种法相结合才能完成具体的成本核算工作。

由费用界限划分过程，我们可以简单总结出产品成本计算方法通用的一般程序，如图3–3所示。

（1）直接费用直接计入成本计算对象中（计入该品种、该批别或者该步骤）。

（2）间接费用采用特定的方法分配计入成本计算对象中（分配给不同的品种、不同的批别或者不同的步骤中）。

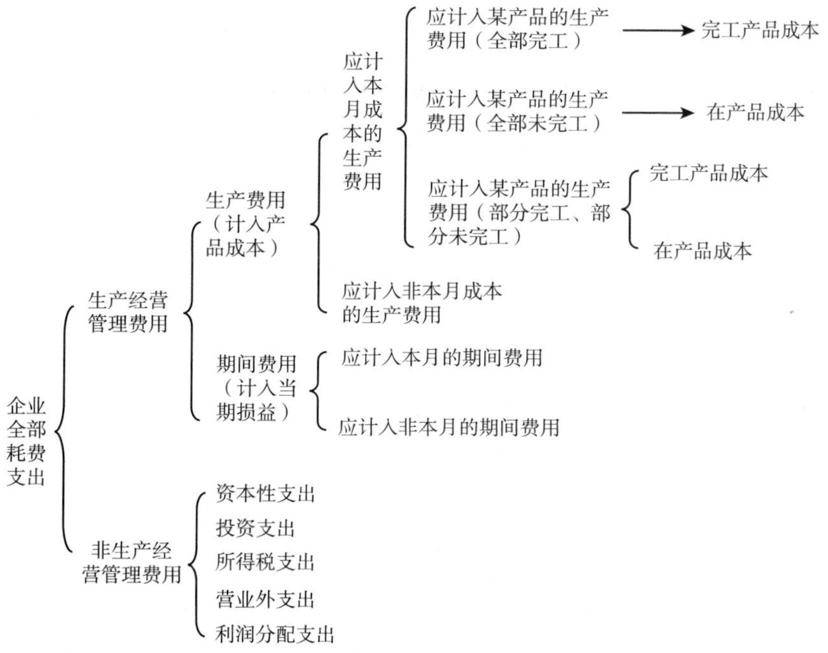

图3-2　费用界限划分过程

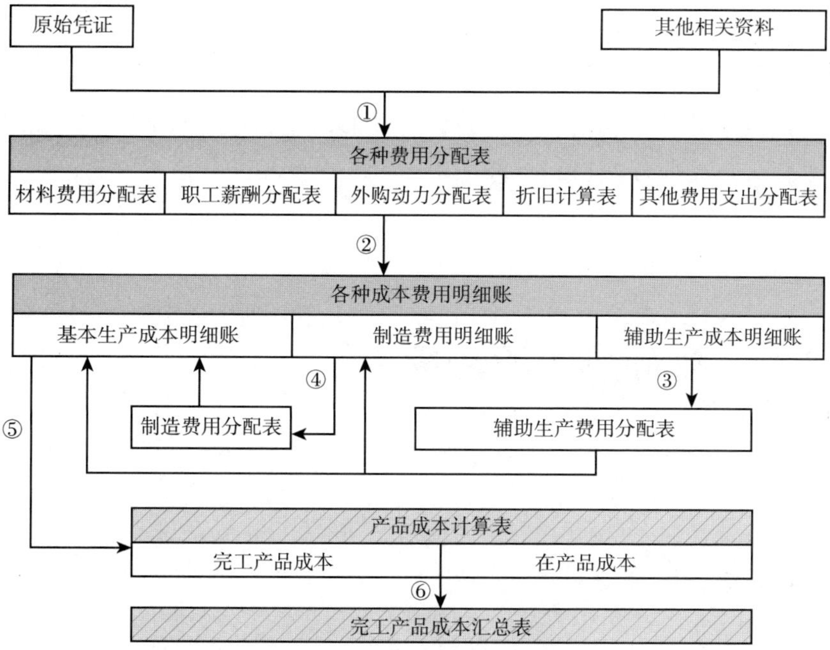

图3-3　成本计算的一般程序

（3）将成本计算对象归集的生产费用总额（前期的+本期直接或者间接分配计入的），分配给完工产品（该品种、该批别或者该步骤完工产品）和期末在产品（该品种、该批别或者该步骤的在产品）的产品成本中。

任务分析

由表3–1我们可以得出加工甲产品和乙产品的直接成本（直接材料+直接人工），甲、乙产品共同发生的间接制造成本合计117 000元，需要采用一定的标准在甲、乙两种产品之间进行分配。传统产品成本计算法中，一般采用人工工时或者机器工时来分配间接费用。此处采用机器工时为分配标准，间接费用的分配率为：

间接费用分配率：117 000÷（630+1 170）=65元/工时

甲产品应分摊的间接费用：630×65=40 950元

乙产品应分摊的间接费用：1 170×65=76 050元

根据上述分析和计算，可编制产品成本计算表（见表3–3）。

表3–3　　　　传统成本计算法下成本计算表

项目	甲产品	乙产品
直接材料成本（元）	35 000	43 200
直接人工成本（元）	7 000	10 800
制造费用（元）	40 950	76 050
总成本（元）	82 950	130 050
单位成本（元）	237	241

从传统成本计算法我们可以得出，甲产品的单位生产成本为237元/件，乙产品的单位生产成本为241元/件。

第二节　管理成本的计量

项目需求

针对本章第一节中的任务，丰庆公司相关部门对成本管理有不同的诉求，其中：

市场部：经过上年经营以及对现有市场的调研，甲、乙产品的竞争性市场价格已明确，分别为285元/件和276元/件。为了提高产品的竞争优势，市场部建议按照竞争性市场价格销售甲、乙两种产品，并以15%的产品成本利润率确定甲、乙产品的单位目标成本。

财务部：传统成本法计算出的甲、乙两种产品的成本，由于制造费用按照机器工时法进行分配，这种分配间接费用的方法过于单一，与产品消耗成本的方式并不吻合，建议公司准许采用作业成本法计算甲、乙产品的成本，提高产品成本计算的准确性，并根据作业成本法下甲、乙两种产品的成本情况，结合产品单位目标成本，选择具有成本优势的产品。

企业发展部：产品成本控制不应仅仅考虑制造成本，制造成本在一个产品的全生命周期来看，成本占比不足30%。为提高产品竞争优势，还应考虑研发、设计、制造、销售、售后服务等价值链各环节发生的全部成本。如果只考虑制造成本，而不考虑价值链其他环节所发生的成本，将有可能作出错误的决策。只有从价值链各环节处着眼成本控制，才是最为全面的成本控制。根据企业发展部的测算，甲、乙产品应分摊的单位上游成本（研发、设计等成本）分别为24元和15元，应分摊的单位下游成本（销售、售后服务等环节成本）分别为10元和6元。

2023年年初，该公司准备继续生产甲、乙两种产品，新的一年该如何设置成本目标、合理安排生产计划，以满足上述各部门的需求呢？

项目分析

财务成本最大的特征是其核算的主要目的是确定企业一定时期的成本耗费，为计算企业的利润和税金提供依据。虽然财务成本的核算资料能满足基本管理需求，但不能满足各种变化多端的特殊成本管理的需要，所以要运用管理成本的概念。利用动因追溯成本的作业成本法和全生命周期成本管理方法来计算产品成本，成为管理用成本的主要计算方法。

一、作业成本法

（一）广泛平均及其后果

宿舍5位同学，每个月聚餐一次，他们在饭店里会点主菜、主食和饮料，最近一次的账单如表3-4所示。

表3-4　　宿舍5位同学就餐详情　　单位：元

类别	王强	李克	范勇	张兵	张亮	总计	平均
主菜	18	20	16	13	22	89	17.80
主食	0	4	4	4	6	18	3.60
饮料	6	8	15	12	12	53	10.60
总计	24	32	35	29	40	160	32.00

如果160元的账单5个人平分，则每人的平均成本是32元。当成本在5个人之间平均分配时，王强、张兵被多计了，范勇、张亮被少计了，李克的金额则碰巧和他消费的一样多。特别是王强可能会非常反对支付平均的32元，因为他的个人账单只有24元。

广泛的平均常常导致多计或者少计产品或服务的成本。多计产品成本，单位产品消耗了较低的资源水平，但报告的单位成本却较高，如王强的餐费。少计产品成本，单位产品消耗了较高的资源水平，但是报告的单位成本却较低，如张亮的餐费。

案例分析

传统成本法分配间接费用的弊端

某制造企业的老板老王发现了一个怪现象，企业生产A、B、C三种产品，对于A产品，不管自己怎么降价，竞争对手同类A产品的价格总能跟着降，老王认为已经把价格降到成本线以下了，竞争对手还在降，老王不敢再降，还因此削减了A产品的生产。对于C产品，他发现几次提高C产品的价格，市场竞争者却不跟进。一般情况下，如果有利可图，肯定会有竞争者进入，甚至可能出现购买者离去的情况。但这两种情况都没有发生，为什么会出现如此怪异的现象？

这就是老王公司产品成本计算错误所导致的。对于A产品，实际成本只有10元，而老王公司计错了费用的归属和制造费用的分配，把成本算成了20元，结果他定价为24元，那竞争对手就定为20元；老王降价到20元，竞争对手就跟着降到了18元；老王咬着牙再降，降到18元，赔钱卖了，却不承想对手降到了16元……老王不敢再降，便忍痛砍掉了这个产品（见表3-5）。

表3-5　　A产品的成本多计与定价

A产品	老王公司			竞争对手		
实际成本（元）	10			10		
成本错算（元）	20			—		
定价（元）	①24	②20	③18	①20	②18	③16

对于C产品，实际的成本是20元，却因费用分配的不合理被老王算成了10元，所以他定价为12元，竞争对手不跟；提价到15元，竞争对手也不跟；提价

到18元，竞争对手还是不跟进；再提价到20元，老王认为已经很赚了，毛利润是100%了，竞争对手依然不跟，因为没利可图，人家不做（见表3-6）。

表3-6 C产品的成本少计与定价

C产品	老王公司				竞争对手
实际成本（元）	20				20
成本错算（元）	10				—
定价（元）	①12	②15	③18	④20	……

传统成本法分配间接费用的不合理带来了决策的失误，产品成本多计或者少计的战略后果是什么？我们应如何规避弊端呢？

案例中，老王的公司在产品定价的过程中依据了错误的成本信息，导致多计成本的产品定价过高，从而将市场份额拱手让给生产相似产品的竞争者，比如生产的A产品；少计成本的产品定价较低，销售时甚至可能导致亏损，因为销售的收入可能低于产品所使用的资源成本，比如生产的C产品。产品成本的多计和少计，扭曲了成本信息，最终带来了错误的产品生产决策。

老王公司采用的是传统成本计算方法，即并不是单独计算每种产品的直接费用和间接费用，而是把公司的生产部门当作成本中心来归集间接费用，将除直接材料和直接人工以外的其他生产费用都归入制造费用，并采用单一的分配标准，比如按产量在各种产品之间进行分配，每种产品负担的间接费用是基于公司整体的生产能力（即产量）平均分配的。这种制造费用的分配方法不仅提供的成本信息有限，而且往往使生产量较大、技术上不复杂的产品成本偏高；生产量较小、技术上比较复杂的产品成本偏低，从而使成本信息失真。

产品成本的多计和少计还会使管理者将注意力集中在错误的产品上。管理者更多关注多计成本的产品，比如老王公司的A产品，这些产品显示的利润低，但实际上，这些产品的成本和利润是相当合理的。管理者更少关注少计成本的产品，比如老王公司的C产品，他们认为这些产品的利润高，但实际上，这些产品消耗了大量的资源，远没有表面那么盈利。

拓展阅读

准确的产品成本计算，能够相对准确地确定期末存货的价值，提供企业的财务状况信息；能够相对准确地确定已销售商品的成本，有助于核定企业的期间损益；有多种产品时，还有助于确定不同需求层次的产品订货价格；有助于了解企业在各个制造环节的耗费，为降低产品成本提供依据。

随着生产自动化的不断提高，制造费用（间接费用）的分配问题已经成为加强产品成本核算和管理的瓶颈，由此带来了成本计算方法的变革及管理思想的转变。人们逐渐认识到，传统的成本核算方法已经越来越难以满足生产的实际需要。针对传统成本会计核算方法的弊端，20世纪80年代以后，作业成本法（Activity Based Costing，简称“ABC成本法”）应运而生。

（二）作业成本法的概念

作业成本法又称“现代成本核算方法”，根据《管理会计应用指引第304号——作业成本法》规定，作业成本法是以“作业消耗资源、产出消耗作业”为原则，按照资源动因将资源费用追溯或分配至各项作业，计算出作业成本，然后再根据作业动因，将作业成本追溯或分配至各成本对象，最终完成成本计算的成本管理方法。作业成本法主要适用于作业类型较多且作业链较长，产品、顾客和生产过程多样化程度较高以及间接或辅助资源费用所占比重较大的企业。

拓展阅读

作业成本法认为企业的全部经营活动是由一系列相互关联的作业组成的，企业每进行一项作业都要耗用一定的资源；企业生产的产品（包括提供的服务）需要通过一系列的作业来完成，因而产品的成本实际上就是企业全部作业消耗资源的总和。

为更好地利用作业成本法处理问题，我们需要了解下面几个常用概念。

1.资源费用

资源费用是企业开展经营活动发生的各项资源耗费，既包括有形资源（如房屋、建筑物、设备、材料、商品等）和无形资源（如信息、知识产权、土地使用权等）的耗费，也包括人力资源的耗费以及其他各种税费支出。资源是企业生产耗费的原始形态，是成本产生的源泉。

2.作业

作业是指企业基于特定目的重复执行的任务或活动，是企业在经营活动中的各项具体活动，是连接资源和成本对象的桥梁。作业是作业成本计算系统中最小的成本归集单元，某个作业耗费的资源汇总在一起构成该作业的成本，称为“作业成本”。

作业贯穿产品生产经营的全过程，从产品设计、原料采购、生产加工，直到产品的发运销售，在这一过程中，每个环节、每道工序都可以视为一项作业。比如签订材料采购合同，将材料运达仓库，对材料进行质量检验，办理材料入库手续，登记材料明细账等。一项作业可以是一项非常具体的活动，比如车工作业；一项作业也可能泛指一类活动，比如机加工车间的所有作业可以统称为“机加工作业”。

（1）作业按消耗对象不同，可以分为主要作业和次要作业。

主要作业是指被产品、服务或者顾客等最终成本对象消耗的作业。次要作业是被原材料、主要作业等介于中间地位的成本对象消耗的作业。

成本对象是指企业追溯或分配资源费用、计算成本的对象物。成本对象可以是工艺、流程、零部件、产品、服务、分销渠道、客户、作业、作业链等需要计量和分配成本的项目。

（2）作业按照受益对象、层次和重要性，可以分为以下5类：

产量级作业是指明确地为个别产品（或服务）实施的、使单个产品（或服务）受益的作业，包括产品加工、检验等。该类作业的数量与产品（或服务）的数量呈正比例变动。

批别级作业是指为一组（或一批）产品（或服务）实施的、使该批该组产品（或服务）受益的作业，包括设备的调试、准备等。该类作业的发生是由生产的批量数而不是单个产品（或服务）引起的，作业的数量与产品（或服务）的批量数呈正比例变动。

品种级作业是指为生产和销售某种产品（或服务）实施的、使该种产品（或服务）的每个单位都受益的作业，包括新产品设计、现有产品质量与功能改进、生产流程监控、工艺变换需要的流程设计、产品广告等。该类作业用于产品（或服务）的生产或销售，但独立于实际产量或批量，其数量与品种的多少呈正比例变动。

顾客级作业是指为服务特定客户所实施的作业，包括向个别客户提供的技术支持活动、咨询活动、独特包装等。该类作业保证企业将产品（或服务）销售给个别客户，但作业本身与产品（或服务）数量独立。

设施级作业是指为提供生产产品（或服务）的基本能力而实施的作业，包括管理作业、针对企业整体的广告活动等。该类作业是开展业务的基本条件，使所有产品（或服务）都受益，但与产量或销量无关。

（3）作业按是否增加产品或服务价值分为增值作业和非增值作业。

增值作业是指那些顾客认为可以增加其购买的产品或服务的有用性，有必要保留在企业中的作业。一项作业必须同时满足下列条件才可断定为增值作业：第一，该作业导致了状态的改变；第二，该状态的变化不能由其他作业来完成；第三，该作业使其他作业得以进行。

非增值作业是指即便消除也不会影响产品对顾客服务的潜能，是不必要的或可消除的作业。作业成本法进行成本管理的核心理念之一即是尽量减少或消除非增值作业。

3.成本动因

成本动因是指导致成本发生的因素，即成本的诱因，是成本对象与其直接关联的作业和最终关联的资源之间的中介。成本动因通常以作业活动耗费的资源来进行衡量，如质量检查次数、用电度数等。在作业成本法下，成本动因是成本分配的依据。按其在资源流动中所处的位置和作用，成本动因可分为资源动因和作业动因。

资源动因是资源被各种作业消耗的方式和原因。例如，资源是被作业按照次数消耗的、面积消耗的、数量消耗的，还是使用时间消耗的，等等。资源动因是资源费用分配到作业中心的依据和标准。

作业动因是各项作业被最终成本对象消耗的方式和原因。例如，作业是被产品按照次数消耗的、面积消耗的、数量消耗的，还是使用时间消耗的，等等。作业动因是作业成本库的成本分配到最终成本对象的依据和标准。作业动因计量各种产品对作业耗用的情况，并被用来作为作业成本的分配基础，是沟通资源消耗与最终产出的中介。

实务应用

我国不少企业经常错误地判定成本驱动因素。只有真正了解成本的本质，才不会被现象所迷惑，在成本管理的时候才不会一味强调“降低成本，节约费用”，也不会简单粗暴地靠“降本”来“增效”。成本控制是一门花钱的艺术，而不是节约的艺术。如何将每一分钱花得恰到好处，将企业的每一种资源用到最需要它的地方，这是我国企业在新的商业竞争时代共同面临的难题。

（三）作业成本法的应用

作业成本法的计算程序分为两大阶段：一是将各种资源耗费形成的费用分配到相同性质的作业成本库，计算每一个成本库的分配率（即单位作业成本）；二是按作业成本库的分配率，把费用分摊到成本计算对象（如产品、责任中心）中，计算成本对象的成本。具体操作流程如下：

（1）界定作业，确认资源。

（2）归集资源耗费形成的费用到相同性质的作业成本库，计算作业成本；然后选择适当的成本动因分配资源费用，计算出作业成本分配率。

（3）计算产品成本。根据第一阶段计算的作业成本分配率和产品所耗费作业的数量，将作业成本追溯到各有关产品。

任务分析

步骤一：界定作业，确认资源。

根据表3–1、表3–2的有关资料，我们首先界定了5项作业：材料领用、包装、质量检验、设备维护、装卸搬运。根据“作业消耗资源”，将资源按照资源动因归入相应作业，得到作业成本（见表3–7）。

表3–7　各作业的作业成本　单位：元

材料领用	包装	质量检验	设备维护	装卸搬运	合计
25 000	18 000	28 000	32 000	14 000	117 000

步骤二：选择适当的成本动因分配资源费用。

相应的成本动因有5个：材料领用次数、包装批次、质量检验小时、设备维护时数和装卸搬运次数（见表3–8）。

表3–8　作业动因量化表

作业类别	成本动因	作业量		
		甲产品	乙产品	合计
材料领用	材料领用次数（次）	7	8	15
包装	包装批次（批次）	3	5	8
质量检验	质量检验小时（时）	10	15	25
设备维护	设备维护时数（时）	6	12	18
装卸搬运	装卸搬运次数（次）	4	6	10

步骤三：计算产品成本。

根据第一阶段计算的作业成本分配率和产品所耗费的作业数量，将作业成本追溯到各有关产品。

比如，成本对象为材料领用，其成本动因为材料领用次数。

成本动因分配率：25 000 ÷（7+8）=1 666.67（元/次）

甲产品应分配：7 × 1 666.67=11 666.69（元）

乙产品应分配：8 × 1 666.67=13 333.36（元）

以此类推，我们还可以计算出其他作业成本的分配率，并按照产品所耗用的作业数量，计算出甲、乙产品各自应分配的作业成本（见表3–9）。

表3–9　资源耗费分配计算表

作业类别	成本动因	甲产品	乙产品	合计	分配率	甲分配	乙分配
材料领用	材料领用次数	7次	8次	15次	1 666.667元/次	11 666.67元	13 333.33元
包装	包装批次	3批次	5批次	8批次	2 250元/批次	6 750元	11 250元

续表

作业类别	成本动因	甲产品	乙产品	合计	分配率	甲分配	乙分配
质量检验	质量检验小时	10时	15时	25时	1 120元/时	11 200元	16 800元
设备维护	设备维护时数	6时	12时	18时	1 777.778元/时	10 666.67元	21 333.33元
装卸搬运	装卸搬运次数	4次	6次	10次	1 400元/次	5 600元	8 400元
合计						45 883.33元	71 116.67元

根据直接成本与间接成本分配结果，列示各产品的成本计算情况（见表3–10）。

表3–10　　作业成本计算法下成本计算表

项目	甲产品	乙产品
直接材料成本（元）	35 000.00	43 200.00
直接人工成本（元）	7 000.00	10 800.00
制造费用（元）	45 883.33	71 116.67
总成本（元）	87 883.33	125 116.67
单位成本（元）	251.10	231.70

从作业成本计算法我们可以得出，甲产品的单位生产成本为251.10元/件，乙产品的单位生产成本为231.70元/件。

按照作业成本法，甲产品单位成本由传统成本计算的237元上升为251.10元；乙产品单位成本由传统成本计算的241元下降到231.70元。产生差异的主要原因是：传统成本计算对制造费用只采用单一的分配标准，忽视了不同作业的成本动因不同，从而扭曲单位产品成本，造成制定决策时的偏差。

（四）传统成本法与作业成本法的异同

作业成本法一般被看作补充方法，而非公司通常采用的成本会计制度的替代品。大多数使用作业成本法的企业有两套成本会计制度，一种用于编制外部财务报告的成本会计制度，即传统的产品成本计算方法，用于满足外部财务报告中计算存货成本和销货成本的需要；另一种用于帮助制定内部决策和进行管理活动的作业成本制度。

在传统成本核算中，主要侧重于计算直接成本，间接成本计算的精确度不高，因此最终核算结果的精确度也得不到保证。作业成本法不仅将直接成本和间接成木进行精确计算，还将成本分配到各个产品中，有利于企业获得更加准确的成本信息，并据此制定相应的成本策略。

总体来看，传统成本法和作业成本法有以下异同：

（1）传统成本法与作业成本法对直接费用（直接材料、直接人工等）的处理是相同的，都是将直接费用直接计入有关产品或服务成本中。

（2）对于间接费用的处理，两法是有区别的（见图3-4）。

传统成本法对间接费用的计算是按照部门进行费用分配的，但对间接费用的分配选择标准过于单一，多选择产量、人工工时、机器工时等某一项指标作为分配标准。按任何单一分配标准进行分配都会导致成本信息的扭曲，因为不同作业的成本动因不同。就如本章开篇的例子——同宿舍5个人用餐，简单地按照人数作为餐费的分配标准，就会造成餐费的分配不公。

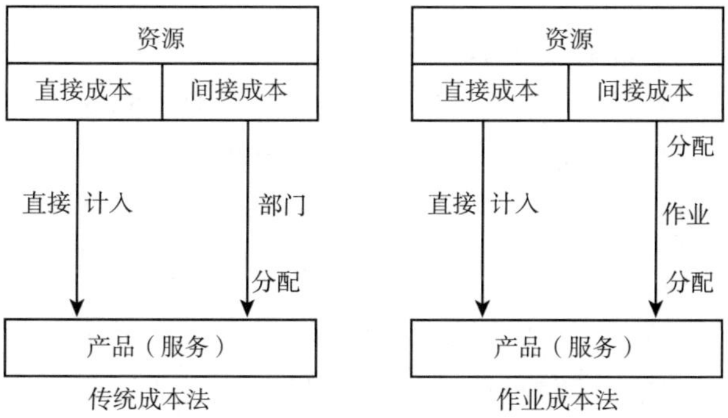

图3-4 传统成本法与作业成本法核算方法图解

拓展阅读

间接成本的分配方法一般有：

（1）分摊，是一种简便易行且成本较低的成本分配方法，传统成本法常常采用。

（2）直接追溯，是指将成本直接确认分配到某一成本对象的过程。利用技术和流程的改进，将原本需要间接分配的成本转化为可以以较低代价直接追溯的成本。例如：一队人在一起就餐且餐费AA制时，就会出现餐费分配不均的问题。如果餐厅是自助餐厅，通过最小化、多样化提供菜品以供大家选择，每位客户按照需要独立下单并结账。这样，原本需要分配的餐费就转换成可以分别按照小票付款的直接计入费用。

（3）动因追溯，是指根据成本动因将成本分配到各成本对象的过程。将间接费用划分为多个间接成本库，分别为每一个同质的间接成本库寻找不同的成本分配基础。作业成本法多采用这种方法。

作业成本法是按照作业活动来进行分配的。作业成本法的间接成本（制造费用等），一般选择动因追溯法进行分配。首先，将制造费用按部门归集和分配改为由若干个成本库分别归集和分配，即按经营活动中发生的各项作业来归集成本，计算作业成本；其次，作业成本法增加了分配标准，按引起作业成本发生的多种成本动因进行分配，可以将间接成本和辅助费用等资源费用更准确地分配到产品、服务等成本对象，比采用单一分配标准分配制造费用的传统成本法更能提高产品成本的科学化和精细化管理。作业成本法不仅是一种成本核算方法，更是成本计算与成本管理的有机结合，有助于引导企业将产品成本核算与产品成本信息分析及应用结合起来，提高产品成本会计信息质量，促进企业降本增效。

作业成本法的产品成本范围较为广泛。在作业成本法中，非制造成本将与制造成本一样可被分配到产品上。在作业成本法中，那些被认为因产品而产生的所有间接费用，含制造成本和非制造成本，都将计入产品中。简而言之，企业借助作业成本法将确认产品的全部成本而不是只确认其制造成本，但某些制造成本有可能被排除在产品成本之外。在传统成本会计中，所有制造成本都计入产品成本，即使制造成本并不由该产品所引起。

在作业成本法中，闲置生产能力的成本不计入产品成本，只有那些真正由产品引起的成本才计入产品，这样计算出来的单位成本符合费用分配目标。作业成本法将闲置生产能力的成本作为期间费用计入利润表，这种处理方式明显排除了闲置生产能力的成本，而不是将其隐藏在存货和销货成本中。

作业成本法使用若干个间接费用库，每个成本库按自己独有的作业量将费用分配到产品或其他的成本对象。间接费用分配率或作业费率，应以作业的生产能力水平为依据，而不是以预计的作业量水平为依据。

这些与传统成本会计制度的差异将会极大地影响产品的显性成本和产品、客户的盈利能力。

（3）作业成本法与传统成本法关系。按作业成本法计算产品成本，仍然可以区分品种法、分批法、分步法等成本计算的基本方法，或者说作业成本法可以与品种法、分批法和分步法结合起来运用。

拓展阅读

作业成本系统

改进成本系统最好的工具之一是作业成本系统。作业成本法通过把单独的作业确认为基本的成本对象来改进成本系统。一个作业是一项事件、任务或具体目的的工作单元，比如设计产品、装配机器、运转机器和分销产品。更通俗地说，作业是动词，它们是企业做的事情。为了帮助企业制定战略决策，作业成本系统确认价值链上所有功能里的作业，计量单个作业的成本，并且根据生产每一件产品或服务所需要的作业组合，将成本分配到产品或服务等成本对象上。

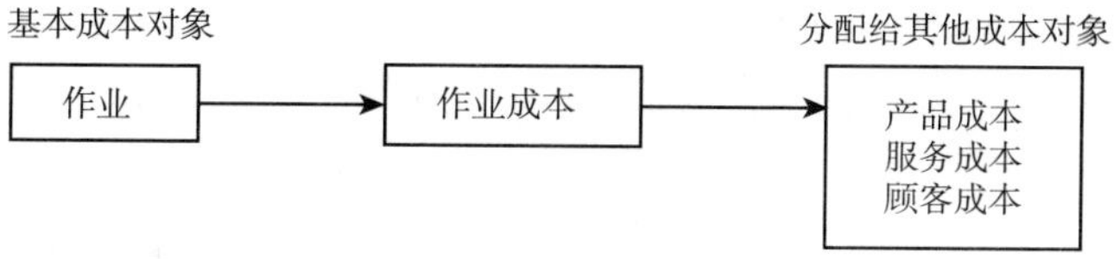

图3-5　作业成本系统

二、本量利分析

要做好成本管控，企业管理层应有本量利思维。本量利分析是研究企业在一定期间内成本、业务量、利润三者之间变量关系的一种专门方法，也称“CVP分析法”（Cost-Volume-Profit Analysis）。

利润=销售收入-总成本

=销售收入-（变动成本+固定成本）

=单价×销售量-（单位变动成本×销售量+固定成本）

=（单价-单位变动成本）×销售量-固定成本

本量利分析的核心是分析业务量作为驱动因素如何引起成本和利润的变化。因此，本量利的第一个问题就是要将企业的全部费用根据成本与销售量的关系，分成固定成本和变动成本两部分。

（一）成本性态

成本性态也称“成本习性”，是指成本总额对业务总量（产量或销售量）的依存关系。成本按性态可分为固定成本、变动成本和混合成本三类。为寻找成本与业务量的关系以及建立本量利分析模型，混合成本经过成本性态分析最终被分解为固定成本与变动成本。

1. 固定成本

固定成本指成本总额在一定时期和一定业务量范围内，不受业务量增减变动影响而能保持不变的成本。

在实际工作中，为加强对固定成本的管理和控制，可按其是否受企业短期决策行为的影响，进一步细分为约束性固定成本和酌量性固定成本两类，其意义在于寻求降低固定成本的正确途径。

约束性固定成本，又称“经营能力成本”，是指管理当局的决策行为无法改变其数额的固定成本，包括厂房和机器设备的折旧费、财产税、保险费、管理人员工资等内容。这些成本是维持企业生产经营能力必须负担的最低成本，具有极大的约束性，如果稍加削减，势必影响企业的盈利能力和长远目标。因此，降低此项成本，应通过经济合理地利用企业的生产经营能力，提高产品产量和生产效率，降低其单位成本来实现。

酌量性固定成本，又称“选择性固定成本”“随意性固定成本”，是指通过管理当局的决策行为可以改变其数额的固定成本，包括研究开发费、广告费、职工培训费等内容。酌量性固定成本的大小由企业根据生产经营方针确定。酌量性固定成本的大小直接关系到企业未来竞争力的强弱，企业管理当局应当权衡未来竞争力提升的收益与为取得未来竞争力所付出的现实成本，从而对酌量性固定成本作出合理的决策。酌量性固定成本预算着眼于从总量上进行控制，这类成本尽管在一定的预算执行期内固定不变，但在编制下期预算时，可由企业根据未来的实际需要和财务负担能力进行调整。

2.变动成本

变动成本是指在一定时期和一定业务量范围内，成本总额随业务量的增减而呈正比例变动的成本，比如直接材料成本、产品包装费、按件计酬的工资薪金。变动成本的单位成本是一个定量。

将成本按成本习性进行分类，是管理会计研究的基础。管理会计中将变动生产成本计入产品成本，而将固定制造费用连同期间费用一起作为期间成本，从当期的利润中扣除。将固定制造费用计入期间成本，更符合“费用与收益相配比”的原则要求，有利于加强成本控制和进行业绩评价。同时，将固定制造费用直接计入期间成本，省去了分配固定制造费用的问题，大大减少了计算的工作量。产品中只计入变动生产成本，可以防止管理当局盲目生产，促使其重视销售环节，做到以销定产。这种方法核算的结果更接近现实情况，更容易理解企业的财务状况，能够加强企业的内部管理。

（二）边际贡献

边际贡献是指产品的销售收入超过变动成本的金额。边际贡献不是利润，但也体现了企业的获利能力，它描述了产品销售收入在扣除自身的变动成本之后，对企业盈利所作的贡献。用边际贡献补偿固定成本后如果尚有剩余，即为企业的营业利润，如果不足以补偿企业所耗费的固定成本，两者之间的差额即为企业营业亏损。有时候企业的某种产品亏本还要生产，正是因为其边际贡献大于零，可以补偿本期固定成本，对抵减固定成本有贡献。

边际贡献有三种表现形式：单位边际贡献、边际贡献总额和边际贡献率。

（1）单位边际贡献，是指产品的销售单价减去它的单位变动成本后的余额。该指标反映了产品的盈利能力，也就是每增加一个单位产品销售可提供的贡献。

（2）边际贡献总额，是指产品的销售收入总额减去变动成本总额后的余额。该指标反映产品将为企业的营业利润作出多大贡献。其计算公式为：

边际贡献总额（Tcm）= 销售收入 – 变动成本 = 单位边际贡献 × 销量

（3）边际贡献率，是指边际贡献总额除以销售收入总额或者单位边际贡献除以单价。该指标显示了产品对1元销售收入的贡献大小，边际贡献率越大，表明该产品的盈利能力越强。

案例分析

甲公司生产电脑，一台电脑的全部制造成本是8 000元，其中原材料3 000元，直接人工2 000元，固定资产折旧在内的所有固定费用为10万元。现有一客户只愿出7 000元来购买，卖还是不卖？

公司管理层有两种不同的意见，一种意见是不卖，理由是价格低于成本，每台电脑要亏损1 000元；另一种意见是卖，理由是价格超过了变动成本。

第一种意见是基于成本按经济用途的分类提出的，属于传统成本法。成本按经济用途分为制造成本和非制造成本，当电脑的制造成本为8 000元时，每销售一台电脑亏损1 000元。第二种意见是基于成本按性态的分类提出的，其成本分为变动成本和固定成本，每台电脑的变动成本是5 000元，固定成本是10万元，由于固定成本总额不变，无论电脑生产与否，其都会在每个期间照常发生。因此，每卖出一台电脑可获得边际贡献2 000元，销售电脑产生的边际贡献，可以补偿发生的固定成本。

（三）保本点

保本点指的是总销售收入等于总成本，即利润等于零时的销售量或者销售额。保本点又被称为“盈亏临界点”“够本点”等，它是投资或经营中一个很重要的数量界限。只有在销售量超过盈亏平衡点时，企业才能获利。保本点是企业经营安全的前提。

保本是企业生存安全的最低限度，在保本点的基础上，又衍生出了安全边际、安全边际率等安全指标，这些指标对企业的经营风险有提前预警的作用。

1. 安全边际

安全边际是指现有或者预计未来可以实现的销售量（或销售额）与保本销售量（或销售额）之间的差量（或差额），又称“安全边际量”或“安全边际额”。安全边际是以绝对量反映企业经营风险程度的，说明企业不亏损的范围有多大。这个范围越大，企业亏损的可能性就越小，经营的安全程度就越高。如果我们把保本点当作悬崖，那么企业的现有销售量就类似于一个站在悬崖边的人，人离悬崖越远（安全边际量越大），就越安全。

2. 安全边际率

安全边际量仅仅给我们描绘了一个企业经营的安全范围，但是当不同企业的业务量或者规模不一致时，对企业的经营安全程度是无法做出比较的，于是引入了安全边际率的概念。安全边际率是指安全边际量（或安全边际额）与现有或者预计未来可以实现的销售量（或销售额）的比率。安全边际率是以相对数的形式表现企业经营安全与否的一项重要指标，当安全边际率较大时，企业对市场衰退的承受力也较大，其生产经营的风险程度较小；当安全边际率较小时，企业对市场衰退的承受力也较小，其生产经营的风险程度将较大（见表3–11）。

表3–11　评价企业经营安全程度的安全边际率标准

安全边际率	10%以下	11%~20%	21%~30%	31%~40%	41%以上
安全程度	危险	值得注意	比较安全	安全	很安全

案例分析

王同学毕业以后在母校开办了一家菜鸟驿站。据他介绍，菜鸟驿站占地300平方米，每月租金10 000元，货架、电脑、扫描设备等每月折旧费用5 000元，另外雇用了2名管理人员，每人每月6 000元工资。菜鸟驿站无论收发快递，都可以提取手续费用1元/件，也就是单价为1元。因为日常的快递量很大，为了提高效率，王同学吸纳了大量的学生员工，学生的工资按件来计算，无论收件还是寄件，每处理一件快递，学生均可以获得0.1元的处理收入。

问题：

（1）菜鸟驿站每月需要处理多少件快递才可以实现保本？

（2）如果本月处理的快递件数达到40 000件，企业的经营安全程度怎么样？

案例分析：

（1）菜鸟驿站保本分析。

菜鸟驿站的固定成本：每个企业为了维持正常的生产经营，都会发生固定成本，比如王同学的菜鸟驿站，即使没有一件快递，依然需要支付房租、管理人员的工资，货架、扫描设备、电脑每个月也都会发生折旧费。

固定成本=10 000+5 000+6 000×2=27 000（元）

菜鸟驿站的单位变动成本：学生的工资按件来计算，无论收件还是寄件，每处理一件快递，学生均可以获得0.1元的处理收入，这种随着快递件数变化而不断变化的成本叫作“变动成本”。

单位变动成本=0.1（元/件）

假设每月处理的快递件数有x件，每件提取手续费1元，则该月的收入总额为x元，变动成本总额为$0.1x$元。固定成本与变动成本之和叫做总成本，则菜鸟驿站的总成本是（$27\,000+0.1x$）元。

菜鸟驿站的边际贡献：

单位边际贡献=销售单价－单位变动成本=1－0.1=0.9（元）

菜鸟驿站的边际贡献总额=$0.9x$（元）

当菜鸟驿站总销售收入等于总成本，即利润等于0时，实现保本。则：

$1\times x-(27\,000+0.1x)=0$

此时x=30 000（件）。也就是说，王同学的菜鸟驿站每个月需要处理30 000件快递才可以实现保本。

（2）当菜鸟驿站本月处理的快递件数为40 000件时，则：

$$安全边际率=\frac{40\,000-30\,000}{40\,000}\times 100\%=\frac{10\,000}{40\,000}\times 100\%=25\%$$

25%在经营安全评价指标的21%~30%之间，据此我们可以判断，目前王同学的菜鸟驿站的经营安全程度是“比较安全”。

（四）成本决策

1.短期成本决策常用方法

企业生产经营决策常用的分析方法一般有差量损益分析法、边际贡献分析法、成本无差别点法等。

（1）差量损益分析法，是当两个或两个以上的备选方案具有不同的预期收入和预期成本时，根据不同备选方案间的差量收入、差量成本计算的差量损益进行最优方案选择的方法。

在管理会计中，不同备选方案之间的差别称为“差量”，分为差量收入和差量成本两种。其中，差量收入是两个备选方案预期收入之差，差量成本是两个备选方案预期成本之差，差量收入与差量成本之差又称为“差量损益”。如果差量损益大于零，前一个方案较优；如果差量损益小于零，则后一个方案较优。应该注意的是，计算差量收入和差量成本的方案排列顺序必须保持一致。

差量损益分析法适用于同时涉及成本和收入的两个不同方案的决策分析，常常通过编制差量损益分析表进行分析评价。其分析的关键在于，进行决策时，只考虑对备选方案的预期收入和预期成本产生影响的项目，不相关的因素一概予以剔除。

（2）边际贡献分析法，是在将成本按照性态分类的基础上，通过比较各备选方案边际贡献的大小来确定最优方案的分析方法。

边际贡献指产品销售收入超过变动成本的金额，因为固定成本总额在相关范围内保持不变，边际贡献越大，减去不变的固定成本后的余额也就越大，对企业目标利润的贡献也就越大。所以，边际贡献的大小反映了备选方案对企业目标利润贡献的大小。

边际贡献分析法适用于收入成本型方案的择优决策，尤其适用于多个方案的择优决策。

由于边际贡献总额的大小既取决于单位产品边际贡献的大小，也受该产品产销量的影响，所以在进行决策时应尽可能选择边际贡献总额大的方案。

（3）成本平衡点分析法，是以成本平衡点业务量作为最终的评价指标，根据成本平衡点所确定的业务量范围来决定方案取舍的一种决策方法。

成本平衡点又称为“成本无差异点”或“成本分界点”，是指两个不同备选方案总成本相等时的业务量。根据成本平衡点，就可以确定在什么业务量范围内哪个方案较优。假设两种方案的成本线如图3-5所示，则成本平衡点为m，当业务量小于m时，第一种方案的成本直线在第二种方案成本直线的下方，即第一种方案的成本最低，应选择第一种方案；当业务量大于m时，第二种方案低于第一种方案的成本，应选择第二种方案；当业务量等于m时，两种方案均可。

这种方法适用于只涉及成本，而且业务量未知的方案决策。

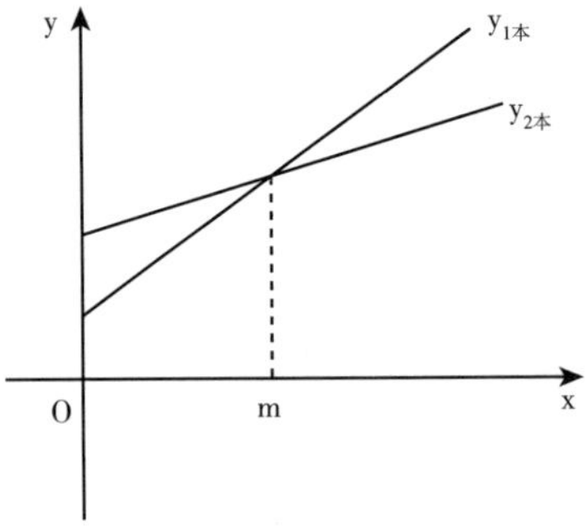

图3-6 成本线

2. 亏损产品是否停产

工业企业在日常经营过程中，往往会由于某些产品不能适销对路或者质量较差、款式陈旧等原因，造成市场滞销、仓库积压，从而发生亏损，这就面临着亏损产品是否要停产的决策分析问题。亏损产品是否停产，分为生产能力是否可以转移两种情况。

（1）生产能力无法转移。在生产能力无法转移的情况下，只要亏损产品的边际贡献大于零就不应该停产。这是因为，由本量利分析公式“EBIT=px-bx-a”我们了解到，一种产品的销售收入首先要补偿生产该产品时发生的变动成本，补偿后若有剩余，即Tcm=（px−bx）>0，才有贡献，才能继续补偿固定成本。如果继续生产亏损产品，亏损产品提供的边际贡献可以弥补部分固定成本，而亏损产品停产后只能减少变动成本，不能减少固定成本。所以，停产亏损产品不仅不会减少亏损，反而会扩大亏损。

案例分析

某企业生产X产品、Y产品和Z产品，其边际贡献与净利润如表3-12所示。目前，Y产品发生了亏损，是否要停产呢？

表3-12 X、Y和Z产品的边际贡献与净利润

产品名称	X产品	Y产品	Z产品	合计
销售量（件）	20 000	6 000	4 000	—
销售单价（元/件）	20	50	25	—
单位变动成本（元/件）	8	40	15	—
销售收入总额（元）	400 000	300 000	100 000	800 000
变动成本总额（元）	160 000	240 000	60 000	460 000
边际贡献总额（元）	240 000	60 000	40 000	340 000
固定成本总额（元）	100 000	75 000	25 000	200 000
净利润（元）	140 000	−15 000	15 000	140 000

计算表明，Y产品损失15 000元，但是它能提供60 000元的边际贡献，也就是对固定成本总额200 000元抵减了60 000元。如果将Y产品停产的话，Y产品所分担的固定成本总额则要转嫁给X产品和Z产品来承担，其结果反而造成企业净利润的进一步下降，从原来的140 000元下降到后来的80 000元（见表3-13）。

表3-13 X、Z产品的边际贡献与净利润

产品名称	X产品	Z产品	合计
销售量（件）	20 000	4 000	—
销售单价（元/件）	20	25	—
单位变动成本（元/件）	8	15	—
销售收入总额（元）	400 000	100 000	500 000
变动成本总额（元）	160 000	60 000	220 000
边际贡献总额（元）	240 000	40 000	280 000
固定成本总额（元）	160 000	40 000	200 000
净利润（元）	80 000	0	80 000

（2）生产能力可以转移。在生产Y产品的生产能力可以转移的情况下，要不要停产Y产品转产其他产品或者将生产能力对外出租呢？这时要看哪种情况给企业带来的边际贡献总额大，如果出租生产能力或者将生产能力转向生产其他产品的边际贡献大于Y产品的边际贡献，则选择转产或者出租。反之，则选择继续加工Y产品。

三、全生命周期成本管理

“大智移云物”即大数据、智能化、移动互联网、云计算和物联网技术。“大智移云物”技术在生产和生活领域的广泛运用，对竞争环境、商业模式及企业管理方式产生了深刻的影响，推动了企业成本管理的进程。

拓展阅读

一部苹果手机的成本

2020年的一项数据调查显示，苹果手机iPhone11 Pro Max（512GB版本）的物料成本为490.5美元，约合人民币3 098元，为其国行版定价10 699元的28.95%（见表3–14）。3 098元的成本卖出10 699元的价格，苹果手机算不算实现了暴利呢？

表3–14　　苹果手机iPhone11 Pro Max成本

序号	元器件	价格（美元）
1	处理器	64.0
2	基频率处理器	25.5
3	电池	10.5
4	相机模块	73.5
5	连接器	10.5
6	屏幕	66.6
7	内存与触摸屏	58.0
8	非永久内存	11.5
9	混合信号	1.5
10	非电子器件	61.0
11	其他	21.0
12	电源管理	10.5
13	PF组件	30.0
14	传感器	1.5

续表

序号	元器件	价格（美元）
15	基板	16.5
16	支撑材料	7.5
17	最后装配测试与包装	21.0
18	合计	490.5

一个手机设备真正意义的成本，并不是上面列示出来的简单的物料成本。2018年年度全球前5大手机厂商的手机销售额、手机业务研发投入以及研发投入占手机销量的比值，如表3-15所示。

表3-15　　不同手机厂商的销售情况与研发投入

品牌	手机销售额（亿元）	研发投入（亿元）	比例
三星	5 691	410	7.20%
苹果	11 174	570	5.10%
华为	3 489	401	11.49%
小米	1 138	38	3.34%
OPPO	1 600	40	2.50%

注：OPPO销量为预估。由于三星、苹果用于手机部分的研发费用是不公开的，但总体的研发比例是大致清楚的，故根据这个比值来平摊到手机业务上来。

从表上我们可以看到，论绝对值，苹果的研发投入最高，达到了570亿元左右，但由于其手机销售额高，所以比例约为5.1%。苹果手机的制造成本包含了硬件成本和人工成本，511.5美元（物料490.5美元+人工21美元）仅仅是苹果手机iPhone11 Pro Max（512GB版本）的制造成本，其隐藏在背后的概念创新、研发成本、设计成本、营销成本以及品牌溢价这些软性成本并没有显示出来。手机生产所包含的相关费用，如图3-7所示。

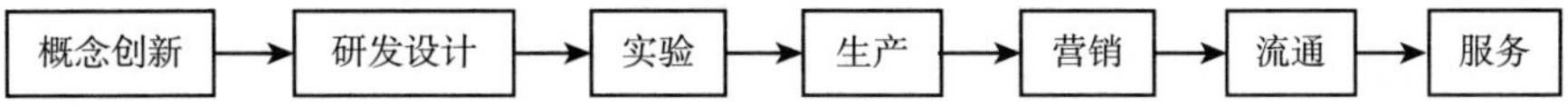

图3-7　手机生产包含的相关费用

对于智能手机来说，研发费用是其成本的很大一部分。在制造成本法下，研发费用属于期间费用中的4项费用（研发费用、管理费用、销售费用、管理费用）之一，被排除到了产品成本之外。再比如，生产智能手机的专利是购买的，购买之后形成的是无形资产，在使用中则是被摊销在期间费用里面，没有被摊到每一部手机里。另外，流通成本、营销成本，也都没有摊到产品中去。

制造成本在所有费用中的比重越来越少，现在有很多产品（如高科技行业）的制造成本甚至连30%都达不到。算了30%的成本，丢掉70%的费用，则管理是不全面的，也是没有针对性的。只有把前端的研发成本，后端的营销成本、流通成本、售后服务成本都包含在内，才是这部手机真正意义上的成本。根据“成本是企业为生产产品所耗资源的货币表现”的定义，这些与产品价值形成有关的成本是应计入产品成本的。

企业为了取得竞争优势，一方面要改变只注重制造成本，而忽视开发成本、设计成本的传统做法，将成本降低的重心从生产阶段转移到开发、设计阶段，避免后续制造过程中的大量无效作业，耗费无谓成本；另一方面，要考虑尽可能降低使用成本，我国现在加强了“绿水青山就是金山银山”的发展理念，重视了环境的保护。资源是稀缺的，有些甚至是不可再生的，过去常说“稀土材料卖了土豆的价格”，就是因为我们在计算产品成本的过程中并没有把环境的维护成本、恢复成本等算进来。因此，为实现企业的战略和经营目标，必须将传统的成本管理范围予以扩展，建立产品生产周期成本管理体系，从全流程的角度实施成本跟踪与控制。

（一）全生命周期

产品的生命周期是指每件产品从其形成直至消亡的历程，包括开发、设计、制造到顾客使用、废弃的完整循环。全生命周期一般有3种含义。

1.生产者角度

从产品设计、制作、生产到停止生产，为狭义的产品生命周期。这一周期可以分为两个阶段：设计到正式投产阶段和正式投产到停止生产阶段。前一阶段的成本分别根据不同情况予以资本化或费用化，后一阶段的成本则构成产品的制造成本。

2.产品市场角度

从产品进入市场到退出市场，这一周期是对某一种产品在市场上存续的时间而言的，是市场营销中常用的生命周期概念，即产品市场生命周期。产品市场生命周期可以划分为导入期、成长期、成熟期和衰退期。

3.消费者角度

从购买到报废的整个过程，这一周期概念是指从产品的购入到使用磨损，甚至报废的时期。由于企业既是生产者也是消费者，这一周期概念对企业也适用。

（二）全生命周期成本

根据生命周期成本理论，产品全生命周期成本有狭义和广义两种概念。狭义的全生命周期成本是指在企业内部发生的由生产者负担的成本，包括产品从设计生产、销售到物流过程发生的成本；广义的全生命周期成本，不仅包括生产者负担的成本，还包括消费者购入产品后所发生的使用成本、废弃处置成本以及社会责任成本。其中，社会责任成本是指在产品生产、使用、处理和回收等过程中的环境卫生、污染处理等发生的成本支出，贯穿产品的整个生命周期。因此，广义的全生命周期成本包括产品研发成本、产品生产成本、产品营销成本、消费者购买后的使用成本以及产品废弃成本（见图3–8）。

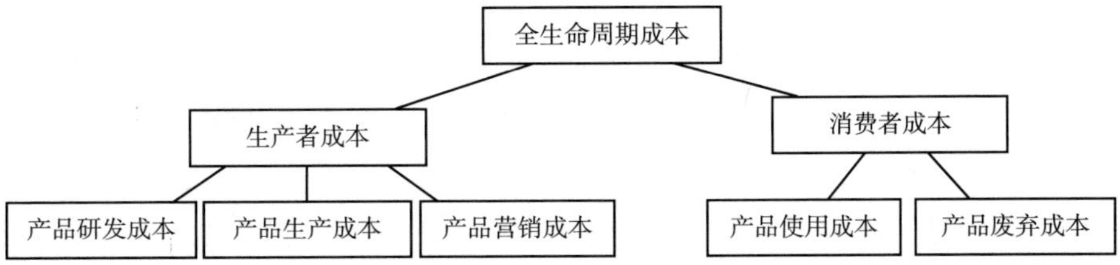

图3–8 全生命周期成本

1. 产品研发成本

产品研发成本包括企业研究开发新产品、新技术、新工艺所发生的可行性研究、市场调查、图样设计、产品实验等费用。在会计处理中，这些费用一般在发生时予以资本化或费用化。

2. 产品生产成本

产品生产成本为产品的主要成本，包括企业在生产过程中所发生的直接材料、直接人工，半成品与产成品的运输、储存以及转配，调试机器设备，检验产品质量，废品修复等费用，是传统成本会计核算的主要内容。

3. 产品营销成本

产品营销成本是指产品被推向市场、逐步被消费者接受过程中所发生的成本，主要包括产品包装、存储、运输、产品试销、广告等费用。

4. 产品使用成本

产品使用成本是指为顾客提供售前、售后服务所发生的咨询、管理、赔偿等费用。

5. 产品废弃成本

产品废弃成本主要是指产品退出使用、报废和再生所发生的处置成本，如汽车的尾气处理、废品报废处理时产生的有毒垃圾给环境带来的环保成本等。

任务分析

我们针对本章第一节的任务，利用全生命周期成本来计算产品在财务角度的可行性。

甲产品的单位生命周期成本=251.10+24+10=285.10（元）

乙产品的单位生命周期成本=231.7+15+6=252.70（元）

甲产品的单位生命周期成本（285.10元）大于竞争性市场价格（285元/件），不具有财务可行性；乙产品的单位生命周期成本（252.70元）小于竞争性市场价格（276元/件），具有财务可行性。

（三）全生命周期成本的管理方法

产品全生命周期成本管理的目标要与企业的战略目标一致。如果企业执行的是低成本战略，则全生命周期成本管理的目标就是追求成本最低化；如果企业执行的是差异化战略，此时全生命周期成本管理的目标就是实现在一定成本水平下的收益最大化，应该充分考虑收益和成本之间的关系，使净收益最大化，而不是简单地追求成本最低化。

全生命周期通常划分成4个阶段，即产品研发阶段、产品生产阶段、产品营销阶段、产品售后服务和废弃阶段，在不同阶段成本管理的重点和方法各不相同。

1.产品研发阶段

该阶段通常包括产品在生产之前的市场调研、研究开发和产品设计。长期以来，成本控制一直集中在生产阶段，然而80%的产品成本在设计阶段就被锁定了。价值链分析法认为，企业是为最终满足顾客需要而设计的“一系列活动”的集合体。通过从研发源头进行改善，可以有效地控制产品的总体成本。因此，本阶段的成本管理重点不是要降低研发费用，而是要努力研发出既适应市场需求，又不会生产过剩，功能齐全且具有竞争性的产品。在实务中，该阶段多采用价值工程分析法来权衡产品成本与功能之间的关系。价值工程的核心是以最低的成本，实现产品应具备的必要功能，从而提高价值的一种有组织、有计划的创造性活动和科学管理方法。

其计算公式如下：

价值=功能 ÷ 成本

2.产品的生产阶段

此阶段是产品由设计变为现实的阶段，成本管理的策略包括标杆成本制定、作业成本核算、适时生产管理等，还可以将目标成本和作业成本结合起来控制企业的生产成本。

成本标杆法是企业找到同行业中领先的对手，通过不断与优秀企业的成本信息及结构进行对比分析，树立标杆，达到降低成本的目的。成本标杆法是企业掌握竞争对手信息，做到知己知彼的有效手段，它可以作为企业长期的成本战略，为企业在市场竞争中取得胜利提供支持。

作业成本法是一个以作业为基础的管理信息系统。经过对所有与产品相关联的作业的跟踪，企业可以消除不增值作业，优化作业链和价值链，最大限度的节约资源，最终达到增加企业价值、提升企业竞争力和获利能力的目的。

适时生产是指在所需要的时刻，按所需要的数量生产所需要的产品或零部件的生产模式，其目的是加速半成品的流转，将库存的积压减少到最低的限度，从而提高企业的生产效益。

3. 产品营销阶段

企业应根据产品的特点以及产品所处的不同生命周期阶段选择适合的营销手段。对于初创阶段的产品，企业可以较多地投入广告宣传费用；对于成熟期的产品，由于企业已建立了一定的声誉，在市场中占有一定的份额，因此可以适当减少宣传费用的投入；对于处于衰退期的产品，要注重短期收益，对每一笔支出都要考虑成本与效益原则。

在产品的营销阶段，当今消费者越来越追求个性化服务，包装设计也成为一种很重要的营销策略。如果产品的质量和功能比较接近，个性化的外观设计有利于提高销售份额。

4. 产品售后服务和废弃阶段

在产品售后服务阶段，企业应该把顾客使用阶段的成本考虑进去，降低产品出售后由于质量问题造成的各种损失，减少索赔违约损失、降价处理损失以及对废品、次品进行"三包"服务而产生的成本，还要考虑或有成本、机会成本等。

在维护阶段，企业应该有效管理为提高客户满意度而支出的大量维护成本，在提高产品质量的基础上，降低维护费用支出，并建立有效的信息反馈机制，保证客户需求能够得到及时满足。在产品废弃或升级时，企业应该对客户的追加成本及企业的替换成本进行核算，以保证产品生产生命周期的成本能够得到全面反映，准确核算产品盈利能力。需要强调的是，产品售后和废弃阶段的环境成本管理也是全生命周期成本管理的关键一环。企业可以应用再生循环项目，回收旧产品进行结构改造，之后再以新包装推出，这样可减少原材料投入，降低能源消耗，减少废弃物排放。

案例分析

化学试剂公司新工艺研发的可行性

某新型化学试剂制造有限公司专门从事各类化学试剂的生产，年产300万支，现有的生产工艺流程会产生有毒废弃物30吨，需处理后对外排放，处理费用6万元/吨，最终产品使用后，也会有残留化学物质，消费者购买产品需支付环保税1.2元/支，产品报废后的处理成本为1元/支。由于绿色产品成为市场主流，公司打算开发新工艺，预计研发投入900万元，添置辅助设备300万元，设备使用寿命为5年，无残值。同时，公司采用新型环保材料，直接材料增加300万元，直接人工不变，有毒废弃物减少到5吨。运用新工艺和新型环保材料后的最终产品为绿色产品，消费者无须支付生态税，产品报废后的处理成本为0.8元/支。假设公司原来的直接材料和直接人工合计5 000万元，生产设备年折旧费用600万元，年销售费用500万元，新工艺研发成本按10年摊销。

要求：讨论进行新工艺流程研发的必要性。

需要分别比较原有工艺流程和新工艺流程下的成本。

（1）原有工艺流程下的成本：

生产成本=5 000+6 000+30×6=5 780（万元）

销售成本=500（万元）

则企业角度生命周期成本为6 280万元。

使用成本=300×1.2=360（万元）

则消费者角度生命周期成本为6 640万元。

弃置成本=300×1=300（万元）

则社会角度生命周期成本为6 940万元。

（2）新工艺流程下的成本：

研发成本=900÷10=90（万元）

生产成本=5 000+300+600+300÷5+5×6=5 990（万元）

销售成本=500（万元）

则企业角度生命周期成本为6 580万元。

使用成本=300×0=0（万元）

则消费者角度生命周期成本为6 580万元。

弃置成本=300×0.8=240（万元）

则社会角度生产周期成本为6 820万元。

综上所述，采用原有工艺流程下的产品成本固然较小，但产品最终是由消费者所选择，额外支付的生态税会影响消费者的购买决策，消费者必然会考虑到使用成本。此外，随着环境成本内化程度的不断加深，弃置成本也将逐渐转由企业承担，故新工艺流程的研发和生产将更加符合整体社会的可持续发展。

生命周期成本法是一种对产品在整个寿命周期里的所有成本进行确认和计量的方法，该方法保证了产品成本项目的完整性，打破了会计期间的限制，使成本的期间界定不是很明显，符合收入与费用的配比原则和权责发生制原则，有利于产品的正确定价。生命周期成本法虽然在理论上是可行的，但在实务应用中可能会存在有些资料难以取得，或者难以保证资料质量的问题。

总之，成本控制不再是简单的财务部门的计算，而是所有人在过程中如何有效控制的问题，大量的非会计人员将参与到成本管理的过程中，增加对成本管理信息的需求。成本控制管理目标首先是全过程的控制，应控制产品寿命周期成本的全部内容。实践证明，只有当产品的寿命周期成本得到有效控制，成本才会显著降低。

训练项目

产品成本计算和分析

丰庆公司为一家工业企业，主要从事甲、乙两种产品的生产与销售，甲、乙产品均为标准化产品，市场竞争非常激烈。丰庆公司十分重视战略成本管理方法的运用，拟利用成本领先战略保障企业平稳发展。已知：

（1）随着自动化和生产过程业务的复杂，丰庆公司的间接费用占产品成本的比重越来越大，且间接费用的发生与传统成本法采用的单一分配标准的相关性越来越小。丰庆公司自2020年以来采用作业成本法进行核算。

2020年7月，甲、乙产品的产量分别为600件和300件，单位直接费用分别为0.5万元和0.8万元。甲、乙产品间接费的作业成本资料，如表3–16所示。

表3–16 甲、乙产品间接费用的作业成本资料

作业名称	作业成本（万元）	成本动因	作业量		
			甲产品	乙产品	合计
材料整理	200	人工小时（时）	100	60	160
机器运行	400	机器小时（时）	300	100	400
设备维修	100	维修小时（时）	50	50	100
质量检测	150	质检次数（次）	25	25	50
合计	850	—	—	—	—

（2）通过作业成本法的使用，丰庆公司产品核算的准确性大大提高，公司管理部门决定通过作业成本法与目标成本法的综合运用来提高公司的成本管理水平。通过市场调研，甲、乙产品的竞争性市场价格已明确，分别为1.95万元/件和2.12万元/件，单位产品必要利润分别为0.22万元和0.26万元，不考虑其他因素。

思考与讨论

（1）根据资料1，运用作业成本法，分别计算甲、乙两种产品的单位产品成本。

（2）根据资料2，结合目标成本法，分别计算甲、乙两种产品的单位目标成本，并说明丰庆公司确定竞争性市场价格应综合考虑的因素。

（3）根据资料1和资料2结合计算的结果，指出丰庆公司应重点加强哪种产品的成本管控，为什么？

4 Part

第四章

数据思维：企业报告和财务信息

学习目标

了解企业财务报告、审计报告、社会责任报告等企业报告的作用，理解企业业务与财务报表数据之间的关系，掌握企业财务报告分析的主要方法，能从战略视角进行财务报表的整体分析。通过财务报表分析案例和训练项目，培养全局思维和数据思维，提升财务信息的综合分析能力。

知识点、技能点

财务报告；审计报告；社会责任报告；财务报表分析

企业报告主要包括财务报告、审计报告和社会责任报告。财务报告是企业财务人员提供的反映企业财务状况和经营成果的书面文件，审计报告是会计事务所出具的有较强法律约束力的报告，社会责任报告又称“可持续发展报告”，是企业非财务信息披露的重要载体。这三种企业报告包含了企业财务和非财务方面的重要信息，从这些企业报告入手，可以帮助我们更全面地了解企业。

第一节 从企业报告看企业

项目需求

从哪里获取企业经营情况和财务状况？

李磊刚刚进入股市，他相信专家说的“股票投资是价值投资”“买股票就是买企业”的投资理念。但是A股市场有数千家上市公司，哪一家是优秀的、有增长潜力的企业呢？李磊陷入了迷茫。投资企业，要了解企业所处的行业、竞争地位，企业的股权结构、治理结构等，更要了解企业的经营模式、财务状况和未来的可持续发展情况，但这些信息到哪里可以获取呢？

项目分析

我们可以从三个方面去了解企业的经营情况和财务状况。首先是企业财务报告，它是企业自己出具的反映自身财务状况和经营成果、现金流量等会计信息的文件，是企业经营活动的综合反映。其次是审计报告，通常是指由会计师事务所的注册会计师在对企业进行审计后，对其财务报表是否按照编制基础编制、是否实现了公允反映而发表的审计意见，是第三方对企业财务报表真实性、合法性的评价。还有一个是企业社会责任报告，它是反映企业承担社会责任的书面报告，在一定程度上能帮助我们全面了解企业为社会创造的价值。

一、企业财务报告

企业财务报告是由资产负债表、利润表、现金流量表、所有者权益变动表、附表、会计报表附注和财务情况说明书等组成，是反映企业财务状况和经营成果的书面文件。

资产负债表反映企业资产的来源和构成状况，通过分析该表可以解释、评价和预测企业的偿债能力；利润表反映企业收入、费用和应该记入当期利润的利得和损失情况；现金流量表反映企业现金流量的来龙去脉，当中分为经营活动、投资活动及筹资活动三部分；所有者权益变动表反映本期企业所有者权益总量的增减变动情况和结构变动情况；报表附注一般包括企业的基本情况、财务报表编制基础、遵循企业会计准则的声明、重要会计政策和会计估计、会计政策和会计估计变更及差错更正的说明和重要报表项目的说明。

（一）资产负债表

资产负债表是反映企业在某一特定日期的资产、负债及其所有者权益规模和构成等财务状况的财务报表。通过阅读资产负债表，可以摸清企业家底，帮助我们了解企业的规模、资产分布情况及其所欠的债务情况。

资产负债表左边的资产是资金在企业运用后形成的各项具体形态，右边则反映企业的资金来源，包括负债（向债权人借入）和所有者权益（股东投入及企业利润留存）。资金来源等于资金运用，因此资产负债表存在“资产（资金的占用）=负债+所有者权益（资金的来源）”这一恒等关系。资产负债表（简表）如表4-1所示。

表4-1 资产负债表（简表）

××××年××月××日

单位：万元

资产	期末余额	年初余额	负债及所有者权益	期末余额	年初余额
流动资产			**流动负债**		
货币资金			短期借款		
应收账款			应付账款		
存货			应付职工薪酬		
其他流动资产			其他流动负债		
非流动资产			**非流动负债**		
长期股权投资			长期借款		
投资性房地产			付债券		
固定资产			**所有者权益**		
无形资产			实收资本		
长期待摊费用			未分配利润		
其他非流动资产			其他综合收益		
合计			**合计**		

仔细观察资产负债表可以发现，资产负债表的左边，流动资产在前，非流动资产在后，即变现越快的资产在资产负债表上的位置越靠前。所以，流动资产里的货币资金、应收账款等放在最前面，变现比较慢的非流动资产，比如长期股权投资、固定资产、无形资产等都被放在了后面。

那么资产负债表的右边，负债及所有者权益的相关科目是如何编排的呢？我们知道，企业使用的资金要么是借来的，要么是股东投入的，负债的相关科目是按照还款的紧急程度来编排的，越紧急要偿还的排得越靠前。所有者权益部分则是按照资金可靠程度来排列的，股本也就是注册资本是最可靠的，就排在前面，后面依次是资本公积、盈余公积等。

1. 流动资产

从流动资产的名称我们就可以猜到它的流动性应该是比较强的。流动资产的概念，简而言之就是一年（或者一个经营周期）之内可以转化为货币资金的资产。流动资产一般一年内可以变现。观察一下流动资产的构成，我们会发现，流动资产里的项目很多，有货币资金、交易性金融资产、应收票据、应收账款、预付款项、存货、其他应收款、其他流动资产等，其中较为重要的是货币资金、交易性金融资产、应收账款和存货。

（1）货币资金，是指企业拥有的以货币形式存在的资产，包括现金、银行存款和其他货币资金。货币资金是企业资金运动的起点和终点，是企业生产经营的先决条件。资产负债表是按照变现的难易程度排列的，货币资金在资产项目的最前面，所以它的变现能力是最强的。

一家公司产生货币资金的途径主要有：发售股票或举债；出售固定资产、无形资产等非货币资产；经营活动的现金流入持续大于现金流出。如果经营活动的现金流入持续大于现金流出，通常意味着企业具有某种持续性的竞争优势。

货币资金要与短期债务及经营需要相匹配。与短期债务的匹配情况，代表企业的偿债能力；与经营需要的匹配情况，代表企业的资金运用能力。货币资金过少，可能代表偿债能力不足，或者在经营中捉襟见肘；货币资金过多，代表资金运用能力较弱，或者可能资金性质有问题。

实务应用

在对货币资金进行分析时，要把握三个分析要点：一要分析货币资金持有量，持有大量货币资金体现了较强的支付能力，但也要承担相应的机会成本；反之，持有量不足会影响支付能力，货币资金机会成本小，但总体成本可能较高。二要分析货币资金变动的原因，一般来说，货币资金的增减幅度不会有太大的变化，除非是收到货款或支付货款。三是分析货币资金规模及变动情况与货币资金占总资产比重及变动情况是否合理。

（2）交易性金融资产，是指企业打算通过积极管理和交易以获取利润的债权证券和权益证券。企业通常会频繁买卖这类证券，以期在短期价格变化中获取利润。

公司持有交易性金融资产的主要目的不是收回本息，而是从资产市价的波动中获利。所有想从资产本身的价格变化中获取不确定回报的金融资产，都可以归入这个科目，比如非保本理财、结构性存款、信托产品、债券、可转债、股票、基金、金融衍生工具等。

（3）应收账款，是由企业赊销商品或劳务造成的，相当于我们日常生活中的“欠条”。如今的市场环境，大部分产品都是买方市场，常见模式是买家先不付钱或只付一部分钱购买商品或服务，一段时间后支付对应款项。对商品或劳务的卖方而言，这张欠条就是资产，即应收账款；对买方而言，欠别人的钱就是负债，即应付账款。

一家企业销售商品或提供劳务的收款条件，从优到劣排序为：现金>银行承兑汇票>商业承兑汇票商票>应收账款。通常来说，能够做到“先货后款”或“现钱现货”的企业，必然是具备某种竞争优势的。

应收账款是财务造假的重灾区，常见的造假手段有：利用应收账款虚增收入；当资产负债表上应收账款数额过大时，找关联公司或客户付一笔款项进来，冲销应收账款，同时再通过其他应收款、预付款或购货款等名义，将这笔钱转出去；将应收账款收回，利用建设在建工程、购买无形资产等活动将资金流出，然后通过摊销或减值完成“毁尸灭迹”。

应收账款是企业采取赊销手段形成的，它有扩大销售、减少存货的积极功能，但也蕴含着坏账的风险。

实务应用

在分析应收账款时，首先要关注企业应收账款的规模及变化情况。一家公司的应收账款规模直接与公司的营业收入相挂钩，应收账款应与营业收入呈正比例增长。其次，要关注应收账款质量的高低。再次，要分析企业是否利用应收账款进行利润调节。在制造业企业，很多经营者为了达到企业相关者所要的目标，虚增营业收入，所以要特别关注企业是否有应收账款巨额冲销的行为。最后，要分析应收账款周转速度的快慢。周转速度快，说明回收快，风险小。

（4）存货，是指企业在日常生产活动中产生的用来出售的产成品或商品、处在生产过程中的在产品、在生产过程或提供劳务过程中耗用的材料或物料等。不同企业对存货的定义和分类会略有不同。对于一家笔记本电脑的生产厂商而言，生产完工的笔记本电脑是产成品，为制造笔记本电脑所采购的芯片就是原材料，这两样东西都被称为“存货”。资产负债表里的“存货”代表的是实物资产，反映期末在库、在途和在加工中的各种存货的账面价值。

实务应用

对存货的分析一般包括以下四个方面：一要分析存货规模是否合理。保持适量的存货是企业正常经营的必要条件，存货持有量过多会积压资金，造成浪费；过少会导致生产经营中断，造成损失。对于存货过多的企业，要深入分析原因，以便做出正确的判断；存货过少的企业，要引起关注，分析是因为产品脱销，还是原料供应困难等其他原因。二要关注存货结构的合理性，这也是企业正常经营的必要条件。三要分析企业对存货计价方法的选择与变更是否合理。四要分析存货周转速度，周转速度越快，存货的变现能力越强，存货资金的利用效率越高。

案例分析

南方航空公司流动资产项目分析

图4-1为南方航空公司年度资产负债表流动资产项目，由图可知，南方航空公司的流动资产主要以货币资金、其他流动资产、应收账款为主。以2020年为例，三项资产分别占流动资产的66.24%、15.8%和6.53%。2017—2021年，南方航空公司的应收账款和存货规模基本持平，而在2020年和2021年，货币资金的数量显著提升，表明企业的支付能力和应变能力较强，但应当关注货币性资产的来源和投向。继续观察资产负债表，发现南方航空公司的短期借款和长期借款在2020年也有200多亿元的增加，说明南方航空公司的再融资能力较强，可以通过借新还旧等方式保证短期流动性。

○ 资产负债表

按报告期　按年度　报告期同比　年度同比

资产负债表	2021-12-31	2020-12-31	2019-12-31	2018-12-31	2017-12-31
流动资产					
货币资金	218.4亿	258.2亿	19.94亿	73.08亿	72.50亿
交易性金融资产	—	—	—	4.400亿	—
衍生金融资产	—	—	2.180亿	—	—
应收票据及应收账款	28.98亿	25.56亿	31.98亿	29.29亿	26.90亿
其中:应收票据	400.0万	1200万	100.0万	200.0万	1800万
应收账款	28.94亿	25.44亿	31.97亿	29.27亿	26.72亿
预付款项	7.360亿	7.320亿	15.91亿	36.95亿	13.58亿
其他应收款合计	12.75亿	19.55亿	23.58亿	23.38亿	11.60亿
其中:应收股利	500.0万	—	—	—	400.0万
其他应收款	—	—	—	—	11.56亿
存货	16.52亿	17.60亿	18.93亿	16.99亿	16.22亿
持有待售资产	12.92亿	—	—	2.240亿	800.0万
一年内到期的非流动资产	1.380亿	—	—	—	—
其他流动资产	80.34亿	61.59亿	54.86亿	54.39亿	37.96亿
流动资产合计	378.7亿	389.9亿	167.4亿	240.7亿	178.8亿

图4-1　南方航空公司年度资产负债表流动资产项目

注：图内数据省略基本单位“元”。

2. 非流动资产

在资产负债表中，从流动资产再往下看，就是非流动资产。从概念上来说，非流动资产与流动资产是相对应的。会计上通常把一年以上可以转化为货币资金的资产，或者准备长期利用的资产叫“非流动资产”。

非流动资产的项目包括债权投资、长期应收款、长期股权投资、固定资产和无形资产等，一般可以分成三类：第一类是长期投资类，包括债权投资、其他债权投资、长期股权投资等。第二类是固定资产类，包括固定资产、在建工程、投资性房地产等。第三类是无形资产类，包括无形资产、开发支出、商誉等。

（1）长期股权投资，就是那些准备长期持有的对外权益投资。长期持有是长期股权投资和交易性金融资产的最大区别。列入交易性金融资产的股票，要么是持有待售，要么是持有以获取稳定的现金流。只有那些不准备随时出售的投资，才算得上是长期股权投资。一般而言，持有金融资产承担的是价格变动风险，如果持有的是债券，承担的主要是信用风险，而长期股权投资主要承担的是被投资企业的经营风险。

按照与被投资企业的关系，长期持有的股权可以分为三类，分别是：有控制权的投资、有重大影响的投资、没有控制权又不具有重大影响的投资。有控制权的投资意味着被投资方是投资方的子公司；有重大影响的投资则意味着被投资方是投资方的联营企业；如果和其他企业一起对被投资企业实施控制，则称被投资方是投资方的合营企业。

通常持股超过50%就代表拥有控制权，或者虽然持股比例没有达到50%，但如果投资方是最大的股东，而且其他股东的持股比例都较低时，持股低于50%也可能拥有控制权。严格地说，判断投资方是否拥有控制权，主要依据公司章程的规定，比如阿里巴巴的公司章程就有规定，由管理层组成的28人委员会拥有一些超过其持股比例的额外权利，他们可以提名董事，而且在他们所提名的董事没有获得通过的情况下，可以继续提名其他的董事，直到被通过。在这样的条款下，即便是第一大股东，也不能说拥有控制权。

长期股权投资意味着一定量的资金在相当长的时间内无法自由支配，如果企业运营不佳，没有好的融资能力，长期股权投资就会使资金处于紧张状态，产生投资风险。

实务应用

分析长期股权投资时，首先要关注其规模及变化情况。规模变化情况既反映了企业经营活动的模式，是内涵式发展还是外延式扩张，也反映了经营活动资金的充裕度。其次，要关注其结构，结构反映长期投资的目的和投资多元化程度。另外，还要分析长期股权投资减值准备计提情况，减值准备的计提体现了谨慎性原则，已计提的减值准备不允许转回，目的就是防止企业在利润高时计提减值准备，没有利润时再冲减减值准备以增加利润 。

（2）固定资产，是指公司为经营活动而持有的、使用寿命超过一年的、价值较大的非货币性资产，包括建筑物、机械设备、运输工具等。

固定资产必须计提折旧，购买或自建一项固定资产的支出，不能全部算成买入或投入那年的经营成本，而是要按照一定的规则将它分摊在该资产的预计使用期内，这个分摊过程就叫“计提折旧”。固定资产按月计提折旧，作为公司当月的费用，最终在利润表里扣除。折旧的最大限度是资产价值归零，如果资产价值归零后依然可以继续使用，不再继续计提折旧。固定资产折旧方法有年限平均法（又称“直线法”)、工作量法、双倍余额递减法和年数总和法。一般情况下，公司的折旧政策一旦选定，没有充足的理由就不允许变更，如果公司某年突然改变折旧政策，投资者就要注意了。

实务应用

分析固定资产通常从其规模、结构、计提折旧方法和减值准备计提情况四个方面入手。固定资产的规模要与企业整体生产经营水平、发展战略以及所处行业特点相适应。结构是指生产用固定资产与非生产用固定资产两者之间的比例，要结合企业生产技术特点，对固定资产的配置作出切合实际的评价。固定资产折旧分析主要是分析折旧方法的合理性和折旧政策的持续性。固定资产减值准备计提要注意不提或少提减值准备，从而夸大固定资产、虚增利润的情况。

（3）无形资产，是指企业拥有或控制的没有实物形态，但可以单独辨认的资产，比如专利权、商标权、著作权、土地使用权、特许经营权、版权、专利技术等。

无形资产和固定资产一样需要计提折旧，只是无形资产的折旧被另外取名为“摊销”。若无形资产使用寿命确定，摊销方法就和固定资产计提折旧类似，但残值一般设置为零；如果某无形资产的使用寿命无法确定，那就不做摊销。

无形资产可以是买的，也可以是股东作为出资投入的。在这些情况下，投资者应主要关注交易价格是否公平，是否有高价购买价值难以判定的无形资产而损害小股东利益的情况存在。无形资产也可以是企业内部投资研发的，研发是研究和开发两个阶段的简称。对于企业研发活动的支出，会计准则规定：“研究阶段的支出全部费用化，计入当期管理费用，开发阶段的支出符合条件的可以记录为无形资产，不符合资本化条件的计入当期管理费用。无法区分究竟是研究阶段还是开发阶段的支出，全部计入当期管理费用。”

实务应用

对无形资产进行分析时，首先要分析无形资产的规模、结构及其变化情况，应对其总额进行数量判断，即看无形资产占资产总额的比重是否合理。其次，要分析无形资产摊销及减值准备计提是否合理。最后，还要考虑无形资产与其他资产组合的增值性，比如利用品牌效应、技术优势、管理优势等无形资产盘活有形资产，达到资源的最佳配置，这样才能提升无形资产质量。

（4）商誉，就是企业无法归入有形资产和可识别的无形资产的那部分价值。无法识别的无形资产，就是除专利权、专有技术、商标、版权之外的无法客观地从企业整体价值中剥离出来的那部分无形资产，比如先进的企业文化、管理制度、人才储备，甚至是地缘优势、稀缺资源优势等。商誉往往来自一些没有办法明确描述的东西，如团队能力、营销网络、与政府的关系等，这些东西没有法律约束，也没有合同约定，到底是不是存在，有时也很难确认，更不要说对它进行客观、有说服力的估值了。

商誉不属于无形资产，只有在一家企业收购另一家企业时，企业为了拥有这些商誉而支付了额外的收购价款，并且有一个交易存在时，我们才会记录商誉，并认为商誉从一家企业转让到了另一家企业。商誉在企业中有着举足轻重的地位，不管是在日常生产经营过程中，还是在企业并购评估的事项上，商誉的评估与计量问题都会影响到企业的资产总额，从而影响企业的发展决策。

案例分析

海尔智家的商誉

近年来，由于频繁的资本运作，海尔智家的商誉快速上升。2016年年底，海尔智家的商誉从年初的3.9亿元飙升到210亿元，2017—2020年的商誉分别为203.4亿元、212.4亿元、233.5亿元、225.2亿元和218.3亿元，在净资产中的占比超过了30%，成为A股上市公司中商誉排名的前几名。2021年，海尔智家的商誉排名仅次于美的集团、潍柴动力，但美的集团的商誉在净资产中的占比只有24%，商誉减值的风险性小于海尔智家。

海尔智家巨额商誉主要是源于2015年起的一系列海外收购。2015年，海尔智家收购日本三洋电机公司白色家电业务；2016年，收购美国通用电气的家电业务；2018年，收购斐雪派克（Fisher&Paykel）公司；2019年，收购卡迪（Candy）公司。海尔智家通过一系列的资本运作，先后布局抢占新加坡、北美、澳大利亚、新西兰及欧洲的优质家电品牌及产业资源。

短期内并购这些业务，加大了海尔智家的资本支出，并在整合这些业务的同时，产生了大量的商誉。一旦整合的业务未能达到预期，将带来商誉减值，在一定程度上会影响公司短期的盈利。特别是收购初期，盈利相对弱势的业务对海尔智家整体造成了一定影响，当年的基伊埃（GEA）与卡迪的并表直接拖累了公司整体的盈利能力，这也是过去海尔智家市值涨幅一直落后于美的、格力的原因。

虽然巨额商誉存在减值的风险，但随着海外并购的提升，海尔智家的出海脚步也越来越快，继在美国建厂之后，公司很快把业务扩张到中东、非洲、北美以及欧洲等地，且当地工厂陆续投产。截至2021年底，海尔智家的海外业务超过了国内业务收入。在经济顺周期的时候，企业出海可能会获得更大的利益。

（5）投资性房地产。企业自建或购买的房产及附着的土地，不管是住宅、写字楼、商铺或者厂房，如果以自用为目的，都是固定资产；如果是房地产公司用于出售的房产，计入房地产公司的存货；既不是自用也不是房地产公司的存货，而是用来收租或意图获取房地产增值的，就是投资性房地产。

投资性房地产在建造或购买之初，都是以成本入账，这和固定资产一致，但它的后续计量有两种方式可选：一种是以成本模式计量，另一种是以公允价值模式计量。选择成本模式计量的投资性房地产，后续处理和固定资产一样，按期计提折旧，年底做减值测试。对投资性房地产采用成本模式计量，属于比较谨慎的会计政策，会计准则通常建议企业采用这种方式。但随着房价持续多年的上涨，很多企业拥有的房产，市值已经是成本的数倍，再用成本模式计量就无法反映其真实价值，所以有些企业就选用以公允价值计量模式。

（6）生物资产，是指有生命的动植物。是否有生命是生物资产和农产品的分界线，它一般出现在农、林、渔、牧等行业公司的财务报告里，常见的比如蔬菜树木、猪牛鸡鸭、鱼参贝虾等。以持有目的区分，生物资产分为消耗性生物资产、公益性生物资产和生产性生物资产三大类。

消耗性生物资产，是指为了出售而持有的生物资产，比如存栏待售的牲畜或者目前在生长期、将来会被作为农产品出售的生物资产，包括正在生长中的蔬菜、肉猪肉鸡等。公益性生物资产，是指以环境保护为目的，不能为企业产生直接经济效益的生物资产，如防风固沙林、水土保持林等。生产性生物资产，是指为了产出农产品或提供劳务目的而持有的生物资产，如果树、母猪、奶牛等。

消耗性生物资产计入存货核算，公益性生物资产和生产性生物资产在资产负债表里单列披露。消耗性生物资产和公益性生物资产不计提折旧，生产性生物资产要计提折旧，可选的折旧方法有年限平均法、工作量法、产量法等，其预计残值和折旧方法一经确定，不得随意变更。

消耗性生物资产和生产性生物资产都需要减值测试。消耗性生物资产计提的减值，在导致减值的原因消失后可以转回，生产性生物资产的减值不允许转回。借助消耗性生物资产的减值可以转回这一特点，农、林、渔、牧等行业的公司很容易调节年度利润，并且不易监管。

案例分析

南方航空公司非流动资产项目分析

图4–2为南方航空公司年度资产负债表非流动资产项目，由图可知，南方航空公司的非流动资产主要由固定资产（包含在建工程）、使用权资产和无形资产组成。可以注意到，从2019年起报表中多了“使用权资产”，这是我国2018年颁布的《企业会计准则第21号——租赁》所要求的；承租人除短期租赁和低价值资产租赁以外，一律采取“使用权资产”模型，对经营租赁和融资租赁的会计处理不再有区别。该模型要求承租人对所有租赁确认使用权资产和租赁负债，并分别计提折旧及确认利息费用。

○ 资产负债表

按报告期　按年度　报告期同比　年度同比

资产负债表	2021-12-31	2020-12-31	2019-12-31	2018-12-31	2017-12-31 »
非流动资产					
可供出售金融资产	—	—	—	—	7.250亿
长期应收款	6.450亿	—	—	—	—
长期股权投资	59.77亿	56.73亿	64.45亿	59.92亿	40.45亿
其他权益工具投资	5.630亿	7.990亿	10.49亿	10.80亿	—
其他非流动金融资产	9500万	9200万	1.060亿	1.030亿	—
投资性房地产	3.050亿	3.120亿	3.040亿	4.990亿	5.240亿
固定资产	908.2亿	857.5亿	843.7亿	1700亿	1583亿
在建工程	318.7亿	324.4亿	393.4亿	378.8亿	301.9亿
使用权资产	1327亿	1455亿	1499亿	—	—
无形资产	65.64亿	61.55亿	37.09亿	33.49亿	33.34亿
长期待摊费用	7.680亿	8.870亿	6.520亿	7.320亿	6.100亿
递延所得税资产	128.3亿	77.49亿	26.97亿	15.74亿	16.98亿
其他非流动资产	19.23亿	13.69亿	8.270亿	6.650亿	3.730亿
非流动资产其他项目	3.210亿	3.620亿	4.600亿	6.690亿	6.880亿
非流动资产合计	2851亿	2871亿	2899亿	2226亿	2004亿

图4–2　南方航空公司年度资产负债表非流动资产项目

注：图内数据省略基本单位“元”。

使用权资产是指承租人可在租赁期内使用租赁资产的权利，在过去描述为融资租入的固定资产，计入了固定资产项目。我们看到，南方航空公司2019年以后的固定资产项目显著减少了1 000多亿元，就是这部分资产从中剥离而计入“使用权资产”所导致的。

2020年和2021年，在有政府补贴的情况下，南方航空公司还是分别产生了上百亿的亏损。航空公司是重资产公司，其中飞机、航站楼及航材等资产的减值严重，成为导致亏损的主要原因。

3.流动负债

流动负债是指公司将在一年或者长于一年的一个营业周期内偿还的债务，这其中包括了短期借款、应付票据、应付账款、预收货款、应付工资、应交税费、应付利润、其他应付款等项目。

流动负债具有的特点较为鲜明，主要包括：一是强调在一年内或长于一年的一个营业周期内履行的偿债义务；二是要通过公司的流动资产或新的流动负债进行清偿。在流动负债中，数额比较大且经常性发生的有以下类别：短期借款、应付账款、应付票据、应交税金、应付利润、其他应付款等。

公司流动负债产生的原因有很多种，具体可能包括以下几种情形：第一种是由借贷形成的流动负债，比如公司从银行或者其他金融机构所借入的短期借款；第二种是公司在结算过程中产生的流动负债，如公司购入原材料，货已到而货款尚未支付的款项；第三种是在公司经营过程中产生的流动负债，有些费用按权责发生制原则需要预先提取，比如应交税费、应付工资等款项；第四种是公司进行利润分配时所产生的流动负债，如应付投资者的利润等。

我们分析流动负债项目时要关注流动负债的形成是否合理，流动负债的数额是否正常，以及流动负债形成的时间是否合适等。

实务应用

财务报表附注是对财务报表有关内容和项目所作的说明和解释，对报表使用者深入了解企业有很大帮助。比如格力电器2020年的报表中显示有214.3亿元的应付票据（见图4-3），但通过财务报表附注可以看出，这214.3亿元的应付票

GREE 格力　格力电器 000651

资产负债表	2020-12-31
流动负债	
短期借款	203.0亿
向中央银行借款	—
拆入资金	3.000亿
衍生金融负债	—
应付票据及应付账款	530.3亿
其中:应付票据	214.3亿
应付账款	316.0亿
预收款项	—
合同负债	116.8亿
卖出回购金融资产款	4.750亿
应付职工薪酬	33.65亿
应交税费	23.01亿
其他应付款合计	23.79亿
其中:应付利息	—
应付股利	698.7万
其他应付款	—
其他流动负债	643.8亿
流动负债合计	1585亿
非流动负债	
长期借款	18.61亿
长期应付职工薪酬	1.499亿
递延收益	4.370亿
递延所得税负债	14.11亿
非流动负债合计	38.59亿
负债合计	1623亿

图4-3 格力电器资产负债表短期负债项目

注：图内数据省略基本单位“元”。

据，几乎都是银行承兑汇票，是要在指定日期无条件支付给收款人的，说明格力电器的短期还款压力比较大。格力电器报表中显示的“其他流动负债”643.8亿元，其具体信息也要从财务报表附注中获得，原来该流动负债主要是由于销售返利产生的，销售返利金额高达558亿元，占“其他流动负债”的比例高达87%。

4.非流动负债

非流动负债是指偿还期在一年以上的债务，主要包括长期借款、应付债券、租赁负债、长期应付款、其他非流动负债等。跟流动负债相比，非流动负债的偿还没有那么容易和方便。

非流动负债按其筹措方式分为以下几类：第一，长期借款，指企业向银行或其他金融机构及其他单位借入的，偿还期在一年以上的各种借款；第二，应付债券，指企业为筹措长期资金而发行的一年期以上的债券；第三，长期应付款，指企业除长期借款、应付债券以外的其他各种长期应付款项，包括融资租入固定资产应付给出租方的租赁费，以分期付款方式购入固定资产、无形资产等发生的应付款等。

我们分析非流动负债项目时要注意，非流动负债所形成的固定资产、无形资产的利用状况与增量效益，非流动负债所形成的长期投资的效益及其质量，非流动负债所对应的流动资产及其质量等。

5.所有者权益

所有者权益也称“股东权益”，由公司总资产减去总负债得出。所有者权益主要由四部分组成，即实收资本、资本公积、盈余公积和未分配利润。其中，盈余公积和未分配利润是公司每年所赚到的利润里没有分给股东的部分，一般合称为“留存收益”。

投资人一般习惯将所有者权益称为“净资产”，但事实上，属于上市公司股东拥有的净资产，只是所有者权益里“归属于母公司所有者权益合计”的科目数字，不包括“少数股东权益”。

实收资本是投资者实际投入的资本。一旦股东的实际投入发生变化，那么股本也会发生变化，比如股东增资或者撤资。未分配利润是每年企业赚的累计起来没有被分配的利润。资本公积是指由企业股本溢价、接受捐赠以及法定财产重估增值等原因所形成的所有权归属于股东的项目。通常情况下，资本公积是与企业收入无关而与资本相关的项目。比如，阿里巴巴在美国市场上以每股100美元进行首次公开募股，然而事实上阿里巴巴的股本是每股1美元，100美元和1美元之间的差价99美元，就被计入资本公积。一般情况下，该部分金额应不会有太大或者经常性的变化。

资产负债表就像是企业的“底子”，它表示了企业自己有什么，有多少是欠别人的。资产越多，说明家底越厚，企业越有实力。因此，在进行长期投资时，要多关注企业的资产负债表。

实务应用

除非出现增资、减资等情况，一般来说实收资本（股本）项目在正常经营期间不发生变动。在对所有者权益进行分析时，还可以利用会计报表附注和所有者权益增减变动表，以分析实收资本或股本，增减变动情况及其对期末所有者权益的影响。

（二）利润表

利润表反映了企业一定会计期间的经营成果。通过利润表可以了解企业实现的收入、发生的费用，以及获得的利得和损失情况。图4–4为贵州茅台年度合并利润表，由图可见，利润表其实就是一张反映企业利润计算过程的报表。

○ 利润表

按报告期 | 按年度 | 按单季度 | 报告期同比 | 年度同比 | 单季度环比

利润表	2021-12-31	2020-12-31	2019-12-31	2018-12-31	2017-12-31
营业总收入	1095亿	979.9亿	888.5亿	772.0亿	610.6亿
营业收入	1062亿	949.2亿	854.3亿	736.4亿	582.2亿
利息收入	32.74亿	30.78亿	34.24亿	35.60亿	28.44亿
手续费及佣金收入	--	--	29.25万	87.74万	58.49万
营业总成本	347.8亿	313.1亿	298.1亿	258.6亿	221.2亿
营业成本	89.83亿	81.54亿	74.30亿	65.23亿	59.40亿
利息支出	1.739亿	1.111亿	1.458亿	1.363亿	1.352亿
手续费及佣金支出	11.51万	10.59万	7.318万	12.44万	7.538万
提取保险合同准备金净额	--	--	--	--	0.000
税金及附加	153.0亿	138.9亿	127.3亿	112.9亿	84.04亿
销售费用	27.37亿	25.48亿	32.79亿	25.72亿	29.86亿
管理费用	84.50亿	67.90亿	61.68亿	53.26亿	47.02亿
研发费用	6192万	5040万	4869万	2195万	1875万
财务费用	-9.345亿	-2.346亿	745.8万	-352.1万	-5572万
其中：利息费用	1353万	--	--	--	88.10万
利息收入	9.446亿	2.787亿	2067万	1441万	6069万
资产减值损失	--	--	--	129.0万	-805.4万
营业总成本其他项目	--	--	--	--	0.000
其他经营收益					
加：公允价值变动收益	-224.5万	489.8万	-1402万	--	--
投资收益	5826万	30.56万	--	--	--
资产处置收益	--	--	-3.212万	--	--
资产减值损失(新)	--	--	--	-129.0万	--
信用减值损失(新)	-1302万	-7137万	-531.3万	--	--
其他收益	2052万	1314万	1877万	963.4万	--
营业利润平衡项目	0.000	0.000	0.000	0.000	0.000
营业利润	747.5亿	666.4亿	590.4亿	513.4亿	389.4亿
加：营业外收入	6899万	1105万	945.4万	1162万	1220万
减：营业外支出	2.918亿	4.492亿	2.684亿	5.270亿	2.121亿
加：影响利润总额的其他项目	--	--	--	--	0.000
利润总额平衡项目	0.000	0.000	0.000	0.000	0.000
利润总额	745.3亿	662.0亿	587.8亿	508.3亿	387.4亿
减：所得税	188.1亿	166.7亿	148.1亿	130.0亿	97.34亿
净利润	557.2亿	495.2亿	439.7亿	378.3亿	290.1亿

图4–4 贵州茅台年度合并利润表

注：图内数据省略基本单位“元”。

1.营业收入

营业收入是企业日常活动获得的收入，是企业利润计算的起点，包括主营业务收入和其他业务收入。日常活动是指企业为完成其经营目标所从事的经常性活动，如工业企业制造并销售产品、商品流通企业销售商品、咨询公司提供咨询服务、安装公司提供安装服务等，取得的收入就是主营业务收入。

其他业务收入是企业从事除主营业务收入以外的其他业务所取得的收入，如工业企业转让无形资产使用权、出售不用的原材料等取得的收入。

由于企业的经营活动周而复始地进行，具有很强的规律性，因此营业收入的特点是具有重复性和可预见性。

2.营业成本

营业成本与营业收入相对应，是为取得营业收入而发生的相关成本费用，反映企业为取得主营业务收入和其他业务收入所发生的成本额，比如商业企业销售商品的采购成本，制造业企业销售产品的生产成本等。

实务应用

营业收入是企业获取利润的主要来源，其质量会在一定程度上决定企业利润的质量。通常根据报表附注内容，对营业收入的品种构成、地区构成进行分析，以发现公司核心竞争产品和市场潜力，更好地预测企业业绩的持续性和发展趋势。对营业成本质量的分析，包括不可控因素分析和可控因素分析。例如，受市场因素的影响而产生的价格波动就属于不可控因素，能够通过选择供货渠道或采购批量来控制成本的则属于可控因素。分析时还要注意营业收入与营业成本是否配比，要结合企业行业特征、生命周期等因素来进行评价。

3.期间费用

期间费用是指企业日常活动中不能直接归属于某个特定成本核算对象的，在发生时应直接计入当期损益的各种费用。期间费用包括管理费用、销售费用、研发费用和财务费用。

销售费用是企业在销售商品过程中发生的包装费、广告费等费用，以及为销售本企业商品而专设的销售机构的职工薪酬、业务费等经营费用。销售人员的提成也属于销售费用。

管理费用是企业为组织和管理生产经营活动而发生的管理费用，包括行政部门的各项支出等。

研发费用即技术开发费，是企业在产品、技术、材料、工艺、标准的研究、开发过程中发生的各项费用，包括研发人员的薪酬，研发活动消耗的燃料、动力、材料，用于研发活动的固定资产的折旧以及无形资产的摊销等。

财务费用是企业筹集生产经营所需资金等而发生的筹资费用，如利息费用。资产减值损失是企业除金融资产外的各项资产发生的减值损失，如存货因过时可能发生的跌价损失等。

4. 营业利润

营业利润是指企业从事生产经营活动中取得的利润，是企业利润的主要来源。

营业利润 = 营业总收入 – 营业总成本 + 其他经营收益

= 营业收入 – 营业成本 – 税金及附加 – 期间费用 – 资产减值损失 – 信用减值损失 + 公允价值变动收益（–公允价值变动损失）+ 投资收益（–投资损失）+ 资产处置收益（–资产处置损失）+ 其他收益

其中，税金及附加是企业经营业务应负担的各种税费，包括消费税、城市建设维护税、资源税、土地增值税、教育费附加等。

信用减值损失是应收账款等金融资产发生减值导致的损失，如应收账款可能发生的坏账损失等。

投资收益反映企业以各种方式对外投资所取得的收益。例如，企业在一级市场买卖股票获得的收益，对外股权投资获得的股利、分红，债券投资获得的债券利息等。

公允价值变动收益反映企业应当计入当期损益的资产或负债公允价值变动带来的收益。例如，企业上半年以10元1股购进某公司股票1 000股，年底股票的市场价值为每股12元，但企业并不打算立即出售，每股2元共2 000元的增值就是公允价值变动收益。需要注意的是，公允价值变动收益只是账上盈利，投资收益是已经实现的收益。上述购买股票的行为中，如果企业不出售股票，股票的2 000元增值就是公允价值变动收益；如果企业出售了股票，2 000元就是投资收益。

拓展阅读

非经常性损益是指公司发生的与生产经营无直接关系，以及虽与生产经营相关，但由于其性质、金额或发生频率，影响了真实、公允地评价公司当期经营成果和获利能力的各项收入、支出。这种业务对公司而言具有不可持续性，比如政府补贴、处置固定资产的收益等。非经常性损益会对上市公司最终的盈利带来影响，从而对实际的经营业绩分析产生干扰。因此，在进行报表分析时，经常会用“扣非净利润”这个指标来反映企业的盈利情况。

5. **利润总额**

在营业利润的基础上加上营业外收入，再减去营业外支出，就能得到企业的利润总额。利润总额受非经常性业务的影响。

营业外收入是指企业发生的与经营业务无直接关系的各项收入，如接受捐赠、罚没收入等。企业进行债务重组获得的债务豁免也属于营业外收入。营业外收入具有偶然性，通常不具有可预见性和持续性。

营业外支出是指企业发生的与经营业务无直接关系的各项支出，包括企业的对外捐赠、罚款支出（如税款滞纳金）等。

6. **净利润**

利润总额扣除企业所得税之后得到企业实现的净利润，净利润可以反映企业生产经营活动的成果，反映企业的最终盈利水平。股份有限公司的净利润按股本摊薄后得到每股收益，每股收益是股东获得股利的基础，据以判断资本保值、增值等情况。

利润表表明企业这一年经营得怎么样，投资者最直接关注的是企业的盈利情况，因为良好的业绩是股价根本和持久的支撑。有利润就有“面子”，没有利润就没有“面子”，在进行利润表分析时，要关注毛利润、营业利润、净利润、利润总额等指标。

（三）现金流量表

现金流量表是反映企业在一定会计期间的现金和现金等价物流入、流出的财务报表。读懂现金流量表要从经营活动、投资活动和筹资活动这三个方面入手。现金流量表（简表），如表4-2所示。

表4-2　　现金流量表（简表）

编制单位：　　　　年　　月　　日　　　　金额单位：元

报表项目	行次	金额
一、经营活动产生的现金流量		
销售商品、提供劳务收到的现金	1	
收到的税费返还	2	
收到的其他与经营活动有关的现金	3	
经营活动现金流入小计	4	
购买商品、接受劳务支付的现金	5	
支付给职工以及为职工支付的现金	6	
支付的各项税费	7	
支付的其他与经营活动有关的现金	8	

续表

报表项目	行次	金额
经营活动现金流出小计	9	
经营活动产生的现金流量净额	10	
二、投资活动产生的现金流量		
收回投资所收到的现金	11	
取得投资收益所收到的现金	12	
处置固定资产、无形资产和其他长期资产所收回的现金	13	
收到的其他与投资活动有关的现金	14	
投资活动现金流入小计	15	
购建固定资产、无形资产和其他长期资产所支付的现金	16	
投资所支付的现金	17	
支付的其他与投资活动有关的现金	18	
投资活动现金流出小计	19	
投资活动产生现金流量净额	20	
三、筹资活动产生的现金流量		
吸收投资收到的现金	21	
借款所收到的现金	22	
收到的其他与筹资活动有关的现金	23	
筹资活动现金流入小计	24	
偿还债务所支付的现金	25	
分配股利、利润或偿付利息所支付的现金	26	
支付的其他与筹资活动有关的现金	27	
筹资活动现金流出小计	28	
筹资活动产生的现金流量净额	29	
四、汇率变动对现金的影响	30	
五、现金及现金等价物净增加额	31	

1. 经营活动产生的现金流量

第一个项目是销售商品、提供劳务收到的现金，就是企业通过卖产品或卖服务从客户那里收到的钱；另外还有收到的税费返还，收到的其他与经营活动有关的现金，比如罚款收入、个人赔偿、经营租赁收入等。这些项目加在一起就构成了经营活动现金流入小计。

经营活动现金流出方面，首先是购买商品、接受劳务支付的现金，这是采购的现金支出；支付给职工以及为职工支付的现金，包括企业付给员工的工资、奖金和福利，以及为员工支付的五险一金等；支付的各项税费，是企业向自己的上游企业支付的增值税或者企业向税务局支付的所得税以及其他的各种税费，另外一项与现金流入相对应的，是支付的其他与经营活动有关的现金，比如罚款支出、差旅费、业务招待费、保险支出、经营租赁支出等。这些项目加在一起就构成了经营活动现金流出小计。

用经营活动现金流入小计，减去经营活动现金流出小计，就可以得到经营活动产生的现金净流量（NOCF），即经营活动产生的现金净流量（NOCF）=经营活动现金流入小计-经营活动现金流出小计。

实务应用

对于经营活动产生的现金净流量，必须结合企业所处的发展阶段进行分析。当企业处于初创期，NOCF ≤ 0属于正常；当企业处于发展期和成熟期，NOCF ≤ 0就不正常，说明企业经营活动现金流不佳，必须分析其具体原因，积极采取措施改变不利局面；当企业处于衰退期，NOCF<0也属于正常，需要培育企业新的经济增长点。

2. 投资活动产生的现金流量

投资活动产生的现金流量也包括现金流入和现金流出。其中，投资活动产生的现金流入包括收回投资收到的现金，取得投资收益所收到的现金，处置固定资产、无形资产和其他长期资产所收回的现金以及收到的其他与投资活动有关的现金。构建固定资产、无形资产和其他长期资产支付的现金，投资所支付的现金，以及支付其他与投资活动有关的现金则构成了投资活动的现金流出。

用投资活动现金流入小计，减去投资活动现金流出小计，就可以得到投资活动产生的现金净流量（NICF），即投资活动产生的现金净流量（NICF）=投资活动现金流入小计-投资活动现金流出小计。

实务应用

对于投资活动产生的现金净流量，需结合企业投资活动和投资计划的一致性进行分析。当NICF ≤ 0且与投资计划相符时，代表企业对长期资产进行了更新或购置，以保持或扩大其生产规模，企业参与资本市场的运作和对外投资的能力较强；如果NICF ≤ 0且与投资计划不相符时，则需引起注意，要评估其影响并采取合适的措施。当NICF ≥ 0，表明企业的投资效果可能较好，或者是企业通过出售长期资产以调整发展方向，也可能是企业为偿还债务而被迫削减生产能力。

3.筹资活动产生的现金流量

筹资活动产生的现金流入包括吸收投资收到的现金、借款所收到的现金以及收到的其他与筹资活动有关的现金，如接受现金捐赠、收回的贷款保证金等。

筹资活动产生的现金流出包括偿还债务所支付的现金，分配股利、利润或偿付利息所支付的现金，以及支付的其他与筹资活动有关的现金。

用筹资活动现金流入小计，减去融资活动现金流出小计，就可以得到融资活动产生的现金净流量（NFCF），即融资活动产生的现金净流量（NFCF）=融资活动现金流入小计－融资活动现金流出小计。

实务应用

对于筹资活动产生的现金净流量分析，必须关注筹资的结构、规模以及资金的使用效果，防范财务风险。当NFCF<0时，要看其原因，在此基础上还要结合企业总体现金净流量以及现金充裕度，分析企业整体财务状况和业绩影响。当NFCF≥0时，要看筹资活动是否纳入企业的资本预算，是积极扩大投资、主动投资行为引起的，还是投资活动或经营活动现金支出失控而被动筹资引发的，并根据筹资的性质、结构、成本的高低以及财务风险的大小进行综合判断。

到此为止，企业进行的经营、投资和筹资三项活动对现金流量的影响已经被清晰地列明了。不过还有一个项目，就是汇率变动对现金及现金等价物的影响。顾名思义，如果企业持有外币，随着汇率的波动，这些外币折算成人民币的金额也会发生变化，从而导致了现金的增减变化。

将经营活动的现金净流量、投资活动的现金净流量、筹资活动的现金流量和汇率变动对现金及现金等价物的影响，四者相加便得到了现金的净流量。

4.现金流量表的分析

现金流量表的重点不是现金的净流量，而是现金的来龙去脉，分析现金流量表主要是通过现金的来龙去脉来解读企业的风险。企业不同活动的现金净流量，可能为正，也可能为负，3类活动，就有8种组合的结果（见表4–3）。接下来我们分别讨论在这8种情况下，企业的关键风险是什么。

表4–3 企业现金流的8种情况

序号	经营	投资	融资	解读
1	+	+	+	资金闲置导致收益被稀释的风险
2	+	+	−	成熟企业的正常情况
3	+	−	+	投资风险，包括投资方向和投资节奏

续表

序号	经营	投资	融资	解读
4	+	−	−	投资风险和经营风险
5	−	+	+	取决于投资现金流入来自哪里，如果是资产处置或者金融资产的投资收益，企业面临巨大的不确定性；如果是实业投资的总投资收益，企业没有问题
6	−	+	−	如果是上述的第一种情况，问题更大
7	−	−	+	转型风险
8	−	−	−	资金周转风险

（1）第2种情况——基准情况。对于企业来说，最重要的是经营活动。表中的第2种情况，经营活动和投资活动的现金流都是正的，只有融资活动的现金流是负的，表明这家企业的经营活动可以自给自足，能够创造出剩余现金，并且这家企业过去的投资项目现在能够获得回报。融资活动的现金流为负，表明这家企业在给股东分红或向银行还债。这家企业应该不处于初创或衰退阶段，很可能处于成熟阶段。

接下来以第2种情况为基准来讨论其他的情况。

（2）第1种情况，与第2种情况相比，融资活动现金流也为正数，说明公司正在融入资金。从逻辑上看，这家公司是不应该融资的，但现实中确实有公司出于各种目的而过度融资。过度融资会造成资金的闲置，闲置的资金会导致公司原有的收益被稀释。如果公司是计划投资而去融资的，那它很快就会变成表中的第3种情况。

（3）第3种情况，经营和融资现金流都是正的，只有投资的现金流是负的。这种情况通常会演变成公司将经营和融资的钱全部都用去投资了。投资是有风险的，最常见的风险是投资方向和投资节奏的失误，这方面有太多惨痛的例子。一家企业本来正常经营得不错，但因为过度投资的失误而把整个企业都拖垮了。

（4）第4种情况，只有经营活动的现金流为正，投资和融资活动的现金流都为负。那么，第4种情况相对于第3种情况来说，它的风险是变大了还是变小了？这个问题很难回答。这时我们应更加关注3种现金流汇总之后的现金净流量，如果现金净流量为负，就说明公司的现金在减少，我们应该警惕企业资金链是不是拉得太紧了；如果现金净流量为正，也不能说明公司就没有问题了。此时公司所有的现金流都依赖经营活动，虽然经营活动是最稳定、最可靠的现金来源，但也不能保证市场永远稳定、可靠。

（5）第5种情况，经营活动的现金流为负数，但投资和融资的现金流都是正数。如果投资活动的现金流入是来自处置资产或金融资产而获得的投资收益，显然是不可持续的。如果一家企业的经营活动现金流不能自给自足，投资活动又没有稳定的现金来源，一切都靠融资活动，那么企业未来将具有极大的不确定性。相反，如果投资活动的现金流入是来自实业性投资的投资收益，这意味着，即便这家公司的经营活动不再创造现金流，但其已经转型，有了另一个可以提供稳定现金流的业务，这与那些经营活动都是正数的公司并没有本质的区别。

（6）第6种情况，只有投资活动现金流为正。如果投资活动的现金流来自变卖资产或金融投资获得的投资收益，且公司又融不到资金，则公司的问题就更大。

（7）第7种情况，只有融资的现金流是正数，这种情况通常发生在企业初创阶段或衰退阶段。对于初创阶段的企业，经营活动现金流是负数，它的投资活动现金流通常也是负数，因为它需要进行投资。如果是处于衰退期的企业，其投资活动现金流是负数，很可能是因为投资新的方向、新的业务，也就是说公司在试图转型。但投资新业务也具有相当大的不确定性。

（8）第8种情况，3类活动现金流全为负数，没有任何一家企业可以长期处于所有现金流都为负的情况之下。如果这样的情况没有改观，公司什么时候把现有的资金用完，什么时候就可以关门停业了。

思考与讨论

在资产负债表中有一个项目叫“货币资金”，我们想知道现金增减变化了多少，只要有连续两个年度的资产负债表，用第二年年末的货币资金减去第一年年末的货币资金，不就可以了吗，为什么还要费如此大的工夫去做一张现金流量表呢？

5. 三大财务报表之间的关系

资产负债表显示了企业投资人投入企业的钱以什么样的形式存在，利润表显示了企业赚了多少钱，现金流量表则是在描述风险。三张报表实际上是从两个维度描述企业。现金流量表告诉我们公司是否能继续生存下去；资产负债表和利润表共同告诉我们，如果公司继续生存下去，它将是什么样的。资产负债表上有经营、投资、融资这三项活动，能够看到采购、生产、销售、薪酬和投融资五大业务。利润表大部分与经营活动有关，但其中也有关于投融资的少量信息。现金流量表更是明确地列示了经营、投资和融资三类经济活动的现金流入和流出。因此在每个维度之下，我们都描述了经营、投资、融资三类经济活动以及这些经济活动背后的五大业务。

三张报表各司其职，每张报表都描述了企业某一方面的情况，合在一起就展示了一个完整的企业，这也是为什么所有的国家都要求公司编制这三张报表。它们既完整又没有冗余地描述了一个企业在风险和收益两个维度之下的经营、投资和融资活动。

拓展阅读

海尔的共赢增值表

共赢增值表也称为“第四张表”，相较于传统的三张会计报表而言，该表新增了“用户”“资源方”等关键的非财务项目，用以刻画商业模式的核心动因；创造性地突破了企业的边界，用“生态平台价值总量”项目衡量海尔集团和各类合作方共同创造的总体价值，并基于这一项目设置了各方的增值分享明细项目。海尔的共赢增值表，如表4-4所示。

表4-4 海尔的共赢增值表

序号	项目	
1	用户	1.1交易用户
		1.2交互用户
		1.3终身用户
2	资源方	2.1交互资源方
		2.2活跃资源方
3	生态平台价值总量	3.1利润
		3.1.1传统利润
		3.1.2生态利润
		3.2增值分享
		3.2.1链群分享
		3.2.2支持平台
		3.2.3共创收关方
		3.2.3.1资源方分享
		3.2.3.2用户分享
		3.2.3.3资本分享
4	收入	4.1传统收入
		4.2生态收入
		4.3单用户收入
5	成本	5.1传统成本
		5.2生态成本
		5.3边际成本
6	边际收益	边际收益

2021年9月17日，由海尔集团和加里·哈默管理实验室（MLab）联合主办的第五届人单合一模式引领论坛开幕。论坛上，海尔发布《共赢增值表蓝皮

书》，对海尔生态品牌战略下创新生态模式和管理机制实践成果进行了理论化、体系化的总结，为全球管理会计的理论与实践创新发展贡献成果和经验，创造物联网时代管理会计新范式。

（四）报表附注

财务报表附注是对上述三张报表相关内容和项目所做的说明和解释。财务报表附注虽然不起眼，但是不可小觑，其内容大致分为三大部分，第一部分主要包括公司基本情况、财务报表编制基础、重要会计政策和会计估计等内容；第二部分是主要财务报表项目注释；第三部分主要包括关联方关系及其交易、资产负债表日后事项、或有事项、承诺事项等其他重要事项的披露。

1.附注的第一部分

这部分记录了公司的基本信息，是一把能开启财务报表正确阅读和理解之门的“钥匙”。在第一次拿到某个公司的财务报告后，可以先翻阅找到这部分内容，从中了解公司历史沿革、所处行业、经营范围、主要产品或提供的劳务等；掌握公司是否以持续经营为基础编制财务报表，是否还遵循了其他编制基础；同时，厘清公司所执行的各项具体会计政策，了解公司所选用的会计估计方法。会计政策或会计估计的不同选择，有时会对公司财务报表所反映的财务信息产生颠覆性的影响。

信息使用者尤其要关注公司当期是否存在重要会计政策和会计估计的变更，若有变更，就要看清楚这类变更对公司财务状况和经营成果的影响程度有多大。对企业集团来说，在附注的第一部分会披露全部控股子公司的名称、注册资本、经营范围、集团投资额及所占权益比例等基本情况，以及集团合并财务报表的编制方法等。在阅读财务报表前掌握这些信息非常重要，它是形成财务数据的底层逻辑。

2.附注的第二部分

附注的第二部分是主要财务报表项目的注释，该部分是针对财务报表主要项目列示的金额所作的一一对应的解释。信息使用者在阅读财务报表时，可根据各个项目旁的“注释号”，在财务报表附注中找到解释该项目的详细内容。可以说，信息使用者要真正看懂财务报表，就必须使用财务报表附注这个“阅读分析器”。如果只看报表项目，不看报表附注中的项目注释，仅凭经验估计，很可能会得到偏离实际甚至错误的企业信息。

（1）对于资产负债表项目，在附注中会披露期初余额的构成明细、本期增加及减少发生额情况、期末余额的构成明细等基本内容。例如，一些从事制造业的公司，报表中的“存货”项目往往占用大量资金，信息使用者若要了解“存货”的具体内容，判断其合理性，只有在“存货”项目的注释中找到答案，那里会详细列示原材料、在产品、产成品等各类存货的资金分布及其变动情况，披露是否存在呆滞积压及所计提的跌价准备等重要信息，从而帮助信息使用者做出正确的判断。

（2）对于利润表项目，在附注中会披露上期发生额的构成明细、本期发生额的构成明细等基本内容。例如，对于投资型公司来说，利润表中所列示的“投资收益”往往金额较大，报表使用者如果要进一步了解投资收益的具体内容，哪些方面的收益对公司利润的贡献最大，必须到“投资收益”项目的注释中去寻找，那里会单独列示股票投资收益、债权投资收益、委托贷款利息收入，以及转让股权投资损益、以成本法核算的被投资单位宣告分派的利润、确认联营及合营企业净损益等各项收益。形成公司主要利润来源的是哪部分投资所产生的收益，在利润表的附注中写得明明白白。

值得一提的是，按当前会计准则的要求，对增减幅度达到或超过30%的项目金额，需在附注中陈述其变动的主要内容和原因。对于特殊报表项目，也需要披露其具体内容和发生事由。这些注释将帮助信息使用者正确了解财务报表所反映的公司财务状况和经营成果。

3.附注的第三部分

附注的第三部分主要包括关联方关系及其交易、资产负债表日后事项、或有事项、承诺事项等内容。这部分内容所披露的属于表外重要信息，能对已获取的财务报表及其相关信息起到修正作用，是报表阅读和理解的“信息纠正仪”。

例如，“关联方关系及其交易”的披露，能详尽地列示出公司按新企业会计准则认定的关联方的基本信息，和当期公司与关联方之间发生的交易种类、定价政策、交易额等重要信息，这方面对于理解大型集团下属公司的财务报表而言尤为关键。

“资产负债表日后事项”是指公司资产负债表日至财务报告批准报出日之间发生的需要调整或说明的有利或不利事项。这里所披露的资产负债表日后非调整的事项中，有利事项能给信息使用者传递公司发展的重大利好消息，比如大额销货合同的签订、税收优惠政策的获得等；不利事项会传递给信息使用者公司发展中面临的重大风险信息，如主要客户的丢失、不利于公司发展的新经济政策的出台等。

“或有事项”或“承诺事项”对一个持续经营的公司来说，往往也特别重要。有的公司尽管财务报表数据不错，但就其披露的某些“或有事项”或“承诺事项”的内容来看，如对外巨额担保、主要经营资产抵押、重大诉讼等，对公司持续经营的风险影响非常大。

总之，在阅读财务报表前一定要先看报表附注，通过附注了解财务报表的编制基础和管理层的会计估计，从而加强对企业整体状况的了解，增强对企业数据构成、变化趋势和变动原因的认识。

拓展阅读

获取企业财务报表的主要渠道：①信息披露网站。中国证监会指定的信息披露网站，比如中国证券报、上海证券报、证券时报等官方网站，以及深圳证券交易所、上海证券交易所和巨潮资讯网站。②公司官网。很多企业都会在自己的官网中设置专栏，以放置企业的财务报表等相关资料。③投资者关系网。直接搜索公司的投资者关系网，很多公司的投资者关系网站上还会提供一些额外的资料，比如业绩展示、Excel版的业绩数据、会议纪要等。④其他股票交易平台或资讯网。比如金融界、东方财富等。

（五）“鸟瞰”财务报表

1. 财务报表的“晴雨表”：财务指标

前面通过对财务报表重要项目的了解，我们对财务报表不再陌生了，但是无论哪个项目，我们都很难从单个的绝对数值来判断公司的好坏。比如，2018年伊利股份的营业收入是789亿元，香飘飘的营业收入是32.5亿元。那么，根据这两个数字，我们能判断出哪个公司更好，哪个公司更具有投资价值吗？如果两个公司所处的行业不同，就更难判断了。例如，2018年格力电器的营业收入是2 000亿元，贵州茅台的营业收入是772亿元，我们能据此判断出这两家公司谁发展得更好吗？

当我们遇到这些问题的时候，就需要借助一些财务指标来分析了。通过财务指标以及一些简单的横向和纵向对比，我们就可以了解一个公司的发展情况是好还是坏，财务指标相当于是财务报表的“晴雨表”。具体来说，我们要重点关注公司的偿债能力、营运能力、盈利能力、成长能力这四个重要的财务指标，下面分别进行介绍。

（1）偿债能力，是指企业用现有资产偿还到期债务的能力。由于债务按到期时间分为短期债务和长期债务，所以偿债能力也分为短期偿债能力和长期偿债能力。

短期偿债能力就是企业以流动资产偿还流动负债的能力，它反映企业偿付日常到期债务的实力。评价企业短期偿债能力的指标主要有流动比率和速动比率。

流动比率=流动资产 ÷ 流动负债

速动比率=速动资产 ÷ 流动负债=（流动资产－存货）÷ 流动负债

流动比率反映企业运用流动资产偿还流动负债的能力。因为流动负债具有偿还期不确定的特点，而流动资产具有容易变现的特点，正好可以满足流动负债的偿还需要，所以流动比率是评估企业短期偿债能力最重要的指标。

速动比率用流动资产减去存货作为分子，这是因为存货是企业流动资产中流动性最差的一种，其变现不仅要经过销货和收账两道手续，而且存货中还会发生一些损失，所以速动比率较流动比率更能反映流动负债偿还的安全性。

一般来说，流动比率保持在2倍左右、速动比率保持在1倍左右是比较合适的。当然，这只是经验数据，由于行业不同、企业发展阶段不同，这些数据会有很大的差别。目前，企业的流动比率呈现降低的趋势，1.6倍左右的流动比率比较常见。值得注意的是，如果这两个比率过低，意味着企业的短期支付能力不足，难以如期偿还债务；比率过高，则表明企业资金没有得到充分的利用，资金的使用效率不高。

长期偿债能力是指企业偿付到期长期债务的能力。企业的长期债务包括长期借款、应付长期债券等。长期偿债能力的强弱与企业短期内获取现金的能力并没有太大关系，因为企业目前获取现金的能力，与未来长期负债到期时获取现金的能力并无直接关系。

从理论上讲，企业长期偿债能力的强弱，与企业盈利能力的高低呈正相关。只有企业盈利状况一直良好，能从经营中获得足够的现金流，企业才能保证按期付息和到期还本。因此，企业的长期偿债能力是和企业的盈利能力密切相关的。评价企业长期偿债能力的指标主要有资产负债率、利息保障倍数等。

资产负债率=负债总额 ÷ 资产总额

利息保障倍数=息税前利润 ÷ 本期利息支出

资产负债率反映的是企业全部资金来源中有多少来自于举债，这是衡量企业财务风险的主要指标。这个比率为多少才合适，还没有确定的标准。通常认为，具有较低资产负债率的企业，财务风险较小，但并不是资产负债率越低越好，资产负债率太低了，说明企业没有充分利用财务杠杆。

利息保障倍数反映了企业偿还利息的能力。如果企业一直保持按时付息的信誉，那么长期负债可以延续，企业举借新债也就比较容易。

（2）营运能力，又称“资产利用能力”，是指通过企业生产经营资金周转速度的有关指标所反映出来的企业资金利用的效率，它能体现企业管理人员经营管理、运用资金的能力。企业生产经营资金周转的速度越快，表明企业资金利用的效果越好、效率越高，企业管理人员的经营能力越强。评价企业营运能力的指标主要有存货周转率、应收账款周转率、流动资产周转率和总资产周转率。

存货周转率=销售成本 ÷ 平均存货

存货周转天数=360 ÷ 存货周转率

存货流动性一般可以用存货的周转速度来反映，一般来说，存货周转率高，周转天数少，表明企业存货回收速度快，经营管理效率高。相反，存货周转率越低，周转天数越多，则表明存货周转速度越慢，存货的管理效率越低。对于制造企业来说，存货的周转速度可以进一步细分为原材料周转天数、在产品周转天数和产成品周转天数。这样的细分可以加强企业对每个存货环节的物流库存管理，也能更好地对库存管理部门进行考核。存货周转分析的目的是从各个环节上找出存货管理中的问题，使存货管理在保证生产经营连续性的同时，尽可能少地占用经营资金，提高资金的使用效率，促进企业物流管理水平的提高。

应收账款周转率=销售收入 ÷ 平均应收账款

应收账款周转天数=360 ÷ 应收账款周转率

应收账款周转率反映了企业应收账款的周转速度，也反映了其应收账款管理的效率，应收账款周转率高，代表资产的流动性越强。应收账款的收回时间长短和企业的信用政策有关，企业如果改变信用政策，如放宽或缩短赊销期限、扩大或缩小信用额度等，通常都会引起应收账款周转天数的变化。

流动资产周转率=销售收入 ÷ 平均流动资产

平均流动资产=（年初流动资产+年末流动资产）÷2

流动资产周转天数表明流动资产周转一次需要的时间，也就是期末流动资产转换成现金平均需要的时间。通常，应收账款和存货在流动资产中占绝大部分，因此它们的周转状况对流动资产的周转起着决定性的作用。

总资产周转率=销售收入 ÷ 平均资产总额

平均资产总额=（年初资产总额+年末资产总额）÷2

总资产周转率粗略地计量了企业资产创造收入的能力，体现了企业经营期间全部资产从投入到产出的流转速度，反映了企业全部资产的管理质量和利用效率。

（3）盈利能力，是指企业获取利润的能力。不论是投资人、债权人还是企业经营者，都特别关心企业的盈利能力。利润是投资者取得投资回报、债权人收取本息资金的来源，也是经营者经营业绩和管理效能的集中体现。因此，分析企业盈利能力是与企业利益相关的各方了解企业、认可企业、改进企业经营管理的重要手段之一。评价企业盈利能力的主要指标有销售利润率、总资产报酬率和净资产报酬率。

销售利润率=净利润 ÷ 销售收入

销售利润率反映了企业经营活动最基本的盈利能力，是对企业经营能力的直接评价。这项指标越高，说明企业从销售收入中获取利润的能力越强。通过分析销售利润率的变动数额和方向，可以促使企业在扩大销量的同时，努力改进经营管理，提高盈利水平。

总资产报酬率=息税前利润 ÷ 总资产余额

总资产报酬率反映的是每1元资产创造的利润。这个利润不仅包括为所有者创造的利润，也包括给债权人的利息、交给政府的税。总资产报酬率反映企业包括净资产和负债在内的全部资产的总体获利能力，是评价企业资产运营效益的重要指标。我们通过对该指标的深入分析，可以增强对企业资产经营各方面的关注度，促进企业提高单位资产的收益水平。该指标越高，表明企业投入产出的水平越高，企业的资产运营越有效。

净资产收益率=净利润 ÷ 净资产余额

净资产收益率反映每1元股东资本赚取的净利润，反映了企业所有者所获投资报酬的多少。对企业的所有者来说，这个比率非常重要，该比率越大，说明所有者投入资本的获利能力越强。

（4）成长能力，又称“企业的发展能力”，是指企业通过自身的生产经营活动，不断扩大积累而形成的发展潜能。对于企业的相关利益者来说，他们关注的不仅是企业目前的、短期的盈利能力，更关注企业未来的、长期和持续的成长能力。

对于大股东而言，持有股票并不是为了满足简单的投机性需求，而是看好企业未来的发展能力，希望在企业长期、持续、稳定的发展中获得更多的股利和资本利得。对于债权人而言，长期债权的实现必须依靠企业未来的盈利能力。因此，企业的发展能力不论是对企业自身还是企业的利益相关者来说都是至关重要的。评价企业发展能力的指标主要有营业收入增长率和营业利润增长率。

营业收入增长率=（本年营业收入-上年营业收入）÷ 上年营业收入

营业收入增长率反映了企业的销售增长情况。营业收入增长率高，表明企业产品的市场需求大，业务扩张能力强。具有成长性的企业多数都是主营业务突出、经营比较单一的企业。如果一家企业能够连续几年保持30%以上的营业收入增长率，基本上可以认为这家企业的成长性很好。

营业利润增长率=（本年营业利润-上年营业利润）÷ 上年营业利润

营业利润增长率反映了企业经营活动盈利水平的增长速度。如果一家企业的营业利润稳定增长且占利润总额的比例呈上升趋势，那么说明它正处在成长期。有些企业尽管营业收入有较大幅度增长，但营业利润却没有相应增加，甚至出现大幅下降，这说明此企业的收入质量不高，也可能存在资产管理费用居高不下等问题。投资这样的企业，可能存在巨大的风险，投资者要谨慎。

2.更快、更高、更强：杜邦分析法

上述财务指标是对企业的盈利、偿债、营运和发展能力所进行的评价，在这么多财务指标中，最重要的指标是净资产收益率，也就是ROE。巴菲特曾说过：“公司经营管理业绩的最佳衡量标准，是净资产收益率的高低，而不是每股收益的高低。”

ROE反映的是股东每投入1元钱能够带来多少钱的利润。举个简单的例子：你出资100万元，又找老张借100万元，开了一家包子铺。在会计上，你投入的100万元是股东权益，你向老张借的100万元是公司负债。如果第一年扣除各种成本、费用（包括老张的利息费用）后还赚了25万元，那么你的包子铺的ROE就是25%。这里计算的方法就是用25万元的净利润除以你个人出资的100万元。

这时候，隔壁小李看你开包子铺赚钱了，于是也开起了包子铺。不过，他的做法跟你不同。他自己出资100万元，又向老张和老王各借了100万元，相当于总共投资了300万元。一年下来他净赚了50万元，那么他包子铺的ROE就是50%。为什么小李赚得比你多？道理很简单，小李敢于借钱。用专业术语来表达就是，小李敢于“加杠杆”。由此可见，小李包子铺更高的ROE是加杠杆加出来的。

这个例子说明，净资产收益率的高低不仅跟你卖的包子好不好吃有关系，还跟你借了多少钱来经营有关系，即销售情况和加杠杆程度，这也是杜邦分析法的两个角度。

杜邦分析法最早由美国杜邦公司使用，是一种用来评价企业盈利能力与股东回报水平的分析方法。它的基本思想是将企业净资产收益率逐级分解为多项财务比率的乘积，进而对企业经营业绩进行综合、深入地分析和比较。

杜邦分析体系，如图4-5所示。

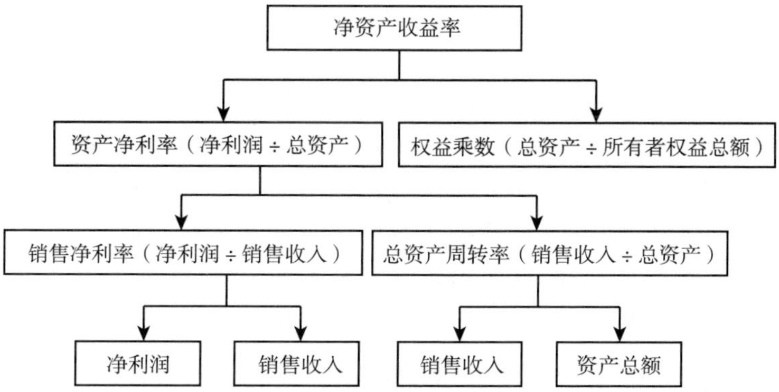

图4-5 杜邦分析体系

ROE的计算公式是：

净资产收益率=净利润÷净资产

将这个公式进行进一步拆分，我们可以得到下面这个看起来有点复杂的公式：

$$\text{净资产收益率}=\frac{\text{净利润}}{\text{净资产}}=\frac{\text{净利润}}{\text{销售收入}}\times\frac{\text{销售收入}}{\text{平均总资产}}\times\frac{\text{平均总资产}}{\text{净资产}}$$

$$=\text{销售净利率}\times\text{资产周转率}\times\text{权益乘数}$$

其中，

$$\text{权益乘数}=\frac{1}{\dfrac{\text{净资产}}{\text{平均总资产}}}=\frac{1}{1-\dfrac{\text{负债}}{\text{平均总资产}}}=\frac{1}{1-\text{资产负债率}}$$

由此可见，杜邦分析法告诉我们的是一家企业经营制胜的秘诀，简而言之就是更快、更高、更强。具体来说，就是更快的周转率（资产周转率）、更高的杠杆（权益乘数）、更强的获利能力（销售净利率）。

（1）更快：总资产周转率。

并不是所有行业都能像贵州茅台那样产生较高的销售净利率，所以，如果公司想获得较高的ROE，那就只能依赖于管理层的营运能力了。一般而言，固定资产较少或者存货流动性较强的企业都有高周转的特点，比较典型的就是超市行业和制造业行业。典型企业总资产周转率对比，如表4-5所示。

表4-5　典型企业总资产周转率对比

公司名称	2017年总资产周转率（%）
沃尔玛	248.0
飞科电器	127.6
美的集团	115.6
格力电器	75.5
泸州老窖	62.2
贵州茅台	49.3
招商银行	3.6
建设银行	2.9

从上表列举的企业中我们可以看到，沃尔玛的资产周转率是最高的，其次是美的等家电企业，而招商银行、建设银行的总资产周转率都比较低。因此，我们一般会把依靠高周转而获得高ROE的公司称为“沃尔玛模式”。

（2）更高：权益乘数。

如果一个公司获得高ROE的方式主要依赖更高的权益乘数，或者说更高的杠杆，那么就非常值得警惕了。因为杠杆具有助涨助跌的作用，就像刚才提到的包子铺。赚钱的时候，人们会认为高杠杆很好，但是如果经营不善，出现亏钱的时候，高杠杆就会让人亏得更厉害。当然，有些行业本身就是依靠杠杆发展起来的，比如银行业。银行的商业模式就是先吸收存款，再放贷投资赚取“存贷差”。实际上，整个金融业都是建立在杠杆之上的，这也是为什么2008年金融危机发生时，最先倒闭的是雷曼兄弟这样的银行。因此，依靠高杠杆获得高ROE的公司，我们可以称之为“银行模式”。

对于银行、房地产这样的行业，依靠高杠杆发展还能理解，最值得担忧的就是本来应当依靠高毛利的公司，却玩起了高杠杆。比如，乐视网在2012—2014年的资产负债率分别为56.11%、58.58%、62.23%，已经算是比较高的负债率了。到了2015年，乐视网的资产负债率一下子猛增至77.53%，这说明乐视网已经过于依赖高杠杆的作用了。

（3）更强：销售净利率。

盈利能力强是企业最核心的竞争力和屹立不倒的根基，高毛利则是一个企业具有强大竞争力的直观表现。表4-6展示了白酒行业高ROE公司的对比情况，我们发现贵州茅台的销售净利率远超过其他几家企业。

表4-6　　白酒行业高ROE公司对比

公司名称	净利率(%)				总资产周转率(%)	权益乘数	ROE
	2015年	2016年	2017年	2018年	均值	均值	均值
贵州茅台	50.4	46.1	49.8	51.37	44.5	139.8	27.9
洋河股份	33.4	33.8	33.2	33.59	49	147.8	24.3
口子窖	23.4	27.7	30.9	35.9	55.6	140.3	24
金微酒	14	17.4	19	17.68	63.2	168.8	18.9
今世缘	28.2	29.5	30.3	30.8	45.7	134.9	17.9

从表4-6中可以看出，在酿酒行业，谁的净利率高，说明谁的品牌力更强，谁就更有实力成为龙头。因此，我们可以把这些依靠高净利率而获得高ROE的企业称为“茅台模式”。

拓展阅读

年报、财报和财务报表

年报是年度报告的简称，上市公司披露年报是其法定义务。根据上市公司信息管理办法规定，上市公司应当披露的定期报告包括年度报告、中期报告（半年报）和季度报告（2份），即一年有4份报告必须按期披露。定期披露的报告里有哪些内容呢？管理办法规定，年报和半年报是要包含财务报告的。图4-6是美的集团2019年和2021年年度报告目录，我们可以看到，年报披露的信息很多，而半年报和季报披露的信息就少多了。非上市公司可以不对外界披露年度报告，但管理规范的企业也会出一份报告，对过去一年进行总结并对未来作出展望。所以，如果想要了解一家新公司，一定要先读读它的年报。

美的集团股份有限公司2019年年度报告目录

第一节 重要提示、目录和释义......2
第二节 公司简介和主要财务指标......7
第三节 公司业务概要......11
第四节 经营情况讨论与分析......17
第五节 重要事项......47
第六节 股份变动及股东情况......87
第七节 董事、监事、高级管理人员和员工情况......95
第八节 公司治理......102
第九节 财务报告......107
第十节 备查文件目录......230

美的集团股份有限公司2021年年度报告目录

第一节 重要提示、目录和释义......4
第二节 公司简介和主要财务指标......8
第三节 管理层讨论与分析......13
第四节 公司治理......67
第五节 环境和社会责任......93
第六节 重要事项......113
第七节 股份变动及股东情况......129
第八节 优先股相关情况......136
第九节 债券相关情况......137
第十节 财务报告......140

图4-6　美的集团2019年和2021年年度报告目录

在年报中，财务报告占很大的篇幅。财务报告简称“财报”，又包含财务报表及其附注和财务情况说明书。财报里附注的篇幅非常长，因为附注要把财务报表里重点的数字全部展开进行详细的补充说明。

总结一下，上市公司年报包含财报，财报包含财务报表。年报里财报是重头戏，占了整个年报的6成以上篇幅，财报是以财务报表为核心的，里面有附注和财务说明。

对于投资者而言，要了解一家新公司，就必须多翻看它的年报，摸清楚它是干什么的（主营业务）、怎么赚钱的（商业模式）、在行业里排名如何（行业地位）以及凭什么比别人更赚钱（商业壁垒），这样才能最终知道它将来赚不赚钱（业绩预期），值不值得买。

训练项目

到东方财富等股票交易平台或资讯网站，浏览或下载贵州茅台的财务报表，查看其财务报表并计算主要财务指标，比如净资产收益率、毛利率等盈利能力指标，流动比率、速运比率、资产负债率等财务风险指标，以及资金周转天数、存货周转天数、总资产周转率等营运能力指标，勾画贵州茅台的杜邦分析图。

二、企业审计报告

审计报告是指注册会计师就企业财务报表的编制是否恰当地反映了企业的财务状况和经营成果所出具的意见。我国上市公司的年度财务报表一般均应经注册会计师审计并出具审计报告。审计报告所提供的针对财务报表的专业审计意见，对财务信息使用者分析企业的财务报表具有重要的参考和借鉴意义。

（一）审计报告的作用

1. 鉴证作用

注册会计师通过签发审计报告，以独立的第三方身份对被审计单位财务报表的合法性、公允性发表意见。这种意见具有鉴证作用，得到了政府有关部门和社会各界的普遍认可。例如，财政部门、税务部门等政府相关部门和投资者判断企业财务报表是否合法、公允的主要依据就是注册会计师出具的审计报告。

2. 证明作用

审计报告是对注册会计师审计任务完成情况及其结果所作的总结，通过审计报告，可以证明注册会计师在审计过程中是否实施了必要的审计程序，是否以审计工作底稿为依据发表审计意见，发表的审计意见是否与被审计单位的实际情况相一致，审计工作的质量是否符合要求。因此，通过审计报告，可以验证注册会计师审计责任的履行情况。

（二）审计报告的基本要素

（1）标题。审计报告的标题应当统一规范为“审计报告”。

（2）收件人。审计报告的收件人是指注册会计师按照业务约定书的要求致送审计报告的对象，一般是指审计业务的委托人。审计报告应当载明收件人的全称。

（3）引言段。此部分应当说明被审计单位的名称和财务报表已经过审计，并指出构成整套财务报表的每张财务报表的名称，提及财务报表附注，指明财务报表的日期和涵盖的期间。

（4）管理层对财务报表的责任段。此部分应当说明按照适用的会计准则和相关会计制度的规定编制财务报表是管理层的责任，包括：设计、实施和维护与财务报表编制相关的内部控制，以使财务报表不存在由于舞弊或错误而导致的重大错报；选择和运用恰当的会计政策；作出合理会计估计。

（5）注册会计师的责任段。此部分应当说明的内容包括：注册会计师的责任是在实施审计工作的基础上对财务报表发表审计意见；审计工作涉及实施审计程序，以获取有关财务报表金额和披露的审计证据；注册会计师相信已获取的审计证据是充分、适当的，为其发表审计意见提供基础。

（6）审计意见段。此部分应当说明财务报表是否按照适用的会计准则和相关会计制度的规定编制，是否在所有重大方面公允反映了被审计单位的财务状况、经营成果和现金流量。

（7）注册会计师的签名和盖章。

（8）会计师事务所的名称、地址及盖章。

（9）报告日期。

（三）审计意见的类型

1.标准的无保留意见

如果注册会计师出具了标准的无保留意见，说明其认为被审计者编制的财务报表已按照适用的会计准则的规定编制，并在所有重大方面公允反映了被审计者的财务状况、经营成果和现金流量。

2.带强调事项段的无保留意见

如果注册会计师出具了带强调事项段的无保留意见，说明其认为被审计者编制的财务报表符合相关会计准则的要求并在所有重大方面公允反映了被审计者的财务状况、经营成果和现金流量，但是存在需要说明的事项，如异常诉讼或监管行动的未来结果存在不确定性，存在已经或持续对被审计单位财务状况产生重大影响的特大灾难，在财务报表日至审计报告日之间发生的重大期后事项等。

3. 保留意见

如果注册会计师出具了保留意见，说明其认为财务报表整体是公允的，但是存在影响重大的错报。在以下两种情形下，注册会计师应当发表保留意见：①在获取充分、适当的审计证据后，认为错报单独或汇总起来对财务报表的影响重大但不具有广泛性；②在无法获取充分、适当的审计证据时，认为未发现的错报对财务报表可能产生的影响重大但不具有广泛性。

4. 否定意见

如果注册会计师出具了否定意见，说明其认为财务报表整体是不公允的，或没有按照适用的会计准则的规定编制。在获取充分、适当的审计证据后，如果认为错报单独或汇总起来对财务报表的影响重大且具有广泛性，注册会计师应当发表否定意见。

5. 无法表示意见

如果注册会计师出具了无法表示意见，说明注册会计师的审计范围受到了限制，且其可能产生的影响是重大而广泛的，注册会计师不能获取充分的审计证据。

（四）审计报告对财务报告的作用

审计报告是对会计报表所有重大方面的真实性和公允性所表达的意见。如果注册会计师出具无保留意见的审计报告，在进行财务报表分析时，就有理由相信其财务数据的真实性，由此作出的分析和判断对信息使用者更有价值；若注册会计师出具带强调事项段的审计报告，在进行报表分析时，应特别关注强调事项段中特别说明的事项，可将其作为后续报表深入分析的线索和突破，从而对公司财务状况作出科学合理的判断；若注册会计师出具无法发表意见或者否定意见的审计报告，则说明财务报表数据本身就存在问题，不应用于公司价值或决策的判断依据。故而，审计报告的措辞和类型对财务报表分析的质量影响重大。

一般来说，年度审计通常是以年为单位，而财务报表分析的时效性更强一些（比如月度、季度等）。从管理角度来看，财务报表分析多依据尚未审计的会计报表，但如果要进行跨年度财务报表分析，可能要用到年度审计报告。审计报告的意见是对会计报表数据的鉴证，它的意见类型对财务报表分析工作的准确性、真实性和完整性有着实质性的影响。

拓展阅读

非标准审计报告看诊，公司隐疾现端倪

中审众环会计师事务所在对扬子新材2019年年报进行审计时发现，截至2019年12月31日，扬子新材预付汇丰圆余额为3.42亿元，较2018年12月31日余额增加292.71%，会计师实施了既定的审计程序，仍未能获取充分、适当的审计证据，以判断预付款项的确认与列报的恰当性。基于谨慎性原则，会计师将此列入保留事项，出具了保留意见的审计报告。在保留意见审计报告出具后，扬子新材就接连受到监管问询。2020年10月13日，扬子新材因在2019年年度业绩预告披露的净利润与实际净利润存在较大差异，且未按规定及时对业绩预告进行修正，收到中国证券监督管理委员会江苏证监局出具的警示函。2020年11月16日晚间，扬子新材发布公告，经自查发现，公司存在第二大股东通过公司重要供应商汇丰圆占用公司资金事项，金额逾3亿元，而资金占用被发现也正是源于非标准审计报告的保留意见事项。

三、企业社会责任报告

在日趋复杂的经营环境中，以货币的方式对企业的历史经营活动进行计量的财务信息，已不能满足将企业面临的机会、风险以及企业价值充分体现出来的需要。通过企业社会责任报告来披露利益相关者所关注的非财务信息，正好弥补了这一不足，两者的结合可以更好地反映企业未来的财务状况。因此，越来越多的企业在投资者、消费者等利益相关者的压力下，从企业内部运营的需要出发，选择发布企业社会责任报告。

（一）企业社会责任报告的概念

社会责任报告，又称“可持续发展报告”“环境报告”，简称“CSR报告”，是企业非财务报告的一种，起源于企业环境报告。企业社会责任报告是企业就其履行社会责任的理念、战略、内容、方式和绩效所进行的系统信息披露，是企业与利益相关方进行沟通交流的载体，也是企业提升自身管理水平的工具。

广义的企业社会责任报告包括以正式形式反映企业承担社会责任的某一个方面或某几个方面的所有报告类型，即包括了雇员报告、环境报告、环境健康安全报告、慈善报告等单项报告和囊括经济、环境、社会责任的综合性报告。狭义的企业社会责任报告特指综合性的企业社会责任报告。

企业之所以选择以发布社会责任报告的方式进行非财务信息披露，是因为企业身处的经营环境越来越复杂。传统的以股东利润最大化为目标的运营方式所带来的雇员福利问题、环境污染问题、产品质量问题等越来越引起社会各方面的关注，由此带来的压力要求企业对除股东之外的更广大利益相关方负责，以实现可持续发展。

（二）企业社会责任报告的价值

在过去的十几年中，企业社会责任报告从一种非必要的企业操作变为企业管理的主流方式之一。国际石油工业环境保护协会（IPIECA）和美国石油学会（API）在《石油与天然气行业发布可持续发展报告指南》中指出，该报告的作用是：第一，提升企业价值，增强投资者信心，展示企业控制风险、把握新机会的能力；第二，改进内部业务，通过加深员工对企业绩效的了解程度，增强报告资料的内部使用，从而改进公司运营，完善决策流程；第三，改善关系，向当地社区表明，企业在以环保、对社会负责的方式运营，符合社区的短期和长期利益；第四，成为一种重要的责任机制，作出承诺并发布关于所面临挑战和所取得进展的报告。

企业社会责任报告的价值可以分为内在价值和外在价值两个方面。对内，企业社会责任报告可以帮助企业量化非财务绩效，发现企业经营所面临的各种风险与机会，从而制订更有针对性和操作性的持续改进计划，最终达到降低生产经营成本、改进效率、增强抗风险能力和软实力的目标。对外，企业社会责任报告能促进企业与利益相关方的沟通，从而提升品牌价值，赢得消费者、投资者等群体的支持，最终达到刺激销售、增加企业无形资产的目标。企业社会责任报告的价值，如表4-7所示。

表4-7　　企业社会责任报告的价值

项目	内在价值	外在价值
直接影响	衡量企业非财务绩效 制订持续改进计划 管理风险与机会 强化部门间沟通，改善运营 提高员工忠诚度 获得高层领导支持	提升企业信誉与品牌价值 促进利益相关方沟通 获得消费者、投资者青睐 获得政府、非政府组织（NGO）支持
间接影响	降低生产经营成本 改进效率 增强抗风险能力 增强软实力	降低沟通成本 刺激销售 增加企业无形资产

企业社会责任报告之所以备受关注，一个重要的原因是其带来的商业价值日益得到体现。对投资人而言，社会责任报告的重要性体现在以下两个方面：首先，企业的环境业绩和社会业绩是进行环境分析和社会分析的重要基础，由于当前企业的

财务信息披露不能全面反映企业运营活动产生的风险、负债和收益情况，所以企业环境业绩和社会业绩信息的可获得性成为投资决策成败的关键因素。其次，投资人还逐渐把企业承诺披露环境风险、社会风险，以及由此做出的积极改变看作是企业强化治理、提高透明度的重要指标。

社会责任报告也给企业内部带来了管理上的效益。第一，报告的过程帮助企业梳理其已经作出的履行责任的努力及成效信息，展现了这些信息的战略价值。报告帮助管理者了解企业自身在各维度的综合表现，帮助管理者评价企业在经济收益、企业治理、环境影响、促进社会福利等方面的现状和绩效，从而及时发现问题和风险，并改善经营管理水平，实现企业的可持续发展。例如，企业可以通过社会责任报告披露温室气体排放量、减排比例和下一年度预期减排目标，这能够帮助企业追踪诸如碳足迹、水利用等非财务指标信息，从而更好地在企业内部推进碳管理、水管理，以降低环境风险，提高能源利用率。

对于消费者、媒体和非政府组织来说，企业社会责任报告能传递他们所关心的产品和服务安全、环境影响、公益慈善等信息，在这一维度上，企业社会责任报告可以帮助企业树立品牌形象、传播品牌价值。对于政府和监管机构来说，企业社会责任报告不仅能够传递企业在经济、社会、环境上的守法合规，还往往以更加丰富的内容促进企业与政府的关系。

（三）企业社会责任报告体系

1.企业社会责任报告内容体系

根据全球报告倡议组织（Global Reporting Initiative，GRI）发布的《可持续发展报告指南》的要求，企业应当披露以下三个方面的信息：企业发展战略及概况、企业管理方针和企业绩效指标。

企业发展战略及概况。这一部分主要从整体上对公司进行介绍，主要包括以下四个方面的内容：企业发展战略及分析、公司概况、报告规范、公司治理。其中，报告规范要交代关于报告本身的一些信息，如报告期、报告周期、报告查阅方式、报告范围和界限、内容索引、摘要等。

企业管理方针。管理方针是公司对如何应对与可持续发展相关的风险与机遇的政策和方法进行的披露，它与绩效指标密切联系在一起，每一类不同的绩效指标都有不同的管理方针与之对应，公司一般将管理方针和绩效指标一起披露。

企业绩效指标。绩效指标体系可以分为经济绩效指标、环境绩效指标和社会绩效指标三大部分。绩效指标的选择要综合考虑企业所处的行业、企业的社会地位、企业的实力、企业的所有权性质等。

2.企业社会责任报告评价体系

随着企业社会责任报告数量的增加，国内外出现了越来越多的企业社会责任报告评价标准或评估体系，作为利益相关方评价报告的工具。这些标准有的集中关注报告的信息完整和信息质量，有的则考虑报告的创新性和可靠性。常见的评价标准或评估体系有：商道纵横企业社会责任报告评价体系、中国社会科学院企业社会责任报告评级标准、润灵环球MCT社会责任评级体系、Sustain Ability企业社会责任报告评估体系等。商道纵横企业社会责任报告评价体系是一种比较科学、合理、规范的评价体系。接下来对这种评价体系进行详细的介绍。

2009年，商道纵横开发了企业社会责任报告评估体系。该评估体系主要从两个维度对报告进行评估，一个维度是信息的完整性，另一个维度是信息的质量，两个维度分别对应一个分值，被命名为A分值和B分值（见表4–8）。

这两个维度基本反映了商道纵横对企业社会责任报告的理解，构成了商道纵横报告评估的基本框架。一份报告的好坏，首先要看报告能提供给读者多少内容，即完整性，内容涉及得越多，完整性就越高，A分值也越高。其次，要看报告披露的内容是否具有质量，即信息的质量，内容越准确翔实，信息质量就越高，B分值也越高。综合A分值和B分值就可以全面衡量一份企业社会责任报告的真正质量，这个综合得分通常用A分值和B分值的几何平均值来表示。

报告评估体系将报告内容界定为战略、管理和绩效3个方面，这3个方面为一级指标。一级指标下共设置了12个二级指标。战略指标设置的二级指标有愿景、价值观和理念，战略制定及描述，利益相关方分析，风险机遇分析；管理指标设置的二级指标有企业治理、人力资源管理、产品和顾客、环境管理和社会事业；绩效指标设置的二级指标有经济绩效、环境绩效和社会绩效。二级指标下又设置了80多个分解的问题，涵盖了企业社会责任领域应该包含的绝大部分内容。

从信息完整性的维度来看，关注分解问题在报告中是否被涉及，有则得1分，无则不得分。然后，对各项得分按加权平均计算（战略、管理和绩效三部分的权重分别为20%、40%和40%），之后就可以计算出报告的A分值。

从信息质量维度来看，报告评估体系遵循了企业社会责任报告的一些基本原则。对于定性的指标，评估重点是清晰性和易读性；对于定量的指标，评估重点是可靠性、时效性和可比性。指标的解析及具体赋分细则分别参见表4–9和表4–10。得到各分解问题的信息质量得分之后，对各项得分按加权平均计算（战略、管理和绩效三部分的权重分别为20%、40%和40%），之后就可以计算出报告的B分值。

按照上述方法，我们就可以比较科学地评估一份企业社会责任报告的质量。A分值和B分值既可以放在一个矩阵图中形象地进行分析和对比，也可以计算出几何平均值作为报告的综合得分。此外，对战略、管理和绩效3个一级指标，也可以分别计算出每个方面的A分值和B分值，从而可以看出报告在每个方面陈述了多少内容（A分值），这些内容是否言之有物（B分值）。这样，我们就可以从多个维度对企业社会责任报告进行科学评估。

表4–8　　商道纵横企业社会责任报告评价体系基本框架

一级指标	二级指标	问题分解	信息完整性（A分值）	信息质量（B分值）				
			定性/定量指标	定性指标		定量指标		
			完整性	清晰性	易读性	可靠性	时效性	可比性
战略	愿景、价值观和理念							
	战略制定及描述							
	利益相关方分析							
	风险机遇分析							
管理	企业治理							
	人力资源管理							
	产品和顾客							
	环境管理							
	社会事业							
绩效	经济绩效							
	环境绩效							
	社会绩效							

表4–9　　信息质量评估的指标解析

指标类型	原则	解析
定性指标	清晰性	不烦琐，文字表述清晰有效
		不模糊，逻辑通顺
		篇幅适当，描述完整
	易读性	适当的表达方式（图片、表格等）
		避免太过专业的术语，或者对术语、专业词作出了解释
定量指标	可靠性	可验证性（数据来源、计算方法）
	时效性	报告期、报告范围内数字具有时效
	可比性	纵向可比（时间）和横向可比（行业）

表4–10　　信息质量评估的指标赋分细则

原则	分值	分值细则
清晰性	1分	内容有重复，表述不精练，部分文字表述不清，病句、字词错误比例较高
		关键内容表述不清或存在刻意回避，多处出现选择性表述的情况，有逻辑漏洞
		篇幅过长或过短，描述不完整，内容比例严重失调（不符合披露要求）

续表

原则	分值	分值细则
清晰性	2分	内容没有或只有少量重复，表述比较精练，有少部分文字表述不清，有少数病句、字词错误现象
		内容表述基本清晰、准确，逻辑基本合理
		篇幅长短比较适中，描述基本完整，分配比较合理
	3分	内容无重复，表述精练，没有或极少有文字错误
		内容表述清晰、准确，表达适当，逻辑顺畅
		篇幅长短适中，描述完整，分配合理
易读性	1分	表达方式单一，缺少图表，或者过度使用图表，不能直接支持文字内容，阅读比较困难
		过度采用专业术语或缩写并缺乏解释，引发歧义或直接影响阅读
	2分	比较合适的表达方式，有少量图表，阅读无障碍
		采用少量专业术语，虽然缺乏解释，但不影响整体内容表述
	3分	表达方式丰富合理，采用适当图表，能够有效支持文字表述内容
		采用少量专业术语并配以解释，能够达到专业性和易读性的统一
可靠性	0分	无数据，或者只有少量来源不明的数据，且数据不能支持文字内容
	1分	有数据，但是缺乏数据采集或者计算方法的必要说明或介绍，无历史数据比较或者行业数据比较
	2分	数据翔实，并提供了历史数据或者行业数据，提供了计算方法，并对数据来源作出必要说明
时效性	0分	无数据，数据采集不在报告期内，数据过时
	1分	只有部分报告期内的数据，或数据不能覆盖全部报告期
	2分	数据完整覆盖报告期
可比性	0分	无数据
	1分	只有本企业本报告期内的单份数据，无历史数据或行业数据比较
	2分	既有企业在本报告期的数据，也提供有多年历史数据或者行业数据，并进行了有效比较

值得注意的是，对企业社会责任报告的评价和对企业社会责任实践的评价是不能等同的，这是两个不同的评价对象。前者的评价对象仅限于企业在该年度发布的企业社会责任报告，关注焦点是报告是否按照规范编写、是否言之有物以及是否清晰可读等；后者的评价对象则是企业是否积极履行了社会责任、做了哪些事情、结果如何以及影响如何等。只要报告写得好，前者的评价得分就会高；但只有真正履行了社会责任且效果颇佳，后者的评价得分才会高。由此可见，两者虽有一定关联，但却不是必然的，更不能互为替代。

拓展阅读

2021年12月21日，中华全国工商业联合会召开十二届五次执委会议，会上发布了《中国民营企业社会责任报告（2021）》（以下简称《报告》）。《报告》首次公布了“2021中国民营企业社会责任100强榜单”，正泰集团股份有限公司位列榜首。创业30余年来，正泰集团以“为客户创造价值、为员工谋求发展、为社会承担责任”为经营理念，成立了正泰公益基金会，走好向善发展之路。在践行社会责任方面，正泰集团构建了完善的企业社会责任管理体系，迄今为止，集团已先后为各种公益事业累计捐资捐物超4.5亿元。此外，正泰还在捐资助学、产业扶贫、乡村振兴、抗击疫情、赈灾救灾、环境保护等方面发力，探索公益与产业相结合的新模式。

第二节 战略视角下的财务报表分析

项目需求

如何挖掘行业内的好企业？

李磊系统地了解了财务报告、审计报告、社会责任报告等企业报告的内容，对企业信息有了更多的认识，也对在股市中选择好企业有了更多的信心。那么，如何从企业的财务报表里挖掘出前瞻性、隐藏性的信息，透过报表中的数字识别企业战略，进而在众多企业中发现值得投资的好企业呢？

项目分析

企业财务报表在一定程度上反映了企业的经营状况和财务状况，是投资决策最重要的参考因素。在进行财务报表分析时，既要通过纵向比较分析各年度相关财务数据、财务指标的变化情况，深入挖掘其变化本质，还要通过与同行业的横向比较分析，发现企业自身的核心竞争优势和不足。透过数字看企业，顺着企业的战略去验证该企业是否经营良好，是否有暗雷，是否有前景。

一、企业发展战略分析

（一）企业发展战略类型

企业的三大发展战略分别是：成本领先战略、差别化战略和专一化战略。

1.成本领先战略

成本领先要求建立起高效规模的生产设施，在经验的基础上全力以赴降低成本，抓紧成本与管理费用的控制，并最大限度地减少研究开发、服务、推销、广告等方面的成本费用。

为了达到这些目标，就要在管理方面对成本给予高度的重视。尽管质量、服务以及其他方面也不容忽视，但贯穿整个战略始终的是使成本低于竞争对手。当公司成本较低，意味着别的公司在竞争过程中已失去利润时，该公司依然可以获得利润。

2.差别化战略

差别化战略是将产品或公司提供的服务差别化，树立起一些全产业范围内具有独特性的东西。实现差别化战略可以有许多方式，如设计名牌形象，保持技术、性能特点、顾客服务、商业网络及其他方面的独特性等。最理想的情况是公司在几个方面都有其差别化的特点。

推行差别化战略往往要求公司对这一战略的排他性有思想准备。这一战略与提高市场份额两者不可兼顾。在建立公司差别化战略的活动中，总是伴随着很高的成本代价，有时即便全产业范围的顾客都了解公司的独特优点，但也不是所有顾客都将愿意或有能力支付公司要求的高价格。

3.专一化战略

专一化战略是主攻某个特殊的顾客群、某产品线的一个细分区段或某一地区市场。正如差别化战略一样，专一化战略可以具有许多形式。专一化战略的整体是围绕着很好地为某一特殊目标服务这一中心建立的，它所开发推行的每一项职能化方针都要考虑这一中心思想。

这一战略依靠的前提思想是：公司业务的专一化能够以高的效率、更好的效果为某一狭窄的战略对象服务，从而超过在较广阔范围内竞争的对手们。这样做的结果是，公司或者通过满足特殊对象的需要而实现了差别化，或者在为这一对象服务时实现了低成本，或者二者兼得。这样的公司可以使其赢利的潜力超过产业的普遍水平，且公司的这些优势可以保护其抵御各种竞争力量的威胁。但专一化战略常常意味着限制了可以获取的整体市场份额，该战略必然地包含着利润率与销售额之间互以对方为代价的关系。

4. 企业发展战略的实现路径

通常情况下，企业发展、扩张一般会有两种途径：一种是通过企业自身赚钱再购置资产，扩大生产；另一种就是通过找到适合的标的公司，将对方买过来或者入股进去，形成控股，完成扩张业务。因此，企业发展战略的实现途径有三种：一是内部发展（新建），是企业利用自身内部资源谋求发展的战略。二是外部发展（并购），是企业通过取得外部经营资源谋求发展的战略。外部发展狭义的内涵是并购，并购包括收购与合并。三是战略联盟，指两个或两个以上经营实体之间为达到某种战略目的而建立的一种合作关系。

我们可以从企业的财务报表看出企业的发展战略。企业如果通过自主经营的方式进行扩张，那财务报表中体现的是新增的固定资产或在建工程。这和内部发展途径提到的利用自身内部资源谋求发展是一致的，企业利用自身资源新设公司也属于内部发展。如果通过对公司的控制达到对公司的控股合并，在报表中体现为长期股权投资。

（二）企业发展战略案例分析

我们以玩具企业奥飞娱乐股份有限公司（以下简称“奥飞娱乐”）为例，对企业的发展战略进行分析。

奥飞娱乐2016—2019年合并资产负债表，如表4-11所示。通过母公司的资产结构，我们来分析公司的发展战略。2016年和2017年奥飞娱乐母公司资产总计分别为63.75亿元和65.85亿元，其中长期股权投资达到了39.75亿元和43.33亿元，在总资产中的占比非常高。

表4-11 奥飞娱乐2016—2019年合并资产负债表 单位：亿元

项目	2019年	2019年	2018年	2018年	2017年	2017年	2016年	2016年
报告期	年报	年报	年报	年报	年报	年报	年报	年报
报表类型	合并报表	母公司报表	合并报表	母公司报表	合并报表	母公司报表	合并报表	母公司报表
流动资产：								
货币资金	5.51	2.57	7.81	3.05	6.69	1.65	7.88	3.83
交易性金融资产	0.00	0.00			0.00		0.05	0.05
应收票据	0.00	0.00	0.00		0.00	0.00	0.03	0.03
应收账款	5.21	3.70	4.87	3.32	7.46	3.69	6.45	3.09
预付款项	0.83	0.33	1.47	1.20	3.38	1.36	3.99	1.38
其他应收款（合计）	0.87	2.34	2.31	4.02	1.58	5.74	1.21	6.57

续表

项目	2019年	2019年	2018年	2018年	2017年	2017年	2016年	2016年
报告期	年报	年报	年报	年报	年报	年报	年报	年报
报表类型	合并报表	母公司报表	合并报表	母公司报表	合并报表	母公司报表	合并报表	母公司报表
应收股利	0.00	0.00						
应收利息	0.00	0.00	0.00	0.00	0.00		0.00	0.00
其他应收款	0.87	2.34	2.31	4.02	1.58	5.74	1.21	6.57
存货	9.04	2.66	8.44	2.52	9.81	1.98	11.95	1.90
其他流动资产	0.48	0.01	0.46	0.03	0.64	0.02	0.35	0.00
流动资产合计	21.95	11.60	25.36	14.14	29.57	14.45	31.92	16.86
非流动资产：								
可供出售金融资产	0.00	0.00	7.98	3.99	10.17	5.53	8.56	4.53
其他权益工具投资	6.39	2.63						
其他非流动金融资产	0.63	0.63						
长期股权投资	4.63	43.98	4.78	42.24	4.54	43.33	5.42	39.75
投资性房地产	0.00	0.00						
固定资产(合计)	2.92	1.36	3.00	1.52	3.14	1.52	3.32	1.76
固定资产	2.92		3.00		3.14	1.52	3.32	1.76
固定资产清理								
在建工程(合计)	0.03				0.15	0.13	0.04	0.00
在建工程	0.03				0.15	0.13	0.04	0.00
工程物资								
无形资产	2.75	0.64	2.89	0.66	5.30	0.66	5.14	0.67
开发支出	0.00	0.00						
商誉	20.81	0.00	20.53		29.32		26.00	
长期待摊费用	0.42	0.10	0.53	0.15	0.56	0.18	0.33	0.08
递延所得税资产	1.91	0.74	1.77	0.57	0.87	0.05	2.36	0.02
其他非流动资产	0.00	0.00	0.02		0.02	0.00	0.57	0.08
非流动资产合计	40.49	50.07	41.51	49.14	54.07	51.39	51.74	46.89
资产总计	62.44	61.67	66.87	63.28	83.64	65.85	83.66	63.75

注：负债和所有者权益项目略。

数据来源：根据东方财富网数据整理而成。

再看其他应收款，2016年和2017年奥飞娱乐母公司的其他应收款分别是6.57亿元和5.74亿元，合并报表中其他应收款则是1.21亿元和1.58亿元，这表明母公司向子公司提供了资金。

以上两组数据可以表明，2016年和2017年，奥飞娱乐对外进行了大量投资，是一个投资主导型企业。另外，我们也可以从商誉上看到一些迹象，奥飞娱乐的商誉由2016年的26亿元增加到29.32亿元，说明奥飞娱乐在2017年发生过并购。整体来看，奥飞娱乐主要是通过并购实现了企业发展扩张。

奥飞娱乐2016—2021年合并利润表，如表4-12所示。因为企业只要有对外控制性投资，就会影响整个企业整体的经营效率或者效益，所以分析时一定要看合并利润表。2016年、2017年的合并利润表显示公司的营业收入分别是33.61亿元和36.42亿元，而到了2018年和2019年，合并营业收入出现了下降的趋势，尤其是2018年，非常明显地从36.42亿元下降到28.4亿元。

是什么导致奥飞娱乐营业收入下降了呢？2017年的一个并购，使公司的营业收入比上一年有所增加，但是它的营业利润却比上一年有所下降。这说明被合并进来的子公司的费用规模可能比它的营业收入更大，所以从整体来看的话，盈利能力并没有显著地提高。这实际上为未来的业绩下滑奠定了一个基础。

表4-12　　奥飞娱乐2016—2021年合并利润表　　单位：亿元

项目	2021年	2020年	2019年	2018年	2017年	2016年
营业总收入	26.44	23.68	27.27	28.40	36.42	33.61
营业收入	26.44	23.68	27.27	28.40	36.42	33.61
营业总成本	30.43	26.17	26.06	47.71	38.37	29.82
营业成本	19.5	16.26	14.56	17.46	20.93	17.00
税金及附加	0.11	0.13	0.22	0.26	0.30	0.30
销售费用	4.13	3.66	4.78	6.39	6.75	5.87
管理费用	3.98	3.43	3.78	4.46	8.10	5.98
研发费用	1.96	1.92	1.91	3.01		
财务费用	0.75	0.77	0.81	1.18	0.99	0.53
其中：利息费用	0.73	0.64	0.76	1.15		
减：利息收入	0.04	0.08	0.04	0.07		
加：其他收益	0.29	0.28	0.26	0.37	0.31	
投资净收益	0.12	−0.57	−0.02	1.22	1.62	1.35
其中：对联营企业和合营企业的投资收益	−0.33	−0.43	−0.04	−0.07	−0.13	−0.10
公允价值变动净收益					−0.05	0.05
资产减值损失	−1.02	−1.84	−0.28	14.95	1.30	0.14

续表

项目	2021年	2020年	2019年	2018年	2017年	2016年
信用减值损失	−0.09	−0.03	−0.33			
资产处置收益	−0.03	−0.04	0.00	−0.01	0.76	
营业利润	−4.72	−4.67	0.83	−17.72	0.69	5.19
加：营业外收入	0.24	0.12	0.29	0.11	0.08	0.49
减：营业外支出	0.09	0.06	0.08	0.12	0.07	0.06
利润总额	−4.58	−4.61	1.05	−17.74	0.71	5.63
减：所得税	−0.5	−0.11	0.00	−0.82	0.02	0.86
净利润	−4.08	−4.5	1.04	−16.92	0.69	4.77

数据来源：根据东方财富网数据整理而成。

对外经济贸易大学的张新民教授发明了一个衡量企业营业收入的盈利能力指标，称为“核心利润”，它是用毛利减去与营业收入关联度极高的税金及附加、销售费用、管理费用、研发费用和利息费用而获得的利润。这个利润可以更好地考察企业的营业收入能否真正带来利润。如果把核心利润与营业收入进行比较，就可以得出核心利润率。

核心利润率＝核心利润 ÷ 营业收入 × 100%

核心利润率越高，表明企业营业收入的盈利能力越强。

我们观察奥飞娱乐由营业收入带来的核心利润情况。2016年、2017年和2018年的核心利润分别为4.46亿元、0.34亿元和−4.26亿元。可以看出，奥飞娱乐的核心利润在快速下降。在这三年里发生了什么事情呢？

2016年，奥飞娱乐发动了频繁的并购扩张。在奥飞娱乐2016年的年报中，公司纳入并购范围的子公司达到67家，投资总额达到36亿元，同比增长了5倍。更值得注意的是，2016年奥飞娱乐的投资总额已经超过了公司全年的总营收。

2016年全年下来，奥飞娱乐俨然成为泛娱乐领域的一线巨头，产业已遍及玩具、动漫、游戏、影视、婴童用品等多个领域，成为一家以IP① 为核心、打通全产业链的泛娱乐化生态集团，甚至还提出了要成为“东方迪士尼”的目标，各种投资布局使公司经营很快陷入了被动。

从财务报表中我们看到，并购以后，奥飞娱乐的效益、规模和市场竞争力均在下降。那么奥飞娱乐的战略，再往后看几年，有没有取得很好的扩张效果呢？

我们接下来观察2019年以后的数据，在2017年、2018年实现巨亏以后，2019年奥飞娱乐终于扭亏为盈。2019年，奥飞娱乐的营业收入下降，市场规模下降，营业成本也下降了很多，表面上毛利率提高了一些，但营业利润的提高主要是由于销售

① IP：直译为“知识产权”，在互联网界，该词有所引申，可以理解为所有成名文创作品的统称。

费用、管理费用、研发费用、利息费用的下降。费用的全面下降成就了这一年利润的扭亏为盈。

再看奥飞娱乐2020年和2021年的利润表数据，受新冠肺炎疫情影响，娱乐行业的营业利润出现了更大幅度的下降，相比较而言，核心利润的下降幅度并不是很大，这也是与费用下降有关。总体来说，奥飞娱乐的营业利润并不能令人信服，因为费用地全面下降是重要的因素，在市场下降、营业收入下降的情况下，未来可持续发展的前景还需要进一步观察。

经过分析，我们可以认为，奥飞娱乐以收购扩张为主，在短时间内实现了资产、营业收入、利润的总体增长，但因为被收购企业的资产质量和业务能力参差不齐，或者是在业务整合、人事整合、市场整合等方面存在问题，导致奥飞娱乐的收购战略并不成功。

思考与讨论

到股票交易网站或公司官网，下载同属于玩具行业的高乐股份有限公司的年度资产负债表、利润表，按上述分析方法进行分析，并比较奥飞娱乐和高乐股份在发展战略上的不同。

二、利润表战略分析

（一）利润结构与战略

企业的利润结构能折射出企业的战略。利润结构其实是企业主要业务的结构，与企业战略有非常大的关系，尤其是营业利润。

企业营业利润主要由核心利润、投资收益和政府补贴组成。

核心利润是由企业正常经营所产生的利润，是对非主营业务产生的利润的扣除，表示营业收入对利润的贡献。

投资收益是企业对外投资所获得的回报，不是企业通过自身的生产或劳务供应活动所得，它包括对外投资所分得的股利和收到的债券利息等。随着企业管理和运用资金权力的增大，投资收益的比重呈现越来越大的趋势。

政府补贴是指企业从政府那里无偿取得的货币性资产或非货币性资产。近些年，几乎所有的上市公司都或多或少获得过政府补贴。2019年，中国石化、上汽集团、广汽集团、京东方等大家耳熟能详的企业均享受了超过10亿元的政府补贴。在2017年以前，我国的会计报表将企业获得的政府补贴在利润表中的“营业外收入”中列示，2017年以后的报表中，政府补贴被调整到营业利润内，在“其他收益”项目列示。这在一定程度上表明，政府补贴从偶然行为已发展成为日常经营行为，成为企业经营管理能力的一种体现。通常来说，政府补贴的业务方向是与国家战略相一致的，比如我国对新能源汽车持续补贴了近20年，耗用财政资金超过1 200亿元。

接下来我们通过长安汽车和长城汽车的对比分析，来看一看利润结构所传递的企业战略。

表4-13　　长安汽车2016—2021年合并利润表　　单位：亿元

项目	2021年	2020年	2019年	2018年	2017年	2016年
营业总收入	1 051.00	845.70	705.95	662.98	800.12	785.42
营业收入	1 051.00	845.70	705.95	662.98	800.12	785.42
营业总成本	1 025.00	855.90	725.55	693.10	814.22	787.03
营业成本	876.50	721.00	602.33	565.83	693.63	644.88
税金及附加	39.72	32.28	24.88	23.06	30.74	36.30
销售费用	46.46	34.06	45.91	52.83	39.78	52.94
管理费用	35.00	41.72	22.65	27.83	52.80	51.29
研发费用	35.15	28.89	31.69	25.43	—	—
财务费用	−7.81	−2.10	−1.91	−4.27	−5.25	−3.05
其中：利息费用	0.45	0.47	0.40	0.12	—	—
减：利息收入	8.69	4.42	2.46	4.77	—	—
加：其他收益	3.30	7.98	15.38	28.73	16.13	—
投资净收益	10.14	31.54	−21.09	−0.71	69.06	96.19
其中：对联营企业和合营企业的投资收益	9.25	−5.67	−21.59	−3.32	68.55	95.64
公允价值变动净收益	0.43	20.35	8.89	—	—	—
资产减值损失	−10.19	−15.18	−3.96	2.39	2.52	4.69
信用减值损失	−0.23	−1.08	−1.26	—	—	—
资产处置收益	7.46	0.81	0.57	0.09	0.42	—
营业利润	37.31	26.24	−21.07	−2.01	71.52	94.58
加：营业外收入	1.30	0.62	0.50	9.16	1.04	9.83
减：营业外支出	0.41	0.90	1.85	0.57	0.75	0.91
利润总额	38.21	25.97	−22.42	6.58	71.81	103.50
减：所得税	2.16	−6.92	4.07	−0.65	−0.28	0.73
净利润	36.04	32.88	−26.49	7.23	72.08	102.77

数据来源：根据东方财富网数据整理而成。

长安汽车2016—2021年合并利润表，如表4-13所示。2016年，长安汽车的营业利润是94.58亿元，这其中投资收益就贡献了96.19亿元。事实上，2015年长安汽车95.87亿元的营业利润中，也有94.97亿元是投资收益。我们看到，2015年、2016年和2017年，长安汽车的投资收益是企业营业利润的主要组成。

2016年，长安汽车还获得9.83亿元的政府补贴，与投资收益相比并不多，而且政府补贴当年还体现在“营业外收入”里，并没有给营业利润做贡献。所以在2016年，长安汽车的营业利润基本上就是投资收益贡献的。这表明，785.42亿元的营业收入并没有产生核心利润，即企业的营业状况基本就是盈亏持平状态。

2017年，71.52亿元的营业利润由投资收益贡献了69.06亿元，由政府补贴贡献了16.13亿元，这表明800.12亿元营业收入非但没有贡献营业利润，反而带来负的核心利润。

2018年，长安汽车的营业收入进一步下降，投资收益出现了负数，在高达28.73亿元的政府补贴帮助下，营业利润却变成了–2.01亿元，说明核心利润亏损更多。

2019年，长安汽车的营业收入增长到705亿元，比2018年稍好了一些，但营业利润负得更多了，成了–21.07亿元。营业利润中15.38亿元的政府补贴继续充当了中流砥柱的角色，而投资净收益为–21.09亿元，核心利润为–17.05亿元。

我们继续观察利润表，发现到2020年，长安汽车的营业利润终于为正了，但26.24亿元的营业利润中，有31.54亿元的投资收益和将近8亿元的政府补贴，说明主营业务还是在亏损。

终于在2021年，长安汽车的营业收入有了大幅度的提升，核心利润出现正的大幅增长，达到61.12亿元。相比2020年，长安汽车营业收入增长24.22%，全年实现销量230.1万辆，同比增长14.8%，重回中国汽车集团第四的位置。

2021年，汽车行业受到新冠肺炎疫情影响、芯片短缺以及原材料价格上涨等诸多挑战，但艰难的环境，却给了自主品牌“弯道超车”的良机。长安汽车在年报中披露，2021年自主品牌销量超过50%，预计到2025年自主品牌销量占比要达到75%，到2030年自主品牌销量占比将达到81.82%。政府补贴至新能源汽车领域的持续贡献，在长安汽车这里终于有了回报。

表4–14是长城汽车2016—2021年合并利润表。我们按同样的方法来分析长城汽车。

表4–14　　长城汽车2016—2021年合并利润表　　单位：亿元

项目	2021年	2020年	2019年	2018年	2017年	2016年
营业总收入	1 364.00	1 033.00	962.11	992.30	1 011.69	986.16
营业收入	1 364.00	1 033.00	951.08	978.00	1 004.92	984.44
营业总成本	1 319.00	988.40	914.09	933.11	957.77	863.70
营业成本	1 144.00	855.30	796.84	814.81	819.67	743.60

续表

项目	2021年	2020年	2019年	2018年	2017年	2016年
税金及附加	42.34	31.92	31.69	36.27	39.06	38.33
销售费用	51.92	41.03	38.97	45.75	44.06	31.75
管理费用	40.43	25.53	19.55	16.76	49.63	45.75
研发费用	44.90	30.67	27.16	17.43		
财务费用	-4.49	3.97	-3.51	-4.94	1.39	-0.04
其中：利息费用	4.72	2.63	1.74	4.62		
减：利息收入	7.85	6.66	3.50	11.58		
加：其他收益	10.47	8.67	5.43	1.76	1.66	
投资净收益	11.09	9.56	0.16	2.19	1.24	0.30
其中：对联营企业和合营企业的投资收益	10.17	9.12	3.04			
公允价值变动净收益	3.06	1.65	-0.73	-1.40	1.75	
资产减值损失	-4.71	-6.76	-5.04	1.37	3.17	4.13
信用减值损失	-1.22	-0.35	-0.49	1.82		
资产处置收益	-0.28	-0.09	0.43	0.58	-0.04	
营业利润	63.69	57.52	47.77	62.32	58.54	122.76
加：营业外收入	11.61	4.94	3.42	2.53	3.91	2.49
减：营业外支出	0.47	0.18	0.18	0.08	0.12	0.42
利润总额	74.82	62.67	51.01	64.77	62.33	124.83
减：所得税	7.57	8.65	5.70	12.29	11.90	19.29
净利润	67.25	53.62	45.31	52.48	50.43	105.54

数据来源：根据东方财富网数据整理而成。

长城汽车2016—2020年的营业收入比较稳定，在营业收入波动不大的情况下，营业利润的波动还是比较大的，尤其是从2016年的122.76亿元到2017年的58.54亿元，利润出现了较大幅度的下降。销量持平而净利润锐减，这是什么原因导致的呢？我们发现在2017年，长城汽车的毛利大幅降低，销售费用和研发费用增加。进一步查阅财务报告得知，2017年公司通过购车摇红包等活动让利客户，对现有产品进行促销，影响毛利率水平；此外，广告宣传费用增幅较大，加大对新产品的研发投入也影响了营业利润。

再分析营业利润的支撑点。第一个是投资收益，几年来，投资收益对利润的贡献微不足道。第二个是政府补贴，长城汽车获得的政府补贴并不多，2016年是2.48亿元，2017年和2018年只有1.66亿元和1.76亿元。第三个是核心利润。因为投资收益和政府补贴都不多，所以长城汽车的营业利润主要是由营业收入带来的。

长城汽车2021年的年报显示，全年营收1 364亿元，同比去年增长31.95%，净利润为67.81亿元，同比增长26.45%。营收的大幅上涨是产品持续发力的结果，2021年销量超128万辆，同比增长15.2%，连续6年销量破百万，持续刷新历史成绩。值得一提的是，2021年长城汽车持续深耕海外市场，海外销量达14.3万辆，同比增长103.7%。

所以，从利润结构来看，长城汽车实施的是企业经营主导的战略，主营业务有核心竞争力，盈利能力是可以维持的。长安汽车的报表则表明，它的成功有很多外来因素，很有可能还会面临难以持续的局面。

（二）费用结构与战略

利润表中的费用是按照企业发挥的功能进行分类列报的，销售费用、管理费用、研发费用和利息费用在企业的生产经营中发挥着不同的功能。

对一个生产企业来说，其生产产品的原材料、人工和水电等成本是营业成本；销售费用则是企业在销售商品或提供劳务过程中发生的各种费用，包括包装费、展览费、广告费、运输费、装卸费，以及为销售商品而专设的销售机构的职工工资、业务费、折旧费等；管理费用则是企业为组织和管理企业生产经营所发生的费用，包括企业在筹建期间内发生的开办费和行政管理部门在企业经营管理中发生的或者应由企业统一负担的行政部门职工工资、办公费、工会经费等；财务费用则是企业为筹集生产经营所需资金等而发生的筹资费用，包括利息支出（减利息收入）、汇兑损益，以及相关的手续费、企业发生的现金折扣等。

表4-15是首旅酒店2016—2019年合并利润表的数据。我们通过销售费用的变化情况看企业的战略。

表4-15　首旅酒店2016—2019年合并利润表项目　单位：亿元

项目	2019年	2019年	2018年	2018年	2017年	2017年	2016年	2016年
报告期	年报	年报	年报	年报	年报	年报	年报	年报
报表类型	合并报表	母公司报表	合并报表	母公司报表	合并报表	母公司报表	合并报表	母公司报表
营业总收入	83.11	2.72	85.39	2.68	84.17	2.57	65.23	2.52
营业收入	83.11	2.72	85.39	2.68	84.17	2.57	65.23	2.52
营业总成本	71.40	3.79	74.87	4.94	74.60	3.59	62.27	4.44
营业成本	5.25	0.27	4.72	0.25	4.51	0.24	3.59	0.25
税金及附加	0.56	0.05	0.59	0.05	0.58	0.05	1.06	0.12

续表

项目	2019年	2019年	2018年	2018年	2017年	2017年	2016年	2016年
报告期	年报	年报	年报	年报	年报	年报	年报	年报
报表类型	合并报表	母公司报表	合并报表	母公司报表	合并报表	母公司报表	合并报表	母公司报表
销售费用	54.02	0.92	56.10	0.91	57.19	0.88	37.93	0.64
管理费用	10.09	1.10	10.28	1.09	9.48	1.07	14.98	1.51
研发费用	0.26		0.30					
财务费用	1.22	1.45	1.72	1.77	2.23	1.34	4.05	1.92
其中：利息费用	1.29	1.45	1.67	1.77				
减：利息收入	0.17	0.01	0.08	0.01				
加：其他收益	1.02	0.01	0.66	0.00	0.50	0.00		
投资净收益	0.36	1.18	1.56	2.38	−0.03	0.83	1.71	2.30
其中：对联营企业和合营企业的投资收益	−0.06	−0.10	−0.10	−0.11	−0.08	−0.08	−0.23	−0.24
公允价值变动净收益	−0.16	−0.16						
资产减值损失	−0.24		1.17	0.86	0.60	0.00	0.65	0.00
信用减值损失	−0.01	0.00						
资产处置收益	0.07	−0.01	0.08	0.00	0.32	0.00		
营业利润	12.74	−0.05	12.81	0.12	10.36	−0.19	4.67	0.38
加：营业外收入	0.09	0.00	0.16	0.00	0.09	0.00	0.93	0.01
减：营业外支出	0.06	0.00	0.11	0.00	0.43	0.00	0.32	0.00
其中：非流动资产处置净损失							0.18	0.00
利润总额	12.77	−0.04	12.86	0.12	10.01	−0.19	5.28	0.39
减：所得税	3.58	−0.30	3.93	0.01	3.42	−0.25	1.95	0.01
净利润	9.19	0.26	8.92	0.11	6.59	0.06	3.33	0.38

数据来源：根据东方财富网数据整理而成。

首旅酒店在2016年收购了如家酒店，使它的营业收入由2015年的13.33亿元一跃增加到2016年的65.23亿元，而营业利润只从2015年的1.33亿元增加到4.67亿元，相较于营业收入的增加并不算大。后面3年即2017—2019年，营业收入基本稳定在83亿~85亿元，营业利润也都在10多亿元，差异并不大。

我们分析一下它靠什么来支撑这样的业绩。2015年公司的营业收入是13.33亿元时，销售费用是4.75亿元；2016年达到65.23亿元的营业收入时，却发生了37.93亿元的销售费用，销售费用达到了营业收入的50%以上；2017年84.17亿元的营业收入，对应有57.19亿元的销售费用，销售费用也特别高。对比增加的绝对值会发现，2017年比2016年的营业收入增加了不到20亿元，但销售费用却增加了将近20亿元。

所以我们可以推断，首旅酒店营业收入的维持主要靠的是销售活动。

以长城汽车和长安汽车的管理费用为例，分析一下管理费用与战略的关系。长安汽车的管理费用，2018年和2019年分别是27.83亿元和22.65亿元。2018年以前，管理费用都是四五十亿元，怎么一下变成20多亿元了？这里有一个账务方面的调整，2018年以前研发费用是计入管理费用的，会计准则规定2018年以后研发费用从管理费用中分离出来，在利润表中单独列示。所以可以判断长安汽车的管理费用和研发费用每年基本上都是20多亿元，保持着正常的管理规模。

再看一下长城汽车，长城汽车的效益比长安汽车好，其营业利润也是以核心利润为主，这是竞争力非常明显的一个态势。但是我们发现，长城汽车的管理费用比长安汽车少了很多。企业的管理费用的多少可以说明什么呢？可以简单理解为行政机关管理企业所发生的各种费用，其中非常重要的一项是高管的薪酬，以及管理部门所用软硬件的折旧费、无形资产摊销费、差旅费、会议费等。

长城汽车2018年管理费用只有16.76亿元，其中工资薪金是9亿多元，与办公有关的折旧与摊销1亿多元，办公费7 000多万元。到了2019年，管理费用跃升到将近20亿元，它的工资薪金反而下降了，管理部门有关的折旧与摊销从1.5亿元增加到了2.5亿元，多了1亿元的折旧与摊销。这意味着企业在这一年里，管理部门的技术装备水平有了比较大的更新，可能在办公楼建设、安全系统建设、管理信息系统建设等方面有了较大的改善。

长安汽车的管理费用2018年是27.83亿元，2019年是22.65亿元，其中工资及福利费2018年是12亿元，2019年是13.6亿元。从薪酬费用规模来看，长安汽车要比长城汽车高出许多，可以看出，两者的组织发展战略是不一样的。薪酬标准代表了非常重要的企业人力资源政策，这是企业战略的重要组成部分。长安汽车管理费用中的折旧与摊销一直比较高，办公费也是居高不下，2018年是3.7亿元，2019年是3.1亿元。

由此，我们可以推断，长安汽车和长城汽车对管理部门的态度是不一样的。从雇员角度讲，大家可能更喜欢长安汽车，而对于股东，则可能更喜欢长城汽车，因为它更注重效益。

再对比一下二者的研发费用。2018年长安汽车的研发费用为25.43亿元，长城汽车的研发费用为17.43亿元。连续几年长安汽车的研发费用都比长城汽车多，理论上来说，这么高的研发费用应该带来比较高的毛利率，但事实上并不是这样。例如，2019年长安汽车的营业收入为705.95亿元，营业成本为602.33亿元，毛利率只有14.67%；2018年长安汽车的营业收入为662.98亿元，营业成本为565.83亿元，毛利率为14.65%，毛利水平都不太理想。但长城汽车的毛利率都在16%以上。

最后，分析一下利息费用与战略。企业发展的重要手段之一是以融资支持扩张，我们以特变电工股份有限公司为例，过去几年，整个集团的合并报表营业收入一直徘徊在400亿元左右，企业经营活动的现金流量整体来看也还可以，2019年是40.41亿元，2018年是25.81亿元。当企业经营活动现金流量为正且有一定规模的时候，企业再融资主要是为了扩张，如对外投资、对内购建固定资产等。

特变电工在2018年和2019年产生了上10亿元的利息费用，但同时我们发现它的货币资金也很高，分别为215.9亿元和194.4亿元。通常来说，自有资金充足时企业没有必要使用融资来推动扩张，因为通过融资实现的发展要承担高额的利息费用。但特变电工不同，它的固定资产和在建工程较多，达到332.95亿元和370亿元，它们很有可能是通过融资来支持的。虽然2019年公司有接近200亿元的现金，但其还有短期借款47.18亿元，应付账款208.8亿元，还有一年内到期的非流动负债20.18亿元。如果公司不再进行长期借款和应付债券融资的话，其现金就不足以偿付当年流动负债了。所以说，特变电工高现金和高负债并存有其必然性和必要性。

训练项目

下载首旅酒店2020年度和2021年度的合并利润表，将其补充到表4-14中。查阅首旅酒店收购如家酒店相关文献资料，从内外部因素分析并购的动因，从并购后的盈利能力、发展能力、营运能力、偿债能力等财务角度，进行并购案例的财务绩效分析。

三、现金流量战略分析

（一）现金流量表所蕴含的企业战略

现金流量表反映了企业一定期间内现金流入和流出的原因，也反映了企业是如何通过现金支持其运营和增长战略的。例如，如果企业选择利用现有资源有机增长，则表现为经营活动产生大量正现金流，且这些现金流入了投资活动；如果企业是通过收购其他企业而实现增长的，则表现为投资活动出现大量现金流出，也可能表现为融资活动产生大量的现金流入。

企业现金流战略是指依据企业的长期经营战略，对现金流所作的长期规划和安排，通常包括激进型、防守型和调整型三种模式。

激进型现金流战略适用于变化迅速的市场环境，如果环境市场变化太快，企业只有用资金换市场、用资金买机会。例如在美国硅谷，很多创业型的小公司专门做研发，从来不自己经营，而是待产品成熟后将产品卖给大公司。他们知道自己的目标、定位，了解从产品到商品需要的产品成型化的投入和产品商品化的投入，这些都不是小规模研发公司的现金流可以支撑的。

如果企业面临的环境非常稳定，甚至有一些衰退，这时企业就要强化提高效率、稳固发展的思路，采取防守型现金流战略。防守型现金流战略的重要特征是控制现金流，例如麦当劳的产品需求已经非常稳定了，盈利的关键取决于现金流的控制水准。麦当劳的现金流管理模式是严控现金的支出，紧缩不必要的开支。这样可以稳定当前现金流的经营，降低财务风险，但是如果有市场机会出现，可能会后劲不足。

如果企业面临的经营环境非常困难，企业就要学会放弃和选择。这种战略模式对中小型企业尤其重要。很多人羡慕餐饮业毛利率高、现金流动快。但是，很多经营餐饮的企业老板总是苦恼最终没有利润。因为餐饮业的盈利基本每隔3年就要"吐"出去，或者装修，或者搬家。这时，最难的是及时调整，学会放弃和选择，以解决现金支付中的困难。调整现金流有很多方法，常见的有资产剥离、股权转让。

（二）现金流量战略分析

我们以格力电器、乐视（退）和长安汽车三家公司为例，来看看现金流量表中蕴含的战略信息。

表4-16为格力电器2016—2019年合并现金流量表数据。

表4-16 格力电器2016—2021年合并现金流量表项目 单位：亿元

项目	2021年	2020年	2019年	2018年	2017年	2016年
经营活动产生的现金流量：						
销售商品、提供劳务收到的现金	1 696.00	1 559.00	1 663.88	1 350.29	1 075.99	698.97
收到的税费返还	24.67	24.84	18.54	23.57	16.57	11.39
收到其他与经营活动有关的现金	39.39	46.98	27.96	75.67	26.80	29.39
经营活动现金流入（金融类）	11.48	8.20	41.58	12.57	17.05	15.41
经营活动现金流入小计	1 772.00	1 639.00	1 751.96	1 462.10	1 136.41	755.15
购买商品、接受劳务支付的现金	1 456.00	1 218.00	942.15	780.46	583.65	404.79
支付给职工以及为职工支付的现金	98.49	89.01	88.31	85.75	76.85	56.57
支付的各项税费	83.72	81.84	151.28	151.42	131.97	113.34
支付其他与经营活动有关的现金	127.30	155.30	215.26	150.27	155.90	83.72
经营活动现金流出（金融类）	−12.41	−97.54	76.01	24.79	24.46	−51.86
经营活动现金流出小计	1 753.00	1 447.00	1 473.02	1 192.69	972.83	606.55
经营活动产生的现金流量净额	18.94	192.40	278.94	269.41	163.59	148.60
投资活动产生的现金流量：						
收回投资收到的现金	73.50	95.21	31.31	67.11	34.04	31.42
取得投资收益收到的现金	1.62	3.05	4.27	5.79	1.52	2.65

续表

项目	2021年	2020年	2019年	2018年	2017年	2016年
处置固定资产、无形资产和其他长期资产收回的现金	0.15	0.07	0.10	0.06	0.04	0.27
处置子公司及其他营业单位收到的现金净额	0.14					
收到其他与投资活动有关的现金	478.50	43.23	48.78	26.52	4.43	0.07
投资活动现金流入小计	553.90	141.60	84.46	99.49	40.03	34.41
购建固定资产、无形资产和其他长期资产支付的现金	57.27	45.29	47.13	38.38	24.25	32.77
投资支付的现金	181.50	35.61	71.93	154.78	124.20	14.96
取得子公司及其他营业单位支付的现金净额	17.47	4.26	7.74	10.30		
支付其他与投资活动有关的现金	0.11	55.42	70.40	114.50	514.12	179.14
投资活动现金流出小计	256.40	140.60	197.21	317.95	662.56	226.87
投资活动产生的现金流量净额	297.50	0.98	−112.75	−218.46	−622.53	−192.47
筹资活动产生的现金流量：						
吸收投资收到的现金	0.45	0.15	3.27		0.90	
其中：子公司吸收少数股东投资收到的现金	0.45	0.15	3.27		0.90	
取得借款收到的现金	888.00	376.00	212.68	276.34	216.10	123.82
收到其他与筹资活动有关的现金	11.44			0.05	1.60	21.11
筹资活动现金流入小计	899.90	376.10	215.95	276.39	218.61	144.93
偿还债务支付的现金	578.70	294.80	276.58	242.27	130.09	110.54
分配股利、利润或偿付利息支付的现金	175.50	142.40	131.59	8.63	111.21	91.80
其中：子公司支付给少数股东的股利、利润		4.12				
支付其他与筹资活动有关的现金	399.10	150.10		0.35		0.10
筹资活动现金流出小计	1 153.00	587.30	408.17	251.25	241.30	202.44
筹资活动产生的现金流量净额	−253.30	−211.10	−192.22	25.14	−22.69	−57.52
汇率变动对现金的影响	−5.89	−3.72	2.04	−1.96	−17.98	40.95
现金及现金等价物净增加额	57.27	−21.48	−24.00	74.13	−499.62	−60.44
期初现金及现金等价物余额	242.30	263.70	287.72	213.60	713.21	773.65
期末现金及现金等价物余额	299.50	242.30	263.73	287.72	213.59	713.21

数据来源：根据东方财富网数据整理而成。

2016—2019年，格力电器经营活动的现金流量净额分别是148.6亿元、163.4亿元、269.4亿元、278.9亿元，与一两千亿的销售收入相比，经营活动产生的现金流量并不是很充分，2020年和2021年更少。但它却达到了一种非常理想的境界，即每年经营活动产生的现金流量净额，总能够满足购建固定资产、无形资产和其它长期资产等所需要的资金，而这些资金是正常经营扩张所需要的刚性现金流量。

格力电器2016—2021年用于购建固定资产、无形资产和其他长期资产支付的现金只有32.77亿元、24.25亿元、38.38亿元、47.13亿元、57.27亿元和45.29亿元，所需的现金远远低于经营活动产生的现金流量净额。这表明企业完全可以不需要股东再增加投资，或者完全不需要金融机构的各类贷款，就可以满足通过经营现金流量支持扩张发展，这是一种非常良性的状态。

我们知道，核心利润＝营业收入－营业成本－营业税金及附加－销售费用－管理费用－财务费用，它表明了营业收入获得利润的能力。如果用经营活动产生的现金流量净额与核心利润相比，即为核心利润获现率，这是衡量企业核心利润产生现金的能力。核心利润获现率越高，表明企业的核心业务创造现金的造血能力就越强。

格力电器2016—2021年所实现的核心利润是168.66亿元、240.48亿元、277.73亿元、259.42亿元、189.46亿元和203.2亿元，经营活动产生的现金流量净额与其相比较，也是一个比较合理的状态，说明核心利润获取现金的能力比较强。

表4-17是乐视网是2016—2019年合并现金流量表。

表4-17　　乐视网2016—2019年合并现金流量表项目　　单位：亿元

项目	2019年	2019年	2018年	2018年	2017年	2017年	2016年	2016年
报告期	年报	年报	年报	年报	年报	年报	年报	年报
报表类型	合并报表	母公司报表	合并报表	母公司报表	合并报表	母公司报表	合并报表	母公司报表
经营活动产生的现金流量：								
销售商品、提供劳务收到的现金	6.48	0.55	15.83	3.87	54.53	15.16	146.34	38.41
收到的税费返还	0.06		1.19		0.20		0.30	
收到其他与经营活动有关的现金	0.59	0.70	5.20	4.37	11.62	11.02	6.83	1.76
经营活动现金流入（金融类）	0.01		0.23		0.50		4.30	
经营活动现金流入小计	7.14	1.25	22.45	8.24	66.86	26.18	157.77	40.17
购买商品、接受劳务支付的现金	4.93	0.16	20.10	2.18	68.84	7.97	127.22	19.53
支付给职工以及为职工支付的现金	1.89	0.38	4.55	2.19	10.76	5.62	10.98	5.87
支付的各项税费	0.03	0.01	0.43	0.01	1.77	0.54	4.05	1.70
支付其他与经营活动有关的现金	1.96	0.65	7.69	4.17	11.66	21.63	18.89	29.85
经营活动现金流出（金融类）	−0.02		−0.22		−0.40		7.31	
经营活动现金流出小计	8.79	1.19	33.20	8.55	93.27	35.76	168.45	56.95
经营活动产生的现金流量净额	−1.65	0.06	−10.75	−0.30	−26.41	−9.57	−10.68	−16.77
投资活动产生的现金流量：								

续表

项目	2019年	2019年	2018年	2018年	2017年	2017年	2016年	2016年
报告期	年报	年报	年报	年报	年报	年报	年报	年报
报表类型	合并报表	母公司报表	合并报表	母公司报表	合并报表	母公司报表	合并报表	母公司报表
收回投资收到的现金					0.28	0.28		
取得投资收益收到的现金	0.01		1.02	0.00	0.39	0.36	0.01	
处置固定资产、无形资产和其他长期资产收回的现金净额	0.05	0.00	0.01	0.01	0.01	0.01	0.00	0.00
处置子公司及其他营业单位收到的现金净额								
收到其他与投资活动有关的现金	3.51		6.32	1.52	6.94	1.00	1.22	
投资活动现金流入小计	3.58	0.00	7.36	1.53	7.62	1.65	1.23	0.00
购建固定资产、无形资产和其他长期资产支付的现金	0.13	0.05	2.21	0.26	26.11	6.05	54.70	18.78
投资支付的现金						0.20	36.59	6.75
支付其他与投资活动有关的现金	3.27		5.69	0.86	1.00	3.15	6.70	5.23
投资活动现金流出小计	3.40	0.05	7.91	1.12	27.11	9.41	97.99	30.75
投资活动产生的现金流量净额	0.18	−0.04	−0.55	0.42	−19.50	−7.76	−96.75	−30.75
筹资活动产生的现金流量：								
吸收投资收到的现金			7.30		31.58	23.48	111.45	48.44
其中：子公司吸收少数股东投资收到的现金			7.30		31.11			
取得借款收到的现金			8.13	7.03	37.46	26.71	62.90	29.45
收到其他与筹资活动有关的现金			21.36	12.88	26.89	1.16	2.72	18.97
发行债券收到的现金								
筹资活动现金流入小计			36.79	19.91	95.93	51.36	177.07	96.86
偿还债务支付的现金			19.66	7.80	44.35	41.40	49.47	48.41
分配股利、利润或偿付利息支付的现金	0.84		4.04	1.60	6.81	2.96	4.36	2.86
其中：子公司支付给少数股东的股利、利润								
支付其他与筹资活动有关的现金	0.02	0.02	4.46	10.63	6.23	0.25	28.46	3.60
筹资活动现金流出小计	0.86	0.02	28.15	20.02	57.39	44.61	82.29	54.87
筹资活动产生的现金流量净额	−0.86	−0.02	8.64	−0.12	38.54	6.75	94.77	41.99
汇率变动对现金的影响	0.00		0.00		−0.07		0.20	
现金及现金等价物净增加额	−2.33	0.00	−2.66	0.00	−7.44	−10.59	−12.46	−5.54
期初现金及现金等价物余额	4.60	0.01	7.25	0.01	14.69	10.60	27.15	16.14
期末现金及现金等价物余额	2.27	0.00	4.60	0.01	7.25	0.01	14.69	10.60

数据来源：根据东方财富网数据整理而成。

2015年5月12日，乐视网市值冲到上市以来最高，估值超过1 500亿元，股价每股高达179.03元；2020年7月20日是乐视网在A股市场上的最后一个交易日，股价收于0.18元/股，21日正式摘牌。每股股价从179元跌至0.18元，对投资者来说无疑是一场噩梦。其实这种衰败景象从前几年的报表中就可以一见端倪。

表4-18是乐视网自上市以来的合并利润表数据。从利润表上看，乐视网一直有营业收入，甚至在2015年和2016年达到了130.17亿元和219.87亿元，经营收入很不错，说明企业业务一直在发展。但经营活动产生的现金流一直为负，这表明很有可能利润是虚假的；或者表明企业一直靠烧钱去解决经营问题。因为企业经营活动不能产生现金流，为了维持正常的生产经营一定需要输血才能发展，而长期输血是股东和债权人不可能永远支持的。

表4-18 乐视网2010—2019年合并利润表项目 单位：亿元

项目	2019年	2018年	2017年	2016年	2015年	2014年	2013年	2012年	2011年	2010年
营业总收入	4.99	15.81	70.96	219.87	130.17	68.19	23.61	11.67	5.99	2.38
营业收入	4.86	15.58	70.25	219.51	130.17	68.19	23.61	11.67	5.99	2.38
其他类金融业务收入	0.13	0.23	0.71	0.36						
营业总成本	11.24	90.33	246.24	223.61	130.26	67.71	21.23	9.70	4.37	1.65
营业成本	3.69	21.93	97.07	182.29	111.12	58.28	16.69	6.84	2.75	0.80
税金及附加	0.00	0.03	0.20	1.53	0.95	0.57	0.26	0.45	0.30	0.10
销售费用	0.15	4.30	17.15	23.66	10.41	4.89	1.95	1.34	0.96	0.58
管理费用	1.91	4.36	14.03	5.96	3.09	1.75	0.90	0.58	0.31	0.12
研发费用	0.52	2.47								
财务费用	4.98	6.87	8.73	6.48	3.49	1.68	1.16	0.42	0.01	0.04
其中：利息费用	4.99	6.91								
减：利息收入	0.02	0.09								
其他业务成本（金融类）		0.02	0.26	0.17						
加：其他收益	0.06	0.14	0.54							
投资净收益	−4.79	17.44	1.74	0.37	0.79	0.00	−0.01			
其中：对联营企业和合营企业的投资收益	−5.08	1.21	1.36	0.36	0.00	0.00	0.00			
资产减值损失	−6.69	50.35	108.82	3.52	1.20	0.54	0.28	0.07	0.04	0.02
信用减值损失	−4.68									
资产处置收益	−0.03	−0.09	−1.08							
营业利润	−22.39	−57.03	−174.08	−3.37	0.69	0.48	2.37	1.97	1.61	0.73

续表

项目	2019年	2018年	2017年	2016年	2015年	2014年	2013年	2012年	2011年	2010年
加：营业外收入	0.08	0.26	0.18	0.47	0.45	0.28	0.11	0.31	0.03	0.02
减：营业外支出	91.08	0.01	0.71	0.38	0.40	0.03	0.01	0.01	0.00	0.00
其中：非流动资产处置净损失				0.35	0.38	0.00	0.00			0.00
利润总额	−113.39	−56.78	−174.62	−3.29	0.74	0.73	2.46	2.28	1.64	0.75
减：所得税	−0.02	0.55	7.23	−1.07	−1.43	−0.56	0.14	0.38	0.33	0.05
净利润	−113.37	−57.34	−181.84	−2.22	2.17	1.29	2.32	1.90	1.31	0.70

数据来源：根据东方财富网数据整理而成。

再分析一下乐视网投资活动的现金流量。投资活动现金流量项目中，购建固定资产、无形资产和长期资产的投资是必须的，是维持企业正常生产经营或者扩张刚性需要的，否则未来发展会有问题。乐视网在2016年和2017年分别花了54.7亿元和26.11亿元购买了大量的无形资产。经营活动现金流为负，投资活动又出现缺口，在这种情况下，企业对融资的渴望就显得非常迫切。所以，2016年乐视网吸收投资111.45亿元，2017年就只有从子公司小股东那里获得的31.11亿元投资，2018年、2019年就没有人投资了。没有股东投入，就只有向债权人借款，我们看到2017年和2018年乐视网还存在一些借款。所以，乐视网现金流量的支撑就是靠烧钱：烧股东的钱，烧债权人的钱。这样的公司能走多远呢？走不了多远。

表4–19是长安汽车2016—2021年合并现金流量表数据。长安汽车的利润结构不太好，营业利润主要靠投资收益和政府补贴支撑。那么它的现金流量情况是怎么样的呢？

表4–19　长安汽车2016—2021年合并现金流量表项目　单位：亿元

项目	2021年	2020年	2019年	2018年	2017年	2016年
经营活动产生的现金流量：						
销售商品、提供劳务收到的现金	1 285.00	870.30	705.78	767.65	849.30	789.42
收到的税费返还	10.31	4.44	6.04	4.64	2.94	1.79
收到其他与经营活动有关的现金	32.68	20.38	40.19	47.68	35.04	13.56
经营活动现金流入小计	1 328.00	895.10	752.01	819.97	887.28	804.77
购买商品、接受劳务支付的现金	902.10	634.70	557.05	705.05	729.51	591.16
支付给职工以及为职工支付的现金	76.00	60.49	56.33	61.14	57.06	55.50
支付的各项税费	69.62	48.04	29.55	24.96	51.52	69.02
支付其他与经营活动有关的现金	50.99	45.17	70.26	67.69	62.89	66.23
经营活动现金流出小计	1 099.00	788.40	713.20	858.84	900.97	781.90
经营活动产生的现金流量净额	229.70	106.80	38.82	−38.87	−13.70	22.87

续表

项目	2021年	2020年	2019年	2018年	2017年	2016年
投资活动产生的现金流量：						
收回投资收到的现金	0.80	50.40	8.31		0.07	
取得投资收益收到的现金	9.85	11.01	13.87	14.09	87.27	97.99
处置固定资产、无形资产和其他长期资产收回的现金净额	0.85	5.99	0.73	0.43	0.26	0.03
收到其他与投资活动有关的现金	3.00	0.80		10.36	2.46	2.80
投资活动现金流入小计	14.50	68.21	22.91	24.89	90.06	100.82
购建固定资产、无形资产和其他长期资产支付的现金	20.10	29.60	47.84	64.88	33.09	46.45
投资支付的现金	9.30	1.52	10.02	20.35	12.70	
取得子公司及其他营业单位支付的现金净额				5.34		
支付其他与投资活动有关的现金		1.04	3.00			
投资活动现金流出小计	29.40	32.17	60.86	90.57	45.78	46.45
投资活动产生的现金流量净额	−14.89	36.05	−37.95	−65.69	44.28	54.37
筹资活动产生的现金流量：						
吸收投资收到的现金	9.42	63.43				19.84
其中：子公司吸收少数股东投资收到的现金	0.05	0.05				
取得借款收到的现金	0.48	22.24	3.05	3.40	1.85	1.68
收到其他与筹资活动有关的现金	8.36	0.35	0.33	8.55	9.79	0.01
筹资活动现金流入小计	18.27	86.01	3.38	11.95	11.64	21.53
偿还债务支付的现金	7.08	8.75	2.17	3.48	21.69	0.10
分配股利、利润或偿付利息支付的现金	17.05	0.45	1.27	21.69	32.00	31.11
支付其他与筹资活动有关的现金	20.10	6.33	3.95	0.30	3.70	14.82
筹资活动现金流出小计	44.22	15.54	7.38	25.48	57.39	46.03
筹资活动产生的现金流量净额	−25.96	70.47	−4.01	−13.53	−45.75	−24.50
汇率变动对现金的影响	−0.25	−0.33	0.26	0.06	−0.26	−0.07
现金及现金等价物净增加额	188.60	213.00	−2.88	−118.03	−15.42	52.68
期初现金及现金等价物余额	306.60	93.60	96.48	214.51	229.93	177.26
期末现金及现金等价物余额	495.20	306.60	93.60	96.48	214.51	229.93

数据来源：根据东方财富网数据整理而成。

长安汽车2016—2019年经营活动的现金净流量分别是22.87亿元、−13.7亿元、−38.87亿元和38.82亿元，这4年企业经营活动现金流量加在一起基本上维持收支平衡。但是2015年经营活动的现金流量还不错的，2020年和2021年更是有了非常大的增长，达到106.8亿元和229.7亿元，这是前期在政府补贴下的研发和市场开拓产生的效益。

投资收益是支撑2016—2019年长安汽车经营利润的主要力量，当然其也贡献了非常高的现金流量。2016—2019年，投资收益贡献的现金流入分别为97.99亿元、87.27亿元、14.09亿元和13.87亿元。但2020年和2021年，与高额的经营活动现金流量相比，11.01亿元和9.85亿元的投资收益显得微不足道，这说明长安汽车利润和现金流的支柱力量有所改变。

这个改变主要得益于2016—2019年购建固定资产、无形资产等长期资产的持续投入，每年大量地进行基础设施建设，固定资产和无形资产原值一直在增加。那么这钱从哪里来？经营活动和投资收益产生的现金流量足够维持，所以在过去几年里，长安汽车几乎没什么贷款，股东投入也很少，在经营活动现金流不那么强的几年，投资收益成为非常强的支撑，一直维持到经营活动成为支柱，保证了企业的发展和扩张。

四、资产负债表战略分析

（一）资产负债表蕴含的企业战略

资产负债表作为企业全部资产、负债和所有者权益的信息载体，不仅反映了企业的财务状况，而且蕴含着企业经营发展的战略信息。从资产结构可以看出企业资产配置战略，从资本结构可以看出企业资源利用战略，股东权益结构则显示了企业利益分配战略。本单元主要从资产结构看营运资本管理模式和战略。

按照对企业利润的贡献方式，资产可以分为经营资产和投资资产。

经营资产是指在生产和流通中能为社会提供日常生产经营与劳务的资产，主要包括货币资金、债权资产（应收票据和应收账款等）、存货、固定资产（包括在建工程等）和无形资产等，与利润表中的“营业收入”相呼应。

投资资产是指企业以增值为目的而持有的股权和债权。投资资产包括金融资产以及以提供经营性资金方式对子公司投资的其他应收款项目，与利润表中的“投资收益”相呼应，也属“营业利润”。

按照企业的经营资产与投资资产在资产总规模中的比重大小，可以将企业分为三种类型：以经营资产为主的经营主导型、以投资资产为主的投资主导型，以及经营资产与投资资产比较均衡的投资与经营并重型。

投资主导型企业，应收票据、应收账款、应收款项融资、预付款项、存货等与经营活动有关的项目，在流动资产中的比重较低，应付票据、应付账款、预收款项、合同负债、应付职工薪酬等流动负债里与经营性项目有关的所占比重也比较低。投资主导型企业表现为现金存量多、子公司为母公司提供资金多（通过其他应收款）、商誉比较大。经营主导型企业的资产结构与之相反。

（二）资产负债表战略分析案例

表4-20为海尔智家2014—2019年合并资产负债表数据。在2014年和2015年，海尔智家750.06亿元和759.61亿元的总资产里只有0.75亿元和3.92亿元的商誉，但是从2016年开始，企业的商誉一下子就到了210.04亿元、198.43亿元、211.56亿元和233.52亿元，在净资产中的占比超过30%。

表4-20　　海尔智家2015—2019年合并资产负债表数据　　单位：亿元

项目	2019年	2019年	2018年	2018年	2017年	2017年	2016年	2016年	2015年	2015年
报告期	年报	年报	年报	年报	年报	年报	年报	年报	年报	年报
报表类型	合并报表	母公司报表	合并报表	母公司报表	合并报表	母公司报表	合并报表	母公司报表	合并报表	母公司报表
流动资产：										
货币资金	361.79	56.24	374.56	70.69	351.77	20.71	235.05	38.89	247.15	5.63
交易性金融资产	3.08		17.76		0.21		0.80		0.22	
衍生金融资产	0.19		0.97							
应收票据	139.51		142.21	0.00	130.33		137.97		126.74	2.00
应收账款	110.16	11.82	104.31	2.23	124.48	2.88	122.47	2.65	61.41	2.09
应收款项融资										
预付款项	12.73	0.31	5.95	0.29	5.91	0.20	5.79	0.10	5.57	0.13
其他应收款（合计）	21.64	58.86	16.27	20.83	11.69	12.07	14.17	7.38	7.48	2.91
应收股利	0.05	38.36	0.05	19.12	0.05	9.71	1.02	3.30	0.86	2.30
应收利息	2.73	0.17	2.29	0.06	2.04	2.20	1.35	0.85	1.84	
其他应收款			13.94	1.64	9.61	0.16	11.80	3.23	4.79	0.61
存货	282.29	2.34	223.77	1.25	215.04	0.90	152.38	0.70	85.59	0.57
合同资产	4.23		4.57							
划分为持有待售的资产			1.44							
其他流动资产	69.86	7.06	50.80	1.10	43.90	0.87	26.53	0.95	14.51	
流动资产合计	1 005.47	136.63	942.60	96.38	883.32	37.63	695.16	50.67	548.67	13.33
非流动资产：										
可供出售金融资产					14.15	0.06	15.56	0.05	28.37	5.23
其他权益工具投资	13.96	0.05	14.00	0.05						
持有至到期投资										
其他非流动金融资产	2.95		3.27							
长期应收款	3.08		2.46			86.00		86.00		
长期股权投资	204.61	355.66	139.66	338.44	129.93	235.81	110.58	223.42	49.59	141.42
投资性房地产	0.29		0.31		0.31		0.35		0.03	

续表1

项目	2019年	2019年	2018年	2018年	2017年	2017年	2016年	2016年	2015年	2015年
报告期	年报	年报	年报	年报	年报	年报	年报	年报	年报	年报
报表类型	合并报表	母公司报表	合并报表	母公司报表	合并报表	母公司报表	合并报表	母公司报表	合并报表	母公司报表
固定资产(合计)	211.80	1.81	173.20	1.20	160.73	1.19	155.95	1.17	84.95	1.27
固定资产			173.20		160.18	1.19	155.39	1.17	84.21	1.27
固定资产清理			0.00		0.56		0.56		0.74	
在建工程(合计)	23.91	0.65	38.73	0.38	15.30	0.14	17.70	0.23	13.91	0.18
在建工程			38.73		15.30	0.14	17.70	0.23	13.91	0.18
使用权资产	27.55									
无形资产	106.87	0.16	92.09	0.17	70.05	0.15	72.42	0.09	14.53	0.08
开发支出	1.93		5.38		9.66		9.13		0.78	
商誉	233.52		211.56		198.43		210.04		3.92	
长期待摊费用	4.38	0.05	2.31	0.06	1.24		1.16		1.13	
递延所得税资产	15.79	0.97	18.16	0.82	18.95	1.06	15.92	0.62	9.71	0.10
其他非流动资产	18.44	0.04	23.26	0.29	12.54		8.58		3.99	
非流动资产合计	869.07	359.40	724.39	341.40	631.31	324.40	617.39	311.58	210.93	148.27
资产总计	1 874.54	496.03	1 667.00	437.78	1 514.63	362.03	1 312.55	362.25	759.61	161.60
流动负债:										
短期借款	85.85		62.99	15.00	108.79		181.66		18.73	
交易性金融负债	0.43		2.19		0.03		0.02		0.08	
衍生金融负债	1.00		0.36							
应付票据	193.09		196.26		163.79		124.05		115.97	
应付账款	337.51	34.12	277.59		256.54	3.10	205.94	11.42	147.14	7.92
预收款项			0.15		58.34	24.66	57.35	18.44	31.70	0.02
合同负债	55.83	0.17	54.82	23.91						
应付职工薪酬	31.56	0.77	26.51	0.65	23.49	0.52	24.04	0.40	12.34	0.35
应交税费	21.17	0.87	18.38	0.67	19.09	0.62	16.20	0.57	9.10	0.30
其他应付款(合计)	151.56	269.01	126.86	218.35	110.17	212.69	95.42	212.88	62.05	25.97
应付利息	0.49		1.05		0.58	1.56	0.31	1.18	0.15	
应付股利	1.46		1.62		1.54		1.49		1.33	
其他应付款			124.19		108.05	211.12	93.63	211.71	60.57	25.97
划分为持有待售的负债			0.32							
一年内到期的非流动负债	73.17		30.15		28.50		29.67		0.73	
其他流动负债	4.94	0.02	4.24	0.02	0.22	0.12	0.17	0.05		

续表2

项目	2019年	2019年	2018年	2018年	2017年	2017年	2016年	2016年	2015年	2015年
报告期	年报	年报	年报	年报	年报	年报	年报	年报	年报	年报
报表类型	合并报表	母公司报表	合并报表	母公司报表	合并报表	母公司报表	合并报表	母公司报表	合并报表	母公司报表
流动负债合计	956.10	304.95	800.82	261.96	768.94	241.71	734.53	243.76	397.83	34.56
非流动负债：										
长期借款	132.76		155.41		160.36		155.31		2.97	
应付债券	70.05		91.92	25.11	62.11				11.08	
租赁负债	19.80									
长期应付款（合计）	1.42	0.20	1.07	0.20	1.06	0.20	1.16	0.20	0.60	0.20
长期应付款					1.06	0.20	1.16	0.20	0.60	0.20
专项应付款										
长期应付职工薪酬	11.22		9.35		8.98		12.07		0.33	
预计负债	13.99		28.40		26.20		23.10		19.00	
递延所得税负债	11.54	0.43	4.05	0.29	2.79	0.36	1.33	0.16	1.13	0.03
递延收益-非流动负债	7.05	0.60	6.44	0.67	4.97	0.38	3.43	0.18	2.64	0.18
其他非流动负债	0.70		18.24		11.71		5.83			
非流动负债合计	268.55	1.23	314.88	26.27	278.19	0.94	202.22	0.53	37.75	0.41
负债合计	1 224.64	306.18	1 115.69	288.23	1 047.13	242.65	936.75	244.30	435.58	34.97
所有者权益（或股东权益）：										
实收资本（或股本）	65.80	65.80	63.68	63.68	60.97	60.97	60.98	60.98	61.23	61.23
其他权益工具	4.31		9.04	4.73	4.31					
其中：优先股										
永续债										
资本公积金	44.36	70.37	22.09	41.83	8.27	23.18	0.83	20.62	0.83	22.30
减：库存股							0.01	0.01	0.78	0.78
其他综合收益	13.18	0.11	7.73	0.08	−0.36	−0.43	5.66	−0.11	6.33	0.19
盈余公积金	26.55	20.50	22.88	16.83	21.03	14.37	20.74	13.90	20.26	13.33
未分配利润	324.68	33.07	268.60	22.39	227.93	21.29	175.44	22.58	139.06	30.36
归属于母公司所有者	478.88	189.85	394.02	149.55	322.16	119.38	263.65	117.95	226.94	126.63
少数股东权益	171.02		157.28		145.34		112.16		97.08	
所有者权益合计	649.90	189.85	551.30	149.55	467.50	119.38	375.80	117.95	324.02	126.63
负债和所有者权益总计	1 874.54	496.03	1 667.00	437.78	1 514.63	362.03	1 312.55	362.25	759.61	161.60

数据来源：根据东方财富网数据整理而成。

巨额商誉与海尔智家的多次并购有关，目前海尔智家在海外市场采取“自主品牌+跨国并购”战略，投入非常大。据不完全统计，海尔智家于2015年收购日本三洋电机公司白色家电业务，于2016年收购美国通用电气公司的家电业务，于2018年收购Fisher&Paykel公司，于2019年收购Candy公司。目前，海尔智家旗下有海尔、卡萨帝、统帅、美国GEA、新西兰Fisher & Paykel、日本AQUA、意大利Candy等品牌。

海尔智家的巨额商誉在A股上市公司中仅次于中国石油、美的集团、潍柴动力，但美的集团的商誉在净资产占比为24%，商誉减值的风险性小于海尔智家。尤其是新冠肺炎疫情时期，海外市场需求不可预知，加之汇率波动等原因，商誉减值风险仍值得警惕。

海尔智家这几年的并购，使合并报表的营业收入有非常明显的增长。例如，查利润表2019年的数据，母公司的营业收入66.38亿元，合并报表则为2 007.62亿元，很明显它是一个投资主导型的企业，通过收购扩张来实现企业发展。虽然并购使营业收入快速增长，但也要注意集团母子公司关系的协调和文化的融合。

我们再分析经营活动中的应收款项。海尔智家2016—2021年应收款项分别为260.6亿元、259.2亿元、248.3亿元、249.7亿元、300.7亿元、280.0亿元，数额基本持平，说明它由赊销引起的债权规模基本稳定。再看预收款，预收款项在2018年忽然从2016年和2017年的57.35亿元和58.34亿元一下子跌到0.15亿元。出现这种现象的主要原因是会计准则的调整，我国会计准则将企业已收或应收客户对价而应向客户转让商品的义务定义为“合同负债”，并在资产负债表中单独列示。如果我们把海尔智家2018年、2019年的预收账款和合同负债加起来，仍是保持稳定的局面。

再看看经营活动中存货余额的变化。以2019年为例，存货年初余额是223.77亿元，年末余额为282.29亿元，增加了58.52亿元，利润表中显示营业成本为1 408.68亿元。计算存货周转率为：

平均存货余额=（223.77+282.29）÷2=253.03（亿元）

存货周转率=1 408.68÷253.03=5.57（次）

存货周转率=360÷5.57=64（天）

以上数据说明海尔智家存货的周转速度还是不错的。

再看因存货引起的应付票据和应付账款情况。2019年年初分别是196.26亿元和277.59亿元，合计473.85亿元，2019年年底应付票据和应付账款的总额为530.59亿元，可见付账速度变慢了，年底增加了56.74亿元应付未付的款项。这表示存货的增加并没有引起现金减少。总体来看，存货周转的速度大于付账的速度。

所以，从经营活动来看，海尔智家的经营活动表现得不错。我们可以通过利润表和现金流量表验证一下：2019年营业利润为144亿元，其中核心利润72.82亿元，政府补贴12.82亿元，投资收益54.8亿元，说明核心利润是营业利润的主要支撑；

2020年和2021年的营业收入再创新高，营业利润也有很好的表现，达到136.1亿元和158.8亿元。

再看经营活动的现金流入，2019年、2020年和2021年，经营活动的现金流入分别为2 072亿元、2 105亿元和2 633亿元，购买商品支付的现金有1 410.36亿元、1 417亿元和1 809亿元，经营活动产生的现金流量净额为150.83亿元、176.1亿元和231.3亿元，这表明经营活动比较活跃，营运资本管理、采购和销售的能力都比较强，这是非常好的一种状态。

2020—2022年的新冠肺炎疫情，使家电行业线下销售渠道受阻、供应链面临挑战，大多数家电企业遭遇了历史危机。但海尔智家却逆势增长，业绩超出了市场预期。这主要得益于海尔智家坚持全球创牌、高端品牌、智慧家庭等前瞻性战略布局。海尔智家依托全球资源布局的协同效应、海外市场的本土化业务团队和灵活自主的管理机制，克服了外部环境带来的不利影响，实现了业务高质量发展，使得公司能够实现疫情环境下对市场、渠道和生产的快速洞察和反应。

训练项目

财务报表综合分析

结合海尔集团发展战略，对海尔智家2016—2021年的财务报表和共赢增值表进行分析，写一篇论文，陈述对物联网时代管理创新和报表的解读。

5
Part

第五章

激励思维：薪酬激励和股权激励

学习目标

了解企业员工薪酬的组成和股权激励的实现形式，理解薪酬激励和股权激励双轮驱动对企业发展的作用，能合理设计适用的工资项目，规划员工薪酬与股权激励措施。通过完成模拟设计企业薪酬体系与股权激励方案，培养科学激励、利益共享的意识。

知识点、技能点

工资表中的数据关系；企业薪酬体系；薪酬激励模式；股权激励模式；薪酬设计；股权激励计划。

企业想要发挥员工的积极性，必须要解决三件事情：第一，让员工的每个行为都能得到及时的反馈。第二，在员工做事的过程中给予欣赏，对做事的结果给予激励。第三，让员工的行为和企业的利润挂钩，和自己的收入挂钩。设计激励机制，把员工积极性调动起来，常用的手段包括薪酬激励、绩效激励、股权激励等。

第一节 职工薪酬激励

项目需求

问题1：工资表中的数据有什么关系？

某商务咨询公司2022年7月的工资表如表5-1所示，认真观察表中的数据，厘清数据之间的关系，并思考设计什么样的薪酬制度，才能有效激励员工？

表5-1　　　　商务咨询公司2022年7月工资表

姓名	税前工资	社保单位部分					社保个人部分			五险单位缴费合计	三险个人缴费合计	公积金基数	公积金单位7%	公积金个人7%	个人负担合计	应纳税所得额	准许扣除额	个人所得税	实发金额
		养老16%	基本医疗8%	生育保险1%	失业0.7%	工伤0.2%	养老8%	医疗2%	失业0.3%										
张三	5 000	800	400	50	35	10	400	100	15	1 295	515	28 015	1 961	1 961	2 476	2 524	5 000	0	2 524

项目分析

想要设计合理的薪酬激励方案，需要弄清日常生活中的几个工资概念和工资表的数据关系，了解“五险一金”计提和缴纳的逻辑，并针对不同类型计算不同个人所得税。

一、工资表中的数据关系

（一）不同的工资概念

我们日常生活中，经常提到各种“工资”概念，如基本工资、实发工资、应税工资、平均工资等。根据《中华人民共和国劳动合同法实施条例》《工伤保险条例》等法律文件和财务文件的约定，梳理如下。

1. 基本工资、标准工资、正常工作时间的工资

根据原劳动部的定义，基本工资是指“根据劳动合同约定或国家及企业规章制

度规定的工资标准计算的工资，也称标准工资”。实务中，基本工资、标准工资，就是“正常工作时间的工资”。

2.应发工资、应得工资、税前工资

我们经常说的“应发工资”，根据《中华人民共和国劳动合同法实施条例》的规定，其标准叫法应该是“应得工资”，是指用人单位给劳动者确定的工资标准，没有扣除社保、所得税、公积金等费用，也称“税前工资”，是个人所得税扣除之前的工资。

在劳动争议案件中，只要是涉及工资的计算，包括“年休假工资”“经济补偿金”“没有签订劳动合同的二倍工资”等，只要是以“工资基数”作为计算标准的，一般都是以“应发工资”作为计算标准。

一般来说，应发工资=基本工资+奖金+津贴+补贴+特殊情况下支付的工资-劳动者因个人原因缺勤或旷工造成的工资或者奖金减少的部分。

3.实发工资

实发工资是与应发工资相对的概念，指的是劳动者实际到手的收入，即应发工资在扣除社保、个税、公积金等各项费用后的数额。

在计算所有的“劳动者待遇”时，都不应以“实发工资”为计算标准，而要以“应得工资”为标准，这是一个基本原则。

4.应付职工薪酬

财务上讲的“应付职工薪酬”不仅仅指应发工资，还包括那些以货币形式或实物形式发放的福利，以及单位为员工支付的各种保险、住房公积金、工会经费、职工教育经费，还有企业与员工解除劳动关系时支付的补偿。所以，财务上的“职工薪酬”可以理解为企业的“用工成本”，应付职工薪酬=应发工资+职工福利+工会经费+单位承担社保和住房公积金+职工教育经费等。

职工薪酬福利可以按现金形式发放，也可以按实物形式发放。例如公司开运动会，给每个员工分发的运动服，或者有的单位会给员工发放毛巾、肥皂甚至卫生纸等生活用品，以及给员工提供低价或是免费的临时住房，都要以货币的形式记录在“应付职工薪酬”范围里。

5.参保工资

参保工资是指用人单位给职工缴纳社保费时的工资基数，这个概念是《工伤保险条例》中提到的。正常情况下，参保工资通常以上一年度员工本人的“应得工资”为社保缴费基数，但实务中“参保工资”（社保缴费基数）往往低于员工的“应得工资”，这是因为有的员工上一年工资收入难以确定，也有的企业为节约开支，选择了较低标准的缴费基数。

思考与讨论

假设员工的应得工资是10 000元/月，但用人单位为了节约开支，只按4 000元的基数为其缴纳社保。讨论：企业按最低基数缴纳社保是合法的吗？如果该参保员工不幸发生了工伤，则社保局将按照什么标准来计算工伤待遇？

6. 社会平均工资

社会平均工资指企业、事业、机关单位的职工在一定时期内的平均工资额，计算方法是将各个单位全年的职工工资总额相加，除以各个单位年平均从业人数。这里的“平均工资”是税前工资，包括了个人承担的三险一金。社会平均工资的法律意义在于计算经济补偿金时，如果员工的工资高于“社平工资”的3倍，则需要以社平工资的3倍封顶。例如，深圳市2020年社平工资是10 646元/月，某深圳企业员工的月工资是40 000元/月，在给该员工计算经济补偿金时，就应该以31 938元（10 646×3）为计算基数了，而不是40 000元/月。此外，在计算工伤死亡待遇时，丧葬补助金的计算也需要用到社平工资。

实践参考

每次公布社会平均工资，都有网友吐槽“拖了社会的后腿”。其实，多数人的工资都不及社会平均工资，一方面是因为公布的“平均工资”是扣税前的工资，包括了从个人工资中代扣代缴的个人所得税、社会保险和住房公积金的个人缴纳部分。而我们通常说的工资是到手工资，即实际发放的。另一方面，平均工资并不代表整体水平，可能20%的人掌握着80%的财富，少数工资很高的人拉高了平均工资，把平均值捧了起来。

（二）工资项目之间的关系

以本单元开篇某商务咨询公司员工资表为例，其中的各数据之间关系如图5–1所示。

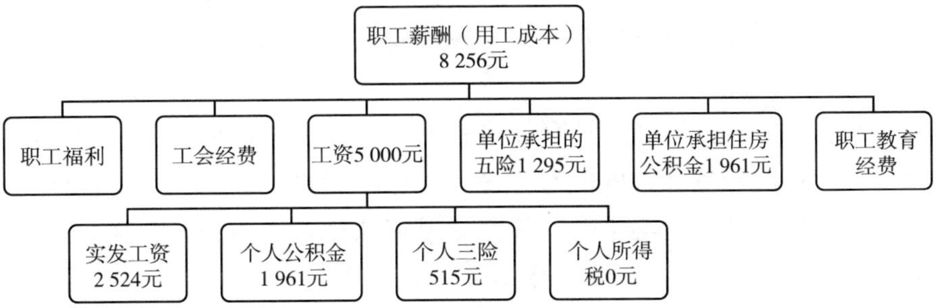

图5–1 职工薪酬的组成

其中：应发工资（也称应得工资、税前工资）为5 000元，实发工资为2 524元，个人需要缴纳的三险为515元，个人需要缴纳的住房公积金为1 961元，因为没有达到个税起征点，所以个人所得税为0元。各工资数据之间的关系为：

应发工资=实发工资+个人三险+个人住房公积金+个人所得税

而企业的用工成本（也称“应付职工薪酬”）则等于应发工资加上企业承担的五险一金、职工福利、工会经费，以及职工教育经费等。企业用工成本、应发工资和实发工资的关系如图5-2所示。由此可见，虽然员工到手工资只有2 524元，但企业承担了8 256元的用工成本，这里主要的差额源自企业给员工缴纳了社会保险费和住房公积金，即通常说的“五险一金”。

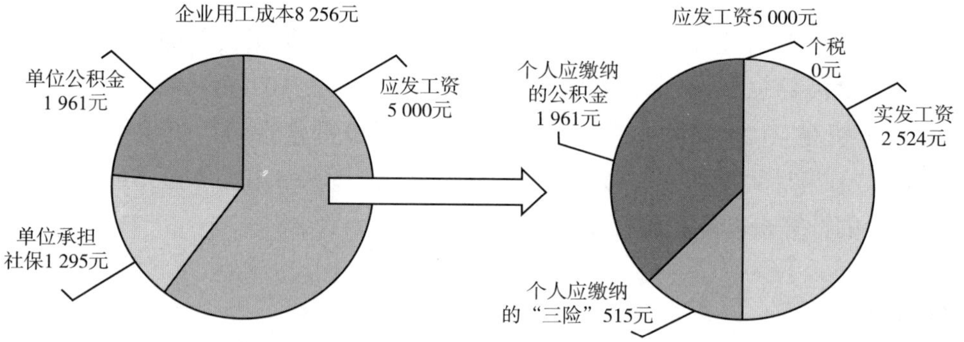

图5-2　工资数据之间的关系

二、社会保险和住房公积金

（一）社会保险

社会保险是根据立法由劳动者、劳动者所在的工作单位或社区以及国家三方面共同筹资，帮助劳动者及其亲属在遭遇年老、疾病、工伤、生育、失业等风险时，防止收入的中断、减少和丧失，以保障其基本生活需求的社会保障制度。

社会保险的概念包括了四层含义。

（1）组织形式上的强制性。参加社会保险制度的成员资格是通过立法确定的，也就是说，在立法指定范围内的每一个劳动者都必须参加社会保险。因此，社会保险带有一定的立法强制性。

（2）个人意义上的自助性。社会保险强调个人缴费，参加社会保险制度的劳动者通过缴费，获得成员资格，因此有“先尽义务，后享权利”的意思。同时，这种权利和义务的对等指的是机会上的均等，在遭遇法定范围内的各种风险时，参加社会保险制度的成员都可得到保障基本生活需求的津贴。

（3）集体意义上的互助性。社会保险强调劳动者、劳动者所在工作单位以及国家三方共同筹资，体现了国家和社会对劳动者提供基本生活保障的责任。劳动者所在工作单位的缴费，使社会保险资金来源避免了单一渠道，增加了社会保险制度本身的保险系数。而国家的参与，更使社会保险制度有了强大的后盾。

（4）资金使用上的预防性。社会保险的“保险”具有积极预防的含义，对法定范围之内的风险起到了未雨绸缪的作用，使参加社会保险制度的成员获得心理上的安全感，从而体现了社会保障的稳定机制的作用。

我国的社会保险费主要包括“五险”，即：养老保险、失业保险、医疗保险、工伤保险和生育保险，因此通常与住房公积金一起称为“五险一金”。我国社会保险主管单位为国家税务总局。

我国社会保险费以被保险人的工资为基数乘以规定的百分率计收。但受国家政策和地方政策影响，各地社会保险缴纳基数和比例有细小差别。以郑州市为例，2021年7月至2022年6月，郑州市社保缴费基数的上限、下限分别为5 298元/月（郑州市在岗职工月平均工资）的300%（15 894元/月）、60%（3 179元/月）。养老保险缴费比例为基数的24%（其中单位16%、个人8%）；工伤保险缴费比例根据单位风险程度来确定，为基数的0.2%、0.4%、0.7%、0.9%、1.1%、1.3%、1.6%、1.9%，工伤保险费由单位缴费，单位职工不缴费；医疗保险缴费比例为基数的10%（其中单位8%、个人2%）；生育保险缴费比例为基数的1%，由单位缴费，职工不缴费；失业保险缴费比例为基数的1%（其中单位0.7%、个人0.3%）。

实践参考

我们缴纳社保的钱到了两个账户中，一个是统筹账户，另一个是个人账户。个人缴纳的医保全部计入个人医保账户中，企业缴纳的医保按一定比例也会划入个人医保账户中，可以在平时看病的时候直接垫付医疗费用。个人缴纳的养老保险计入个人养老账户，和日后领取多少养老金直接挂钩。社保统筹是国家把纳入养老保险范围内的单位里每个人缴纳到社保账户里的一部分钱纳入社会保险账户当中，把这部分钱当作统筹基金，然后再由国家分发给社会中的每一个人，从而实现社会贫富调节的作用。

（二）住房公积金

《住房公积金管理条例》中对住房公积金进行了界定，其指出住房公积金是国家机关和事业单位、国有企业、城镇集体企业、外商投资企业、城镇私营企业及其他城镇企业和事业单位、民办非企业单位、社会团体及其在职职工，对等缴存的长期住房储蓄。

根据住房公积金的定义，可以看出它具有以下几个方面的涵义：

（1）住房公积金只在城镇建立，农村不建立住房公积金制度。

（2）只有在职职工才建立住房公积金制度。无工作的城镇居民、离退休职工不实行住房公积金制度。

（3）住房公积金由两部分组成，一部分由职工所在单位缴存，另一部分由职工个人缴存。职工个人缴存部分由单位代扣后，连同单位缴存部分一并缴存到住房公积金个人账户内。

（4）住房公积金缴存的长期性。住房公积金制度一经建立，职工在职期间必须不间断地按规定缴存，除职工离退休或发生《住房公积金管理条例》规定的其他情形外，不得中止和中断。体现了住房公积金的稳定性、统一性、规范性和强制性。

（5）住房公积金是职工按规定存储起来的专项用于住房消费支出的个人住房储金，具有两个特征。一是积累性，即住房公积金不是职工工资的组成部分，不以现金形式发放，并且必须存入住房公积金管理中心在受委托银行开设的专户内，实行专户管理。二是专用性，住房公积金实行专款专用，存储期间只能按规定用于购、建、大修自住住房，或交纳房租。

按我国规定，企业都应该给职员存缴住房公积金，不分国有企业和私营企业。住房公积金应当用于职工购买、建造、翻建、大修自住住房，任何单位和个人不得挪作他用。

根据建设部、财政部、中国人民银行《关于住房公积金管理若干具体问题的指导意见》（建金管〔2005〕5号）的规定，单位和职工缴存比例最低不低于5%，原则上不高于12%（合计缴存比例为10%至24%），具体标准由各地根据实际情况确定，也就是说，住房公积金缴纳比例只有最低限制，上不封顶。

根据《住房公积金管理条例》的规定，职工住房公积金的月缴存基数为职工本人上一年度月平均工资，原则上不应超过职工工作地统计部门公布的上一年度职工月平均工资的2倍或3倍。

根据《住房公积金管理条例》的规定，对缴存住房公积金确有困难的单位，经本单位职工代表大会或者工会讨论通过，并经住房公积金管理中心审核，报住房公积金管理委员会批准后，可以降低缴存比例或者缓缴；待单位经济效益好转后，再提高缴存比例或者补缴缓缴。

财政部、国家税务总局《关于基本养老保险费基本医疗保险费失业保险费住房公积金有关个人所得税政策的通知》规定，单位和个人分别在不超过职工本人上一年度月平均工资12%的幅度内实际缴存的住房公积金，允许在个人应纳税所得额中扣除。单位和个人超过上述规定比例缴付的住房公积金，应将超过部分并入个人当期的工资、薪金收入，计征个人所得税。

三、个人所得税

个人所得税是国家对本国公民、居住在本国境内的个人所得和境外个人来源于本国的所得征收的一种所得税。在有些国家，个人所得税是主体税种，在财政收入中占较大比重，对经济亦有较大影响。

（一）个人所得税计算方法

工资薪金所得、劳务报酬所得、稿酬所得、特许权使用费所得、个体商户生产经营所得、利息股息和红利所得、承包承租所得、财产转让所、偶然所得等，均需要缴纳个人所得税。常见收入类型的个人所得税计算方法如下。

1. 工资、薪金所得

工资、薪金所得，是指个人因任职或受雇而取得的工资、薪金、奖金、年终加薪、劳动分红、津贴、补贴以及与任职或受雇有关的其他所得。

工资、薪金所得适用累计预扣预缴个人所得税的计算方法。累计预扣预缴是指扣缴义务人在一个纳税年度内，以截至当前月份累计支付的工资薪金所得收入额减除累计基本减除费用、累计专项扣除、累计专项附加扣除和依法确定的累计其他扣除后的余额为预缴应纳税所得额，对照综合所得税率表，计算出累计应预扣预缴税额，减除已预扣预缴税额后的余额，作为本期应预扣预缴税额。该方法适用于综合所得，包括工资、薪金所得，劳务报酬所得，稿酬所得，特许权使用费所得。专项附加扣除项目包括：子女教育支出、继续教育支出、大病医疗支出、住房贷款利息和住房租金以及赡养老人支出。个人综合所得税率如表5–2所示。

累计预扣预缴应纳税所得额＝累计收入－累计免税收入－累计减除费用－累计专项扣除－累计专项附加扣除－累计依法确定的其他扣除

本期应预扣预缴税额＝（累计预扣预缴应纳税所得额 × 预扣率－速算扣除数）－累计减免税额－累计已预扣预缴税额

表5–2 个人综合所得适用税率表

级数	累计预扣预缴应纳税所得额	预扣率（%）	速算扣除数
1	不超过36 000元的部分	3	0
2	超过36 000元至144 000元的部分	10	2 520
3	超过144 000元至300 000元的部分	20	16 920
4	超过300 000元至420 000元的部分	25	31 920
5	超过420 000元至660 000元的部分	30	52 920
6	超过660 000元至960 000元的部分	35	85 920
7	超过960 000元的部分	45	181 920

2.劳务报酬所得

劳务报酬所得是指个人从事设计、咨询、讲学、新闻、广播、技术服务、经纪服务、代办服务以及其他劳务的所得。

劳务报酬所得按次计算纳税，每次收入额不超过4 000元的，减除费用800元，收入额超过4 000元的，减除20%的费用，余额为应纳税所得额。

劳务报酬应纳税额再按20%、30%和40%的税率计算应纳税额。劳务报酬所得税率如表5-3所示。

预扣预缴应纳税额=预扣预缴应纳税所得额 × 适用税率-速算扣除数

表5-3　劳务报酬所得适用税率表

级数	应纳税所得额（含税）	应纳税所得额（不含税）	税率（%）	速算扣除数
1	不超过20 000元的部分	不超过16 000元的部分	20	0
2	超过20 000元到50 000元的部分	超过16 000元至37 000元的部分	30	2 000
3	超过50 000元的部分	超过37 000元的部分	40	7 000

3.个体工商户的生产、经营所得

个体工商户的生产、经营所得是指经工商行政管理部门批准开业并领取营业执照的城乡个体工商户，从事工业、手工业、建筑业、交通运输业、商业、饮食业、服务业、修理业及其他行业的生产、经营取得的收入。

个体工商户每一纳税年度的收入总额，减除成本、费用以及损失的余额，作为应纳税所得额，再按5级累进税率计算应纳税额。个体工商户生产经营所得税率如表5-4所示。

应纳税所得额=每一纳税年度的收入总额-成本、费用及损失

应纳税额=应纳税所得额 × 适用税率-速算扣除数

该计税办法适用于查账征收的个体工商户，不适用于核定征收的个体工商户。

表5-4　个体工商户生产经营所得适用税率表

级数	应纳税所得额（含税）	应纳税所得额（不含税）	税率（%）	速算扣除数
1	不超过30 000元的部分	不超过28 500元的部分	5	0
2	超过30 000元到90 000元的部分	超过28 500元至82 500元的部分	10	1 500
3	超过90 000元至300 000元的部分	超过82 500元至250 500元的部分	20	10 500
4	超过300 000元至500 000元的部分	超过250 500元至390 500元的部分	30	40 500
5	超过500 000元的部分	超过390 500元的部分	35	65 500

4.利息、股息、红利所得

利息、股息、红利所得，是指个人拥有债权、股权而取得的利息、股息、红利收入。其中，利息是指个人的存款利息、货款利息和购买各种债券的利息。股息是指股票持有人根据股份制公司章程规定，凭股票定期从股份公司取得的投资利益。红利是指股份公司或企业根据应分配的利润按股份分配超过股息部分的利润。

利息、股息、红利所得，适用20%的税率，以个人每次收入额为应纳税所得额，不扣除任何费用。

应纳税额=应纳税所得额 × 适用税率=每次收入额 × 20%

（二）个人所得税计算案例分析

由上述个人所得税的计算不难看出，不同的收入类型，所缴纳的个人所得税的税率和计算方法均不同，所缴纳的个人所得税也就不同。

我们以10万元收入为例，看看不同的收入类型分别需要缴纳多少个人所得税。

1.工资薪金所得

工资薪金是最常见的收入形式，以年收入10万元为例，每年可以扣除6万元的基本费用（每月起征点5 000元），假如社会保险为每月1 000元，专项附加扣除每月3 000元。这种情况下需要缴纳的个税为100 000−60 000−1 000 × 12−3 000 × 12<0（元），也就是说，这种情况下不需要缴纳个税。

2.劳务报酬所得

如果个人基于非任职受雇关系为其他个人或公司提供劳务或服务的，就需要按照劳务报酬所得计征个税，适用税率如表5−5所示。

以10万元为例，劳务报酬所得按80%计入收入额，适用40%税率，需要缴纳的个税为100 000 ×（1−20%）× 40%−7 000=25 000（元）。

表5−5 劳务报酬所得适用税率表

级数	应纳税所得额（含税）	应纳税所得额（不含税）	税率（%）	速算扣除数
1	不超过20 000元的部分	不超过16 000元的部分	20	0
2	超过20 000元到50 000元的部分	超过16 000元至37 000元的部分	30	2 000
3	超过50 000元的部分	超过37 000元的部分	40	7 000

3.稿酬所得

个人因其作品以图书、报刊形式出版、发表而获得的收入，适用20%的比例税率，并按应纳税额减征30%，所以，其实际税率为14%。

稿酬所得，以个人每次取得的收入，定额或定率减除费用后的余额为预扣预缴应纳税所得额。每次收入不超过4 000元的，减除费用800元；4 000元以上的，减除20%的费用，其余额为预扣预缴应纳税所得额。

以10万元为例，需要缴纳的个税为：100 000×（1–20%）×14%=11 200（元）。

4.特许权使用费所得

个人对外提供专利权、商标权、著作权、非专利技术以及其他特许权的使用权取得的所得，按照“特许权使用费所得”适用20%的比例税率计征个税。

特许权使用费所得，以实现使用权或所有权的转移所取得的收入为一次。个人每次取得的收入，定额或定率减除规定费用后的余额为预扣预缴应纳税所得额。每次收入不超过4 000元的，减除费用800元；4 000元以上的，减除20%的费用，其余额为预扣预缴应纳税所得额。

以10万元为例，需要缴纳个税100 000×（1–20%）×20%=16 000（元）。

5.财产租赁所得

以最常见的对外出租住房为例，适用20%的比例税率（超过4 000元的减除费用的20%），但对于个人按市场价格出租的居民住房取得的财产租赁收入，自2001年1月1日起暂按10%的税率征收个人所得税。

假设年租金为10万元，一年合计需要缴纳个税为100 000×（1–20%）×10%=8 000（元）。

6.经营所得

不管企业成立个体工商户，还是个人独资企业或合伙企业，取得的收入，都按照经营所得缴纳个税。具体计算方式有查账征收和核定征收。一般规模较小的个体户、个人独资企业常常采用核定征收的政策，部分税收优惠的地方可以核定到综合税负率3%以内。

如果以核定征收的办法来计算，假设综合税负率为3%，需要缴纳税费合计为100 000×3%=3 000（元）。

如果按照查账征收，中间还有各种费用扣除，不同行业费用差距比较大，就不再具体举例。

7.财产转让所得

财产转让所得适用20%的比例税率。

应纳税额=应纳税所得额×适用税率=（财产转让收入–财产原值–按规定支付的有关税费）×20%

假如某个人对外转让某房产，扣除房产原值和税费后的所得为10万元，需要缴纳个人所得税为100 000×20%=20 000（元）。

8. 利息股息红利所得

假如个人投资企业，年底获得分红收入10万元，需要缴纳20%分红所得对应的个税，即应缴纳的个税为100 000 × 20%=20 000（元）。

9. 偶然所得

个人彩票中奖获得的收入，按照“偶然所得”计征个税，税率也为20%。10万元偶然所得需要缴纳个税20 000元。

由此可以看出9种不同形式的收入，同样是10万元，缴纳的个税差距最大可以达到2万多元。

四、职工薪酬对利润的影响

（一）职工薪酬影响企业利润

应付职工薪酬指的是企业为获得职工提供的服务而给予各种形式的报酬以及其他相关支出。通常，会计月末计算、提取应发放的职工薪酬，在账上记录一项负债“应付职工薪酬”，同时因为职工为企业提供了服务，这些服务要么增加了产品或在产品，要么是从事了管理或销售，所以在确认企业的“应付职工薪酬”负债的同时，还要再确认产品或费用的增加。这在会计上叫“复式记账法”，该方法能反映经济业务的来龙去脉，反映资金运动的内在规律。计提工资的会计分录如下：

借：生产成本——直接人工

　　管理费用

　　销售费用

　　贷：应付职工薪酬

我们在第四章了解过会计报表的结构，知道管理费、销售费用直接计入当期损益，用当期的营业收入来弥补，从而影响当期的净收益。而生产成本也将随着产品的完工、销售，以“主营业务成本”的形式转入到利润表，也会影响到企业的净利润。

如果不实地记录职工薪酬，则会出现利用职工薪酬调节利润的财务造假现象。例如，过度计提应付职工薪酬，成本费用就会增加，利润就会减少；而少记应付职工薪酬，成本费用就减少，利润就会增加。利用职工薪酬调节利润的常用手段有：

（1）利用工资调节产品成本。企业为了调节产品成本和当年利润，人为地多列或少列应计入产品成本的职工薪酬，从而达到调节利润的目的。

例如，审计人员在审查某企业职工薪酬时，发现本年度工资费用比上年度有较大幅度的增长。经进一步审查得知，企业将在建工程工资的60万元支出计入了生产成本-直接人工，由此增大了产品成本，随着产品的销售，必然会导致当年的利润减少。

（2）虚增人员薪资减少利润

有的企业通过虚列职工和虚列工资薪金支出，达到增加成本费用的目的，从而降低企业利润和企业所得税。例如，审计人员在对某生产企业审计时发现，工资表中很多人的签章似乎出自一人之手，经盘问出纳人员得知，该企业虚列了职工名单。

随着税收征管系统的完善，以及银行系统、个税系统、社保及公积金系统数据的共享，以上财务造假行为将无处遁形。

（二）薪酬设计中的税收筹划

随着经济的发展，个人的收入在增加，税负压力也随之而来，特别对于一些高收入人群来说，合理开展税务筹划是十分必要的。

税收筹划就是指依据所涉及的现行税法，在遵守税法、尊重税法的前提下，运用纳税人的合法权利，通过对经营、投资、理财活动的事先筹划，达到减轻税负，获得最大经济效益的目的。薪酬的纳税筹划是指通过合理安排薪酬分配方式、时间、次数等，做到在企业人力成本支出总额不变的前提下，使员工净收入最大化，使企业利润最大化的行为。常用的薪酬纳税筹划方案有：

（1）将部分职工薪酬转化为公共福利。例如，将薪酬分为“公共福利+基本工资”，其中公司为个人提供住宿、交通等福利，这样既可以降低个人所得税的税率，还可以合理将公共福利作为支出进行税前扣除，降低企业整体税负。

（2）将收入转化为经营性费用。通过将工资薪金收入转化为经营性费用也可以达到少交个税的目的，即个人在税收优惠园区注册个人独资企业或者个体工商户，通过为企业提供相关服务，将个人薪酬转变为劳务费用。由于个人独资企业及个体工商户的税率极低，从而使个税和企业整体税负降低。但是，随着网红涉税案件频发，税务部门加大了对网红经济的监管，再像过去那样利用收入性质界定和劳务合同的模糊性，转变收入性质进行所谓的“税收筹划”，很有可能就触犯了法律。

（3）雇用残疾人享受税收优惠。雇用、安置残疾人，可以通过税收优惠政策降低企业综合税负。根据财政部、国家税务总局《关于促进残疾人就业增值税优惠政策的通知》（财税〔2016〕52号）的规定，对安置残疾人的单位和个体工商户，实行税务机关按纳税人安置残疾人的人数，限额即征即退增值税，安置的每位残疾人每月可退还的增值税具体限额，由县级以上税务机关根据纳税人所在区县适用的经省人民政府批准的月最低工资标准的4倍确定。根据《中华人民共和国企业所得税法实施条例》（中华人民共和国国务院令第512号）第九十六条规定，企业安置残疾人员的，在按照支付给残疾职工工资据实扣除的基础上，按照支付给残疾职工工资的100%加计从应纳税所得额中扣除。

实务应用

某企业2022年安置残疾人125人，该企业在职职工总人数为500人，当地最低工资标准为每月2 000元，第一季度实现销售收入为3 000万元，适用税率为13%，认证抵扣进项税额80万元。该企业第一季度需要缴纳多少增值税？

增值税应纳税额=3 000×13%−80=310（万元）

享受因雇用残疾人即征即退增值税的优惠政策，则退税额为：

2 000×4×3×125=300（万元）

该企业享受完税收优惠政策，实际缴纳的增值税税额为310−300=10(万元)。

案例分析

阿里巴巴的“云客服”团队①

阿里巴巴“云客服”成立于2010年，它是互联网共享经济的典型模式，也是一种全新的职业形态。“云客服”足不出户，通过个人电脑在线上服务天猫、淘宝等客户的咨询。截至2020年，“云客服”为超过11万人提供了就业机会，其中残疾人就有上万人。“云客服”不仅解决残疾人就业问题，为企业赢得了口碑，还为企业带来了成功的节税效应。具体体现在企业所得税上：根据我国现行所得税法规定的“残疾职工工资100%加计扣除”，假如残疾人客服团队有100人，平均每人月薪1万元，那么这支“云客服”团队全年的工资支出就是1 200万元，给公司带来的企业所得税减免额就是1 200×25%=300（万元）。同时，安置残疾人的单位还可以享受“限额即征即退增值税”的优惠（限额和公司所在地的月最低工资挂钩），假设当年杭州最低工资2 280元，则100名残疾员工当月可以退还的增值税限额就是100×2 280×4=91.2（万元）。

除此之外，企业还可以减免残疾人保障基金和城镇土地使用税，有的地方政府还会给予奖励和补贴。当然，企业所享受的税收，需要满足税收优惠政策条件。由此可见，企业可以根据自身的工作性质，有选择性地招聘持有残疾证或军残证的残疾员工。这样，既能体现企业的社会责任，又能实现企业与员工的双赢。

① 资料来源：根据网络资料整理分析而成。

五、职工薪酬激励方案的设计

薪酬激励就是通过一定的方案，有效地提高员工工作积极性，在此基础上促进效率的提高，在企业盈利的同时，员工的能力也能得到很好的提升，实现自我价值。薪酬激励对于每个企业都很重要，想要员工更努力为企业目标而奋斗，企业的薪酬激励制度一定要跟上。好的薪酬激励方案，不仅可以提高员工的工作效率，提高员工的收入，而且还可以减少企业的综合成本，提升企业效益。

（一）传统的薪酬模式

1. 传统薪酬模式下员工的收入组成

员工总体收入＝基本工资＋绩效奖金＋津贴补助

其中，基本工资取决于最低生活标准的基础工资（通常占基本工资的45%）、岗位工资（根据职务高低、责任轻重、工作条件而定，通常占50%）以及工龄工资（为企业服务年限长短确定）。基本工资不是企业员工的主要收入来源，尤其是销售人员，它是企业职工的基本收入，是员工最基础的生活和工作保障。

绩效奖金是公司业绩达到一定标准后，为奖励员工辛勤工作而设立的薪资项目，通常绩效奖金高于基本工资，借以鼓励员工提高工作积极性、增加产品销量，让销售业绩突出者实现高奖金高收入。

津贴补助是指对特殊员工在工作过程中所产生的费用给予一定的补助，如营销人员的话费补助、差旅补助等。

员工的实际收入＝总收入－扣除项目；扣除项目包括个人所得税、社保个人支付部分以及其他应扣款项等。

2. 传统薪酬模式下的绩效奖金

绩效奖金是单位为激励员工达到某一绩效行为而支付的奖励，其实质是“岗位价值押金”，通常由销售奖金和渠道奖金组成。其中销售奖金是根据区域销售业绩给予的一种激励奖金，渠道奖金是根据销售区域内的渠道管理业绩给予的一种激励奖金。

实务应用

某企业绩效奖金设置如表5-6所示。

这种“底薪＋提成”的模式是目前较为流行的薪酬绩效模式，这种模式的弊端日益显现。

表5-6 某企业绩效奖金设置

<table>
<tr><th>岗位</th><th>底薪（元）</th><th colspan="2">销售指标［季/人民币（万元）］</th><th>提成比例（%）</th><th>金额（元）</th><th>说明</th></tr>
<tr><td rowspan="2">业务主管（最低45万元）</td><td rowspan="2">5 000</td><td>50</td><td>以上</td><td>2.45</td><td>12 250</td><td rowspan="2">（1）如连续两个季度没完成，降为高级，如连续两个季度能完成，晋升为业务经理
（2）完成一半指标以下，扣1 500元
（3）完成65%指标，扣900元
（4）完成80%指标，扣600元</td></tr>
<tr><td>45</td><td>以上</td><td>2.4</td><td>10 800</td></tr>
<tr><td rowspan="3">高级业务员（最低35万元）</td><td rowspan="3">4 000</td><td>45</td><td>以上</td><td>2.50</td><td>11 250</td><td rowspan="3">（1）如连续两个季度没完成，降为初级，如连续两个季度能完成，晋升为业务主管
（2）完成一半指标以下，扣900元
（3）完成65%指标，扣600元
（4）完成80%指标，扣300元</td></tr>
<tr><td>40</td><td>以上</td><td>2.45</td><td>10 086</td></tr>
<tr><td>35</td><td>以上</td><td>2.4</td><td>8 400</td></tr>
<tr><td rowspan="5">初级业务员（最低20万元）</td><td rowspan="5">3 500</td><td>40</td><td>以上</td><td>2.6</td><td>10 400</td><td rowspan="5">（1）如连续两个季度没完成，将进行岗位调整，岗随薪变。如连续两个季度能完成，晋升为高级业务员
（2）完成一半指标以下，扣900元
（3）完成65%指标，扣600元
（4）完成80%指标，扣300元</td></tr>
<tr><td>35</td><td>以上</td><td>2.55</td><td>8 925</td></tr>
<tr><td>30</td><td>以上</td><td>2.50</td><td>7 500</td></tr>
<tr><td>25</td><td>以上</td><td>2.45</td><td>6 125</td></tr>
<tr><td>20</td><td>以上</td><td>2.4</td><td>4 800</td></tr>
<tr><td rowspan="3">助理业务员</td><td rowspan="3">3 000</td><td>20</td><td>以上</td><td>2.6</td><td>5 200</td><td rowspan="3">（1）连续两个季度没完成，将做绩效薪资或岗位调整，岗随薪变。一个季度如只完成最低额度的10%或无单，直接辞退。（新人第二个月进入考核）
（2）完成一半指标以下，将进入考核期一个月</td></tr>
<tr><td>15</td><td>以上</td><td>2.5</td><td>3 750</td></tr>
<tr><td>10</td><td>以上</td><td>2.4</td><td>2 400</td></tr>
</table>

首先，如果给员工增加底薪，企业增加的是固定成本，而且如果底薪部分占比越大，还会降低员工的创造力。

其次，如果增加提成点数，虽然比加底薪要好一些，但在同等业绩的情况下，公司的成本费用率会上升，相对而言利润率会下降，而且增加点数的激励性有时效性，一般在增加的头一两个月有点效果，之后又会回归过去的常态。

“底薪+提成”的模式，加少了员工没感觉，加多了企业吃不消。员工关注的只有营业额，至于费用成本这些与公司利益相关的其他因素，员工不会关心，一旦其他地方的底薪或者提成点稍微高那么一点，员工就很容易离职。如果企业在大环境下业绩一般，那么公司内部工作氛围就会萎靡不振，员工很容易丧失信心。

（二）KSF薪酬绩效模式

KSF是“Key Successful Factors”的缩写，意为关键成功因子，该工具是哈佛大学的William Zani教授于1970年提出的。KSF薪酬绩效模式又称薪酬全绩效模式，这是一种将员工要的薪酬与企业的的绩效进行全面融合的激励分配模式。

1. KSF薪酬绩效的实施逻辑

KSF薪酬绩效的基本原理是让员工与企业成为利益共同体，最终实现员工加薪，企业增利的共赢目标。该模式的核心是“结果导向、数据说话、效果付费”，将企业与员工利益捆绑，达到激励、共享、共赢的目的。

KSF薪酬绩效的实施逻辑是员工的薪酬与员工创造的价值高度相关。当员工在某岗位上创造的价值等于公司的预期时，员工可以获得既定的薪酬；当员工在某岗位上创造的价值大于或小于公司的预期时，员工的薪酬水平也相应提高或降低。KSF薪酬绩效实施逻辑如图5-7所示。

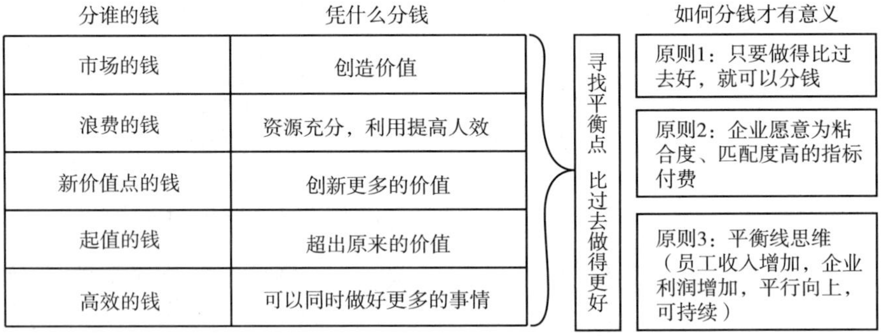

图5-3　KSF薪酬绩效实施逻辑

2. KSF薪酬绩效设计步骤

KSF薪酬绩效模式，是根据岗位价值进行分析，其设计步骤为：

第一步：岗位价值分析。这个岗位有哪些工作是最重要的，直接为企业带来效益的？

第二步：提取指标。有哪些可量化的数据是企业所需要的，急需改善的？如营业额、毛利率、员工流失率、主推产品销量、员工培训时间等。

第三步：指标与薪酬融合。每一个指标，都配置对应的绩效工资。需要注意，不要把所有的指标平均分配工资，要挑重点。

第四步：分析历史数据。过去一年里，营业额是多少？每月营业额？平均营业额？利润额？毛利率是多少？成本费用率？转化率？员工流失率？

第五步：选定平衡点。企业和员工最能接受的平衡点，要以历史数据作为参考。

第六步：测算、套算。依据历史数据，选取好平衡点，将选取好的指标，各分配不同比例的工资额。

3. KSF薪酬绩效设计举例

某房产销售公司的总经理岗位是公司日常经营管理中的最高管理职位，其主要职责包括：负责制定和实施公司总体战略与年度经营计划；建立和健全公司的管理体系与组织结构；主持公司的日常经营管理工作，实现公司经营管理目标和发展目标等。该岗位的薪酬绩效设计，如表5–7所示。

表5–7 薪酬绩效设计

考核指标	K1	K2	K3	K4	K5
	主营业务收入	利润总额	融资计划完成率	顾客满意度	净资产收益率
平衡点	10 000万元	500万元	100%	98%	20%
权重（100%）	33.3%	20.0%	16.7%	16.7%	13.3%
奖励制度	每增加 1 000万元	每增加 50万元	每增加 1%	每增加 0.5%	每增加 1%
奖励尺度（元）	1 000	600	200	500	400
少发制度	每减少 1 000万元	每减少 50万元	每减少 1%	每减少 0.5%	每减少 1%
少发尺度（元）	1 000	600	200	500	400
指标来源	财务部	财务部	财务部	财务部	财务部

从表5–7中可以看出，KSF薪酬绩效设计的要素主要有3个方面：

（1）考核指标的确定。KSF的考核指标是岗位的关键业绩结果，是企业期望岗位实现的最重要的输出价值。在设计KSF考核指标时，应当着重考虑岗位存在的核心价值，而不仅仅是该岗位的职责。通常来说，一个岗位设置的KSF考核指标的数量应控制在5~8项。KSF考核指标的确定，需要对企业的业务有深入的洞察，要不制定的指标就会失去激励效应。

（2）平衡点的确定。KSF考核指标的平衡点是指在通常状态下，岗位的KSF考核指标应实现的目标值。当某岗位的某项KSF考核指标达到平衡点时，该项考核指标对应的薪酬达到一般水平；当某岗位的某项KSF考核指标大于或小于平衡点时，该项考核指标对应的薪酬也将对应高于或低于一般水平。对于什么是平衡点每个人的理解都不同，比较难把握。

（3）薪酬权重。薪酬权重是KSF考核指标对应的薪酬值以及各KSF考核指标薪酬值占总薪酬（达到平衡点时）的比例。薪酬权重一般根据KSF考核指标的重要性来划分，实际上薪酬权重也是KSF考核指标的权重。

KSF更趋向于价值分配和员工激励，从薪酬发放的源头上寻找员工激励的落脚点。该工具并没有局限在某些行业或岗位，通过把薪酬与绩效全面融合，实现对员工潜能的挖掘，让员工充分参与企业的价值分配，因此也更容易让员工接受。

第二节 企业股权激励

项目需求

问题：如何进行企业股权激励？

人才是公司快速发展最为宝贵的资源。那么如何有效的激励核心人才，而又不失控制？如何点燃员工的工作激情，推动实现公司战略目标？核心团队如何真正地实现“共识、共创、共享？”股权激励是很好的一种方法，它不仅仅是分钱的艺术，更是企业基业长青的治理智慧。但一些公司股权激励运作过程中不断暴露出问题，并没有起到预期的激励作用，反而使股权激励变成了管理层的“福利”。那么，作为企业的负责人，如何科学制定股权激励方案并有效实施呢？

项目分析

在进行股权激励时应考虑的一些问题，例如，激励股权该给谁？激励股权该给多少？激励股权如何给？激励股权何时给？激励股权从哪里来？激励股权是否需要工商登记？员工离职，激励股权怎么办？如何让股权激励有效？除此之外，充分设计好实施股权激励时的风险控制。

一、股权激励及其意义

（一）什么是股权激励

股权激励是将公司股权或股权的收益权通过绩效考核的方式授予企业中高层管理人员、业务和技术骨干等，使他们参与决策、分享收益、承担风险，形成权利和义务相匹配的所有权、收益权、表决权和管理权关系，从而激励员工为公司长期发展服务的一种制度安排，其主旨是通过利益共享机制有效激发员工活力。

1.股权激励不等于股权奖励

股权激励本质上是企业所有者对经营者的一项长期激励制度，在这种制度安排下，企业所有者让渡部分股权，利用股权的长期潜在收益激励经营者，促使其与所有者的利益保持最大限度的一致，以保证企业财富的持续增长。股权激励重在“激励”，主要评判标准是基于对未来的创造，而不是根据经营者对过去的贡献。如果是基于对过去的贡献，则只能称之为“奖励”。

2.股权激励是短期与长期相结合的激励方式

激励方案一开始可以通过条件设置等限定一般公司员工参与，企业的经营层及员工为了能参与到股权激励计划当中去，就会充分发挥他们的积极性。股权激励依托于绩效考核方案，以年度为单位进行考核，发挥短期激励效果。到行权时，激励对象为了能够顺利行权，还需要完成一定的任务，这样会再次激励对象的积极性；到股权转让兑现时，激励对象为了获取股权增值，就需要企业利润持续增长，相应激励对象会为企业的长远发展而努力工作。

3.股权激励也是一种约束措施

一般情况下，经过绩效考核后，完成了一定任务，符合一定标准和条件的管理人员及核心员工才有资格参与股权激励计划。获得了股权激励的资格后还需要有一段时期的锁定期、有限售期以及服务期，在这些期限里激励对象还需要受到严格的约束和考核，需要完成对企业的贡献承诺及服务期限。

4.股权激励并非是上市公司的专利

多数情况下看到的是上市公司做了股权激励，其实，非上市公司当中股权激励做得好的企业也有很多，在众多上市公司中，有些企业上市前就开展了股权激励，借助股权激励发展成为上市企业或大企业。有关研究表明，股权激励在非上市中小型企业中更为适用和需要，原因在于中小型企业更需要人才，资金也相对匮乏，仅有的可能就是股权。

思考与讨论

股权激励是一门“聚才”的艺术，股权激励形似散财，实则聚才。散得好，皆大欢喜、财散人聚，散得不好，硝烟四起、财散人散。相比上市公司，非上市公司的股权激励更为复杂和棘手，也更加考验企业家的格局境界和管理智慧。要想成功推行股权激励，产生财散人聚的积极效用，在鼓励竞争的同时就要兼顾公平。那么，怎样才能更好地权衡股权激励时的公平性呢？

（二）为什么要进行股权激励

人才已成为当前企业最宝贵的资产，企业之间的竞争归根到底是人才的竞争。股权激励在留住人才、吸引人才、降低人力成本等方面具有明显的优势，有助于解决企业发展的动力问题和效率问题。

1. 激励人才

股权激励是人力资本化、人力资源股权化的体现方式。通过给予现有的管理层、核心技术人员、核心销售人员股权形式的激励，增强他们对企业的归属感和认同感，激发他们为达到行权条件付出更多努力，为企业发展带来更好的收益。

2. 吸引人才

良好的股权激励制度还能吸引优秀人才的加入，为企业输送新鲜血液，使企业在激烈的人才竞争中获得优势。企业一般是在引进管理人员或关键技术人员、销售人员的同时给予其部分股权作为激励。

3. 整合资源

引入或者稳定对企业具有重要价值或影响的外部资源，如供货商、代理商、销售渠道等。

4. 融资或节约资金

为了解决企业资金缺口，通过企业内部的股权激励可以起到一定程度的融资以及资金节约的功能。例如，人力成本往往是企业一项较大的支出，尤其是对于一些初创的企业来说，这时如用股权代替部分固定薪酬，可大大降低公司的人力薪酬成本。

拓展阅读

作为激励核心人才的一种长期机制，股权激励制度被越来越多的上市公司选择。据统计，在2018年中国A股市场关于股权激励的公告数量为409个，创历史新高。虽然2019年，相关公告数量回落至337个，但仍然保持在高位。2020年全年，全国共公告了448个股权激励计划，同比增长32.94%，平均每月推出38个股权激励计划。2021年中国A股市场股权激励上市公司数量增量更高，截至2021年12月19日，A股市场已有857家上市公司，共计公告942个股权激励计划，较2020年同比增长约87.65%，创历史之最。

二、股权激励模式与适用企业场景

（一）股权激励模式

1. 股权激励模式分类

股权激励有多种模式，常用的主要有以下几类：

（1）干股。干股不是真正的股权，又称奖励股权（份），是企业依照协议无偿赠予非股东的第三人身份的股份。多数情况下企业按照一定的净资产增值额，以股权方式奖励给对企业的发展作出突出贡献的人员，激励对象按照相应的股权比例参与分红。

（2）技术折股。技术折股是指以个人拥有的专利技术或非专利技术（非职务发明）作价折合为一定数量的股权（份），是一种让没有资金但是掌握核心技术的人员成为公司股东的激励方式。

（3）限制性股票。限制性股票是指公司按照约定的条件，授予激励对象一定数量本公司的股票。激励对象只有在年限工作或业绩目标符合股权激励计划规定条件时，股票才能转让。

（4）股票期权。股票期权是指公司授予激励对象在未来一定期限内以预先确定的条件购买本公司一定数量股份的权利。对激励对象的考核达成预先约定，方可进行期权授予，激励对象前期无需付出现金，选择行权时才需付出现金，激励对象承担风险较低。

（5）股票增值权。股票增值权是指公司授予激励对象在一定时期和条件下，按本公司股票市场价格和规定价格（行权价）的差额取得股票升值收益的权利，其性质上属于虚拟股票。

（6）虚拟股权。虚拟股权是指公司授予激励对象的一种虚拟的股权。一般是公司按照注册资本，核定出一部分虚拟化的股权，不需要到工商登记部门登记，即便是上市企业也不需要经过证券行业监督管理部门烦琐的审批程序，仅需要股东大会通过即可实施。虚拟股不会改变公司的总资本和股权结构，无须出资也不需要负债，激励对象可以据此享受一定数量的分红和股价升值收益，但无权依据其持有的虚拟股权参与公司治理或公司决策，不具备所有权或决策权。只有激励对象积极工作为企业创造价值才会获取虚拟股，也只有企业盈利了激励对象才能够按照获得的虚拟股享受分红。

（7）业绩性股票。业绩性股票是指企业激励对象达到事先约定的业绩指标时获取的股份。业绩性股票有一定的强制性，不像股票期权有一定的选择性，完成相应业绩后只能接受企业给予的股票奖励。

（8）账面价值增值权。账面价值增值权主要分为购买型和虚拟型两种类型。购买型是指在期初激励对象按每股净资产值购买一定数量的股份，在期末再按每股净资产期末值回售给公司。虚拟型是指激励对象在期初不需支出资金，公司授予激励对象一定数量的名义股份，在期末根据公司每股净资产的增值和名义股份的数量来计算激励对象的收益。

（9）延期支付。延期支付也称延期支付计划，是指公司将管理层的部分薪酬，特别是年度奖金、股权激励收入等按当日公司股票市场价格折算成股票数量，存入公司为管理层人员单独设立的延期支付账户。在既定的期限后或在管理人员退休或特定条件离职以后，再以公司股票的形式或根据期满时的股票市场价格以现金方式支付给激励对象。

（10）全员持股计划。全员持股计划是指企业员工通过股权激励的方式持有本企业股权或者股票，获得相应的管理权，取得企业股权带来的收益的奖励计划。在具体应用中，一般是由企业内部员工出资认购本企业的部分股权并委托员工的持股平台进行管理和运作，持股平台代表持股员工进行参与经营、行使表决权以及分红。

2.股权激励模式的差异性

从激励力度来看，股票期权、业绩性股票、限制性股票以及全员持股在激励力度是最突出的；虚拟股票、股票增值权、账面价值增值权的激励力度处于中等水平；其他股权激励模式的激励力度还要低一些。

从对激励对象的约束性来看，业绩性股票、限制性股票均对激励对象的约束较强；股票期权、股票增值权、账面价值增值权的约束力度处于中等水平；虚拟股票、优先股、干股对激励对象的约束性较差。

从对激励对象构成风险的角度来看，业绩性股票、股票期权、虚拟股票、股票增值权、账面价值增值权的风险较小，因为持有这些股权的激励对象可以选择放弃行权，尤其是当股票出现贬值的时候，可以放弃行权以避免承担股权贬值的风险；限制性股票等股权激励模式，激励对象需要承担更多的风险。

从对现金流的影响来看，优先股、股票增值权、账面价值增值权对现金流的影响较大；业绩性股票和股票期权也会对企业的现金流产生一定的影响，但影响相对较小；其他的股权激励模式对现金流基本上没影响。

从股价对股权激励的影响来看，股票期权和股票增值权值价变化会受到较大影响；业绩性股票、虚拟股票、限制性股票也会因股价变化受到影响；其他的股权激励模式受股价变化影响较小。

从适用性来看，账面价值增值权、干股适合非上市企业，尤其适合初创企业；虚拟股票、股票增值权、业绩性股票、股票期权、限制性股票、优先股、延期支付不仅仅适合上市企业，也适合非上市企业。

综上，股权激励有多种模式，任何一种激励模式都有其适用范围和局限性，因此在实际设计时应当形成组合拳，将之设计为多层次的激励结构，以满足不同的激励目的。

案例分析

美的集团的多层次股权激励①

美的集团于1968年在广东省佛山市成立，2013年9月在深圳交易所上市。美的集团从上市至2020年6月已实施七期股票期权激励计划（针对骨干员工）、六期合伙人持股计划（针对总裁副总裁等核心团队）、四期限制性股票激励计划（针对部门负责人等管理人员），具体情况如图5-8所示。

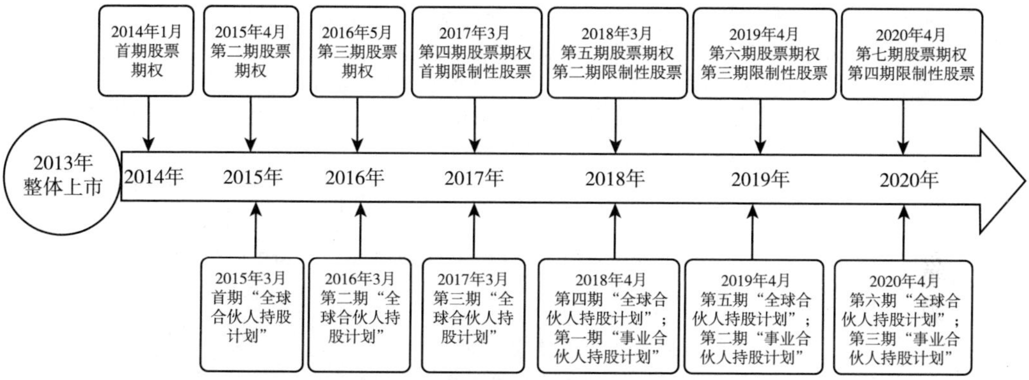

图5-4 美的多层次股权激励进程

（1）合伙人计划。美的在设置激励机制时，创造性地选择实施多期合伙人计划，用以激励核心管理层。美的采用的合伙人持股是一种业绩股票，从公司利润中提取出一定比例作为专项基金在二级交易市场上购买公司的股票，而后根据业绩考核结果分配给高管，其在本质上不同于华为推行的虚拟股票。这样的股权激励方式将企业的利益与员工的利益相捆绑，高管会通过提高每年的业绩来获取更多的公司股票。从长远来看，高管的考核指标与股东的利益是一致的，提高了两者之间的信任。

（2）限制性股票计划。2017年3月，美的首次推出了限制性股票激励计划，主要针对中层管理者，通过发行新股的方式将股票给到员工，而资金来源则为员工自筹。限制性股票相较于合伙人计划而言，优势在于可以以市场价格的一半给予激励对象股票，激励力度比较强，并且需要员工出资，较于股票期权计划，员工与企业的捆绑性会加强。

① 资料来源：根据网络资料整理分析而成。

（3）股票期权计划。2014年，美的推出了第一期的股票期权激励计划方案，主要侧重对研发、制造相关的科技人员以及中基层人员的激励。股票期权计划相对于合伙人计划和限制性股票计划而言，实施的时间最长，普惠的性质更加明显，也能与企业的战略计划较好地融合。

2015年以来，国内家电行业逐渐从高速发展转为中高速发展，美的集团也相应开始对于股票期权计划的考核指标做出改变，将“净利润增加率不低于15%”调整为“净利润不低于前三年的平均值”。美的多层次股权激励对比，如表5–8所示。

表5–8　美的多层次股权激励对比（以2017年为例）

比较	合伙人持股计划（第三期）	限制性股票激励计划（首期）	股票期权激励计划（第四期）
实行时间	2017年3月	2017年3月	2017年3月
激励对象	总裁、副总裁、事业部或经营单位总经理以及其他高管等，共15人	经营单位和部门高层管理人员，以及董事会认为对公司经营业绩和未来发展有直接影响的其他管理人员，共140人（两名副总裁和138名管理人员）	研发，制造，品质，其他业务骨干，共1 476人
资金来源	公司提供资金或二级市场购买	定向增发，5折购买，员工自筹资金	定向增发，全价购买，员工自筹资金
数量	9 900万元	2 979万股，约相当于公司提供5亿多元	9 898.2万股，公司总成本约8.36亿元
定价规则	—	选取以下价高者：草案公布前一交易日均价的50%；草案公布前20个交易日交易均价的50%；草案公布前60个交易日交易均价的50%；草案公布前120个交易日交易均价的50%	选取以下价高者：草案公布前一交易日均价；草案公布前20个交易日交易均价；草案公布前60个交易日交易均价；草案公布前120个交易日交易均价
行权规则	无等待期，分三期归属，比例为4∶3∶3	首期实施81.37%，预留18.73%，12个月等待期，后分三期，每年解锁一期，每期1/3	12个月等待期，后分三期，每年行权一期，每期1/3
考核标准	加权平均资产收益率不低于20%	净利润不低于前三年的平均水平，经营单位考核均达标（一般可行权65%），个人考核为达标	净利润不低于前三年的平均水平，经营单位考核均达标（一般可行权65%），个人考核B级以上

注：上述资料源于美的集团的公告，后因员工离职、岗位调整对人数和股权数有所影响，因此分红、送股等行权价格也有调整，上述资料未统计后期调整内容。

可见，美的集团采用了与其自身状况相适应的模式，形成了3个激励层次：美的合伙人计划本质为业绩股票，通过分享公司业绩增长收益，深度绑定高管；限制性股票则高风险高收益，需提前出资，提升了中层管理者黏度；股票期权不断扩容和向下延伸，低收益但风险性也低，更适用于风险承受能力较差的业务骨干。因此，上市公司在设计股权激励时，针对不同的群体适用何种激励模式需要考虑激励约束性、出资风险承受能力等，须考虑多方制衡，应遵循核心对象重点激励原则，个量分配呈现梯度又兼顾激励力度。

（二）股权激励适用的企业场景

1.企业人力资本依附性高

股权激励是对人力资本的再次开发，因此，在实施股权激励之前，需要重新审视公司的人力资源战略。如果公司依靠的核心资源是土地、能源、政府关系等，对人力资本依附性不高，那么实施股权激励，对企业绩效推动并不明显。如果是对人力资本依附性很高的企业，如高科技型企业，就很需要做好股权激励，调动员工的积极性，助推企业发展。

2.企业发展良好

股权激励能够发挥作用，源于股权增值带来的收益，这就需要公司发展良好，能显示出公司现在的盈利能力或未来的盈利潜力，否则，公司的股份难以对激励对象产生吸引力，即使股权激励做的再好，对员工的激励作用都不大。

3.企业管控模式到位

企业良好的管控模式，能确保股东资产和权益不受侵害，激励对象所获得的股份收益能真实反映激励对象的努力付出程度，从而能有效发挥股权激励的作用。

4.企业处于竞争性强的行业

行业竞争激烈时，企业实施股权激励计划，有助于激励企业核心人才锐意进取、勇于创新，不断提升企业竞争优势，使企业在市场竞争中长期处于有利地位。

5.战略转型的企业

当企业面临战略转型时，比如业务转型，从之前熟悉的领域进入一个陌生领域时，或者制定一个新的战略性计划时，此时，企业可以通过股权激励方式，激励企业员工为公司战略转型或新的战略性计划的实现而努力工作。

拓展阅读

企业发展初期要谨慎进行股权激励，因为这个时候股权的价值还没有体现出来，愿意接受股权激励的人员并不多，激励力度不大，激励效果也不会明显；并且发展初期企业的人员还不够稳定，流动性比较大，奖励后造成的不良后果可能更严重，会出现内部矛盾，导致企业陷入僵局。企业有了一定的发展空间，管理团队及核心员工相对稳定后才有进行股权激励的基础。

三、股权激励计划的制定

（一）实施股权激励时的维度权衡

1. 激励目的

激励目的是股权激励的重点。要明确股权激励的真正目的，如果目的不明确，方向不清晰，股权激励必定会失败。但就算企业明确了股权激励的目的，如果这个目的是不纯的，那也难逃失败的厄运。

2. 激励对象

一般来说，激励的重点对象主要是公司的董事、高级管理人员，以及对公司未来发展有直接影响的管理骨干和核心技术人员。如今，越来越多的普通员工也被纳入激励对象的范围。需要注意的是，在确定激励对象时，要综合考虑员工的职务、能力和业绩等相关因素，使之能够对企业的发展产生积极影响。

3. 激励时机

企业所处的发展阶段不同，性质、规模不同，实施股权激励的目的就会不同，选取股权激励的时机也就相应不同，且在每一个发展阶段，针对不同的激励对象，企业应采用不同的股权激励方法。

4. 激励机制

要根据企业所处的行业、发展阶段以及所要激励的群体，采用适当的方法组合设定激励机制。企业所处的行业不同，运用的激励机制不同；企业所处的发展阶段不同，运用的激励机制不同；同一发展阶段中，企业针对的群体不同，运用的激励机制也不同。

（二）实施股权激励时的风险控制

1. 道德风险

股权激励要解决的一大问题是使管理层与所有者的利益在较长时期内尽量保持一致。然而，在很多情况下管理层往往既是激励计划的制定和实施者，又是受益者，易于引发管理层的自利行为，如果不加以约束，激励对象有可能会为了自身利益操控公司财务指标和股价。为此，行权的周期应适当延长，行权条件宜采用更为综合的指标，增加股权回购或剥夺期权等约束性条款，防止股权激励变成短期福利。

2. 沦为套现工具

行权门槛如果设置得过低，则激励对象无需努力即可轻松获得高额利益，股权激励就沦为一种套现工具，损害股东权益。

3.增加财务成本

如果短期内激励幅度过大，会加剧资金紧张，显著降低当期的公司财务收益，导致公司业绩下滑甚至亏损，这对计划或正处在融资阶段的企业而言是非常不利的。例如，2008年3月11日，伊利股份公布的年报显示，公司大幅计提5.54亿元股权激励费用导致2007年度出现1.15亿元的巨额亏损，导致股价下滑，投资者损失惨重。

（三）如何设计股权激励方案

要基于政府对企业股权激励的相关政策要求，依据企业发展实际，科学规划，选择合适时机，针对不同的激励群体，组合股权激励方式，构建合规有效的股权激励方案。

1.定目的

为什么要做这次股权激励？要实现的目的是什么？这个一定要明确。明确实施股权激励的目的，这是企业制定股权激励计划的最重要的一步，明确了目的也就知道了激励计划所要达到的效果，接下来才能够据此确定相应的激励对象。

实务应用

不同性质、不同规模的企业，或同一企业处在不同的发展阶段，实施股权激励的目的是不一样的，有的企业为了吸引和留住对企业整体业绩和持续发展有直接影响的管理骨干和技术核心人员，有的企业是为了调动员工的工作积极性和潜力，为公司创造更大的价值，有些是为了回报老员工，使他们甘为人梯、扶持新人成长。

2.定对象

在确定股权激励对象的时候一般是针对企业现状选择对未来有价值的人，在众多的对未来均有潜在价值的人员中通过绩效考核的方式结合他们的历史贡献确定最终的激励对象。

上市企业需要依据相关法规规定选择激励对象，激励对象包括董事、高管、核心技术人员、核心销售人员等。而非上市企业没有上市企业那么多的限制，在具体操作过程中较为灵活。在激励对象的选择方面与上市企业类似，激励对象也大多集中在企业董事、高管、核心技术人员、核心销售人员等，另外普通的管理人员以及那些对企业长远发展起到重要作用的员工、代理商、渠道商也是非常重要的激励对象。

拓展阅读

中国证监会2016年发布的《上市公司股权激励管理办法》第八条规定：激励对象可以包括上市公司的董事、高级管理人员、核心技术人员或者核心业务人员，以及公司认为应当激励的对公司经营业绩和未来发展有直接影响的其他员工，但不应当包括独立董事和监事。在境内工作的外籍员工任职上市公司董事、高级管理人员、核心技术人员或者核心业务人员的，可以成为激励对象。

单独或合计持有上市公司5%以上股份的股东或实际控制人及其配偶、父母、子女，不得成为激励对象。下列人员也不得成为激励对象：

（1）最近12个月内被证券交易所认定为不适当人选；

（2）最近12个月内被中国证监会及其派出机构认定为不适当人选；

（3）最近12个月内因重大违法违规行为被中国证监会及其派出机构行政处罚或者采取市场禁入措施；

（4）具有《公司法》规定的不得担任公司董事、高级管理人员情形的；

（5）法律法规规定不得参与上市公司股权激励的；

（6）中国证监会认定的其他情形。

3. 定数额

企业要科学地设计股权激励的整体股权比例或者股票数额以及每个人的激励数额和标准，在起到激励效果的同时不至于给企业或者原股东造成负担。

拓展阅读

中国证监会2016年发布的《上市企业股权激励管理办法》第十四条规定：上市公司全部在有效期内的股权激励计划所涉及的标的股票总数累计不得超过公司股本总额（股东大会批准最近一次股权激励计划时公司已发行的股本总额）的10%。非经股东大会特别决议批准，任何一名激励对象通过全部在有效期内的股权激励计划获授的本公司股票，累计不得超过公司股本总额的1%。

4. 定来源

股权激励标的来源主要有原股东转让、预留股份、增资扩股三种，资金的来源也是一个关键点，企业需要综合考虑购股人的资金承受能力，以免出现购股人资金缺乏而使激励难以实现，或因企业现金支出压力加剧而影响企业正常运营。

5. 定模式

激励模式是股权激励的核心问题，其决定了激励的效果。要根据企业内外部环境条件和所要激励对象的不同，结合各种激励模式的作用机理，综合考虑（但不局限）如下几种因素，选择适合企业实际的、有效的激励工具：①企业的性质，是上市公司还是非上市公司，股份公司或有限责任公司；②激励对象，如果激励对象是高级管理者，可能业绩股票和股票期权比较合适；如果激励对象是管理骨干和技术骨干等重要员工，可能选用限制性股票和业绩股票比较合适；如果激励对象是销售人员，业绩股票和延期支付是比较合适的方式；③原有股东的意愿；④公司未来的发展潜力；⑤激励成本；⑥激励和约束的平衡；⑦未来资本运作需求。

6. 定时间

要合理评估自身企业所处阶段，规划一个合理的授予时间表，达到持久激励的效果。一般而言，股权激励会涉及以下时间：股权激励计划的有效期、授权日、等待期、解锁期、行权日、行权窗口期和禁售期。

7. 定指标

股权激励指标一般分为授予指标和行权指标。授予指标是指激励对象获授股权时必须达到或满足的指标，如绩效目标、行为表现等，授予方式主要分为一次性授予和分期性授予。行权指标是指激励对象对已获得的股权行权时必须达到或满足的指标，即通常所说的绩效考核。

作为股权激励设计中的核心环节，业绩考核指标越来越多元化。在实践中，常见的业绩考核指标有净利润（净利润增长率）、营业收入（营业收入增长率）等，也有较少的公司采用净资产收益率、资本回报率、每股分红/收益、毛利率、销售量等指标，但均与上述主流指标搭配使用。还有部分公司设置了特殊的考核指标，具有鲜明的行业特征，大多集中在医疗行业、计算机互联网软件相关行业。

拓展阅读

中国证监会2016年发布的《上市公司股权激励管理办法》第十一条规定：绩效考核指标应当包括公司业绩指标和激励对象个人绩效指标。上市公司可以公司历史业绩或同行业可比公司相关指标作为公司业绩指标对照依据，公司选取的业绩指标可以包括净资产收益率、每股收益、每股分红等能够反映股东回报和公司价值创造的综合性指标，以及净利润增长率、主营业务收入增长率等能够反映公司盈利能力和市场价值的成长性指标。以同行业可比公司相关指标作为对照依据的，选取的对照公司不少于3家。激励对象个人绩效指标由上市公司自行确定。

8.定持股方式

持股方式分为自然人直接持股、高管代持、成立持股平台。具体来看，自然人直接持股，一般是指将股东直接登记到公司登记机关的档案中，记载到公司的章程以及股东名册中。高管代持，实际上是由公司的个别或者几个商管代为持有激励对象的股权，高管与激励对象之间签署代持协议，明确双方的权利义务，以及代持的基本情况等信息，但存在代持人的道德风险、债务风险等问题。持股平台模式，一般来说分为有限合伙性质的持股平台和公司性质（股份公司、有限公司）的持股平台。

9.定机制

在设计好上述的要素后，还应该制定出一系列相应的管理机制，来保证股权激励的有效实施，主要包括股权激励计划的管理机制（如股权激励制度、管理机构设置、退出机制约定等）、股权激励计划的调整机制、股权激励计划的修改机制以及股权激励计划的终止机制等。

拓展阅读

股权激励政策背景及变化：

2006年1月1日，证监会发布《上市公司股权激励管理办法（试行）》。

2006年3月1日，财政部发布《国有控股上市公司（境外）实施股权激励试行办法》。

2006年9月30日，财政部发布《国有控股上市公司（境内）实施股权激励试行办法》。

2008年3—9月，证监会发布《股权激励有关事项备忘录1号》《股权激励有关事项备忘录2号》《股权激励有关事项备忘录3号》。

2008年10月21日，财政部发布《关于规范国有控股上市公司实施股权激励制度有关问题的通知》。

2013年10月，证监会发布《关于进一步明确股权激励相关政策的问题与解答》，其中提出重大事项和股权激励可并行。

2014年1月，证监会发布《关于股权激励备忘录相关事项的问答》，其中提出可以公司历史业绩或同行业可比公司相关指标为对照依据，设计股权激励方案（可比对象应具体明确，且不少于三家）。

2015年4月，股权激励方案取消备案，中国证监会发布公告（〔2015〕8号），决定取消、调整155项备案类事项。

2015年12月，证监会发布关于《上市公司股权激励管理办法（征求意见稿）》公开征求意见的通知。

2016年7月，证监会发布《上市公司股权激励管理办法》，并于2016年8月13日起正式实施。

2018年8月，证监会修订《上市公司股权激励管理办法》，并于2018年9月15日起正式实施。

四、股权激励案例分析

2021年《财富》公布2021年世界500强榜单，华为投资控股有限公司（以下简称“华为”）位列44位，亦是世界500强名单中唯一一家未上市企业。华为取得令人瞩目的成就一个重要的因素就是它独特的股权激励模式，截至2018年，华为全部员工约18万人，参与持股的个体员工达到8万人，占据了华为99%的股份。

华为的股权激励机制，自1990年开始实施，随着公司发展先后实施了内部持股计划、虚拟受限股、饱和配股和时间单位计划。基于员工持股的本质，华为股权激励可以分为实股股权激励、实股向虚股转型和虚拟股权激励三个阶段。

1. 实股股权激励

1990年，华为作为一家成立3年的民营企业，为了在激烈的市场竞争中求生存，公司亟须大量资金和技术人才投入到自主技术研发中以快速提升公司核心竞争力。为了快速获得资金，华为开始以1元/股价格出售公司股权，工作满1年的华为及华为合资公司员工均享有股份认购资格，认购比例按职位、任职资格、绩效表现等因素确定。员工购买股权的资金来源一般为年终奖，若员工年终奖不足时，公司还会为员工担保获得银行贷款。公司每年提取税后利润的15%作为持股员工的分红。

从1990—1997年，华为的注册资本从最初的2万元增加到7 005万元，其中华为员工占比65.15%，增量部分全部来自于员工出资，高效率、低成本地解决了融资问题，降低公司现金流风险的同时，强化员工的归属感，稳定了创业核心团队。

2. 实股股权激励转向虚拟股权激励

1997年，为进一步规范公司股权结构、稳定公司控制权和经营权，华为对公司股权结构进行了改制，员工所持股份分别由华为工会和华为新技术公司工会集中托管，并代行股东表决权。华为与持股员工通过签署《参股承诺书》约定权利和义务，其中包括“员工离职或因违反公司的规章制度而丧失持股资格时，需要将所持股份以购买原价退回公司”。改制后，华为工会和华为新技术公司工会分别持有华为61.86%和33.09%的股份。这一阶段，员工虽持有华为股权但并未作为华为的股东进行工商注册登记，而是由工会代持，且员工仅有分红权，无增值权、表决权和所有权，虚拟股权激励机制初见雏形。

3.虚拟股权激励

2001年，华为既处于国内订单激增的机遇期，又面临着核心团队不稳定、老员工离职后就股权增值权与公司产生法律纠纷的挑战。当年华为股东大会通过了《华为技术有限公司虚拟股票期权计划暂行管理办法》，明确持有虚拟股权员工无所有权、表决权，且持有的虚拟股权不得转赠和销售，员工离职后股权退回公司。具体操作是由华为工会按当年每股净资产价格购买华为真实股权，再以每股净资产价格发行等额虚拟股权出售给员工。此外，华为还将老员工所持有的实股逐步消化吸收转化成虚拟股。

2003年，"非典"疫情冲击出口市场的同时，华为与思科的产权纠纷导致华为核心员工的跳槽对华为又是一记重创。在此背景下华为对虚拟股权激励机制进行了优化：①增加虚拟股权配股额度，此次配股总额约为员工已有虚拟股权总和；②收紧激励对象范围，激励对象以管理层和核心人员为主；③增加锁定期、灵活的退出方式，即员工获得虚拟股权3年内不得退出，锁定期内离职则股权无效，锁定期满后按照持股份额，每年退出额度不得超过个人持股总额的1/4或1/10；④华为为员工担保购买虚拟股权资金总额85%的贷款，降低员工出资压力。

2008年，面对经济危机的冲击，华为认识到核心研发人才是经济危机之后恢复生产和夺取更多市场的决定性力量，决定再次调整虚拟股权激励机制，推出饱和配股。饱和配股即按照员工岗位等级设定持股上限，配股的价格仍按照每股净资产计算。公司依然会为员工购买股权提供担保获得银行贷款。由于老员工在此阶段持有的股权基本已达到本级别上限，因此饱和配股主要是使新员工受益，激发其在公司经营艰难阶段与公司同舟共济的信心。

2013年，为解决外籍员工激励和内部收入不公平问题，华为又继续推出了时间单位计划TUP（Time Unit Plan），针对表现优异、对公司作出重大贡献的员工可以得到一份时间单位合同，员工自身不能出售不能转让，能够享有股票分红和增值权利。华为虚拟股权激励已经上升为完全虚拟股，员工自身不需要出资购买，而是针对员工制定长期激励计划，以五年为一个周期，员工根据自己的劳动投入在企业营业利润的基础上享有分红权，为期五年，根据贡献分配股权，根据股权进行分红。但同时并未终止出资型虚拟股权激励方式。

由于员工持有的虚拟股权不会改变公司的股权结构和控制关系，亦不同于实股激励需要通过回购、股东出让、增资扩股等方式获取激励股权，基于激励对象数量和想要达成的激励效果，虚拟股权激励总量可以根据公司情况发展和扩张。

思考与讨论

华为股权激励机制的改变历程其实也是股权激励机制与环境协同演化的过程，可以看出虚拟股权激励在企业中的实践具有实股类激励不具备的独特优越性。那么，华为股权激励模式有哪些方面可以借鉴？

训练项目

公司股权激励方案设计

某公司近期准备做股权激励，拟采用虚拟股权的形式，主要针对公司高管、核心高级技术人员进行。公司初步设计了此次股权激励方案，具体如下。

1. 确定此次股权激励计划的目的

建立高级管理人员及技术人员的长期激励机制，留住和吸引优秀人才，强化公司的核心凝聚力和竞争力。

2. 确定激励对象的范围

本方案确定的受益人包括公司高层管理人员（外部董事除外）、公司高级技术人员。

3. 确定股份来源

虚拟股票期权的来源由公司发起人股东提供。

若公司拟从员工的岗位价值、员工的素质能力、员工对企业的历史贡献3个角度（见表5–9）对上述人员进行评价，然后授予其相应不同比例的虚拟期权。请从虚拟期权的授予数量、虚拟股票期权的授予期限、虚拟股票期权的授予时机等方面设计股权激励计划。

表5–9 企业核心人才评价

维度	序号	因素名称	因素权重	因素含义
岗位价值	1	战略影响	10%	岗位所能影响到的战略层面和程度
	2	管理责任	10%	岗位在管理和监督方面承担责任的大小
	3	工作复杂性	10%	岗位工作中所面临问题的复杂性
	4	工作创造性	10%	岗位在解决问题时所需要的创造能力
素质能力	5	专业知识能力	15%	员工所具有的专业知识能力的广度和深度
	6	领导管理能力	15%	员工所具有的领导管理能力水平
	7	沟通影响能力	10%	员工所具有的沟通及影响他人能力水平
历史贡献	8	销售业绩贡献	7%	员工以往对销售业绩的贡献大小
	9	技术进步贡献	7%	员工以往对技术进步的贡献大小
	10	管理改进贡献	6%	员工以往对管理改进的贡献大小

6

Part

第六章

投资思维：对内投资和对外投资

学习目标

了解企业投资的含义、条件、影响因素，掌握企业投资的基本流程和注意事项，理解个人财富管理的重要性，能合理规划企业的生产投资和金融投资活动，具备正确的个人财富管理理念和较好的财富管理能力。通过模拟开户与投资，培养个人金融投资能力和投资意识。

知识点、技能点

企业固定资产投资；企业流动资产投资；企业股权投资；企业债权投资；常用金融工具；个人财富管理

企业投资是指企业投入财力，以期在未来获取收益的一种行为。企业投资是企业发展生产的必要手段，也是企业实现财务管理目标的基本前提。随着企业的不断发展，企业所有者或者经营管理者的财富积累也逐渐增加，随之而来的是个人财富管理的需求。

第一节 企业对内投资

项目需求

问题：企业怎样安排对内投资？

小王打算成立一家食品生产类企业，企业运营所需的资金已经筹集到位，接下来要规划企业开办、生产、经营等方方面面的工作。小王认为首先要确定企业生产经营的场地，自建、购买还是租赁，哪种方式更划算？厂房确定之后，还要考虑生产经营用的机器设备、食品专利技术等问题。小王一筹莫展，陷入了沉思。

项目分析

对内投资主要包括固定资产和无形资产的投资，二者均有投资金额较大、占用资金周期较长的特点，所以在投资之前要用投资回收期法、平均投资报酬率法、净现值法、获利指数、内含报酬率法、回收期法等方法定性和定量地分析。

一、对内投资的类型

企业的投资分为对内投资和对外投资。企业对内投资是把资金投向企业内部，形成各项流动资产、固定资产、无形资产和其他资产的投资，如房子、汽车、电脑、家具，以及商标、专利、专有技术、版权、特许经营权等。

（一）固定资产投资

固定资产投资包括企业用于基本建设、更新改造、大修理和其他固定资产的投资等，它可以让企业提高生产效率，实现某种企业的经营目标，是社会固定资产再生产的主要手段。

从投资的目的来看，固定资产包括生产经营用固定资产和生活福利用固定资产两部分。生产经营用固定资产是在企业生产经营活动中发挥作用的各项固定资产，是企业从事生产经营活动的主要物资基础，是企业获取收益的重要保证。生活福利用固定资产主要用于员工福利。

根据投资在再生产过程中的作用可把固定资产投资分为新建企业投资、简单再生产投资和扩大再生产投资。新建企业投资是指为一个新企业建立、生产、经营、生活条件所进行的投资。简单再生产投资是指为了更新生产经营中已经老化的物质资源和人力资源所进行的投资。扩大再生产投资是指为扩大企业现有的生产经营规模所进行的投资。

按对企业前途的影响可把固定资产投资分成战术性投资和战略性投资两大类。战术性投资是指不牵涉整个企业前途的投资。战略性投资是指对企业全局有重大影响的投资。

（二）无形资产投资

企业拥有的没有实物形体但能获得收益的资产称为无形资产，主要包括专利权、商标权、著作权、土地使用权、专营权、非专利技术、商誉等。

无形资产是一种使用特权，如场地使用权、租赁权，拥有这种特权有利于企业的生存和发展；无形资产是一种技术特权，如专利权、非专利技术，拥有这种特权有利于企业保持生产技术和管理水平的先优势；无形资产是一种获利特权，如专营权、商标权、著作权、商誉，拥有这种特权有利于企业获得超额收益。

随着知识经济时代的到来，产业不断向技术密集和智力密集型转化，以无形资产形态存在的知识资本，如专利技术、专业知识、经验技能、产品设计、管理方法、规章制度等，在生产生活中的作用越来越突出。无形资产的价值不仅仅体现在自身实现所带来的经济价值上，而且由于围绕这种无形资产进行的竞争和模仿所带来的效应，更是增加了无形资产对技术创新的促进和保护作用。企业的竞争体现在市场上，市场竞争体现在商品上，商品竞争体现在技术上，技术的竞争体现在无形资产产权保护上，在技术创新的资产中是以无形资产为核心，无形资产对企业技术创新越来越重要。

无形资产投资的风险大，这不仅因为无形资产投资往往需要比较长的时间和需要投入大量的资金，更重要的是因为这类投资的成功率通常比较低。

二、固定资产投资

（一）固定资产投资特点

1.固定资产投资回收时间较长

固定资产投资决策如果得以执行，需经过较长时间才能取得收益，回收期最短也需要一年的时间，这主要是因为固定资产投资所需的费用比较大，在企业全部经济投资的过程中占据较大的比例；同时，固定资产在计算其价值的时候，一般采用折旧的方式，将其价值逐渐计入成本中，这在很大程度上延长了固定资产的回收时间。固定资产投资的这一特点，决定了固定资产投资决策对企业运营影响持续的时间比较长，直接关系到企业的运行效率。基于固定资产投资决策的这一特点，要求企业必须做好固定资产投资决策之前的准备工作，对其进行充分的论证，以保证投资决策的科学性、合理性。

2.固定资产投资变现能力较差

相比较企业其他的资产投资，固定资产是流动性最差的一种，其变现能力严重不足。这是因为固定资产是以具体的物质形态而存在，如房屋、设备、机器等，在投资决策之前就已经赋予了它一定的目的和用途，致使企业固定资产在投入到企业的生产运营之后，很难再进行改变，无法适应其他生产活动的要求。并且，固定资产在进行转手的过程中，买方的范围也十分的小，因此很多固定资产具有无法回收性。这也说明了企业固定资产投资具有较大的一次性、不可逆性。

3.固定资产投资的价值与实物相分离

固定资产投资完成，投入使用以后，随着固定资产的磨损，固定资产价值便有一部分脱离其实物形态，转化为货币准备金，而其余部分仍存在于实物形态中。在使用年限内，保留在固定资产实物形态上的价值逐年减少，而脱离实物形态转化为货币准备金的价值却逐年增加。直到固定资产报废，其价值才得到全部补偿，实物也得到更新。

4.固定资产投资所占的资金数量稳定

企业固定资产投资决策完成以后，其耗费的资金数量基本上都保持不变，并且对企业的经济运营不会产生的影响。在企业发展环境相对稳定的情况下，外部因素引起的短时期业务量的变动，可以通过控制生产数量来进行调整，不需要变化企业固定资产投资规模。只有在企业的发展环境发生大规模的变动时，需要企业依靠停产、转产等方式进行生产运营的时候，才对企业的固定资产决策进行调整，以适应企业运营的需要。

5.固定资产投资次数较少

与流动资产相比，固定资产投资一般较少发生，特别是大规模的固定资产投资，一般要几年甚至十几年才发生一次，所以在进行投资的过程中一定要做好固定资产投资规划，保证每一投资的科学性、有效性。

（二）固定资产投资决策

1.固定资产投资决策机制

固定资产投资往往是金额较大、占用资金周期较长的投资项目，所以企业内部的决策过程往往比较复杂。企业需要在投资前进行可行性分析，其中经济可行性是重要的组成部分。

经济是否可行，主要依据就是项目的净现值是否大于零，即收益是否大于成本。如果净现值大于零，说明收益大于成本，那么项目可行；如果净现值小于零，说明收益不能弥补成本，那么项目就不可行。

投资一个项目，它的成本当前就需要支付，而收益通常只能在未来获得。例如现在投入1 000万元成本，在未来的5年中，每年可以获得300万元的回报，这就是一个典型的项目投资决策案例。如果仅仅用5年的回报总额扣除当下的成本，那么计算还比较简单，但仔细一想，其实这个问题还有更复杂的一层，就是不同时间点获得的钱的价值是不相等的。越早获得的钱就越值钱，例如今年收获了100元，如果马上拿去投资，到明年就可能获得110元。由此我们认为，今年的100元和明年的110元的价值是相等的，这个差额10元在会计中被称为资金的时间价值。所以，不同时间点获得的收益，不能够简单地相加，需要折算成同一个时间点的钱才能够进行加减。把不同时间点上的钱折算成现在的钱就叫作未来收益的现值。

如果用所有未来收益的现值之和减去当前需要支付的成本，所得的差额就叫净现值。净现值大于零，就表示收益大于成本。公司在进行投资项目决策时，需要估计该项目开始之后增加的收益和成本。注意“增加”二字，是指我们并不是去计算企业整体的收益和成本，而是这个项目所引起的收益和成本的变化。将每一项收益和成本的变化都计算出来之后，相减得到每一期的净收益，然后折算成当前的货币价值，加总后减去当前需要支付的成本，就可以得到净现值。

以上逻辑看似简单，在实际操作中却很复杂。首先，新增的收益和成本都需要对每一个细节进行详细估计才能得到。其次，把未来的钱折算成现在的钱，需要使用折算系数，我们称其为贴现率。贴现率没有标准的答案，需要根据企业和项目的具体情况来测算和估计。一般来说，风险高的项目折算时打的折扣大，风险小的项目折算时打的折扣小。由于以上因素，企业在做可行性分析时，即便计算出项目的净现值大于零，也不能保证项目就一定赚钱。净现值只是辅助决策的工具，而不能成为我们判断项目是否可行的决定性依据。

2.固定资产投资决策方法

（1）投资回收期法。投资回收期是指投资引起的现金流入累计到与投资额相等所需要的时间。它代表收回投资所需要的年限，回收年限越短，方案越有利。回收期法计算简便，并且容易为决策人所理解，缺点在于不仅忽视时间价值，而且没有考虑回收期以后的收益。事实上有战略意义的长期投资往往早期收益较低，而中后期收益较高，回收期法优先考虑急功近利的项目，可能导致放弃长期成功的方案，它是过去评价投资方案最常用的方法，目前作为辅助方法使用，主要来测定方案的流动性，而非营利性。

$$投资回收期=（N-1）+\frac{第（N-1）年年末尚未回收的投资额}{第N年的现金净流量}$$

N为累计现金净流量首次为正的年份。

（2）平均投资报酬率法。平均投资报酬率（ARR）以投资项目整个期限内的净收益为基础，计算项目寿命期内平均的年投资报酬率。其计算公式为：

ARR=年均净收益/原初始投资额

（3）净现值法。净现值（NPV）是指把项目从投资开始到项目终结各年的净现金流量按一定的贴现率贴现为开始投资时，即t=0时的现值。它表明项目在整个寿命周期内考虑到货币时间价值后，以现值表现的净收益。NPV>0说明项目是可取的，如果NPV<0则说明项目是不可取的。净现值越大说明项目的经济效益越好，其计算公式为：

$$NPV=\sum_{t=0}^{n}\frac{CI_t}{(1+i)^t}-\sum_{t=0}^{n}\frac{CO_t}{(1+i)^t}$$

CI_t是第t年的现金流入量，CO_t是第t年的现金流出量，i是预定的贴现率，n是投资的年限。

（4）获利指数（现值指数）法。现值指数（PI）是项目未来现金流量按一定的贴现率贴现的现值除以初始投资之商。它反映每元初始投资所带来的贴现后的净收益，其计算公式为：

$$PI=\sum_{t=0}^{n}\frac{CI_t}{(1+i)^t}\div\sum_{t=0}^{n}\frac{CO_t}{(1+i)^t}$$

（5）内含报酬率法。内含报酬率（IRR）是指使投资项目的现金流入量的现值等于现金流出量现值的贴现率，即使净现值等于零时的贴现率，通过计算内含报酬率可以了解各个投资项目本身可以达到的具体投资报酬率是多少，其计算公式为：

$$\sum_{t=0}^{n}\frac{CI_t}{(1+i)^t}=\sum_{t=0}^{n}\frac{CO_t}{(1+i)^t}$$

◇ 案例实践

我们以表格中三种不同的投资方式为例，分别运用投资回收期、投资报酬率、净现值、获利指数、内含报酬率五种投资决策分析方法来分析投资方案的可行性（见表6–1），从财务角度选出最优的投资方案（假设贴现率为10%，第1、第2、第3、第4年的复利现值系数分别为0.9091、0.8264、0.7513、0.6830）。

表6–1　　三种不同投资方案对比

期间	A方案（元）		B方案（元）		C方案（元）	
	净收益	现金净流量	净收益	现金净流量	净收益	现金净流量
—	—	-10 000	—	-10 000	—	-20 000
第1年	600	5 600	1 000	3 500	1 500	5 250
第2年	600	5 600	1 000	3 500	2 000	7 000
第3年	—	—	1 000	3 500	2 500	8 750
第4年	—	—	1 000	3 500	2 000	7 000
合计	1 200	1 200	4 000	4 000	8 000	8 000

以下是五种投资方案的对比。

（1）投资回收期法。

A方案：第2年现金流量为正。投资回收期=（2–1）+（10 000–5 600）÷5 600=1.79（年）

B方案：第3年现金流量为正。投资回收期=（3–1）+（10 000–3 500–3 500）÷3 500=2.86（年）

C方案：第3年现金流量为正。投资回收期=（3–1）+（20 000–5 250–7 000）÷8 750=2.89（年）

A方案投资回收期最小，如果用这种方法计算，显然应该选择A方案。但是这一指标没有考虑资金的时间价值，没有考虑回收期满后的现金流量状况，因而不能充分说明问题。

（2）平均投资报酬率法。

A方案：ARR=（600+600）÷2÷10 000×100%=6%

B方案：ARR=（1 000+1 000+1 000+1 000）÷4÷10 000×100%=10%

C方案：ARR=（1 500+2 000+2 500+2 000）÷4÷20 000×100%=10%

由此可以看出，A方案的回收期虽然最短，但它的投资报酬率最低。方案B与方案C的报酬率相等。ARR指标也没有考虑资金的时间价值，把第一年现金流量的价值与最后一年现金流量的价值等同看待，有时会作出错误的决策。

（3）净现值法。

A方案：NPV=（5 600×0.9091+5 600×0.8264）–10 000=–281（元）

B方案：NPV=（3 500×0.9091+3 500×0.8264+3 500×0.7513+3 500×0.6830）–10 000= 1 094（元）

C方案：NPV=（5 250×0.9091+7 000×0.8264+8 750×0.7513+7 000×0.6830）–

20 000= 1 912（元）

由此可以看出，A方案净现值小于零，说明并没有达到预期的报酬率。B方案和C方案的*NPV*都大于零，说明方案B和C都可取，C方案的净现值最大，但是方案C的原始投资额也大，因此无法用净现值来判断方案B与方案C的优劣。

（4）获利指数（现值指数）法。

A方案：PI =（5 600 × 0.9091+5 600 × 0.8264）÷ 10 000=0.9719

B方案：PI =（3 500 × 0.9091+3 500 × 0.8264+3 500 × 0.7513+3 500 × 0.6830）÷ 10 000 =1.1094

C方案：PI =（5 250 × 0.9091+7 000 × 0.8264+8 750 × 0.7513+7 000 × 0.6830）÷ 20 000 = 1.0956

PI<1，表明其报酬率没有达到预定的贴现率，方案B和C的获利指数均超过1，说明报酬率均已超过预定的贴现率，两个方案均可取。

（5）内含报酬率法。

因为A、B方案每年的现金净流量相等，所以可以把现金净流量看作年金，用下列公式算出年金现值系数。

年金现值系数=投资现值 ÷ 现金净流量

方案A年金现值系数=10 000 ÷ 5 600=1.7857

查年金现值表，7%的现值为1.808，8%的现值为1.7833，说明方案A的投资报酬率在7%~8%之间，用内插法可求得A方案的*IRR*=7.9028%；同理求得B方案的*IRR*=14.9663%。

因为C方案的现金净流量不等，因此要先估计一个年金现值系数，据此再推算出一个贴现率，进行第一期测试，如净现值>0，则应稍提高贴现率再测试，如净现值<0，则应稍降低贴现率，经反复测试找出由正到负或由负到正的两个净现值，估计的年金现值系数可用下面的公式算出。

估计的年金现值系数=投资总额 ÷ 年平均现金净流量

C方案估计的年金现值系数=20 000 ÷（5 250+7 000+8 750+7 000）÷ 4=2.8571，查年金现值表n=4时，最接近2.8571的是2.855，对应的i=15%。

当i=15%时，*NPV*=（5 250 × 0.8696+7 000 × 0.7561+8 750 × 0.6575+7 000 × 0.5718）−20 000=−386<0。当i=14%时，*NPV*=（5 250 × 0.8772+7 000 × 0.7695+8 750 × 0.6750+7 000 × 0.5921）−20 000=43>0，说明14% <*IRR*<15%。用内插法可求得*IRR*=14.1%。

因为A方案的*IRR*=7.9028% <10%，说明A方案的报酬率未达到预定投资报酬率，应该舍弃该方案。方案B和方案C均可取，又因为B方案的*IRR*最大，如果用内含报酬率来判断，则方案B优于方案C。

固定资产投资管理是企业投资管理中重要的内容，这不仅因为固定资产投资在企业资产总额中占有较大的比重，更主要的是因为固定资产投资决策属于企业的战略性决策，一旦投入资金，便难以在短期内予以改变。固定资产投资决策的正确与否在很大程度上决定着企业的发展前景，有时甚至决定企业的生死存亡。因此对固定资产投资决策必须加倍审慎，要在认真调查研究的基础上根据客观形势发展需要决定。

在进行固定资产投资时，要提出各种可行的备选方案，充分利用会计核算资料和其他有关信息资料，利用各种专门方法对各备选方案进行科学的测算和缜密分析、比较，从中选出最优方案。

3.利用经营杠杆进行固定资产投资决策

只要存在固定成本，经营杠杆就会悄然发生作用。如果能在企业经营决策、投资决策中平衡好经营杠杆，就能帮助企业更好地控制风险、创造效益。我们可以在预测企业的经营业绩、评估企业的经营风险、评价企业的投资方案时利用经营杠杆的知识。

（1）预测企业的经营业绩。产品销售是企业的利润之源，而企业产品的销售数量受市场供求关系的影响而产生波动，从而影响着企业的利润水平。那么，企业的管理者必须及时、准确地预测市场行情的变化对企业利润的影响程度，采取有效措施，把不利影响降到最低或控制在可接受范围之内。经营杠杆系数正是这样一个描述市场供求波动对企业经营利润影响程度，反映企业抵抗市场风险能力的重要财务指标。根据经营杠杆系数的公式，可以推导出目标期息税前利润的计算公式。

目标期息税前利润=基期息税前利润×（1+经营杠杆系数×预计销售额变动率）

假设乙公司基期息税前利润为100万元，经营杠杆系数为2。当预计销售额变动率为20%时，目标期息税前利润将以销售额变动率2倍的幅度增加，达到140万元；反之，当预计销售额变动率为-20%时，目标期息税前利润将以销售额变动率2倍的幅度减少，降为60万元。

（2）评估企业的经营风险。经营杠杆系数既可以用来衡量经营杠杆的大小，也可以用来反映、评价企业经营风险的强弱，经营杠杆的大小与经营风险的强弱存在着对应关系，可以用经营杠杆来反映企业的经营风险。

经营风险的根源在于企业生产经营中存在的诸多不确定性因素，如战略选择、产品定价、销售策略等，这些不确定因素会导致销量的变化，进而造成生产经营成果的变动。经营杠杆发挥作用的支点——固定成本，是不随销量的变化而变化的，不在“不确定因素”之列，因此经营杠杆不是经营风险的根源。但是，当销量发生变动时，固定成本就会参与影响生产经营成果的过程，它的作用是使生产经营成果发生更大程度的变动，使企业的经营风险变大。经营杠杆可以加剧企业的经营风险。

那么企业怎样通过控制经营杠杆来控制经营风险呢？

第一，调节固定成本的比重。如果企业的经营处于衰退期，此时较高的经营杠杆会导致企业的盈利波动巨大，经营风险相应也会很大。为了降低经营风险，企业可以通过减少固定成本的比重来削弱经营杠杆的作用，增强企业盈利的稳定性，进而提高企业在市场中的竞争能力。

第二，提高销售额。在企业生产能力许可，而且不至于过度使用企业资源的情况下，努力提高销售收入，提高市场占有率，并通过合理的定价策略降低企业的经营杠杆，增强企业的自身实力，减少外部因素对企业盈利稳定性的影响，可以增强企业的抗风险能力。

第三，建立风险防范体系。企业的风险防范是一个综合的系统工程，企业的经营风险可能来自很多方面，企业需要在生产、销售、财务等各方面建立风险预警机制。当然，也可以把经营杠杆系数作为风险预警的一个重要指标。

（3）评价企业的投资方案。当企业存在闲置资金的时候，会将多余的资金用来投资，而企业投资可分为长期投资和短期投资。由于长期投资的影响时间长，投入金额大，不确定性因素多、风险大，所以，长期投资成功与否关系到企业的兴衰。

投资一旦形成，往往会给企业的后续经营带来巨额的固定成本，经营杠杆效应也就随之产生。由投资转化而来的固定成本越大，在经营杠杆的作用下，息税前利润随销售额的变动幅度越大，表明企业的经营风险越大。因此，投资人在投资前就应该充分地考虑到经营杠杆作用，计算经营杠杆系数，判断经营风险，并将企业的承受能力及对待风险的态度结合起来，判定其能否承受风险，决定其是否进行投资。

案例分析

某公司只生产一种产品，年固定成本总额为80万元，单位产品变动成本为30元，单位售价为50元，2019年销售了8万件。公司拟在第2年购置新设备，假设采用新技术，将会使固定成本总额增至140万元，单位变动成本下降至20元，以下将通过编制设备购置前后相关数据对比表进行说明。

由表6–2可以看出，公司购进设备之后，固定成本增加，经营杠杆系数提高，在销量增减变动10%的情况下，息税前利润的变动幅度变大。购置新设备之后，公司如果销量下降10%，那么息税前利润就会下降38.7%，高于不购置新设备情况下的下降幅度33%。

因此，假如公司的产品正处于成长期，在公司销量持续增长的情况下，可以购置新设备，这样可以充分利用经营杠杆的乘数作用，使公司获得更多的经营利润。但是，如果公司的销量处于下降期，那么由于经营杠杆的影响，会导致利润下降的幅度更大，企业的经营风险更大，这时候不宜增加长期投资。

表6-2　　公司设备购置前后相关数据对比

情况	不购置新设备			购置新设备		
	经营杠杆系数	息税前利润（万元）	利润增长率（%）	经营杠杆系数	息税前利润（万元）	利润增长率（%）
销量不变	2	80	—	2.4	100	—
销量增长10%	1.83	96	20	2.13	124	24
销量下降10%	2.25	64	-33	2.84	76	-38.7

三、无形资产投资

（一）无形资产投资特点

1.无形资产投资的多样性

有的无形资产投资采用企业自行研究开发的形式，有的则直接采用从外部购入的形式，有的间接地采用接受投资转入形式，有的采与其他企业合作开发的形式等。无论无形资产投资采用何种形式，都要求投资决策必须对其成本和收益进行全面而又具体的分析。

2.无形资产投资的难预测性

在无形资产投资决策中，不仅投资期难以准确预测，而且收益期更难准确预测。这一事实，将妨碍投资决策的严肃性和科学性，进而会危及投资决策结果的合理性。如发明和申请一项专利，可能需要3年，也可能需要5年，发明和申请所需要的准确时间，在投资决策时很难说清，在专利权取得以后，究竟能在多长时间内给企业带来超额收益，在投资决策时，也很难确定。

3.无形资产投资的不确定性

从理论上讲，无形资产投资所形成的无形资产肯定能给企业带来超出一般收益水平的收益，即超额收益。但这种超额收益到底有多大，要受到诸多因素的影响。例如，宏观经济形势变化、原材料等多种经营要素市场供求关系变化、企业的生产能力利用情况变化、职工的操作技能变化、企业管理水平变化等。

（二）无形资产投资决策

1.无形资产投资决策程序

（1）提出无形资产投资方案。由企业高层领导机构提出商标权、著作权、管理诀窍等无形资产投资的设想，如设计什么商标、创意要求、最终目的；由技术研发部门提出专利权、技术秘密、配方等无形资产的投资方案；由销售部提出建立营销网络的提议；最后由无形资产管理机构汇总备案。

（2）进行投资方案的可行性论证。由提出无形资产投资方案的部门对无形资产研制与开发的前景进行预测，包括无形资产预期现金流量、预期现金流量的风险、资金成本的一般水平及无形资产预期经济寿命等，作为对各种无形资产投资方案的比较基础，然后采用一定的方法对无形资产投资回收时间、投资收益率、净现值收益、内部报酬率、现值指数进行评价。

（3）对投资方案进行选择。无形资产管理机构组织有关领导、专家对无形资产投资的可行性报告进行评价，作出最终的决策。对企业经济效益产生重大影响的投资方案，如果通过其可行性研究报告，应作为优选方案；对于可行性论证报告没有通过的方案，应予以否决。

（4）实施无形资产投资方案。对于已经通过的无形资产方案应组织有关部门开始无形资产的研制与开发、购买、引进等事宜，但在实施方案的过程中，要注意现金流量、资金成本、经济寿命等重要因素的变动，随时进行信息的反馈，以便修正投资方案，必要时采取措施予以补救。

2.无形资产投资决策方法

（1）净现值法。净现值是指在特定的投资方案中，未来流入现金的现值与未来流出现金的现值之间的差额。净现值法是指将净现值作为评价无形资产投资方案优劣的指标，具体做法是：按期望的报酬率，将所有未来现金流入和未来现金流出折算为现值，然后计算其差额。用净现值法对独立的方案进行评价时，如果净现值大于零，说明投资方案的净收益大于投资额，方案可行；如果净现值小于零，说明投资方案的净收益小于投资额，方案不可行。用净现值同时对几个方案进行评价时，净现值越大，方案越好。

（2）内部报酬率法。内部报酬率法就是采用内部报酬率作为投资方案评价的指标。内部报酬率是指使投资方案的净现值等于零的贴现率，即：使未来现金流入量现值等于未来现金流出量现值的折现率。如果计算的内部报酬率高于该企业的期望投资报酬率，则该投资方案可行；相反，如果计算的内部报酬率低于该企业的期望投资报酬率，则该投资方案不可行。

（3）回收期法。回收期是指投资引起的现金流入累计到与投资额相等所需的时间。回收期法就是根据回收原始投资额所需时间的长短来进行投资决策的方法。回收期越短，方案越好。回收期的计算公式如下：

原始投资一次性支出，且每年的现金净流入量相等时：

回收期=投资总额 ÷ 每年的现金流入量

如果现金流入量每年不相等，或原始投资是分n年投入的，则：

$$\text{投资总额}=\sum_{t=1}^{n}\text{累计净现金流入}$$

当投资方案的回收期小于或等于期望的回收期时，就可以接受该投资方案；当投资方案的回收期大于期望的回收期时，就要拒绝该投资方案。如果有多个投资方案需要进行选择的话，就要选择回收期最短的方案。

（4）平均报酬率法。平均报酬率是指平均每年的净现金流入与原始投资额的比率。这种方法主要是将平均报酬率作为投资方案好坏指标的方法。平均报酬率越高，说明获利能力越强；反之，则获利能力越差。

平均报酬率的计算公式如下：

平均报酬率=平均每年净现金流入 ÷ 投资总额

当投资方案的平均报酬率大于或等于期望的平均报酬率，则可以接受该投资方案；相反，当投资方案的平均报酬率小于期望的平均报酬率，则拒绝接受该投资方案。如果有多个投资方案需要进行选择的话，则选择平均报酬率最高的那个。

（5）会计收益率法。会计收益率法就是将会计收益率作为选择投资方案的一个指标。这种方法计算比较简单，在实际应用中也比较广泛。会计收益率法的计算公式如下：

会计收益率法=（年平均净收益 ÷ 原始投资额）× 100%

当投资方案的会计收益率大于或等于期望的会计收益率时，则可以接受该投资方案；相反，当投资方案的会计收益率小于期望的会计收益率时，则拒绝接受该投资方案。如果有多个投资方案需要进行选择的话，则选择会计收益率最大的那个。

实务应用

假设贴现率为10%，有两个无形资产的投资方案，使用净现值法进行决策（见表6–3）。

表6–3　无形资产投资方案　单位：元

	期间	0	1	2	3	合计
A	净收益	—	1 800	3 240	—	5 040
	现金流量	−20 000	11 500	13 540	—	5 040
B	净收益	—	−1 800	3 000	3 000	4 200
	现金流量	−9 000	1 200	6 000	6 000	4 200

假设贴现率为10%，有两个无形资产的投资方案，请分别使用净现值法和会计收益率法进行决策。

（1）净现值法。

$$\text{净现值（A）}=-20\ 000+11\ 500\times\frac{1}{1+10\%}+13\ 540\times\frac{1}{(1+10\%)^2}=1\ 645\text{（元）}$$

$$净现值（B）=-9\,000+1\,200\times\frac{1}{1+10\%}+6\,000\times\frac{1}{(1+10\%)^2}+6\,000\times\frac{1}{(1+10\%)^2}$$
$$=1\,557（元）$$

A、B方案的净现值大于零，说明投资方案的净收益大于投资额，方案可行。A方案的净现值大于B方案，因此选A方案更优。

（2）会计收益率法。

若投资方案的期望会计收益率为12%，

会计收益率（A）=［（1 800+3 240）÷2］÷20 000×100%=12.6%

会计收益率（B）=［（-1 800+3 000+3 000）÷3］÷9 000×100%=15.6%

A和B两个方案的会计收益率均大于期望收益率，但B方案的收益率比A方案的高，所以选择B方案。

会计收效率法没有考虑资金的时间价值，是一种非贴现项目评估方法，通常只在项目初步评估时使用。

四、重资产与轻资产

重资产是指企业所持有的如厂房、原材料等有形的资产。轻资产主要是企业的无形资产，包括企业的经验、规范的管理流程、治理制度、品牌、客户关系等。轻资产又称轻资产运营，一般是指投入的资本较少，且可以快速变现或转换的一种模式。轻资产运营模式下，企业紧紧抓住自己的核心业务，而将非核心业务如物流、生产等外包出去。在经济迅猛发展的当下，“变轻”不仅仅是一种选择，也是一种必然。

（一）重资产和轻资产的区别

1. 投资回报比例不同

轻资产公司以较少的资金投入，获得较大的利润，回报利润率较高；重资产公司以较大的资金投入，获得较少的利润回报，并且还伴随着高折损，利润率较低。

2. 公司类型不同

轻资产的公司通常是以强大的品牌获得利润的公司，如高档酒、名牌服装等，是固定资产投入较少的公司，如商业、银行、地产等；重资产公司固定资产投入较大，产品更新后需要更新生产线，资产折旧率高，如大多数机械制造企业。

3. 表现形式不同

轻资产一般是指企业的无形资产，也就是非固定资产；重资产一般是指企业的有形资产，也就是固定资产。

轻资产和重资产没有绝对的好坏，虽然越来越多的企业开始向轻资产化转型，但是重资产也是有一定的优势的。例如，重资产资本投入大、门槛高，运营模式不易被效仿，易形成寡头垄断，产生规模效应。

“轻资产运营”是国际著名管理顾问公司麦肯锡特别推崇的战略，以轻资产模式扩张，与以自有资本经营相比，可以获得更强的盈利能力，更快的速度与更持续的增长力。轻资产运营已经是现代企业的一种新型发展模式，而且大部分投资者都对轻资产运营的企业更为青睐。但轻资产模式也是有风险的，例如，轻资产企业可能会丧失核心技术或生产工艺，而且轻资产运营的模式很容易被模仿，难以形成中长期的竞争优势。

（二）重资产的剥离方式

重资产会占用企业大量的资金，机会成本的耗费太大，折旧费用形成大量固定成本，后续还会不断发生更新、维护的相关费用。经营上还存在“瓶颈效应”，企业如果想继续获得更大的规模、效益，就必须再次投入大量的资金。而且重资产的流动性较差，容易引发财务危机。所以，现在越来越多的企业被迫调整战略，从重资产模式走向轻资产模式，常用的方式有以下三种。

1. 以租代购

以租代购，是一种让企业既能有足够的发展资金提高业务，又不降低硬件设施水平的资产管理运营方法。租赁能够降低资产获取门槛，减少一次性投入，企业能够更合理地规划资金使用。企业资金短缺的情况下，使用租赁方式，可使企业资金周转更灵活。

2. 外包、分拆、转让

外包的一大好处是让固定成本成为变动成本。以仓储为例，原来自己建仓库，如果业务增长30%，仓储面积就得增加30%，一般的仓库可能没有那么多的富余量，那就得新建或新租仓库，仓储成本的增加远大于30%；现在外包给专门的仓储供应商，需要增加的仓库面积，仓储供应商可直接提供，多付30%的费用就行，甚至可以更少，因为你给仓储供应商的业务更多了。这样，原本作为固定成本的仓储费，现在变成了变动成本，并随着业务量按比例变动。

分拆资产也是一种重资产剥离的方法。从重资产释放出来的资本金会重新配置到经营环境，如果资产的质量相对不错，那么拆分出来成为独立的公司甚至上市，都是不错的选择。例如，通用汽车剥离零部件制造成立德尔福，波音拆分重资产的制造业务成立势必锐航空系统公司，后来两者都独立上市了。同样，京东剥离京东物流，走的是类似的路，也是希望日后能独立上市。

如果分拆不成，转让就成了不错选择，前提是能找到接盘者。在半导体制造业，格罗方德成了不良资产的“接盘侠”，先后接下AMD、特许半导体、IBM的芯片制造业务等。很多品牌公司在剥离制造业务时，往往以半卖半送的方式给这些“接盘侠”，而“接盘侠”除了接下这些资产和相关人员外，同时获得一定期限的业务，甚至是以独占形式获得。苹果当年把美国科罗拉多州的制造设施卖给SCI，就是采用这种做法。

3.停产、转产、关停

停产就是停止生产，对于周期性较强的行业，经常选择停产一段时间，等待下一个行业高峰期的到来。我们这里说的停产，是产能过剩的重资产情况，听上去是为保留希望，希望以后生意好的时候翻盘，但停产期间依然会产生成本费用，而且短痛可能变成长痛。

在短缺经济时代，经常听到“转产”一词，但近年来越来越少的重资产企业通过转产转型，因为重资产的刚性大，转产往往需要设备改造等，意味着投入更多的重资产，所以要谨慎。

如果无法拆分，无法转让，也无法停产或转产，那就关厂。关厂最彻底，一刀斩断，长痛不如短痛。但这会导致很多人失业，会导致企业形象受损。从经济效益来说，关厂有时的确是经济上最优的选择，所以不时就有大公司关厂。

威奇塔是美国堪萨斯州的州府，波音长期以来在那里生产关键零部件和子系统。2001年“9·11”恐怖袭击事件后，航空业陷入低迷，威奇塔工厂的产能利用率只有50%。人工费高、劳工关系差、退休金开支大，都成了威奇塔的沉重负担。卖掉威奇塔工厂，剥离重资产，让波音得以聚焦于产品设计、系统集成等高附加值的业务。

案例分析

泛林集团剥离重资产①

泛林集团是美国一家从事设计和制造半导体加工设备的公司，该公司是《财富》世界500强企业，2019年营收在100亿美元左右，平均净利润率是21.8%，是全球主要的半导体设备制造商之一。但是半导体设备行业周期性非常强，几年好、几年差，好的时候订单半年可以翻一番，雇人都来不及；差的时候一个季度订单可以掉一半，裁人都来不及。于是，长期以来，泛林集团一直在雇人与裁人、开厂与关厂之间徘徊。

① 资料来源：根据网络资料整理分析而成。

后来，泛林集团采取了多种措施，比如通过精益生产来改善制造，通过全球寻源来降低采购成本等，但还是无法改变固定成本高的问题。在周期性变化下，产能无法成比例地扩张与收缩，固定成本无法随着业务量同比例调整。

2001年，互联网泡沫破裂，对半导体设备行业的打击尤其大，痛定思痛，泛林集团开始推行外包战略，将仓储、物流、生产、IT、财务、人事等业务都外包了，并关闭了很多工厂、仓库，总部也由原来的十几栋楼收缩到四栋，固定资产显著减少。外包战略为泛林集团带来显著的绩效改善，公司的固定资产大幅减少，固定资产周转率迅速提高，泛林集团的股价也从2003年的10余美元，一路飙升到2007年的50多美元。

（三）轻资产重塑未来商业

2020年，5G和AI技术的应用，使世界经济进入新一轮的产业大变革，经济社会转向“轻资产时代”。预计未来十年数智经济占GDP比重将会达到2/3，建筑、基建、制造、能源、钢铁、农业等传统重资产行业都将迎来数智化的轻资产转型。

传统重资产让旧的商业世界变得越来越重，到处是产能过剩的工厂、泛滥的污染和拔地而起的建筑；数字资产则让新的商业世界变得越来越轻，各种要素资源被高效利用并被智能化排列组合，市场供需匹配和对接效率得到空前提高。在5G和AI技术背景下，新兴商业世界正产生着剧烈变化。

（1）新经济：智慧商业集体进化。“数智经济”与“互联网+”和“产业互联网”的逻辑都不同，万物感应、万物智联、万物智能将赋予物理世界的机械生产力以“数字镜像”，轻资产将驾驭重资产带来数字生产力，“看不见的脑”将代替看不见的手发挥起资源配置的作用，人类已开启一个崭新的轻资产“数字生产力”时代。

（2）新规则：新兴商业中奉行商业向心力生态竞争的企业越来越多，传统管理模式被颠覆，管理模式呈现出强中心、共生化、无边界和自驱动的特征。阿里巴巴不能命令网店必须打折，滴滴难以指挥平台司机加班或休息，今日头条左右不了自媒体人写什么选题……新兴商业中遍布的高度自治的个体，不会像传统商业一样等待被动安排，而是呈现“自驱动”特征。

（3）新趋势：传统经济将与数字经济建立起高耦合的关系，催生出与物理世界“平行”的虚拟数字镜像。例如，车联网系统是在物理世界的车辆交通基础上建立起来的“物理镜像”，它借助云计算、AI、边缘计算等进行对车流的路径进行线上“推演”，系统从成千上万种流量方案中寻找到一个最优解，反馈给物理世界里的每一辆汽车及各种辅助交通设施。

（4）新巨头：在新的竞争规则和发展趋势下，一批数智经济新巨头崭露头角，它们共同搭建起中国未来智慧商业世界里的底层架构，成为中国经济新一轮效率崛起的新变量。《2020中国数智经济商业向心力趋势报告》从“技术核心层、价值创造层、环境友好层”三项指标对数智经济企业进行排名，前30名包括以华为、阿里、腾讯等为代表的8家智慧商业底层操作系统平台，和以美团、苏宁、菜鸟等为代表的13家智慧商业全链对接平台，以及海尔、台积电、海康威视等为代表聚焦智能软硬件服务及开发的9家开放智能体。

第二节 企业对外投资

项目需求

企业如何进行对外投资？

小王的企业运营多年，沉淀下来一笔不菲的闲置资金。小王想扩大规模，自主解决材料来源问题，开辟企业新的产品市场。小王通过什么途径可以提高资金的使用效益，并实现企业扩张的目的？

项目分析

企业对外投资包括股权投资和债权投资，一般来说，投资盈利和回收额大于投资成本的项目才值得投资。对外投资成本包括：前期费用、实际投资额、资金成本和投资回收费用。对于股权投资，主要的分析方法有市盈率法、市净率法和现金流量折现法等，对于债权投资，主要分析方法有实际利率法。

企业对外投资是相对于对内投资而言的，是指企业在其本身经营的主要业务以外，以现金、实物、无形资产方式，或者以购买股票、债券等有价证券方式向境内外的其他单位进行投资。在市场经济特别是发展横向经济联合的条件下，企业对外投资已成为企业财务活动的重要内容。企业对外投资主要以金融投资为主，主要包括股权投资和债权投资两种形式。企业通过金融运作，可以在更大范围和程度上实施自己的发展战略，并为企业闲置资金寻找获取收益的机会。

一、企业股权投资

（一）什么是企业股权投资

企业股权投资是企业为参与或控制某一公司的经营活动而投资购买该企业股权的行为。股权投资可以发生在公开的交易市场上，也可以发生在公司的发起设立或募集设立场合，还可以发生在股份的非公开转让场合。

股权投资通常是为长期（至少在一年以上）持有一个公司的股票或长期投资一个公司，以期达到控制被投资单位，或者对被投资单位施加重大影响，或者为了与被投资单位建立密切关系，以分散经营风险的目的。例如，被投资单位生产的产品为投资企业生产所需的原材料，在市场上这种原材料的价格波动较大，且不能保证供应。在这种情况下，投资企业通过所持股份，达到控制或对被投资单位施加重大影响，使其生产所需的原材料能够直接从被投资单位取得，而且价格比较稳定，保证其生产经营的顺利进行。但是，如果被投资单位经营状况不佳，或者进行破产清算时，投资企业作为股东，也需要承担相应的投资损失。

通常，企业进行股权投资的动因主要有以下五个方面：

（1）获取收益，包括获得股利和资本利得。股权投资的利润空间相当广阔，一是企业的分红，二是一旦企业上市则会有更为丰厚的回报。

（2）获得资产控制权，通过资产的调整、调度和增值来获得利益。

（3）参与经营决策，以分散风险，发现商业机会。

（4）调整资产结构，增加可流动资产。

（5）投机，以获取买卖价格的差额。

拓展阅读

互联网企业的对外股权投资

无论国内还是海外，资本在互联网世界里扮演着越来越重要的角色。这是由互联网的行业特性决定的。因为互联网存在网络效应，强者愈强，很多服务最终都会呈现垄断格局，这意味着抢得先机非常重要。互联网企业跟制造业不同，制造业就算竞争对手做出来新产品，其他企业依然可以靠自己的研发投入追上去，不会完全没有机会。但是在互联网领域，一旦一项产品或服务成功了，那其他的产品往往就没有存在的必要了。所以如果新兴的竞争对手已经推出了一款成功的新产品，那么相比自己投研发再去推广产品，用资本参与进去、甚至直接收购，就是效率更高的选择了。所以，互联网领域越来越多企业开始通过对外股权投资来构建更庞大的生态。例如，截至2020年6月13日，国内八大互联网巨头对外投资及并购事件共114笔，如表6–4所示。其中腾讯投资数量最多，高达43笔。

表6–4　　　　互联网企巨头外投资情况

序号	公司名称	投资数量（笔）	独投数量（笔）	独投披露金额（亿元）
1	腾讯	43	24	53.2
2	小米	18	12	10.3
3	阿里	16	12	103.6
4	百度	13	5	13.1
5	字节跳动	10	7	1.9
6	京东	7	5	7.1
7	美团	6	2	1
8	滴滴出行	1	0	0

（二）企业股权投资的类型

企业股权投资主要有四种类型：

（1）控制。控制是指投资者有权决定另一家企业的财务和经营决策，并能据以从该企业的经营活动中获取利益。

（2）共同控制。共同控制是指按合同约定对某项经济活动所共有的控制。在共同控制情形下，多个投资者的持股比例相当，不存在持股比例明显多于其他股东的股东。

（3）重大影响。重大影响是指投资者对一个企业的财务和经营政策有参与决策的权力，但并不能够控制或者与其他方一起共同控制这些政策的制定。例如，在被投资单位的董事会或类似权力机构中派有代表；参与被投资单位财务和经营政策制定过程；与被投资单位之间发生重要交易；向被投资单位派出管理人员；向被投资单位提供关键技术资料。

（4）无控制。无控制是指投资者对被投资企业不存在控制、共同控制，且无重大影响。

（三）企业股权投资的核算

1.权益法核算

投资企业对被投资单位具有控制、共同控制或重大影响的，长期股权投资应采用权益法核算。采用权益法时，投资企业应在取得股权投资后，按应享有被投资单位当年实现的净利润或应分担被投资单位当年发生的净亏损的份额（法规或公司章程规定不属于投资企业的净利润除外），调整投资的账面价值，并确认为当期投资损益。投资企业按被投资单位宣告分派的利润或现金股利计算应分得的部分，相应减少投资的账面价值。

企业应当定期对长期投资的账面价值逐项进行检查，至少于每年年末检查一次。如果由于市价持续下跌或被投资单位经营状况变化等原因导致其可收回金额低于投资的账面价值，应将可收回金额低于长期投资账面价值的差额，确认为当期投资损失。

2.成本法核算

投资企业对被投资单位无控制、无共同控制且无重大影响的，长期股权投资应采用成本法核算。采用成本法时，除追加或收回投资外，长期股权投资的账面价值一般应保持不变。被投资单位宣告分派的利润或现金股利，确认为当期投资收益。投资企业确认投资收益，仅限于所获得的被投资单位在接受投资后产生的累积净利润的分配额，所获得的被投资单位宣告分派的利润或现金股利超过上述数额的部分，作为初始投资成本的收回，冲减投资的账面价值。

（四）企业股权投资的原则

股权投资是企业的一种投资方式，在增强企业竞争力等方面具有很多好处，但是也会有很多的风险。也就是说，企业股权投资是收益与风险共存的。因此，企业在进行股权投资时应坚持以下四个原则。

1.端正投资态度

股权投资如同与他人合伙做生意，追求的是本金的安全和持续、稳定的投资回报，不论投资的公司能否在证券市场上市，只要它能给投资人带来可观的投资回报，即为理想的投资对象。由于公司上市能够带来股权价格的大幅上升，一些投资者急功近利的心态使其过于关注“企业上市”概念，以至于忽略了对企业本身的了解，这样就放大了投资风险，也给一些骗子带来了可乘之机。事实证明，很多以“海外上市”、暴利等为名义的投资诱惑，往往以骗局告终。毕竟，能上市的公司总是少数，寻找优质公司才是投资的正道。

2.要了解自己所投资的公司

股权投资跟拍电影一样，没有任何机构、任何人会保证每个股权投资都有好的票房。大部分股权投资失败，都是因为目标公司的股权分配不合理，管理团队矛盾频发而导致团队土崩瓦解。所以，选择一个好的项目，就要求我们在选择项目前做好充足的尽职调查，对目标公司的股权结构、管理团队、行业进入壁垒、行业集中度、市场占有率和主要竞争对手、商业模式、发展及盈利预期、政策与监管环境等进行充足的了解。

3.要了解项目是否具有市场

股权投资能够成功的一个很大的因素，取决于这个项目在市场中是否具有发展前景。因此，在投资过程中要多关注国家政策重点扶持的产业，如环保、军工、互联网教育、工业4.0、医疗健康等。选择具有良好成长性及足够爆发式增长的项目进行投资。

4.要控制投资成本

即使是优质公司，假如买入股权价格过高，也还是会导致投资回收期过长、投资回报率下降。因此，投资股权时一定要计算好按公司正常盈利水平收回投资成本的时间。通常情况下，时间要控制在10年之内。但有的投资者在买入股权时，总是拿股权上市后的价格与买入成本比较，很少考虑如果公司不能上市，何时才能收回成本，这种追求暴利的心态往往会使投资风险骤然加大。

以在河南省股权登记托管中心进行股权挂牌的企业为例，其股权价格一般围绕公司净资产水平波动，这就为投资者控制投资成本提供了良好的条件，使其有可能发掘到经营稳定、净资产收益率较高的投资对象，分享企业成长中的收益。

拓展阅读

股权投资的利与弊

日本软银2000年斥资2 000万美元投资阿里巴巴，获得34%的股份，在IPO当日软银持有的阿里巴巴股份的市值就超过了600亿美元，回报率超过3 000倍。2008年今日资本给京东投资了1 000万美元，并在2008年金融危机时挺身继续加投，累计投资了约3 000万美元，在京东IPO当日持有7.8%的股份，以IPO当日收盘价计算，今日资本持有的股份价值超过了26亿美元，实现了超过150倍的回报。

从这些股权投资的成功案例中，我们看到了股权投资的诱人之处。其实，现实中也不乏有很多股权投资失败的案例。例如，2007年，今日资本和中山联动两家私募基金各投1.5亿元（各占3%的股权）给“真功夫”，但由于“真功夫”的两位创始人之间矛盾的爆发，让今日资本顶不住股东的压力而选择退出，而“真功夫”两大股东围绕控制权的持续斗争，也让企业元气大伤，这使得本应尽早上市的“真功夫”失去了抢占市场的良机，也失去了能和肯德基、麦当劳在中国三分天下的机会。

（五）企业股权投资分析评估方法

估值是投资重要的环节之一，也是投资协议的重要内容，投资前需要明确评估资产的公允价值。股权投资领域主要用到的估值方法有市盈率、市净率等相对估值和折现现金流法。

在股权投资领域，主要的分析方法有市盈率法（P/E法）、市净率法（P/B法）、市销率法（P/S法）和现金流量折现法（DCF法）。

1. 市盈率法（P/E法）

市盈率估值法是比较常见的对目标企业的估值方法，计算公式通常为：公司价值=估计市盈率×未来一年利润。其中，估计市盈率可以参照行业平均市盈率。

2. 市净率法（P/B法）

市净率=每股股价/每股净资产。市净率是从公司资产价值的角度去估计公司股票价格的基础，对于银行和保险公司这类资产负债多由货币资产所构成的企业股票的估值，以市净率法去分析较适宜。

通过市净率定价法估值时，首先应根据审核后的净资产计算出被估值公司的每股净资产；然后，根据二级市场的平均市净率、被估值公司的行业情况（同类行业公司股票的市净率）、公司的经营状况及其净资产收益率等拟定发行市净率（非上市公司的市净率一般要按可比上市公司市净率打折）；最后，依据发行市净率与每股净资产的乘积决定估值。计算公式通常为：公司价值=估计市净率×每股净资产。

值得注意的是，对账面价值的重置成本变动较快的公司和固定资产较少、商誉或知识财产权较多的服务行业来说，市净率法是不适用的。

3. 市销率法（P/S法）

市销率估值法是一种利用公司的总市值和主营业务收入来估计公司价值的方法。市销率=公司总市值/公司过去12个月的总业务收入=每股价格/每股销售额。也就是说，市销率显示了公司每一元销售额所对应的市场价值。市销率越低，说明公司的估值越具有吸引力。

市销率可以有效地评估尚未实现盈利或遭遇暂时挫折的成长型公司。例如，如果一家公司还没有实现盈利，投资者可以通过市销率来判断该公司股票是否被低估或高估。如果其市销率低于同行业中盈利的其他公司，则其价值可能被低估，投资者可考虑买入该股票。当然，这只是一个评价的因素，在确定股票是否值得投资时，市销率需要与其他财务指标一起分析使用。

通过市销率估计公司价值的计算公式通常为：公司价值=估计市销率×销售收入。

4. 现金流量折现法（DCF法）

现金流量折现法是通过预测公司将来的现金流量并按照一定的贴现率计算公司的现值，从而估计公司投资价值的定价方法。

现金流量折现法的计算公式为：

$$公司价值=\sum\frac{FCF_t}{(1+r)^t}+\frac{V}{(1+r)^T}$$

其中，FCF_t为预期的第t期自由现金流，r为贴现率，t为收益年限，V为期末自由现金流量。

案例分析

腾讯的大股东①

南非的Prosus公司是腾讯的第一大股东，是由南非投资公司Naspers分析出来的，曾一度占有腾讯百分之三四十的股份。

据《腾讯传》记载，2000年，马化腾带着腾讯寻求融资，却四下碰壁，就要山穷水尽。腾讯曾经拿到过IDG和盈科融资，但融资所得资金几乎全部用在了服务器添置上，用户急剧增加，盈利却遥遥无期，IDG和盈科不想再追加投资。马化腾等人分别找了搜狐、新浪、雅虎中国、金蝶、联想集团等公司，来为腾讯寻找融资，但均被拒绝。到2000年第四季度，腾讯注册用户可能在半年内突破1亿人，可全中国没有一个人愿意买它的股份，没有人意识到腾讯的流量资产将变得有多重要。

Naspers就是在这时出现的。2001年1月，南非MIH集团（Nasper子公司）购入腾讯46.5%的股权，作价3 200万美元。Naspers的投资救腾讯于水火中，从此之后，摆脱了资金短缺困扰的腾讯，开始高歌猛进。2004年腾讯上市后，其市值的一路高升也开始反哺Naspers。Naspers的核心业务曾经持续亏损，但从腾讯处拿到的分红弥补了其业绩上的不足。

2021年4月7日，Prosus发布公告称，其计划通过子公司出售至多1.9亿股腾讯控股股票，相当于腾讯已发行股本的2%。交易完成后，Prosus对腾讯的持股将从30.9%降至28.9%。按4月7日腾讯的收盘价629.5港元计算，该笔股份的价值约1 208亿港元，约合1 015亿元人民币。

① 资料来源：根据网络资料整理分析而成。

二、企业债权投资

（一）什么是企业债权投资

企业债权投资是指企业为取得债权所作的投资，如购买国库券、公司债券等。企业进行这种投资不是为了获得其他企业的剩余资产，而是为了获取高于银行存款利率的利息，并保证按期收回本息。企业债权投资其实就相当于企业把钱借给其他公司或政府等发行方，企业是债主，没有投票权，无论被投资者有无利润，企业都可以按照债权的约定定期收取利息，并且这个利息一般是固定的。

（二）企业债权投资的特点

相比较而言，企业债权投资通常具有如下三个特点。

1.债权投资安全性高

因为债权投资是在协议书签署时发售的，被投资者能够支付本金和利息，因而收入平稳、安全性高。尤其是国债，本金和利息支付由国家财政作为后盾，几乎没有风险，它是一种具备更高安全性的投资方式。

2.债权投资收益率较高

在我国，债权投资年利率高于银行存款利率。投资债券，投资人不仅能够得到比银行存款更高的平稳利息收入，还可利用债券价格变化来交易债券并获得利差。

3.债权投资流动性较强

债权投资具备较强的流动性。当债券持有者急需资金时，可以在二级市场上售出。随着金融市场变得越来越对外开放，债券的流动性不断提高。因而，作为投资专用工具，债券适合期待得到固定收入和投资期限比较长的投资人。

（三）企业债权投资的种类

债权性投资主要有以下四种：

（1）以公允价值计量且其变动计入当期损益的投资。这种投资包括交易性投资和指定为公允价值计量且其变动计入当期损益的投资。其中，交易性投资是指为了从价格的短期波动中获利而购置和持有的债权性金融资产；指定为公允价值计量且其变动计入当期损益的投资是指符合以下条件之一的债权性金融资产：该项指定可以消除或明显减少由于该金融资产的计量基础不同所导致的相关利得或损失在确认或计量方面不一致的情况；企业风险管理或投资策略的正式书面文件已载明，该金融资产组合或该金融资产和金融负债组合，以公允价值为基础进行管理、评价并向关键管理人员报告。

（2）贷款和应收款项。贷款和应收款项是指企业购置和持有的在活跃市场中没有报价、回收金额固定或可确定的非衍生金融资产。

（3）持有至到期投资。持有至到期投资是指企业购置和持有的到期日固定、回收金额固定或可确定，且企业有明确意图和能力持有至到期的非衍生金融资产。

（4）可供出售投资。可供出售投资是指初始确认时即被指定为可供出售的非衍生债权性金融资产，以及不能明确归入其他各类的非衍生债权性金融资产。

案例分析

企业债权投资案例

甲公司为上市公司，每年年末计提债券利息。甲公司发生的有关债权投资业务如下：2013年12月31日以21 909.19万元（包括交易费用9.19万元）的价格购入乙公司于2013年1月1日发行的五年期一次还本分期付息债券，债券面值总额为20 000万元，年末付息，票面年利率为6%。2018年1月1日收到本金和最后一期利息。合同约定，该债券的发行方在遇到特定情况时可以将债券赎回，且不需要为提前赎回支付额外款项。甲公司在购买该债券时，预计发行方不会提前赎回。

甲公司根据其管理该债券的业务模式和该债券的合同现金流量特征，将该债券分类为以摊余成本计量的金融资产。已知：复利现值系数（P/F，5%，4）=0.8227，后付年金现值系数（P/A，5%，4）=3.5460。

请计算甲公司对乙公司债权投资的实际收益率r，并结合当前市场利率分析其债权投资方案是否可取。

分析：对甲公司来说，其现金流收支如图6-1所示。

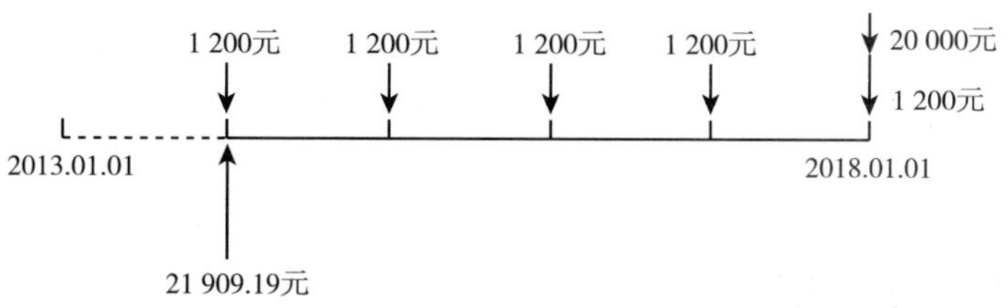

图6-1　现金流收支

按照收支相等原则，有：

20 000×6%+20 000×6%×（P/A，r，4）+20 000×（P/F，r，4）=21 909.19

当r=5%时，1 200+20 000×6%×3.546+20 000×0.8227≈21 909.19

所以，甲公司对乙公司债权投资的实际收益率r=5%。

市场利率通常用银行间同业拆借利率来衡量。2022年银行间同业拆借利率（LPR）为：1年期LPR为3.7%，5年期以上LPR为4.6%。由此看来，甲公司对乙公司的债权投资方案是可取的。

第三节 个人财富管理

项目需求

如何进行个人财富管理？

小王的食品加工厂近年来生意红火，取得了不错的经营利润。随着企业的成长壮大，个人也积累了不少的财富。在银行存款利率不断下行和通货膨胀率客观存在的情况下，小王想通过有效的财富管理实现个人资产的保值增值。小王考虑得比较长远，万一将来自己没有能力掌管这些家庭财富了，该如何将它们传承给下一代呢？此外，目前这样生意红火还好，万一哪天因为市场行情不好，个人/家庭资产也可能受到牵连。这些风险又该如何规避呢？

项目分析

个人财富管理常用的工具有债券、股票、基金、保险、信托等，在进行个人财富管理时，要明确自己的管理和投资目标，不同的目标配置的金融资产也应该不一样，还要量力而行，考虑自己的本金和对风险的承担能力。

一、个人财富管理

这是2017年7月的一则新闻：三年前，马女士将20万元现金交给父母保管，而父母将这笔钱放在了认为“最保险”的床下。三年后，马女士需要钱买房。父母打开床下的箱子时，一家人傻了眼，20万元人民币黏糊糊的，并且长满了霉斑。且不说这个钱还能不能继续使用，单纯算三年间的通货膨胀，这20万就贬值了不少。

对于这笔钱，有人说放家里不如放银行，定期存款省时省心，没有亏损的风险，还能获得利息。但是从财富管理角度来说，这种做法也不是最佳选择。什么是个人财富管理？怎么样才是好的个人财富管理？

（一）什么是个人财富管理

个人财富管理是指通过信用、保险、投资组合等一系列金融服务，对资产、负债和流动性进行管理，以满足个人或家庭的财务需求，达到降低风险，实现财富保值、增值和传承等目的。财富管理是一种长期性的整体规划，投资和传承都是它重要的组成部分。从创富、守富，到用富、传富，不同阶段我们需要不同的资产配置方案来保驾护航。

思考与讨论

得益于中国经济的快速发展和过去若干年实行的富民国策，财富人均水平和总规模都在不断增长。中国经济的转型升级和新常态带来的新需求，使很多民营家族企业从原先的制造业实现了向资本市场转型升级，这也带来了财富管理行业的快速发展。但是，总体来说，我们创造财富的能力远远超过了管理财富的能力。例如，中国民间最大的两个财富储存工具，分别是银行存款和投资性房地产，加起来的规模超过60%，根据央行公布的数据显示，截至2022年底，我国居民存款余额已经达到121万亿元以上，人均存款达到8.5万元以上，家庭平均存款更是超过24万元。然而银行存款利率却不断下行，目前一年期定期存款基准利率只有1.5%，远远低于通货膨胀率。随着中国经济转型，房地产市场的发展还会遇到更大的由政策监管带来的不确定性。你认为：我们是否有必要开启新的、更加合理的财富管理方式？

（二）为什么要进行财富管理

人的一生中会面临很多的风险，如失业、意外、患病等，也要面临很多需要钱的事情，如买房买车、子女教育、个人养老、日后的财产分配等。做好这些筹划，不仅仅是在管理财富，更是在规划我们的人生。

1.应对未知的风险

生活中我们会面临各种各样的风险。首先是失业风险。2019年，互联网行业迎来寒冬，各大公司纷纷裁员，网易裁员30%~40%，滴滴裁员15%，京东裁员万余名……近年来，受疫情影响，也有越来越多的人失去了工作。失去工作，意味着失去了经济来源，生活将陷入困境。其次是意外风险。火灾、爆炸、地震、空难等，或许你会觉得它们离自己很远，但这些意外，对每个人来说都是真实的存在，一旦发生，后果不堪设想。最后是疾病，尤其是大病风险。当我们上了年纪之后，疾病是无法避免的。更何况，现代社会年轻同胞患病也是越来越常见，甚至有更极端的情况——猝死。那么，面对这些可能的风险，我们应当作何准备?

提前做好储蓄和投资，进行资产的积累，并建立必要的保险保障，才能在风险来临时更好地度过财务艰难时期，确保家庭经济生活不因风险的降临而难以为继。

2.准备未来的生活

（1）家庭住房。中国人对“住房”总是情有独钟。中国的“农耕文化”和“家国伦理”使国人心目中的家不仅是遮风避雨的居住场所，也是最终的情感归宿地。而且，在国人的潜意识里“自有住房=资产”，拥有一套自己的住房不仅意味着自己和家人能够居住，而且也意味着住房能成为理财工具。很多人在结婚时要买婚房，在孩子上学时要买学区房。但是，按照中国目前的房价水平，对绝大多数家庭来说，买房都不是一件容易的事，都需要按揭贷款。这时，我们首先要储备首付，之后还要保证有持续的还款能力。这些都需要我们提前做好资金规划。

（2）子女教育。随着经济的发展，物价在不断上涨，各类教育支出也是越来越高。一线城市一年的教育费用加上生活支出达到每年好几万，越来越多的家庭承担不起这样的费用，但是又不想让孩子落后在教育的起跑线上，甚至很多家庭因此产生纷争。这时，如果家庭提前做好了这部分资金规划：努力赚钱、强制储蓄、投资生钱资产，情况会不会逆转呢?

（3）退休生活。我们试想一下，当我们退休之后没有能力去赚钱的时候，依靠什么来生活呢?儿女的赡养?基本养老保险?如果儿女孝顺，又有经济能力，那是比较幸运的。如果子女不孝顺，或者子女虽孝顺但没有足够的经济能力呢?

目前，我们的国家已经进入人口老龄化社会，虽然国家已全面放开三孩政策，但生育率似乎仍不理想。老年人越来越多，缴费的年轻人越来越少。据国家数据统计，未来30年我国的养老保险基金将面临亏空，可以预见单靠基本养老保险很难支撑我们未来的生活。

那未来怎么生活呢?更多的只能靠我们自己了。提前做好养老储备，将从很大程度上缓解我们的养老生活危机。

（4）财富传承。财富传承看起来似乎离我们比较遥远，但是这也是我们未来无法避免的一个问题。

对于普通人来说，每个月的收入和现金流基本是恒定的，没有经历过市场和身家财富的巨大波动，因此心理承受能力较弱。对于高净值人群来说，财富积累的规模较大，风险承受能力相对较强。不管对于哪类人群，不是不投资就没有风险，也不是收益高就是好的财富管理方式。基于家庭规划，着眼未来生活才是财富管理的意义所在。例如，为了让子女接受更好的教育，你需要进行什么样的资产配置，达到怎样的财务目标。总而言之，所有的财富管理说到底都是为了让我们的生活能够过得更好，家庭能够更加地幸福。我们在现实新闻和电视剧里见过太多因为遗产分配打得头破血流最后撕破脸皮的家族，这其中包括很多的普通家庭。相信大家也不希望自己在之后的日子出现这样的状况。那么如果我们老了，我们名下的财产又该如何规划呢？为了避免家庭纷争，我们应该利用保险、遗嘱、信托等专业工具，提前做好资产的精准分配。

以上这些都是我们在人生中必然要经历的事情，如果我们做不好这些事情的资金管理，又何谈管理自己的人生呢？懂得财富管理会让我们看得更长远，这种思维会延伸到你对职业的管理和对人生的管理。

二、常用财富管理工具

当我们手头有了一定资金积累的时候，我们必然要将其中一部分资金转化为生钱资产，即能给我们带来正的现金流收入的资产，同时还要为财富构筑安全的堤坝以防范可能面临的风险。这既是资产保值增值的需要，也是实现生活目标、适应市场环境、培养和提升财商的必需。在财富管理的过程中，常用的金融工具有哪些呢？

（一）债券

1.什么是债券

债券是一种金融契约，是政府、金融机构、工商企业等直接向社会筹借资金时，向投资者发行，同时承诺按一定利率支付利息并按约定条件偿还本金的债权债务凭证。

债券包含了以下三层含义：

（1）债券发行人（政府、金融机构、企业等机构）是资金的借入者。

（2）购买债券的投资者是资金的借出者。

（3）发行人需要在一定时期还本付息。

2.债券的票面要素

所有债券的券面都包含一些基本要素，在发行债券时必须载明于券面。这些要素主要包括：

（1）债券面值。债券面值是指债券的票面价值，是发行人对债券持有人在债券到期后应偿还的本金数额，也是企业向债券持有人按期支付利息的计算依据。债券的面值与债券实际的发行价格并不一定是一致的，发行价格大于面值称为溢价发行，发行价格小于面值称为折价发行，发行价格等于面值称为平价发行。

（2）偿还期。债券偿还期是指债券券面上载明的偿还债券本金的期限，即债券发行日至到期日之间的时间间隔。发行公司要结合自身资金周转状况及外部资本市场的各种影响因素来确定公司债券的偿还期。

（3）票面利率。债券的票面利率是指债券利息与债券面值的比率，是发行人承诺以后一定时期支付给债券持有人报酬的计算标准。债券票面利率的确定主要受银行利率、发行者的资信状况、偿还期限和利息计算方法及当时市场上资金供求状况等因素的影响。

3. 债券的种类

（1）按发行主体不同，可分为政府债券、金融债券和公司（企业）债券。

政府债券是政府为筹集资金而发行的债券，主要包括国债、地方政府债券等，其中最主要的是国债。国债因其信誉好、利率优、风险小而又被称为“金边债券”。除了政府部门直接发行的债券外，有些国家把政府担保的债券也划归为政府债券体系，称为政府保证债券。这种债券由一些与政府有直接关系的公司或金融机构发行，并由政府提供担保。

拓展阅读

中国历史上发行的国债品种主要有国库券和国家债券。其中国库券自1981年后基本上每年都发行，主要面向企业、个人等发行；国家债券曾经发行包括国家重点建设债券、国家建设债券、财政债券、特种债券、保值债券、基本建设债券，这些债券大多面向银行、非银行金融机构、企业、基金等定向发行，部分也对个人投资者发行。向个人发行的国库券利率基本上根据银行利率制定，一般比银行同期存款利率高1~2个百分点。在通货膨胀率较高时，国库券也采用保值办法。

金融债券是由银行和非银行金融机构发行的债券。在我国，金融债券主要由国家开发银行、进出口银行等政策性银行发行。金融机构一般有雄厚的资金实力、信用度较高，因此，金融债券往往有良好的信誉。

在国外，没有企业债和公司债的划分，统称为公司债。在我国，企业债券是按照《企业债券管理条例》规定发行与交易、由国家发展和改革委员会监督管理的债券，在实际中，其发债主体为中央政府部门所属机构、国有独资企业或国有控股企业，因此，它在很大程度上体现了政府信用。公司债券的管理机构为中国证券监督管理委员会，发债主体为按照《中华人民共和国公司法》设立的公司法人，在实践中，其发行主体多为上市公司，其信用保障是发债公司的资产质量、经营状况、盈利水平和持续赢利能力等。公司债券在证券登记结算公司统一登记托管，可申请在证券交易所上市交易，其信用风险一般高于企业债券。2008年4月15日起施行的《银行间债券市场非金融企业债务融资工具管理办法》进一步促进了企业债券在银行间债券市场的发行，企业债券和公司债券成为我国商业银行越来越重要的投资对象。

（2）按付息方式不同，可以分为零息债券、固定利率债券和浮动利率债券。

零息债券，也叫贴现债券，是指债券券面上不附有息票，在票面上不规定利率，发行时按规定的折扣率，以低于债券面值的价格发行，到期按面值支付本息的债券。从利息支付方式来看，贴现债券以低于面额的价格发行，可以看作是利息预付，因而又可称为利息预付债券、贴水债券，是期限比较短的折现债券。

固定利率债券是将利率印在票面上并按期向债券持有人支付利息的债券。该利率不随市场利率的变化而调整，因而固定利率债券可以较好地抵御通货紧缩风险。

浮动利率债券是指债券的利率是随市场利率变动而调整的债券。因为浮动利率债券的利率同当前市场利率挂钩，而当前市场利率又考虑到了通货膨胀率的影响，所以浮动利率债券可以较好地抵御通货膨胀风险。其利率通常根据市场基准利率加上一定的利差来确定。浮动利率债券往往是中长期债券。

（3）按募集方式不同，可以分为公募债券和私募债券。

公募债券是指面向社会公众公开发行，任何投资者均可购买的债券。公募债券可以在证券市场上转让。

私募债券是指只面向与发行者有特定关系的少数投资者发行的债券。私募债券的发行和转让均有一定的局限性。其发行手续简单，一般不能在证券市场上交易。

（4）按能否上市不同，分为上市债券和非上市债券。

可在证券交易所挂牌交易的债券为上市债券；反之为非上市债券。上市债券信用度高，价值高，且变现速度快，故而容易吸引投资者，但上市条件严格，并要承担上市费用。

拓展阅读

根据深、沪证券交易所关于上市企业债券的规定，企业债券发行的主体可以是股份公司，也可以是有限责任公司。申请上市的企业债券必须符合以下条件：

（1）经国务院授权的部门批准并公开发行；股份有限公司的净资产额不低于人民币3 000万元，有限责任公司的净资产额不低于人民币6 000万元。

（2）累计发行在外的债券总面额不超过企业净资产额的40%。

（3）公司3年平均可分配利润足以支付公司债券1年的利息。

（4）筹集资金的投向符合国家产业政策及发行审批机关批准的用途。

（5）债券的期限为一年以上。

（6）债券的利率不得超过国务院限定的利率水平。

（7）债券的实际发行额不少于人民币5 000万元。

（8）债券的信用等级不低于A级。

（9）债券有担保人担保，其担保条件符合法律、法规规定；资信为AAA级且债券发行时主管机关同意豁免担保的债券除外。

（10）公司申请其债券上市时仍符合法定的债券发行条件；交易所认可的其他条件。

---

4. 债券交易

（1）交易程序。

开户。投资者与证券商签订开户契约，填写开户有关内容，明确投资人与券商之间的权利义务关系。

委托交易。投资者向证券商提交买卖委托，证券商通过它在证券交易所内的代表人或代理人，按照委托条件实施债券买卖业务。

办理成交后的手续。成交后，经纪人（券商）应于成交的当日，填制买卖报告书，通知委托人（投资人）按时将交割的款项或交割的债券交付委托经纪商。

结算交割。经纪商核对交易记录，办理结算交割手续。

（2）交易方式。

上市债券的交易方式有债券现货交易和债券回购交易。

债券现货交易，又叫现金现货交易，是债券买卖双方对债券的买卖价格均表示满意，在成交后立即办理交割，或在很短的时间内办理交割的一种交易方式。例如，投资者可直接通过证券账户在沪深交易所全国各证券经营网点买卖已经上市的债券品种。

债券回购交易是指债券持有人（出券方）和购券方在达成一笔交易的同时，规定出券方必须在未来某一约定时间以双方约定的价格再从购券方那里购回原先售出的那笔债券，并以商定的利率（价格）支付利息。深、沪证券交易所均有债券回购交易，机构法人和个人投资者都能参与。

5. 债券投资价值分析

债券定价通常采用收入资本化方法。作为金融资产定价的最基本方法，收入资本化方法认为任何资产的内在价值取决于该资产预期未来现金流的当前价值。通过对比资产内在价值与市场价格，可以判定该资产是否被高估或者低估，从而有助于投资者正确进行投资决策。

（1）零息债券的内在价值。零息债券以低于债券面值的方式发行，持有期间不支付利息，到期按债券面值偿还。因此，债券发行价格与面值之间的差额就是投资者的利息收入。由于面值是零息债券未来唯一的现金流，所以这种债券的内在价值为：

$$P_0=\frac{M}{(1+y)^T}$$

式中，P_0为债券的内在价值；M为债券面值，即到期支付；y是市场利率，即该债券的到期收益率，也就是未来现金流的贴现率；T为到期时间，或债券距离到期日的时间长度。

实务应用

某零息债券面值为1 000元，期限为10年，市场利率为6%，计算该债券的内在价值。

$$P_0=\frac{M}{(1+y)^T}=\frac{1\ 000}{(1+6\%)^{10}}=558.39（元）$$

（2）附息债券的价值。附息债券按照票面金额和息票利率逐期计算并支付利息，到期偿还本金。投资者不仅可以在债券到期时收回本金（面值），而且还可以定期获得固定的利息收入。因此，附息债券的内在价值为：

$$P_0=\frac{C}{1+y}+\frac{C}{(1+y)^2}+\cdots+\frac{C}{(1+y)^T}+\frac{M}{(1+y)^T}$$

其中，C为投资者每期可以获得的债券利息。

实务应用

某债券面值为1 000元，票面利率为10%，期限为20年，每年支付一次利息，市场利率也为10%，计算该债券的内在价值。

$$P_0=\frac{C}{1+y}+\frac{C}{(1+y)^2}+\cdots+\frac{C}{(1+y)^T}+\frac{M}{(1+y)^T}=\frac{100}{1+10\%}+\frac{100}{(1+10\%)^2}+\cdots+\frac{100}{(1+10\%)^{20}}+\frac{1\ 000}{(1+10\%)^{20}}=1\ 000（元）$$

这里，债券价值正好与其面值相等。当债券票面利息率与市场利率相等时，债券内在价值总是等于其面值，也就是债券按平价发行或交易。

（3）一次性还本付息债券的价值。一次性还本付息的债券只有一次现金流动，也就是到期日的本息之和。所以，对于这样的债券只需要找到合适的贴现率，而后对债券终值贴现就可以了。

如果债券的利息支付按照年复利进行计算，一次性还本付息债券的内在价值为：

$$P_0=\frac{M(1+r)^n}{(1+y)^T}$$

式中，r为债券的票面利率；n为从发行日至到期日的时期数；T为债券距离到期日的时间。

如果债券的利息支付按照单利进行计算，一次性还本付息债券的内在价值为：

$$P_0=\frac{M(1+r\times n)}{(1+y)^T}$$

实务应用

某5年期国债面值为1 000元，票面利率为5%，到期一次性还本付息，市场利率为5%，计算该债券的内在价值。如果债券的利息支付按年复利进行，计算债券的内在价值。

$$P_0=\frac{M(1+r)^n}{(1+y)^T}=\frac{1\,000(1+5\%)^5}{(1+5\%)^5}=1\,000（元）$$

（4）债券到期收益率。从债券定价公式可以看到，在给定债券未来现金流的情况下，债券价值与到期收益率之间具有一一对应的关系。因此，计算债券价值与求债券到期收益率成为债券定价问题的两个方面。已知到期收益率可以求价值，已知价值也可以求到期收益率。

到期收益率是使债券产生的现金流量等于其市场价格（初始投资）的收益率（或贴现率）。这一收益率被看作是债券自购买日保持至到期日为止投资者所获得的平均报酬率。用P表示购买债券的价格，则附息债券的到期收益率y由下式确定：

$$P=\frac{C}{1+y}+\frac{C}{(1+y)^2}+\cdots+\frac{C}{(1+y)^T}+\frac{M}{(1+y)^T}$$

实务应用

某债券的当前价格是1 036元，距离到期日还有5年，票面利率是6%，面值为1 000元，求该债券的到期收益率。

根据到期收益率公式，有：

$$1\,036=\frac{60}{1+y}+\frac{60}{(1+y)^2}+\cdots+\frac{60}{(1+y)^5}+\frac{1\,000}{(1+y)^5}$$

用财务计算器计算得出y=5.16%

即该债券的到期收益率为5.16%。

（5）持有期收益率。持有期收益率是债券在持有期间内获得的年投资回报率，也是使投资者在持有债券期间获得的各个现金流的净现值为0的贴现率。

实务应用

一种10年期，年息票收入为500元的债券，投资者以10 000元购入，持有两年后以10 560元的价格卖出，求持有期年化收益率。

$$10\,000=\frac{500}{1+IRR}+\frac{500}{(1+IRR)^2}+\frac{10\,560}{(1+IRR)^2}$$

用财务计算器计算得出$IRR=7.7\%$

特例：债券所有现金流发生在期初和期末，持有时间为1年。

实务应用

一种30年期，年息票收入为80元的债券以1 000元购入，如果一年后债券价格上涨到1 050元，那么这时债券的持有期收益率为［80+（1 050−1 000）］÷1 000×100%=13%。

（6）必要收益率。必要收益率是投资者对投资所要求的最低回报率，是无风险收益率和风险收益率之和。其中，无风险收益率是投资的纯时间价值，风险收益率是对投资风险的补偿。即：

必要收益率=无风险收益率+风险收益率

（二）股票

1. 什么是股票

股票是股份公司发行的所有权凭证，是股份公司为筹集资金而发行给各个股东作为持股凭证，并借以取得股息和红利的一种有价证券。每股股票都代表股东对企业拥有一个基本单位的所有权。股东有权按公司章程从公司领取股息和分享公司的经营红利。

股票作为一种所有权证书，最初是采取有纸化印刷方式的，如上海的老八股。时至今日，随着电子技术与信息技术的发展和应用，电子化股票应运而生。电子化股票没有纸面凭证，而是将有关事项存储于电脑中心，股东只持有一个股东账户卡，通过电脑终端可查到持有的股票品种和数量。这种电子化股票又称为无纸化股票。目前，我国上海证券交易所、深圳证券交易所和北京证券交易所上市的股票均采取这种方式。

2.股票的种类

股票按其是否记名、投资主体、上市地点、股东权益不同，分类也有所不同。投资者应当区别不同种类的股票，选择适合自己的投资策略组合。

（1）按是否记名，股票可分为记名股和无记名股。记名股在发行时，票面上记载有股东的姓名，并记载于公司的股东名册上。记名股票的特点是，除持有者和其正式的委托代理人或合法继承人、受赠人外，任何人都不能行使其股权。此外，记名股票不能任意转让。转让时既要将受让人的姓名、住址分别记载于股票票面，还要在公司的股东名册上办理过户手续，否则转让不能生效。这种股票有安全、不怕遗失等优点，但是转让手续烦琐。

无记名股票在发行时，票面上不记载股东的姓名。持有者可自行转让股票，任何人一旦持有，便可享有股东的权利，无需再通过其他方式证明自己的股东资格。这种股票转让手续简便，但也应该通过证券市场的合法交易实现转让。

（2）按投资主体不同，可分为国有股、法人股和社会公众股。国有股是指有权代表国家投资部门或机构以国有资产向公司投资形成的股份，包括以公司现有国有资产折算成的股份。由于我国大部分股份制企业都是由原国有大中型企业改制而来的，因此国有股在公司股权中占有较大的比重。

法人股是指企业法人或具有法人资格的事业单位和社会团体，以其依法可经营的资产向公司非上市流通股权部分投资所形成的股份。目前，在我国上市公司的股权结构中，法人股平均占20%左右。根据法人股认购的对象，可将法人股进一步分为境内发起法人股、外资法人股和募集法人股三个部分。

社会公众股是指我国境内个人和机构以其合法财产向公司可上市流通股权部分投资所形成的股份。

（3）按上市地点不同，可分为A股、B股、H股、N股、S股和L股。

A股，又称人民币普通股票，由我国境内的公司发行，供境内机构、组织或个人（不含港、澳、台投资者）以人民币认购和交易的普通股股票。年满18周岁的个人投资者，国内的机构投资者、中国证监会规定的其他投资人均可投资。

B股，又称人民币特种股票，是以人民币标明面值，以外币认购和买卖，在境内证券交易所上市交易的股票。外国的自然人、法人和其他组织，我国香港、澳门、台湾地区的自然人、法人和其他组织，定居在国外的中国公民，中国证监会规定的其他投资人均可投资。

H股，是指在内地注册，在香港上市的外资股。中国机构投资者、国际资本投资者，均可以投资H股。

N股，是指在美国纽约证券交易所上市的外资股票，供境内外投资者投资。

S股，是指在新加坡证券交易所上市的股票，供境内外投资者投资。

L股，是指在伦敦证券交易所上市的股票，供境内外投资者投资。

（4）按股东权益不同，可以分为普通股和优先股。普通股是指在公司的经营管理和盈利及财产的分配上享有普通权利的股份，代表满足所有债权偿付要求及优先股东的收益权与求偿权要求后对企业盈利和剩余财产的索取权。普通股构成公司资本的基础，是股票的一种基本形式。目前在上海和深圳证券交易所进行交易的股票都是普通股。

普通股股东按其所持有股份比例享有以下基本权利：

公司决策参与权。普通股股东有权参与股东大会，并有建议权、表决权和选举权，也可以委托他人代表其行使其股东权利。

利润分配权。普通股股东有权从公司利润分配中得到股息。普通股的股息是不固定的，由公司盈利状况及其分配政策决定。普通股股东必须在优先股股东取得固定股息之后才有权享受股息分配权。

优先认股权。如果公司需要扩张而增发普通股股票时，现有普通股股东有权按其持股比例，以低于市价的某一特定价格优先购买一定数量的新发行股票，从而保持其对企业所有权的原有比例。

剩余资产分配权。当公司破产或清算时，若公司的资产在偿还欠债后还有剩余，其剩余部分按先优先股股东、后普通股股东的顺序进行分配。

优先股在利润分红及剩余财产分配的权利方面优先于普通股。优先股股东享有以下权利：

优先分配权。在公司分配利润时，持有优先股股票的股东比持有普通股股票的股东分配在先，但是享受的是固定金额的股利，即优先股的股利是相对固定的。

优先求偿权。若公司清算，在分配剩余财产时，优先股在普通股之前分配。

拓展阅读

ST股和*ST股

ST股，即“特别处理”股。1998年4月22日，沪深交易所宣布，对财务状况或其他状况出现异常的上市公司股票交易进行特别处理。由于是“特别处理”，所以在简称前冠以“ST”，因此这类股票称为ST股。如果某一只股票的名字被加上了ST，就是给股民一个警告，该股票存在投资风险，但这种股票风险大，收益也可能高。*ST股，意味着该股票有退市风险，需要警惕。如果上市公司向证监会递交的财务报表显示连续3年亏损，就有退市的风险。投资者在投资此类股票时需要特别谨慎。

3. 股票市场

（1）什么是股票市场。股票市场是股票发行和交易的场所，有一级市场和二级市场之分。一级市场也称发行市场，是指发行公司直接或通过中介机构向投资者出售新发行的股票的市场。二级市场是指已经发行的股票转让、流通和买卖的场所，包括交易所市场和场外交易市场两大类。投资者一般熟知的股票市场就是股票流通的二级市场。二级市场的结构和交易活动比一级市场更为复杂，其作用和影响力也更大。

股票市场的参与者有股份公司、证券机构和投资者。这里重点介绍一下证券机构。

（2）证券机构。证券机构是指依法设立的从事证券服务业务的法人机构。在我国，证券机构主要包括证券交易所、证券公司、证券业协会、证券登记结算机构、证券监督管理机构等。

证券交易所是依据国家有关法律，经政府证券主管机关批准设立的集中进行证券交易的有形场所。证券交易所本身不持有证券，也不参与证券的买卖。我国目前有三个证券交易所，分别是上海证券交易所、深圳证券交易所和北京证券交易所。

证券公司是为投资者提供代理证券买卖中介服务的机构，也是依法成立的经营证券业务的有限责任公司或股份有限公司。证券公司在证券交易活动中发挥着重要作用，有些证券公司除了提供代理证券买卖的中介服务，还是市场上的机构投资者。

证券业协会既是证券业的自律组织，也是不以营利为目的的社会团体法人。

证券登记结算机构是为证券交易提供集中登记、存管和结算服务，不以营利为目的的法人。我国的证券登记结算机构是中国证券登记结算有限责任公司，该公司在上海、深圳、北京各设一个分公司，分别为投资上海证券交易所、深圳证券交易所和北京证券交易所上市证券的投资者提供登记结算服务。

证券监督管理机构既是国家行政管理机构，也是由国家或政府组建的对证券市场实施监督管理的主管机构。我国的证券监管机构是中华人民共和国证券监督管理委员会及其派出机构。

4. 股票交易

（1）股票交易时间。股票交易时间主要涉及两个方面，即交易日和每个交易日的交易时间。

股票交易日是指能够进行股票交易的日期。交易日通常在工作日，国家法定节假日和周末，股市都休市不交易。

每个交易日的交易时间通常分为以下几个时段（见表6–5）。

表6-5 证券交易所交易时段

上海证券交易所交易时段		
时间段	交易时段	投资者可以进行的操作
9：15—9：20	集合竞价时间	可以申报，也可以撤单
9：20—9：25	集合竞价时间	可以申报，不可以撤单
9：25—9：30	集合竞价时间	既不能申报，也不能撤单
9：30—11：30	上午连续竞价阶段	可以竞价申报，也可以撤单
13：00—15：00	下午连续竞价阶段	可以竞价申报，也可以撤单
深圳、北京证券交易所交易时段		
时间段	交易时段	投资者可以进行的操作
9：15—9：20	集合竞价时间	可以申报，也可以撤单
9：20—9：25	集合竞价时间	可以申报，不可以撤单
9：25—9：30	集合竞价时间	既不能申报，也不能撤单
9：30—11：30	上午连续竞价阶段	可以竞价申报，也可以撤单
13：00—14：57	下午连续竞价阶段	可以竞价申报，也可以撤单
14：57—15：00	收盘集合竞价时间	可以申报，不可以撤单

（2）股票交易费用。天下没有免费的午餐，天下也没有免费的市场，投资者在进行股票买卖交易时，需要支付一定的费用和税收。目前，投资者在沪深两市买卖A股、基金、债券时需要缴纳的费用主要有印花税、交易佣金等。

印花税是投资者在委托成交后支付给税务部门的费用，印花税是单边收取的费用，向卖方征收。目前，沪深两市股票交易印花税税率均为1‰。债券和基金免交此项费用。

交易佣金，即交易手续费，是投资者在委托买卖证券成交后所支付给券商的费用。佣金是双边收取的，买方和卖方都需要支付。单笔交易佣金5元起，超过5元按照交易金额的一定比例收取。例如，小张卖出某只股票，交易额为40 000元，佣金比例为0.3‰，印花税比例为1‰，则小张需要支付12元的交易佣金和40元的印花税。之后，小张又买进10 000元的股票，由于交易佣金按比例计算单笔不满5元，交易费用则按5元收取，不需缴纳印花税。

（3）股票交易软件。通常情况下，证券公司会为在本公司开户的投资者提供股票分析和交易软件。同时，网络上也有许多免费软件，如国泰君安君弘、通达信、同花顺、大智慧等，投资者可以根据自己的需要下载和使用。

拓展阅读

股票代码知多少

我们都知道每只股票都有自己的代码。股票代码除了区分各种股票，也有其潜在的意义，例如，600×××是上交所上市的股票代码。6006××是最早上市的股票。一个公司的股票代码跟车牌号差不多，能够显示出这个公司的实力及知名度。根据上交所《证券编码实施方案》，股票代码采用六位数编制方法，前三位数用于区别证券品种，具体如表6-6所示。

表6-6　股票代码及其证券品种

代码	证券品种
001×××	国债现货
110×××、120×××	企业债券
129×××、100×××	可转换债券
201×××	国债回购
310×××	国债期货
500×××、550×××	基金
700×××	配股
710×××	转配股
701×××	转配股再配股
720×××	红利
730×××	沪市新股申购
735×××	新基金申购
737×××	沪市新股配售
080×××	深市新股配售
900×××	沪市B股
200×××	深市B股
600×××、601×××、603×××	沪市A股
000×××、002×××、300×××	深市A股、深市新股申购
002×××	深市中小板股票
300×××	深市创业板股票
580×××	沪市权证
031×××	深市权证
150×××	股票型指数基金

拓展阅读

股票投资理念

股票是一种常见的金融工具，但绝不是我们一夜暴富的手段。普通人在进行股票投资时，一定要注意以下几点：

（1）不要借钱或用压力资金炒股。股市投资的第一要点就是你手中的钱，一定是能长期稳定地留在股市的，不能有任何借贷之类的情况。不能把自己放置在一个危险的境地，所谓背水一战、置之死地而后生，都不是资本市场应该采取的态度。这样的态度，可能一时成功，但最终必然失败。炒股，应该是先求败而不倒，而后求长期胜利。压力资金会导致我们短视、冒险，阻碍我们远见、布局，从而输在起跑线上。

（2）要有正确的投资理念。不能否认，供给与需求的变化会在短期内给股价带来波动，但从长期来看，依然是企业内在价值决定股价涨跌。投资股票真正重要的是选出好公司。历史业绩长期优秀的背后总有一定的道理，优秀的利润表及现金流量表，强大的资源优势及行业地位……这些看得见摸得着的硬实力才是最可靠的。

（3）必须拥有一定的财务知识且深入理解商业模式。投资者要有能力依据股票的市场行情、企业业绩报告、券商报告等纷杂的信息，对其投资价值进行判断。对于普通投资者来说，很多人在克服各种行为偏差和心理误区后，通常都会发现投资个股不如投资大盘，而投资大盘性价比最高的方法就是投资大盘指数基金。由此看来，一些理性投资者在成熟市场中会选择不持有单个股票是有道理的。

（4）交易最终比的是人性。交易市场存在的基础，就是人的贪婪与恐惧，如果所有参与交易市场的人都没有贪婪与恐惧，那市场就没了。投资市场最终比的是修养、人格和见识，光从技艺上着手，永远只能是匠人，不可能成为真正的高手。

（5）股票投资要及时止损。投资股票如果不止损即使后面解套了，也会付出大量时间成本。很多人只看到死扛能够解套甚至还能赚钱，却忽略了时间成本这个重要因素。

（6）学会持盈。在趋势交易中，不要在股票上涨时赶紧抛掉，至少要拿到股票跌破某根中期均线才能卖（根据你自己操作周期的大小），比如30日均线，如果连30日均线都没跌破，证明走势很强，就要拿着。

（7）对投资收益有合理的预期。放眼全球，十年以上20%的复合回报已经是非常卓越的成绩，因此股票投资要放弃过高的欲望，要学会巴菲特说的“慢慢变富”。

（三）基金

证券投资基金是一种利益共享、风险共担的集合证券投资方式，即通过发行基金单位，集中投资者的资金，由基金托管人托管，由基金管理人管理和运用资金，从事股票、债券等金融工具的投资，并将投资收益按基金投资者的投资比例进行分配的一种间接投资方式（见图6–2）。

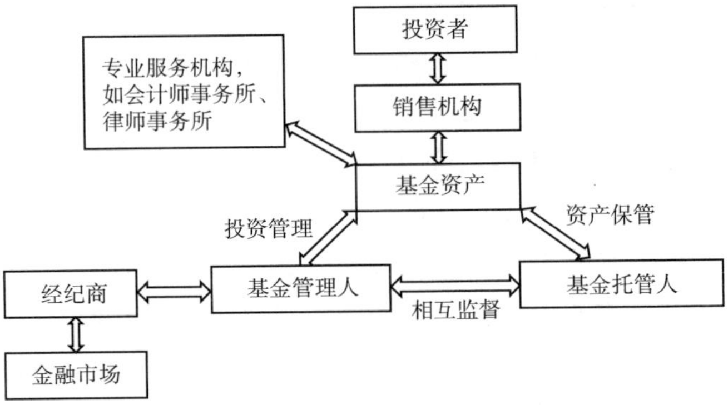

图6–2　基金的信托架构

1.基金投资基本术语

（1）基金组织术语。

基金契约：为设立基金，基金管理人、基金托管人、基金投资者共同订立的委托理财协议，用以明确和规范基金当事人各方的权利和义务关系，是一份书面法律文件。

基金管理人：是指具有专业的投资知识和丰富的投资经验，根据法律法规即基金章程或者基金契约的规定，对基金资产进行经营管理，发挥基金的收益功能，挖掘基金的增值潜能，使基金持有人收益最大化的机构。

基金托管人：为了保证基金资产的安全，基金管理必须要和资产保管分开运作。为此，基金设有专门的基金托管人。基金托管人就是投资者权益的代表，是基金资产的名义持有人或管理机构，一般为商业银行。

（2）基金价值计算术语。

基金资产总值：是基金购买的各类资产之和，包括各类证券价值、银行存款本息及其他投资所产生的价值。

基金资产净值：基金资产总值减去按照具体规定可以在基金资产中扣除的费用就是基金资产净值。

基金单位：基金公司发行基金时，将基金划分为等额的若干份，其中一份就是一个基金单位。

基金单位资产净值：是指一份基金值多少钱，可以简单理解为基金的价格，计算方法是用基金资产净值除以基金份额。

基金累计净值：是最新净值与基金成立以来的分红业绩之和。结合基金成立的时间长短，加上累计净值，可以看出这只基金历史业绩的好坏。成立时间相同的两只基金，累计净值越高，历史业绩越好。

货币市场基金每万份收益：货币市场基金的单位净值为1元，1万份就是1万元，每万份收益就是1万元一天的收益。

七日年化收益率：是指近七天内基金平均每天的收益率净值进行年化（即乘以365）以后的数值。

（3）基金交易术语。

基金成立日：基金满足了成立条件，由基金管理人宣布成立的日期为基金成立日。

基金募集期：基金自招募说明书公告之日起，到基金成立日中间这段时间，为基金募集期。

基金开放日：投资者可以办理开放式基金的开户、申购、赎回、销户、挂失、过户等一系列手续的工作日。

工作日：上海证券交易所和深圳证券交易所的正常交易日。

T日：销售机构在规定时间受理申购、赎回等业务的工作日。

T+n日：指T日后（不含T日）的第n个工作日。

基金认购：开放式基金募集期间、基金尚未成立时，投资者购买基金的过程。

基金申购：投资者在基金公司或基金代销机构开设基金账户，按照规定的手续申请购买基金，根据申购日的基金单位净值，来确定一定数额的资金可以申购基金单位的数量。

基金转托管：投资者在不同的销售商（托管点不同）处购买了同一基金，或者在同一销售商处购买了在不同托管点（不能通存通兑的城市或分行）的同一基金，为了统一，变更所持基金份额托管机构的操作。

基金转换：投资者在某基金公司申购任一开放式基金后，如有需要，可直接自由转到该基金公司管理的其他开放式基金，免去赎回已买基金、再申购目标基金的复杂过程。

基金赎回：又称买回，它是针对开放式基金，投资者以自己的名义直接或通过代理机构向基金管理公司要求部分或全部退出基金的投资，并将买回款汇至该投资者的账户内。上市的封闭式基金，卖出方法同一般股票。

非交易过户：因遗产继承、捐赠或者司法执行等非交易原因而引起的基金持有人的变更行为。

2. 基金的分类

按照不同的分类方式，可以把基金分为不同的种类。

（1）按照基金交易场所的不同，可以把基金分为场内基金和场外基金。

场内基金是指直接在证券交易所内交易的基金。

场外基金是指在证券交易所外进行交易的基金，如银行、支付宝、微信等渠道代销的基金。

（2）按照基金的投资标的不同，可以把基金分为货币型基金、债券型基金、混合型基金和股票型基金。

货币型基金是以货币市场工具为投资对象的基金。主要投资以下金融工具：现金；1年以内（含1年）的银行定期存款、大额存单；剩余期限在397天以内（含397天）的债券；期限在1年以内（含1年）的债券回购；期限在1年以内（含1年）的中央银行票据；中国证监会、中国人民银行认可的其他具有良好流动性的货币市场工具。货币基金的安全性高，流动性仅次于银行存款，收益性高于银行存款。

债券型基金的基金资产主要投资于债券市场。按照证监会的分类标准，80%以上资产投资于债券的基金为债券型基金。一般来说，债券型基金的长期收益比货币型基金要高。相对于股票型基金，债券型基金的收益较低，但在股市出现剧烈震荡的时候，债券型基金的收益也相对稳定。

混合型基金风险高于债券型基金，混合型基金既可以投资股票、也可以投资债券和货币市场，而且投资股票和债券的比例没有严格的限制。因此，混合型基金非常灵活，基金经理可以根据市场的变化调整投资策略。当股市上涨，可以加大股票投资力度、降低债券的配置比例，以获取更大投资收益；当股市下跌，又可以增加债券的投资比例，降低股票的配置比例，回避股市的高风险。一般来说，混合型基金比股票型基金的风险要低，而且长期收益要高于债券基金，比较适合风险承受能力一般，但又希望在股市上涨中能有所收获的投资者。

股票型基金是高风险的基金，基金资产80%以上投资于股票。股票型基金在这四类基金中风险最高，同时长期收益也最高。

（3）按照基金投资方式不同，可以分为主动型基金和被动型基金。

主动型基金就是由基金经理主动选择投资标的的基金。股票型基金、混合型基金等都属于主动型基金。

被动型基金是指并不由基金经理选择投资标的，而是按照事先规定好的某种规则进行选股投资。指数基金就是被动型基金，只根据指数配置股票，不人为选择股票。

3. 基金投资成本

（1）运作费用。维持一只基金的正常运转，需要基金管理人、基金托管人和基金营销人等多方的共同参与。投资基金时，投资者必然要支付管理费、托管费和销售服务费等运作费。这些费用是按年列示、按日提取，投资者持有基金多久就交多少费用。

（2）交易费用。基金交易费用是指基金交易时发生的费用，包括认购费、申购费、赎回费、基金转托管费、基金转换费等。

常有投资者明明在投资基金的过程中市场是上涨的，可是最后却发现自己的基金账户亏损了。这是因为投资者频繁的基金操作，加大了基金交易的成本和费用，获利不足以支付这些成本和费用。

4. 基金投资渠道

随着基金市场的成熟和完善，基金投资平台越来越多，开户和投资也变得越来越简便和快捷。下面简单介绍一下基金投资的渠道。

（1）通过基金公司的直销中心购买。基金公司是基金发起人和基金管理人，对自身的基金产品最为了解，可以为客户提供详尽的产品信息，使客户能更准确地挑选最适合自己的基金产品。因此，最好的渠道就是到基金公司直销柜台去购买基金。

（2）通过银行柜台购买。银行是传统的基金代销渠道，它最大的优点是服务网点多。但一般来说，通过银行柜台代销的基金种类不全，而且每个银行代销的基金种类各不相同。另外，通过银行购买基金，一般没有申购费的优惠。

（3）通过证券公司购买。有股票账户的投资者，可以通过证券公司的证券交易账户和资金账户来购买基金。证券公司代销很多基金公司的产品，而且还会有专业的客户经理为投资者做购买和投资指导。

（4）通过第三方平台购买。第三方平台是除银行、保险、证券等金融机构之外，能为投资者提供投资咨询和数据分析、帮助投资者进行综合性理财管理的平台。当前比较权威的有东方财富旗下的天天基金网，雪球出品的蛋卷基金交易平台，阿里巴巴蚂蚁金服旗下的蚂蚁聚宝，凯石财富旗下的领先基金。这类渠道基金品种齐全、费率低，是散户购买基金的主流渠道。

（四）保险

1. 什么是保险

《中华人民共和国保险法》（以下简称《保险法》）所称保险是指商业保险，即投保人根据合同约定，向保险人支付保险费，保险人对于合同约定的可能发生的事故因其发生所造成的财产损失承担赔偿保险金责任，或者当被保险人死亡、伤残、疾病或者达到合同约定的年龄、期限或条件时承担给付保险金责任的商业保险行为。

保险的这一定义包括以下四层含义（见图6-3）：

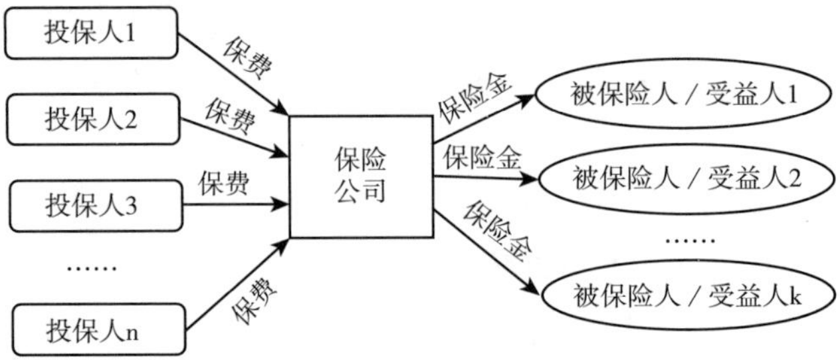

图6-3　保险运行原理图

注：n远大于k。

（1）保险是商业行为。保险关系在当事人双方自愿的前提下建立。

（2）保险是合同行为。合同双方当事人分别是投保人和保险人。

（3）保险是权利义务行为。保险双方当事人分别承担相应的民事义务，投保人有向保险公司缴纳保险费的义务，保险事故发生后，保险人有向被保险人或受益人承担赔偿或给付保险金的义务。且一方当事人的义务就是另一方当事人的权利。

（4）经济补偿或保险金给付以合同约定的保险事故发生为条件。

从经济角度看，保险是分摊意外事故损失的一种财务安排；从法律角度看，保险是一种合同行为；从社会角度看，保险是社会经济保障制度的重要组成部分，是社会生产和社会生活“精巧的稳定器”；从风险管理角度看，保险是风险管理的一种方法。

2.保险的种类

（1）按保险政策不同，可以分为社会保险和商业保险。社会保险是指国家通过立法对劳动者遭受年老、疾病、死亡、伤残、生育、丧失劳动能力和失业等风险时提供基本生活保障的一种经济制度。是法律规定的将某些社会风险转移给政府或某一社会组织的一种风险管理措施。我们国家实施的基本养老保险、基本医疗保险、失业保险、工伤保险和生育保险就属于社会保险的内容。

商业保险是投保人根据合同约定向保险人支付保险费，保险人对于合同约定的可能发生的事故因其发生所造成的财产损失承担赔偿保险金责任，或者当被保险人死亡、伤残、疾病或者达到合同约定的年龄、期限时承担给付保险金责任的保险行为。通常，我们在商业保险公司投保的财产保险和人身保险都属于商业保险。

（2）按照保险实施的方式不同，可以分为自愿保险和法定保险。自愿保险是保险人和投保人在自愿原则基础上通过签订保险合同而建立保险关系的一种保险。商业保险都是自愿保险。法定保险又称强制保险，是以国家有关法律为依据而建立保险关系的一种保险。社会保险、交强险都属于法定保险。

（3）按照保险标的不同，可以分为财产保险和人身保险。财产保险是以物质财产及其有关利益、责任和信用为保险标的的保险。包括财产损失险、责任保险和信用保证保险等。

财产损失保险，又称狭义财产保险，是以物质财产及其相关利益为保险标的的保险。

责任保险是以被保险人对第三者依法应负的赔偿责任为保险标的的保险。

信用保证保险是以义务人的信用为保险标的的一种保险。

人身保险是以人的身体或生命为保险标的的保险。包括：人寿保险、健康保险和意外伤害保险。

人寿保险是以人的生命作为保险标的，以被保险人生存或死亡作为保险金给付条件的人身保险业务。人寿保险承保的风险可以是死亡，也可以是生存，还可以同时承保生存和死亡两种风险。死亡保险、生存保险、两全保险、年金保险等都属于传统型人寿保险，变额寿险、万能寿险等属于投资型人寿保险。

健康保险是以被保险人支出的医疗费用、疾病、生育或因疾病、意外伤害不能工作而导致的收入损失作为保险事故的人身保险业务。狭义的健康保险就是指医疗保险、疾病保险和残疾收入补偿保险，广义的健康保险还包括意外医疗保险。

人身意外伤害保险是以人的身体和生命作为保险标的，以被保险人在保险期限内遭受意外伤害事故造成的死亡、残疾为保险金给付条件的人身保险业务。

3.保险的功能

（1）风险保障功能。目前，我国的社会保障制度还不是很完善，且家庭对自然灾害、意外事故、家庭成员的生老病死等的承受能力比较脆弱。因此，家庭在平时资金宽裕的情况下缴纳保险费，在面临危难时得到援助，使生活能够得以正常维持，这是保险最根本的职能，也是家庭理财对保险的基本定位。

（2）储蓄功能。对于长期寿险，保单现金价值的存在使得保单具有储蓄功能，并且保单现金价值采取复利计算账户利息。即在保险期内，投资账户中的现金价值以年甚至是月为单位进行利滚利。而银行理财产品等采取的主要是单利。从这个角度看，部分寿险产品在储蓄生息方面具有一定的优势。

（3）资产保护功能。在特定条件下，寿险保单能够起到资产保护的功能。以企业主为例，当由于债权债务问题发生法律诉讼时，银行里的资金甚至股票、房地产等都可能被冻结。但是，投保所形成的人寿保单的相应价值却不受影响，因为人寿保险合同是以人的寿命和身体为保险标的的。依据《保险法》，未经被保险人书面同意，保单不得转让或者质押。因此，当所有的财产都被冻结甚至拍卖时，人寿保险的保单不会被冻结和拍卖，而且保单贷款功能又使其成为最好的“变现”工具，即便企业遇到破产情形，也不会因此一贫如洗。

（4）资金融通功能。很多长期寿险都具有保单质押贷款功能。保单质押贷款的根本作用在于能够满足保险单的流动性和变现要求。金融理论认为，流动性是金融资产的基本属性，几乎所有的金融资产都需要有流动性和变现能力，保险单作为一种金融资产也不例外。就提供变现、融资的渠道来看，保单质押贷款有别于商业贷款，主要体现在：一是保单持有人没有偿还保单质押贷款的法定义务，因此保单持有人与保险公司之间并非一般的借贷关系。二是保险人只需要根据保单的现金价值审批贷款，不必对申请贷款的保单持有人进行资信审查；而在商业贷款中银行则要对借款人进行严格的资信审查。因此，对保险公司而言，保单质押贷款业务可以看作一项附加服务，管理成本较低。而对于投保人而言，利用保单贷款是一种较为便捷的获得临时资金的方式。

（5）合法避税功能。利用合理合法的手段和税收的监管规定，在节省上缴税收额度的情况下，为员工、自己或家人增加一份收入，就是很好的理财。保险在这方面有着独特的功能。

企业可以合理合法地为员工投保进而达到避税的目的。根据有关规定，企业拿出职工工资总额的4%为员工投保商业保险是完全免税的，如若补缴金额较大的还可获得“不低于三年的期间内分期均匀扣除”费用的权限；同时，由于员工将来从保险公司获得的保险金按税法规定也同样是免税的，因此不论是企业还是个人，都可获得资产保全。

保险是规避遗产税的有效工具。我国已经讨论并出台了《中华人民共和国遗产税暂行条例（草案）》。这意味着遗产税的征收已经纳入国家法律健全化的日程。根据草案，遗产越多，税率就越高，最高可达50%。因此，个人财富会在其离开人世时因为纳税而“缩水”。而保险却是此方面有效的避税工具，目前我国税收法明确规定，保险金是不纳入应征税额的。

4.科学投保五大原则

既然保险有这么多的用处，对个人、家庭和企业来说，保险都是必不可少的。那我们在购买保险时，又需要注意哪些问题才能保证“将钱花在刀刃上”呢？

（1）先大人后小孩。孩子是爸妈的心肝宝贝，做父母的都想把最好的留给孩子，这无可厚非。但是在保险配置上还是得理性考虑，毕竟父母才是孩子最大的保障。孩子拥有的一切都源于大人，只要大人身体健康，有持续的赚钱能力，小孩都会被照顾得很好。但如果大人不幸发生意外，别说孩子的保费，可能连孩子最基本的生活费和教育费等都成了问题。所以，给孩子买保险前，大人先做足保障。在大人保障足够的前提下，再考虑孩子的保障，其实也相当于给孩子上了双重保障。另外，在多位大人中，家庭保费支出还是要优先集中在家庭经济顶梁柱身上。

（2）先保额后期限。当风险和意外来临时，充足的保额才能起到很好的风险转移作用。所以在保费预算有限的情况下，优先将保额做高，再考虑保障期限。保障期限越长，保费增加幅度越大。拿寿险来说，保额相同的情况下定期寿险比终身寿险保费低很多，定期寿险性价比更高，更能在家庭最需要保障的时间段，充分发挥其杠杆保障作用，有效覆盖家庭经济风险。所以，在预算有限的情况下，优先选择定期型的保险。

（3）先保障后理财。保险的本质是保障，其最重要的作用就是转移风险，因此我们要先把必要的人身保障做到位再考虑用保险理财。保险产品一般分为保障型、储蓄型和投资型。购买保险就是要保障生活，就应该先考虑保障型的。只有保障型的保险才能用较少的钱实现较高的保障，避免各种风险对家庭财务造成巨大损失。保障型保险如意外险、定期寿险、重大疾病保险、医疗险等，这些都是我们应当优先配置的，特别是收入不高的家庭。在完善家庭保障后，再考虑储蓄型和投资型的保险产品。

（4）先人身后财产。只要人能够健康顺利地生活，其他都是身外之物。在过去几年国内发生的洪水、泥石流等自然灾害中，向保险公司报案理赔的绝大多数是车险。但实际上有很多人遇难去世了，只因为大多数没有购买保险，所以大部分人无法获得保险理赔。车没了，可以不开，对生活影响不大，只要人在，有的是机会赚钱买车；但是人如果没了，家庭生活可能就难以为继，有车其他家庭成员可能也开不起了。保险虽然不能保证人不出险，但至少能在人不幸出险时，继续为家庭经济生活保驾护航。但是，目前我们的社会现状是很多人过分爱惜自己的豪车，对生命和健康的保障意识不足。

（5）长期配置逐步完善。保险计划不是一成不变的，是一个长期规划的问题。在不同的人生阶段，我们的保险需求和保费支付能力是不一样的，要对自己的保险保障进行调整。例如，我们现在给全家做了保险首次配置，那么5年或者8年以后，我们的需求变化了、经济支付能力变化了、保险产品也更新了，这时我们还需要作出调整，择优投保。不同生命周期阶段的保险需求不同，通常我们会根据家庭生命周期来配置保险。

青年单身期，一般指从参加工作到结婚这段时期，通常为1~5年。这个阶段收入还没有很高，面临的风险主要是疾病和意外，肩负对父母的家庭责任。建议先考虑以下这几种保障型的产品：

医疗险。现在年轻人的压力比较大，熬夜的人也越来越多，随之而来的，不仅是掉落的头发，身体也变差了，更容易生病了。一旦得个稍严重点的病，费用也是不容小觑的。而且年轻人的积蓄也不多，因此买一份百万医疗险可能会更合适，每年只需交几百块钱就能获得百万级别的保障。

意外险。年轻人要通勤、出差等，是先到达目的地，还是先发生意外，谁也说不准，意外风险环绕着每一个人，意外险在这种情况下就非常重要了。意外险最便宜，1年交100多元的保费，就能有一份不错的意外保障。

重疾险。如果不幸患上重疾，不仅身体要饱受折磨，经济也会受到一定程度的冲击，毕竟医疗费用不是一笔小数目。而如果买了重疾保障的话，这笔钱能用来治病，有剩余的还能作为康复费用。可以少买些长期重疾险，再组合一些消费型重疾险，这样既能尽可能做足保障，又可以适当减轻缴费压力。

家庭形成期，是指从结婚到新生儿诞生这段时期，通常为1~5年。这个阶段家庭收入以双薪为主并逐步提高，极可能有房贷，支出较大。面临的主要风险是意外、疾病和可能因此导致的身故，肩负着对父母和伴侣的双重责任。建议优先考虑以下这几种保障型的产品：

医疗险。鉴于这一阶段家庭的积蓄还不多，小额医疗有社保可以分摊，每年花几百块钱买一份百万医疗险转移大额医疗费用风险就很不错。

意外险。通勤也好，出差也罢，意外风险无处不在，每年花个一两百块钱投保一份意外险真的很有必要。

重疾险。如果不幸患上重疾，重疾保险金一方面能用来治病，有剩余的还能作为康复费用和在一定程度上弥补治病期间的收入损失。

定期寿险。定期寿险是一种低保费高保障的寿险产品，能为被保险人提供特定时期的生命保障。基于这个时期的收入和支出特点，一份定期寿险的安排也是比较合理的。

家庭成长期，是指从小孩出生到孩子完成高等教育这段时期，长达20余年。这一阶段收入继续增长，房贷、育儿、子女教育、医疗保健等支出大。面临的风险主要是意外、疾病和身故，肩负着对父母、伴侣和子女的家庭责任，是家庭责任最重的一个阶段。因此，要对家庭收入主要来源者的收入做风险对冲，风险主要来自身故、重疾和意外残疾这三个因素。而家庭初期所设计的保额显然不能匹配这个阶段的需求，这就需要在对已有保险回顾整理的前提下，用未来家庭总支出需求加上负债，减去已有的身故、重疾、意外残疾保额，得到家庭收入主要来源者需要的保额，以确保未来家庭财务目标的稳定实现。

这一阶段高额医疗险继续续保，需要补充配置的保险有：意外险、重疾险和寿险。在寿险方面可以考虑定期寿险和终身寿险的组合，通过定期寿险更好地满足家庭对保额的需求，转移身故风险。终身寿险可以帮助自己实现资产的传承。但是，如果经济能力不许可，还是以定期寿险为主，定期寿险的期限至少要覆盖到子女成年和养老任务完成。

商业养老保险是社会养老保险的重要补充，可以帮助我们过上更有尊严的养老生活。这个阶段要考虑家庭主要收入来源者逐渐老去的客观事实，如果在此阶段错过养老储备的安排，后期养老金规划将面临更大的压力。购买合适的个人商业养老保险应注意自身条件和产品稳健性。从个人经济条件出发，在已有基本养老保险的基础上，选择保费合理、保额合适的商业养老保险产品；同时，应注重产品的稳健性，以提供养老保障为目的，不要盲目追求高收益率。

家庭成熟期，是指子女参加工作到父母退休这段时期。到这个阶段，该建立的保险保障在前期已基本完成，仍在缴费期的保险继续完成缴费，前期投保的短期意外险和百万医疗保险继续续保即可。有需要进一步通过保险进行资产传承需求的可以进一步加保。

退休养老期，是指退休以后的时期。这个阶段收入减少，投资和消费通常较保守。这一阶段开始享受养老保障，前期投保的短期意外险和百万医疗保险能续保的继续续保。

案例分析

李先生一家应如何购买保险?

家住郑州的李先生今年40周岁，爱人38周岁。两人感情和睦，均为企业职员，工作稳定，收入以工资薪金为主，家庭年收入30万元左右，李先生收入稍高一些。家庭有自住房一套，无房贷。李先生及爱人的双方父母都在世，年龄都在60~70岁。除李先生父亲曾因一年前脑梗现行动不便外，其他三位老人身体较健康，没有大的疾病。李先生有一儿一女，女儿12岁，在读小学，儿子6岁。

李先生应该如何通过保险来进行家庭的风险管理呢?

（1）家庭经济收入主要来源者优先配置保险。先给李先生和李太太购买意外险、百万医疗险、重大疾病保险和定期寿险，可以采用夫妻互保。

有的百万医疗险和交通工具意外险可以设置家庭多名成员为被保险人，从减少保费支出角度出发，可以考虑购买这样的保险。如果单位已经为员工购买了高保额的医疗险，医疗险也可不用购买，因为医疗险的特点是赔付以实际医疗费用支出为限，以保额为限，购买多份，不会得到更多赔付。

每个人的重大疾病保额可以定为50万~100万元，过高的保额会使保费支出压力变大。每人的意外险和寿险保额可以定为100万~200万元，合计为家庭年收入的10倍左右，身故受益人为子女。如果有房贷，定期寿险的保额还应加上房贷余额。

（2）考虑到双方父母年龄较大，很多保险已经不能购买。如果有可能，可以为他们购买意外险和老人专享防癌保险。和万一罹患重大疾病带来的大额医疗费用支出相比，相对较高的保险费目前尚能够承受。

（3）一双儿女可以考虑购买意外险、定期重大疾病保险和百万医疗险，主要应对重大疾病或需要高额医疗费用的疾病带来的大额医疗费用支出。如果学校已购买学生平安保险，可不再另外购买意外险，只配置重大疾病保险和百万医疗险即可。重大疾病保险的保额定为30万~50万元。

（4）李先生和李太太可以分别为自己购买一份养老年金保险，为退休后品质养老生活提前做好规划。

李先生和李太太可以分期分步配置以上各险种，并每2~3年进行检视，根据当时情况决定是否需要补充保障，年交保险费控制在家庭年收入的10%~15%较为合理。

（五）信托

1. 什么是信托

信托是指委托人基于对受托人的信任，将其财产权委托给受托人，由受托人按委托人的意愿以自己的名义，为受益人的利益或特定目的，进行管理和处分的行为。

信托是一种特殊的财产管理制度和法律行为，同时又是一种金融制度，与银行、保险、证券一起构成了现代金融体系。信托业务是一种以信用为基础的法律行为，一般涉及三方面当事人，即投入信用的委托人、受信于人的受托人以及受益于人的受益人（见图6–4）。

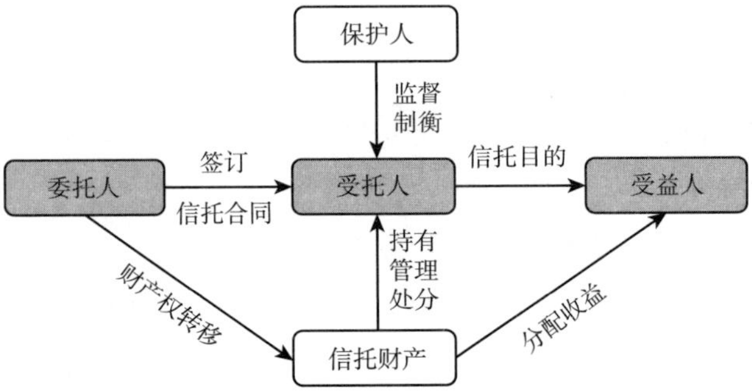

图6–4 信托关系结构图

从法律角度来说，信托是一种制度安排，是一种特殊的法律架构。这种特殊的法律架构实现了财产的所有权、控制权和受益权的分离，相互制约、相互监督，可以更好地帮助委托人实现财产的保护和传承，是财富管理与转移的制度安排。

从经济角度来说，信托是一种金融工具，特别是集合资金类信托，一头连接融资项目，满足融资方项目资金需求，一头对接资金，满足资金方财富管理需求，有力地促进了经济建设，同时促进了金融体系的发展与完善。

从道德角度来说，信托是人类最基本的一种生存方式。广义的信托行为在日常生活和工作中几乎无处不在，委托出租车司机将自己带到目的地、委托快递公司帮助自己取送货、委托亲友代买物品、购买公募基金等，甚至《中华人民共和国证券投资基金法》第二条还明确提到了其上位法是《中华人民共和国信托法》。

人们出于信任，进而委托。信托，因信而托，有信有托，无信则无托。

信托，以信任为前提和基础，以信托财产为核心，以委托人意愿为目的，以委托为管理方式，是最灵活的财产管理制度。委托人可以为各种各样的目的设立信托，例如保全和传承财产、家庭成员生活保障、退休计划、慈善事业等，但所有的信托目的都应该是合法的，并且不能违背公序良俗。

拓展阅读

读懂信托

李雷有笔钱想投资，存银行里每年获得3%的无风险收益率。然后，银行以6%的利率贷出去。

有一天韩梅梅跟李雷说："把钱存我家吧，我给你6%的收益。"韩梅梅雇用了几个名校的研究生，去找项目，谈收益和抵押问题，这几个人被称为"信托经理"。他们联系上了吉姆，吉姆家里正要给煤矿做个投资，让财务算了笔账，可以负担10%的融资成本。

这里有个问题，吉姆为什么不找银行呢？因为银行贷款有很多合规要求，手续复杂而且限制诸多，不是国有企业和大企业贷款很困难。等贷到款了，黄花菜都凉了。

所以，吉姆决定找韩梅梅家贷款，做一个信托理财计划，投资人的投资起点100万元，吉姆拿家里房子做抵押。这是信托的原始形态——正向信托，为投资者寻找可靠安全的投资渠道。

但是后来信托事业蓬勃发展，项目不断。经常出现拉来了项目需要找投资者的情况，于是演变成了反向信托。有一次，吉姆表示还不起钱了，于是韩梅梅拿自己家的钱补上。这叫刚性兑付。

2.信托的种类

信托的分类很丰富。按照信托服务对象划分，可分为个人信托和法人信托。这里主要介绍个人信托。个人信托是以个人身份委托受托人办理信托业务的信托。个人信托的目的具有多样性：管理财产、处分财产、保全财产、财产增值等。个人信托的受益人可以是自己，也可以是家人。

（1）契约信托，又叫"生前信托"，是指委托人与受托人签订信托契约，委托后者办理委托人在世时的各项事务。设置生前信托的目的主要有：

财产管理。委托人由于缺乏金融知识，或者是时间、精力有限，无法亲自管理财产，料理相关事务。

财产处理。委托人想把自己拥有的财产转换成另外的形式或者希望对原有的财产进行分配。例如，出售原来的财产、向受益人交付财产等。

财产保全。财产保全是指委托人为预防未来可能发生的风险，提前通过信托来保护自己财产的行为。在信托期间，委托人和受益人所形成的债务不影响信托财产；受益人只能享受信托合同中规定的权利；信托还可以通过隐匿财产来保全财产。大多数法律都没有关于信托信息公开披露的规定，且信托契约无须向任何政府机构登记，也不公开供公众查询。

财产增值。委托人将财产信托给有理财经验的受托人，由受托人经营，借助这些专业人员的管理与经营能力，实现有效管理财产、增加收益和增值财产的目的。

税收规划。许多国家（如美国、加拿大、英国等）对于亲属之间的财产赠与和代际之间的财产继承都有较全面的税收制度，许多国家税法规定的税率也较高，有的甚至达到50%，且此税必须在财产转移前付清，这对遗产继承人来说，可能是非常大的压力。通过信托方式来进行财产规划，可实现合法节省赠与税及遗产税的目的。

（2）遗嘱信托，也叫身后信托，是指委托人预先以立遗嘱的方式，将财产的规划内容，包括交付信托后遗产的管理、分配、运用及给付等详订于遗嘱中，等到遗嘱生效时，再将信托财产转移给受托人，由受托人依据信托的内容，也就是委托人遗嘱所交办的事项，管理处分信托财产。

遗嘱信托包括遗嘱执行信托和遗产管理信托。与金钱、不动产或有价证券等个人信托业务比较，遗嘱信托最大的不同点在于，遗嘱信托是在委托人死亡后契约才生效。

实务应用

遗嘱信托的财产隔代继承

老人为了躲避不务正业的儿子而将财产指定留给孙子。老人的遗产按照《中华人民共和国继承法》只能由儿子继承，依照《中华人民共和国遗产法》规定必需依比重分配给儿子与孙子。因为两个孙子未成年，所以依照正常遗产处理方式，遗产主控权将全数在儿子身上。老人担心整天不务正业的儿子根本不会照顾两个孙子，所以在过世前跟银行商量，通过遗嘱信托，请银行将要留给孙子的财产通过信托“锁”起来。信托契约载明，一旦老人身故，属于两个孙子的遗产由遗嘱运行人放入信托专户，没有人可以任意更改信托契约或终止信托领回财产，直到孙子成年再交付遗产。明智的爷爷以这种方式来实现了遗产的隔代有效传承。

（3）人寿保险信托，是指投保人在生前以保险信托契约或遗嘱的形式，委托信托机构代领保险金并交付受益人，或对保险金进行管理和运用，再定期支付给受益人的信托。它是保险与信托的有机结合。

案例分析

保险金信托

张女士是一位单亲妈妈，有一个六岁女儿瑶瑶。因张女士要兼顾事业与家庭，因此工作非常勤奋，但近来常感身体不适，经医院诊断为癌症末期。虽已向保险公司投保数百万元保额的人寿保险，并指定瑶瑶为保险金受益人。但瑶瑶目前还太小，若张女士真的走了，谁能真正照顾好瑶瑶未来的生活呢？

于是，张女士协助瑶瑶与某信托机构签订保险金信托协议，并向保险公司办理信托声明：身故保险金受益人为瑶瑶（保险金限入“信托机构保险金信托专户”），且指定保险金管理运用方式，并约定保险事故发生后，瑶瑶每月可领取一笔金额作为生活费，直到信托期满，又可再领取一笔金额作为创业、结婚或其他之用。保险金信托可说是真正照顾了受益人，让保险更保险，使受益人真正受益。

（4）监护信托，是指利用信托方式由信托机构对未成年人或禁治产人的人身和财产以及其他一切合法权益给予监督、保护、照顾和管理的信托模式。

监护信托与财产管理信托的区别在于，前者重在对人的责任，如对未成年被监护人的教育与培养，对禁治产人的疗养与康复等。当然，作为养护人，管理一些财产也是当然的。财产管理信托则重在对物的责任，即接受信托财产，对其进行管理与运用。

（5）特定赠与信托，是指以资助重度身心残疾者生活上的稳定为目的，以特别残疾者为受益人。由个人将金钱或有价证券委托给信托机构做长期管理和运用，并根据受益人生活和医疗上的需要，定期以现金支付给受益人的信托业务。

案例分析

特定赠与信托

刘先生在日本留学工作多年，前不久其母病逝，他从日本赶回国内料理母亲的后事。此外，还有一件重要的事情，就是解决刘先生身患残疾的妹妹日后的生活问题。回国之前，刘先生已经了解到在日本有一种特定赠与信托方式。于是，他到本地的信托公司，向信托公司的专业人员请教有关特定赠与信托的情况。通过信托公司的介绍，刘先生了解到，通过设立特定赠与信托，他可以把赠与妹妹的财产委托给信托公司，这样该笔财产就属于信托财产，受到法律的保护。在运用和处理信托财产时，信托公司会严格按照信托合同的规定，保护委托人和受托人、受益人的权益不受损害。这样既可以保证支付妹妹的生活费、护理费等，也不耽误他在日本的工作，还可以防止这笔钱被他人挪用。这样一来，刘先生放心了，他的问题可以通过特定赠与信托来解决。

3.信托的功能

信托的内涵极为丰富，应用也极为灵活。但在我国，由于引进时间较短，理论研究尚不充分，实践经验也不丰富。但这些因素并不妨碍信托成为非常重要的财富管理工具。我国信托业一直以“受人之托，代人理财”作为行业定位。那信托到底具有哪些功能呢?

（1）投融资功能。在我国，信托制度最初是为融资而引进的，曾经的信托机构一度被命名为“信托投资公司”，可见，信托公司被定位为“投资”公司，筹措和融通资金是信托的重要功能。

信托公司运用信托业务积极参与各类社会投资活动，为交易主体各方建立相互信任关系，为产业经营者提供资金支持，为委托人的财产寻找增值机会。

（2）财富管理功能。目前，信托的特殊制度优势在我国还没有得到充分的认知与利用，信托机构更多的是利用牌照优势，作为专业资产管理的通道，发挥资产管理和财富管理的功能。在资产管理领域，信托公司是目前唯一可以横跨货币市场、资本市场和实业投资三大领域的金融机构。信托公司作为专业的资产管理机构，利用制度优势整合相关行业最优质的资源和人才，风险管理机制完善、经验丰富，可以为投资人更好地实现财富保值增值的目标。

（3）财富传承功能。信托的起源就是为财产转移继承而生。因此，在财富传承上，信托有不可替代的优势，家族信托是财富管理和传承的最高形式。无隔离，不传承。首先，信托财产的所有权、管理权和受益权的分离，较完美地实现了财产的隔离，财富的隔离保护是传承最重要的一步。其次，信托财产的独立性又为财产的保护提供了法律保障。最后，极具个性化的信托合同，可以实现委托人的各种传承需求。信托财产的独立性还可以帮助委托人在财富传递过程中实现债务隔离、婚姻财产保护等功能。

总之，信托功能非常强大，适用范围也很广泛。正如被誉为“现代信托业之父”的美国哈佛大学教授斯考特所说：“信托的应用范围，可与人类的想象力相媲美。”信托一头连着货币市场，一头连着资本市场，一头连着产业市场，既能融资，又能投资，被誉为具有无穷的经济活化作用。

三、正确的财富管理理念

财富管理是长跑而不是短跑，是伴随一个人甚至一个家族一生的旅行，影响一代人甚至几代人。因此，个人或家庭在进行财富管理时必须形成正确的财富管理理念。

（一）投资自己是最好的财富管理方法

电影《天下无贼》中有这样一句台词："21世纪什么最贵？人才。"从财富管理的角度来说，人力资本就是每个人最大的财富潜力，这里所说的人力资本是具有经济价值的知识和能力之和。如果你刚刚进入职场，月薪只有几千元，还没有什么知识可用于财富管理，这时你最好先投资自己的人力资本，也就是多长见识、提高自己各方面的能力。这样，不仅你的职场之路会越走越宽，而且有很大机会获得长期回报，这份回报甚至要优于很多金融资产带来的回报。那么，我们究竟应该如何投资自己、提升自己的人力资本呢？这里有两点建议：

（1）提高学历，持续深造。很多企业在招聘时都会说更看重能力，而不是学历。然而现实是，企业在筛选简历时，总会设定学历门槛。由此看来，学历是事业的敲门砖。

（2）打造新能力。俗话说"技多不压身"，具备更多、更强的能力不仅会让你在事业上有更多的选择，还会让你走得更远。财富管理也是一种能力，它不只是知识和方法论，更是一种思维方式。你可以通过学习一些基础概念和方法，打破固有观念、更新思考方式，然后通过深层次学习逐步建立财富管理思维，从而对财富管理问题进行独立思考和批判性解读，真正做到"知其然"也"知其所以然"。

（二）选择适合自己的投资工具

在财富管理过程中，投资几乎服务于每一个理财目标的实现。随着金融市场的发展，投资工具越来越多，除了常见的固定收益类产品、股票、债券、基金外，还有外汇、期货等。面对如此多的金融工具，我们到底要怎么选择呢？如何才能选到那个风险最低、收益最高的投资工具呢？其实，这是没有定论的。因为每个人的情况不一样，认知能力和管理能力也不同，只有适合自己的才是最好的。

要想知道哪个是适合自己的，首先要明确自己的投资目标，即为了什么而投资，是单纯的资产增值还是旅游、买车、买房、结婚、养育子女、养老等。目标不同，对待风险的态度就应该不一样，配置的金融资产也应该不一样。其次要看自己有多少本金可以投资。如果资金量比较小，可以考虑银行存款或活期理财、货币市场基金或基金定投；如果资金量比较大，且投资知识和技能具备，可以考虑股票、债券、基金，甚至是期货、外汇等；如果资金量很大，自己不具备投资能力或没有时间打理，可以考虑私募基金或者信托，也就是让专业的人做专业的事。最后还要客观评估自己的风险承受能力。一般来说，收益越高，风险也越大。

（三）保险是保障财富安全和实现财富传承的有效工具

在所有资产类别中，保险与我们的日常生活联系最为紧密。一个人可以不买股票、不买基金，也不投国债或信托，但他几乎不能离开保险。因为“人总有一天会生病，我们不能跟健康讨价还价；人总有一天会变老，我们不能跟时间讨价还价；人总有一天会离开，我们不能跟风险讨价还价”。

保险为个人、家庭的生存和发展提供了保护屏障，可以帮助我们保障更加稳定的财务状况，抵御突发事件引起的巨大财务波动。如果不出险，缴付的保险费只会适当降低我们的财富上限；如果不幸出险了，保险补偿或保险金给付可以帮助我们抵御巨大风险损失，换取未来财富的安全性，是真正的“以小博大”。

保险除了具有保障功能以外，还具有投资、信托等功能。其中，保障功能和投资功能在国内市场上实现得比较多。投资功能也是目前市场上很多保险产品的常见功能之一，保险资金的长期性、稳定性特点，使得部分保险产品成为可选的中长期稳健投资产品之一。保险金信托具有保险与家族信托的双重优势，完美满足了高净值人群生前与身后对家庭财富保障的管理和安排。此类信托可以使得财富有计划地汇入，有规划地分出，全方位提升高净值客户的资产传承规划，功能十分强大。

值得注意的是，与财富管理方案一样，保险需求是随着人生阶段动态变化的。因此，我们应根据自己的需求合理配置保险产品。

（四）正确配置信托产品

信托的本源是“受人之托，代人理财”，它被广泛地应用于个人或家庭财富的管理和传承。目前来看，信托产品的收益率高于银行理财产品，投资周期一般在2~4年，能很好地满足投资者中短期持有资产的要求。另外，信托的风险隔离功能决定了信托不仅是一种理财方式，还可以帮助个人和家庭规避风险。

很多人以为信托产品没有什么风险，都是可以保证刚性兑付的，现实真的如此吗？非也。近年来，随着安信信托产品大规模的延期，四川信托深陷资金池违规风波，252亿的资金池全面逾期。自此，打破刚性兑付由以前的个别信托公司的零星项目，演变成某些信托公司大规模逾期。

其实，早在2017年11月中国人民银行就已经会同银监会、证监会、保监会、外汇局等部门起草了《关于规范金融机构资产管理业务的指导意见（征求意见稿）》，指出刚性兑付严重扭曲资管产品“受人之托、代人理财”的本质，扰乱市场纪律、加剧道德风险，打破刚性兑付是金融业的普遍共识，要求金融机构应当加强投资者教育，不断提高投资者的金融知识水平和风险意识，向投资者传递“卖者尽责、买者自负”的理念，打破刚性兑付。

对于大多数投资者来说，我们所投资的信托产品都是集合资金信托。那投资人该如何选出优质的信托产品呢?

信托公司是信托产品的发行方，负责信托投资项目的筛选、信托结构设计和信托收益定价等。因此，在选择信托产品时信托公司也是要考虑的关键因素。在信托公司方面，首先要看股东背景，股东背景强势的信托公司，会在项目出现问题时发挥解决问题能力的优势；其次要通过市场化的指标来评判信托公司的盈利能力、投资业务能力和抗风险能力。这些指标可以通过信托公司的年报、银保监会、信托业协会等渠道获取。

关于信托产品本身，我们会关注信托产品的收益率和投资期限，但我们最关心的问题往往是这个产品是否可靠。首先，我们要看信托产品的增信措施是否完善。也就是说，这个信托产品的担保机构是否有实力覆盖信托投资项目的风险。比如一个融资规模5 000万元的项目，究竟是被一个资产千万级的机构担保，还是被一个资产上亿或者十亿级别的机构担保？其次，我们要重点考察底层资产的保值能力和增值能力，因为这些能力是保住本金、产生收益的源泉。我们要在信托产品介绍中重点关注它的底层资产是什么，它们既可以是看得见、摸得着的大型机械、房子，也可以是债权或股票等。信托产品常见的底层资产类型包括债权信托、股权信托、标品信托和同业信托。无论底层资产属于哪种类型，我们在选择资产时，都要以保障资金的安全性为第一原则，看不懂的、没把握的不投。

（五）必要时选择可靠的财富管理机构

财富管理是涉及资产、负债和流动性等全方位的管理，是一种长期性的整体规划，包括创富、守富、用富和传富。在此过程中，投资是一个重要的工具。而投资从来都不是一件简单的事，不仅需要投资者投入很多的时间和精力，还需要投资者掌握科学的理论知识并积累丰富的实践经验。市场是瞬息万变的，即使是训练有素的从业者，也要每天认真关注市场动态和政策走向。而大部分个人投资者会更多地依赖直觉，往往因为过度交易和厌恶风险而做出不成熟的投资行为，很难获利，甚至血本无归。

当个人不具备财富管理能力的时候，我们不如把资产委托给专业的机构打理。一方面可以利用专业机构的专业能力为自己赚取收益，帮助自己实现财富管理的目标；另一方面也可以将自己从繁杂的研究、分析中解放出来，避免由于知识、能力和精力不足造成损失。这就是我们通常所说的“让专业的人做专业的事”。

案例分析

巴菲特投资可口可乐①

可口可乐于1886年诞生在美国乔治亚州亚特兰大市，经过130多年的发展，它已经完全融合到美国文化当中，成为美国文化的代表品牌之一。

1987年10月19日，美国股市遭遇了“黑色星期一”，道琼斯工业指数当天下跌了22%，可口可乐的股票价格也较崩盘前的高价下跌了25%的幅度，巴菲特认为买入可口可乐股票的时机到了。

1988年夏天，巴菲特开始首次购入可口可乐的股票，随后的10个月的时间，巴菲特共投资10.23亿美元买入可口可乐股票，并在1991年和1994年继续增持了可口可乐股票，这时他的平均成本为10.96美元/股。可口可乐的股票价格在1998年达到了20世纪的顶点，同时可口可乐公司的市值也超过了1 500亿美元。在1998年底，巴菲特在可口可乐的持股为134亿美元，十年涨了11倍，年化收益率是27%。

1994年以后，巴菲特在可口可乐的持仓上基本没什么变动，即使是发生了1999年6月14日的比利时中毒事件以及1999年12月4日的董事长艾华士辞职事件，股票价格的滞涨和下跌波动，也并没有影响巴菲特对可口可乐的钟情。正如巴菲特所说的，他所赚取的，是来自于企业长期稳健经营的钱，而不是来自于市场波动的钱，并且可口可乐当前面临的问题，并不足以影响其生存的基础。

2018年，可口可乐每股分红1.56美元，巴菲特的持仓取得总计6.24亿美元的分红。仅2018年和2019年巴菲特的总分红金额就已经超过了其在可口可乐的投资额，这也如巴菲特所说：“时间是这笔好生意的朋友。”

思考与讨论

巴菲特为什么买入可口可乐股票？巴菲特买入可口可乐股票的时间点是随意的吗？巴菲特投资可口可乐股票给你带来了哪些启示呢？

---

① 资料来源：根据网络资料整理分析而成。

四、个人财富管理方案

与图6–5所示的马斯洛需求金字塔理论类似，个人和家庭也可以根据不同层次的财富需求，运用金字塔形式搭建不同的财富管理方案，即“财富金字塔”。

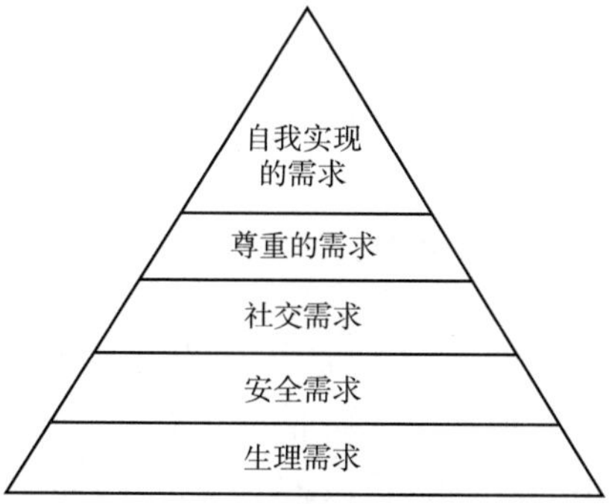

图6–5 马斯洛需求金字塔

（一）财富金字塔的构成

不同的金融工具，流动性和收益性都不同。所以，我们可以运用不同的金融工具，满足不同层次的财富需求。例如，用多少钱满足日常开支的流动性需求，用多少钱做安全屏障，用多少钱作为投资性资产追求高收益。在财富金字塔中，层次越低的需求，越是基础性、生活所必需的，越应该被优先满足，对应这类需求的金融工具或大类资产，需要具有较高的流动性和安全性；层次越高的资产，安全性越低，收益的不确定性越强。个人财富金字塔可以简单地分为三个层次，如图6–6所示。

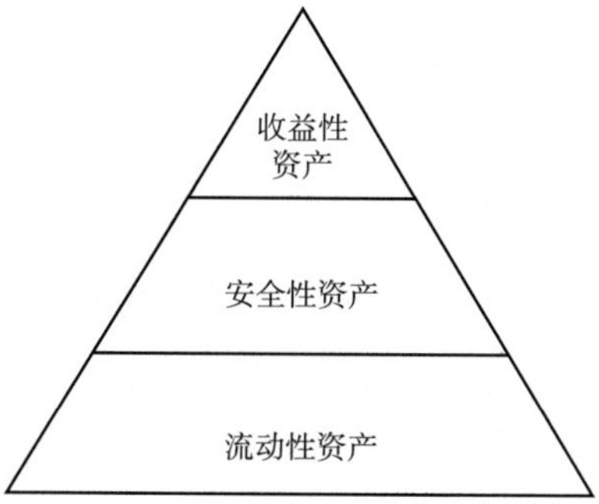

图6–6 个人财富金字塔

第一层是流动性资产。流动性资产位于金字塔的最底层，是个人或家庭用于满足基本生活需求的资产。因为它是日常生活中随时要用的资产，所以必须具备很好的流动性。这笔资产可以是现金、银行存款或者货币市场基金。

第二层是安全性资产。安全性资产位于财富金字塔的中间层，为个人或家庭的生活步入小康提供保障性支持。这部分资产的流动性适中、收益稳健，主要作用是抵御风险。通常，这类资产以保险的形式存在。

第三层是收益性资产。收益性资产位于财富金字塔的顶端，这部分资产主要是帮助实现财富的增值，为家庭财富积累提供支持。这类资产收益更高，但风险也更大，主要以债券、股票、基金、期货、房地产等形式存在。

马斯洛需求金字塔和个人财富金字塔都揭示了一个共同的重要原则：人不应该在最基本的流动性资产尚未配足的情况下盲目地追求收益性资产。

（二）标准普尔家庭资产象限图

那么，如何搭建个人或家庭的财富金字塔呢？在家庭资产配置中，标准普尔家庭资产象限图是一个常见的参考工具。标准普尔家庭资产象限图将家庭资产分为4个账户，如图6–7所示，分别是要花的钱、保命的钱、保本升值的钱和生钱的钱。这四个账户的作用不同，对应资金的投资渠道也各不相同。相关研究显示，通过合理配置4个账户的资产，可以保证家庭财富长期、稳健地增长。

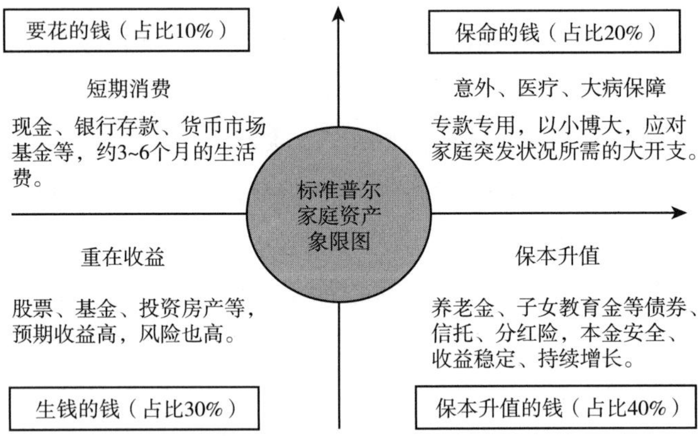

图6–7　标准普尔家庭资产象限图

第一个账户是流动资产账户，存着随时要花的钱。它主要用于个人或家庭的短期开销，例如3~6个月的日常生活支出，包括吃、穿、用等费用。这部分资产容易出现的问题是占比过高或超支，所以个人可以根据具体情况做预算或记账，在一定程度上控制消费欲望。这部分资产可以是现金、银行存款和货币市场基金等流动性强的金融产品，约占个人家庭总资产的10%。

第二个账户是保障资产账户，存着保命的钱。这部分资产平时看似不起作用，但关键时刻能保障个人或家庭不用为了急用钱去卖房、卖车、股票低价套现或者四处求人等，所以，个人或家庭应将这部分资产专款专用，配置保险等具有保障性、可利用杠杆的资产，以应对个人或家庭可能遭遇的意外、疾病等突发状况。这部分资产占总资产的比重约为20%。

第三个账户是稳健资产账户，存着保本升值的钱。这部分资产用来应对未来重要但不紧急的开支，比如子女教育、养老等。为了获得长期稳定的收益，个人或家庭千万不要随意支取、使用这笔资产。否则，在被消费欲望冲昏头脑时，很可能将其全部花掉。在这个账户中，个人或家庭可以配置安全性较强、收益稳健的资产，如子女教育年金险、养老年金险，或者投资固定收益类产品，如大额存单、债券、理财产品、资管计划等，这部分资产占总资产的比重约为40%。

第四个账户是投资资产账户，存着生钱的钱。配置这部分资产的目的主要是追求高收益，但这也同时意味着高风险。因此，个人或家庭要保证这笔资金是在较长时间内不用的钱。也就是说，即使这笔资金亏损了，也不会对家庭经济状况造成致命性打击。标准普尔对这部分资产占总资产的比例设定为30%。其实，个人和家庭应该根据自身风险承受能力，合理设定这部分资产的比例。

流动性资产和部分保障资产在财富金字塔的底端，用于解决我们的“温饱”问题；剩下一部分保障性资产、稳健资产和部分投资性资产是财富金字塔的中间层，用来支撑我们的“小康”生活；还有部分投资性资产在财富金字塔的塔尖，是“锦上添花”的资产。

思考与讨论

标准普尔资产象限图任何人都可以直接套用吗？假如小李刚开始工作，没有什么积蓄，个人或家庭资产积累不多，只有10万元，他能按照标准普尔资产象限图去规划和分配资产吗？

当一个家庭的财富积累很少、收入不高时，只能先满足现金资产及保障性资产的配置；有了一定的财富积累后，开始逐渐增持投资性资产；有了孩子以后，就会需要稳健增值的资产配置来实现子女教育和养老两大刚性需求；当家庭完成财富积累后，财富保值、传承就成为其首要目标。也就是说，随着个人年龄的增长和资产状况的变化，各项资产的配置比例也需要进行相应的调整。

标准普尔资产象限图是标准普尔公司在调研全球十万个资产稳健增长的中产家庭，分析总结他们的家庭理财方式后得出的。对中产家庭来说，被认为是最合理稳健的家庭资产分配方式。

财富管理关系到我们的切身利益，因此我们需要了解财富管理指导原则并形成正确的财富观，建立合理的家庭资产配置理念：财富管理是长跑而不是短跑，是伴随一个人和一个家庭的终身，影响一代人甚至几代人，短期不能决定长期真正的财富状况。所以，财富管理目标是求长，而不是求多。

拓展阅读

中国家庭资产配置的4个特点

目前来看，中国家庭资产配置主要呈现以下几个特点：

1. 房产依然是家庭资产配置的重心

根据《2020年中国城市家庭财富健康报告》，在财富增加的家庭中，住房资产增加贡献了69.9%，金融投资价值增加贡献了21.2%，也就是说很多人都是借助房价上升实现的被动财富增值，而房价上涨的行情并不可能长期持续。中国家庭持有的金融资产占比偏低，与国内金融产品的丰富程度和收益率不及房地产直接相关。事实上，房地产不是长期储存财富的最优工具。因此，在具体考虑财富金字塔的配置时，建议个人或家庭剔除自住房地产部分后，不要持有过高的投资性房地产。

2. 金融资产中，储蓄存款占比较高

产生这一现象的原因主要有两点：一是中国财富管理行业仍处于起步阶段；二是好的金融产品有待丰富。在国外成熟市场上，每个家庭普遍只将总资产的5%左右用于储蓄存款。

3. 整体保险意识有待进一步加强

虽然近年来大家的保险意识在逐步增强，但是大部分人依然更多地依赖社保，而非自我补充配置的商业保险。换句话说，很多人对待风险的态度是风险自留。风险自留往往会因为家庭成员发生意外或疾病而为个人或家庭的财富带来较大的波动，有损个人或家庭的整体幸福感。

4. 缺乏对金融产品的判断能力

大多数个人或家庭对金融产品并不熟悉，接触较多的就是储蓄、银行理财和股票，所以当利率下行或整体行情不好的时候，往往就不知道投资什么。其实，国债、货币市场基金等风险低、流动性相对较好的金融产品可以作为日常储蓄的补充，具有一定风险承受能力和投资经验的人相对适合选择债券、股票、基金等。

训练项目

一、基金模拟开户与投资

当前，开立基金账户的一般流程为：办理银行卡—基金网站开户—银行卡、身份证验证—注册银联通用户—注册基金公司用户—开户成功。

在网上交易时代，以手机银行支付为基础的基金网上交易渐成主流。年轻的投资者一般都喜欢在网上买卖基金。因此，开户也大多选择手机银行开户。下面以中国建设银行为例，介绍一下通过手机银行进行基金开户与投资的流程：

第一步：登录手机银行，并点击“更多”；第二步：点击“投资理财”；第三步：点击“基金投资”；第四步：任意选择一类基金中的某只基金，点击“挂单”，这时系统提示“您尚未开通基金服务功能，请先开通”，点击“确定”（见图6-8）。第五步：在基金服务开通页面，认真阅读并同意“中国建设银行证券投资基金投资人权益须知”，正确填写个人相关信息，点击“提交”，系统会提示“开通基金服务成功”。第六步：购买基金，选择一只基金，点击“挂单”即可，如图6-9所示。

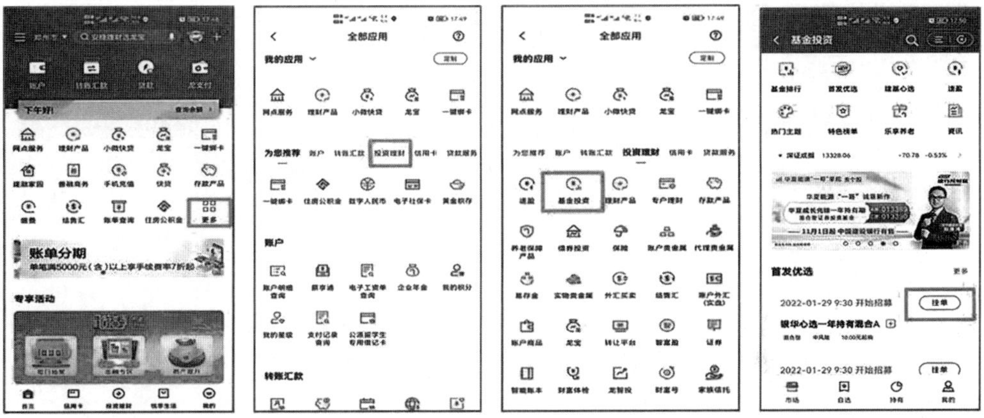

第一步　　第二步　　第三步　　第四步

图6-8　基金模拟开户步骤（1）

第五步　　第六步

图6-9　基金模拟开户步骤（2）

二、股票模拟开户与投资

以“国泰君安君弘”软件为例：

第一步：手机下载并安装“国泰君安君弘”App。

第二步：打开App，点击“更多应用”。

第三步：点击“炒股大赛”。

第四步：在“模拟练习”界面，点击“去登录/注册”。

第五步：输入个人“手机号码”“验证码”，点击“我已阅读并同意君弘服务协议及隐私政策”“注册/登录”，在登录后的界面就可以进行股票、基金等模拟交易了，如图6-10所示。君弘模拟交易账户给投资者100万元的初始资金，投资者可以进行买入、卖出、撤单、持仓查询、委托查询和创建组合等模拟操作。操作步骤如图6-10所示。

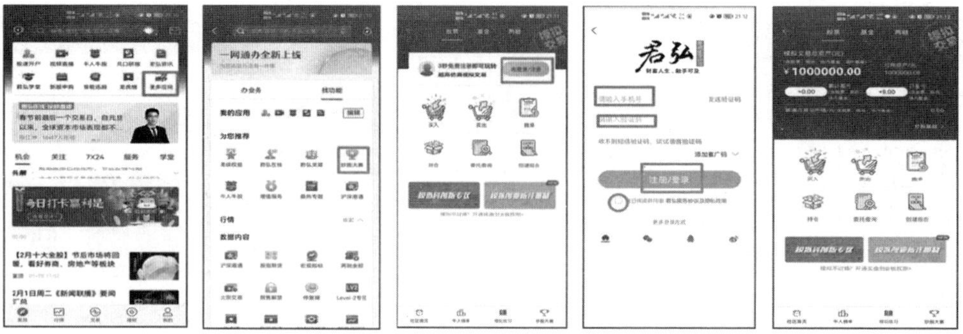

图6-10　股票模拟开户步骤

7

Part

第七章

现金流思维：现金流管理和资金预算

学习目标

了解现金和现金流的区别，理解现金流对企业正常运营的影响，能分析企业同一时期利润和现金流的差异及其产生的原因，能够判断不同时期利润和现金流孰重孰轻，会制定合理的资金使用计划，提升资金管理和提前谋划的意识。

知识点、技能点

现金流；资金管理；利润；现金流量表

“现金为王”，说起来容易做起来难。在现实生活中，不管是个人生活，还是经营企业，现金流是一个非常重要却经常被忽视的指标。稳定的正现金流是持续经营、稳定发展的保证，如果现金流断了，企业就难以维系。现金流思维能让我们提前做好投资规划，在实现自有现金价值收益最大化的同时，抓住机会以低成本掌握尽可能多的资金使用权，从而获取超额的投资收益。

第一节 企业现金流管理

项目需求

初创企业的现金流为负？

小王是一名刚毕业的大学生，响应国家号召，自主创业，创立一家甜品店。创业初期的第一个月，他从父母那获得创业金5万元，销售面包的收入8万元，面包的成本6万元，缴纳一年的租金4万元（每月0.33万元），购买机器设备3万元（当月不提折旧，下月开始计提），支出广告费0.3万元。根据利润和现金流的概念，本月的经营利润=8−6−0.33−0.3=1.37（万元），本月的现金流=5+8−6−4−3−0.3=−0.3（万元），本月的经营利润为正，而现金流为负，该甜品店还能继续经营吗？

项目分析

企业所有的商业行为，都需要现金流支持。企业商业行为始于融资活动，融资包括权益性融资及债务性融资两大类，有了资金后再购置各类生产要素，通过人的经营使其实现持续的运营。这背后的“血脉”就是现金流，现金流可以用财务数据表达出来，企业发展的不同阶段表现出不同的现金流特征。

一、现金和现金流

现金是指各主权国家法律确定的，在一定范围内立即可以投入流通的交换媒介。它具有普遍的可接受性，可以有效地立即用来购买商品、货物、劳务或偿还债务。它是企业中流通性最强的资产。而现金流量管理中的现金，不是我们通常所理解的手持现金，是指企业的库存现金和银行存款，还包括现金等价物。

（一）现金及现金等价物

现金是通用的交换媒介，也是对其他资产计量的一般尺度，会计上对现金有狭义和广义之分。我国会计核算方面的现金是狭义的现金，仅仅指库存现金，即企业金库中存放的现金，包括人们经常接触的纸币和硬币等；美国会计核算方面的现金是广义的现金，包括库存现金、银行存款和其他货币资金三个部分，银行存款包括现金支票、银行支票和储存在银行账户的存款，其他货币资金包括外埠存款、银行汇票存款、银行本票存款和信用证存款、信用卡存款和存储投资款等。

企业现金流量管理中所指的现金，是指企业的库存现金和银行存款，还包括现金等价物。现金等价物是企业持有的期限短、流动性强、容易转换为已知金额现金、价值变动风险很小的投资等，现金等价物虽然不是现金，但其支付能力与现金差不多，即可视同现金，或称"准现金"。例如，持有期不超过3个月的债券投资、可转让的定期存单等。

现金等价物具有随时可转换为定额现金、即将到期、利息变动对其价值影响小等特性。企业作为短期投资而购入的可流通的股票，尽管期限短，变现的能力也很强，但由于其变现的金额并不确定，其价值变动的风险较大，因而不属于现金等价物。

拓展阅读

《企业会计准则——现金流量表》的起草人李尊农先生，在其所著《现金流量表》一书中，对"3个月内到期的投资"举例释义：例如当年5月1日购买的，原定期限为9个月的债券投资，到12月31日编制现金流量表时，还有1个月即将到期。又如当年12月5日购买的金融债券，期限为3个月，到12月31日编表日，到期日还有两个多月，根据现金等价物一般是指原定期限等于或短于3个月的投资期限这一条件，前例原定期限为9个月的债券就不能作现金等价物，因为在会计处理上已减少了现金，增加了投资；而后例则应作为现金等价物，因期限为3个月的债券是作为现金管理的，在购买时并未以现金流出处理。

思考与讨论

这些属于现金等价物吗?

资料1：为筹集财政资金，统筹推进疫情防控和经济社会发展，财政部决定发行2020年三期抗疫特别国债。三期抗疫特别国债加起来，面值总额达到了

1 700亿元。目前，5年、7年、10年期记账式国债收益率分别约为2.5%、2.8%、2.8%。2020年6月28日，小王购买了中央发行的5年期抗疫特别国债100万元。

资料2：2022年2月8日，小王从国泰君安证券股份有限公司购买茅台的股票1 000股，每股1 839.09元，预计3个月后抛出该股票。

资料3：小李是一名会计专业的大学生，具有一定的会计知识，通常把每月收到的生活费1 500元自动转入余额宝，这样除去每天从余额宝随时扣除吃饭的钱，剩余的钱还能在余额宝产生少量利息。

根据现金等价物的定义和适用范围，判断以上资料中哪个属于现金等价物。

（二）现金流

现金流一般指现金流量，是现代理财学中的一个概念，指投资案例在其整个寿命期内所发生的现金流出和现金流入的全部资金收付数量。现金流是评价投资方案经济效益的必备资料，包括现金流入和现金流出。

现金流是指企业通过一定经济活动（包括经营活动、投资活动、筹资活动和非经常性案例）而产生的现金流入、现金流出及其总量情况的总称，即企业一定时期的现金和现金等价物的流入和流出的数量。例如：销售商品、提供劳务、出售固定资产、收回投资、借入资金等，形成企业的现金流入；购买商品、接受劳务、购建固定资产、现金投资、偿还债务等，形成企业的现金流出。衡量企业经营状况是否良好，是否有足够的现金偿还债务，资产的变现能力等，现金流是非常重要的指标。

现金流量表就是专门反映企业在一定期间内现金和现金等价物流入和流出的报表。根据企业业务活动的性质和现金流量的来源，现金流量表在结构上将企业一定期间产生的现金流量分为三类：经营活动产生的现金流量、投资活动产生的现金流量和筹资活动产生的现金流量。

1. 经营活动产生的现金流量

经营活动是指直接进行产品生产、商品销售或劳务提供的活动，它们是企业取得净收益的主要交易和事项。从经营活动的定义可以看出，经营活动的范围很广，它包括了除投资活动和筹资活动以外的所有交易和事项。对于工商企业而言，经营活动主要包括：销售商品、提供劳务、购买商品、接受劳务、支付税费等。对于商业银行而言，经营活动主要包括吸收存款、发放贷款、同业存放、同业拆借等。对于保险公司而言，经营活动主要包括原保险业务和再保险业务等。对于证券公司而言，经营活动主要包括自营证券、代理承销证券、代理兑付证券、代理买卖证券等。

一般来说，经营活动产生的现金流入案例主要有：销售商品、提供劳务收到的现金，收到的税费返还，收到的其他与经营活动有关的现金；经营活动产生的现金流出案例主要有：购买商品、接受劳务支付的现金，支付给职工以及为职工支付的现金，支付的各项税费，支付的其他与经营活动有关的现金。各类企业由于行业特点不同，对经营活动的认定存在一定差异，在编制现金流量表时，应根据企业的实际情况，对现金流量进行合理的归类。

2.投资活动产生的现金流量

投资活动，是指长期资产的构建和不包括现金等价物范围内的投资及其处置活动。长期资产是指固定资产、无形资产、在建工程、其他资产等持有期限在一年或一个营业周期以上的资产。需要注意的是，这里所讲的投资活动，既包括实物资产投资，也包括金融资产投资。

这里之所以将"包括在现金等价物范围内的投资"排除在外，是因为已经将包括在现金等价物范围内的投资视同现金。

不同企业由于行业特点不同，对投资活动的认定也存在差异。例如，交易性金融资产所产生的现金流量，对于工商企业而言，属于投资活动现金流量，而对于证券公司而言，属于经营活动现金流量。

一般来说，投资活动产生的现金流入主要有：收回投资所收到的现金，取得投资收益所收到的现金，处置固定资产、无形资产和其他长期资产所收回的现金净额，收到的其他与投资活动有关的现金；投资活动产生的现金流出主要有：购建固定资产、无形资产和其他长期资产所支付的现金，投资所支付的现金，支付的其他与投资活动有关的现金。

拓展阅读

长期资产是企业资产中并非为了销售而专供企业经营活动中使用，且经济寿命较长的资产。长期资产一般要在各资产账户中按其原始价值反映。除土地不计提折旧外，厂房设备均应按期提取折旧；矿山等自然资源应每期计提折旧；专利权等无形资产应每期进行摊销。在企业的资产负债表中，长期资产一般不包括在长期投资之内，通常是单列一项，而对无形资产则应分别反映其原始价值和现有净值。

3.筹资活动产生的现金流量

筹资活动是指导致企业资本及债务规模和构成发生变化的活动。这里所说的资本，既包括实收资本，也包括资本溢价；这里所说的债务，指对外举债，包括向银行借款、发行债券以及偿还债务等。通常情况下，应付票据、应付账款等商业应付款等属于经营活动，不属于筹资活动。此外，对于企业日常活动之外的、不经常发生的特殊案例，如自然灾害损失、保险赔款、捐赠等，应当归并到相关类别中，并单独反映。例如，对于自然灾害损失和保险赔款，如果能够确定属于流动资产损失，应当列入经营活动产生的现金流量；属于固定资产损失，应当列入投资活动产生的现金流量。

一般来说，筹资活动产生的现金流入主要有：吸收投资所收到的现金，取得借款所收到的现金，收到的其他与筹资活动有关的现金；筹资活动产生的现金流出案例主要有：偿还债务所支付的现金，分配股利、利润或偿付利息所支付的现金，支付的其他与筹资活动有关的现金。

拓展阅读

"资本"在会计学理论上讲是指所有者投入生产经营，能产生效益的资金。按照马克思主义政治经济学的观点，资本是一种由剩余劳动堆叠形成的社会权力，它在资本主义生产关系中是一个特定的政治经济范畴，它体现了资本家对工人的剥削关系，因此，资本并不完全是一个存量的概念。然而今天我们来单独研究宏观经济存量核算时，"资本"泛指一切投入再生产过程的有形资本、无形资本、金融资本和人力资本。从投资活动的角度看，资本与流量核算相联系，而作为投资活动的沉淀或者累积结果，资本又与存量核算相联系。

随堂练习

北京某食品有限公司在2021年12月发生如下经济业务：

（1）12月1日销售食品100件，开具增值税专用发票价款10 000元，增值税1 300元，款项尚未收到。

（2）12月3日，购买食品加工设备，价值50 000元，预计使用5年，预计净残值500元，按直线法进行折旧。

（3）12月5日，经董事会商议决定，购买亚康股份的股票1 000股，认定为交易性金融资产。

（4）12月6日，从福建友梦食品有限公司购买食品加工的原材料1 000件，增值税专用发票上的价款为30 000元，增值税3 900元，开具商业承兑汇票。

（5）12月9日，因业务发展需要，从建设银行借款500 000元。

（6）12月31日，经股东大会商议，决定按投入金额进行分配今年的红利。根据以上经济业务，判断该经济业务是否属于经营活动产生的现金流量、投资活动产生的现金流量和筹资活动产生的现金流量？

二、利润和现金流的差异

现金流量表表示的现金流入是收款，现金流出是付款。现金流入减去现金流出，就是现金的净流量。假如我们把企业比作一个人，那么企业的现金就是人的血液，一个人失血到一定程度就会有生命危险，企业也一样。在财务管理中有一条思维叫做“现金为王”，还有一种说法，叫“现金流比利润更重要”。

（一）几个利润概念

利润是企业家的经营成果，是企业经营效果的综合反映，也是其最终成果的具体体现。

1. 经济学上的利润

企业家利润（正常利润）通常是正数，但经济利润一词则既可以是正数，也可以是负数（损失）。这就是包括机会成本的原因：完全竞争市场的情况下，当边际成本等于边际收入，利润最大化或损失最小化的条件产生。若市场价格低于总平均成本，这意味经济利润为负，企业家便需要比较这一损失和平均变动成本的数值。企业要继续经营的话，负经济利润必须不低于平均变动成本，否则企业家宁可关闭企业，而不继续承担这一损失。

2. 财务分析时的利润

会计学上的利润可以进一步分为毛利润、净利润及息税前利润等。用这些利润指标来进行财务分析，以了解企业的经营能力。

毛利润 = 销售收入 – 销售成本

息税前利润 = 毛利 + 额外的收入 – 其他费用

净利润 = 息税前利润 – 利息费用 – 所得税税项

这些利润会被显示企业利润表中，反映了企业在某时期的经营成果。

企业的利润表直接或间接彰显了企业净利润的来源。在如表7–1所示“贵州茅台”的近5年的利润表中，我们不难发现以下会计利润概念及相关关系。

表7–1　　贵州茅台利润表　　单位：元

项目	2021年12月31日	2020年12月31日	2019年12月31日	2018年12月31日	2017年12月31日
营业总收入	1 095亿	979.9亿	888.5亿	772.0亿	610.6亿
营业收入	1 062亿	949.2亿	854.3亿	736.4亿	582.2亿
利息收入	32.74亿	30.78亿	34.24亿	35.60亿	28.44亿
手续费及佣金收入	—	—	29.25万	87.74万	58.49万

续表

项目	2021年12月31日	2020年12月31日	2019年12月31日	2018年12月31日	2017年12月31日
营业总成本	347.8亿	313.1亿	298.1亿	258.6亿	221.2亿
营业成本	89.83亿	81.54亿	74.30亿	65.23亿	59.40亿
利息支出	1.739亿	1.111亿	1.458亿	1.363亿	1.352亿
手续费及佣金支出	11.51万	10.59万	7.318万	12.44万	7.538万
提取保险合同准备金净额	—	—	—	—	0
税金及附加	153.0亿	138.9亿	127.3亿	112.9亿	84.04亿
销售费用	27.37亿	25.48亿	32.79亿	25.72亿	29.86亿
管理费用	84.50亿	67.90亿	61.68亿	53.26亿	47.02亿
研发费用	6 192万	5 040万	4 869万	2 195万	1 875万
财务费用	-9.345亿	-2.346亿	745.8万	-352.1万	-5 572万
其中：利息费用	1 353万	—	—	—	88.10万
利息收入	9.446亿	2.787亿	2 067万	1 441万	6 069万
资产减值损失	—	—	—	129.0万	-805.4万
营业总成本其他项目	—	—	—	—	0
其他经营收益	—	—	—	—	—
加：公允价值变动收益	-224.5万	489.8万	-1 402万	—	—
投资收益	5 826万	30.56万	—	—	—
资产处置收益	—	—	-3.212万	—	—
资产减值损失（新）	—	—	—	-129.0万	—
信用减值损失（新）	-1 302万	-7 137万	-531.3万	—	—
其他收益	2 052万	1 314万	1 877万	963.4万	—
营业利润平衡项目	0	0	0	0	0
营业利润	747.5亿	666.4亿	590.4亿	513.4亿	389.4亿
加：营业外收入	6 899万	1 105万	945.4万	1 162万	1 220万
减：营业外支出	2.918亿	4.492亿	2.684亿	5.270亿	2.121亿
加：影响利润总额的其他项目	—	—	—	—	0
利润总额平衡项目	0	0	0	0	0
利润总额	745.3亿	662.0亿	587.8亿	508.3亿	387.4亿
减：所得税	188.1亿	166.7亿	148.1亿	130.0亿	97.34亿
净利润	557.2亿	495.2亿	439.7亿	378.3亿	290.1亿

数据来源：东方财富网。

营业利润。营业利润是企业利润的主要来源。它是指企业在销售商品、提供劳务等日常活动中所产生的利润。其内容为主营业务利润和其他业务利润扣除期间费用之后的余额。即：

营业利润＝营业总收入－营业总成本＋其他经营收益

利润总额＝营业利润＋营业外收入－营业外支出

净利润＝利润总额－所得税费用。

随堂练习

某公司2021年有关损益类科目的年末结转损益前发生额如下（所得税税率为25%，不考虑其他因素）：

科目名称	发生额（万元）
主营业务收入	1 000
其他业务收入	785
公允价值变动损益	160
投资收益	100
营业外收入	270
主营业务成本	750
其他业务成本	560
税金及附加	136
销售费用	158
管理费用	280
财务费用	70
资产减值损失	80
营业外支出	145

根据以上数据，填写下表：

案例	计算等式	计算金额
营业收入		
营业成本		
营业利润		
利润总额		
净利润		

（二）利润和现金流的差异

在企业经营过程中，利润和现金流可能不一致，是什么原因使其产生差异的呢？这就要追溯到会计计量的基础。会计计量基础是指会计确认、计量和报告的基础，分为权责发生制和收付实现制。而两者的计量基础不一致，这就使利润和现金流很难保持一致。当净利润没有足够的现金流量支撑时，公司的巨额净利润就成了一种煞有介事的“纸上富贵”。

在现金流量表上，整个公司的业务被划分为“经营活动”、“投资活动”和“筹资活动”。每类业务活动发展的不均衡，均可能导致“净利润高”而“现金流量低”的“差异”现象出现。产生“差异”的原因由以下四种情况导致：

第一种情况：应收款项多。根据《企业会计准则》规定，收入的确认是企业在履行了合同中的履约义务，在客户取得相关商品控制权之时，而不一定是收款时。

其中，取得相关商品控制权是指能够主导该商品的使用并从中获得几乎全部的经济利益，也包括有能力阻止其他方主导该商品的使用并从中获得经济利益；收入确认和计量的步骤是识别与客户订立的合同；识别合同中的单项履约义务；确定交易价格；将交易价格分摊至各单项履约义务；履行各单项履约义务时确认收入。

然而，事实上满足上述条件符合收入确认条件，仅取决于时间流逝因素的权力，没有收到货款时，通常以“应收账款”“应收票据”的形式挂账，或者不满足仅取决于时间流逝因素时，以“合同资产”的形式挂账，这些货款确认了收入并未给公司带来相应的现金流入。但是，我们确实销售商品了，销售商品则会使收入增加，收入增加则会使利润增加。这时利润增加了，但是没有现金流入，就会产生利润高，现金流量低的差异。

例如：中兴通讯2017年3月31日的季报中每股收益0.29元，而每股经营现金净流量则为-0.23元。究其原因就在于，销售收入主要是以应收账款的形式出现的，公司2017年3月31日应收账款余额同比增长12.02%。

温馨提示

在满足收入确认条件时，确认应收账款。①企业已将商品所有权上的主要风险和报酬转移给购货方。②企业既没有保留通常与所有权相联系的继续管理权，也没有对已售出的商品实施控制。③收入的金额能够可靠地计量。④相关的经济利益很可能流入企业。⑤相关的已发生或将发生的成本能够可靠地计量。在这里根据《企业会计准则——收入》，提出了“合同资产”的概念，在满足收入确认条件后，除了时间的因素，还限定了其他收款因素，比如完工履约进度，这时我们用“合同资产”进行账务核算。

拓展阅读

会计基础是指会计确认、计量和报告的基础，分为权责发生制和收付实现制。

权责发生制是以本会计期间发生的费用和收入是否应计入本期损益为标准处理有关经济业务的一种制度。凡在本期发生应从本期收入中获得补偿的费用，不论是否在本期已实际支付或未支付的货币资金，均应作为本期的费用处理，凡在本期发生应归属于本期的收入，不论是否在本期已实际收到或未收到的货币资金，均应作为本期的收入处理。实行这种制度，有利于正确反映各期的费用水平和盈亏状况。

收付实现制在会计核算中，是以款项是否已经收到或付出作为计算标准，来确定本期收益和费用的一种方法。凡在本期内实际收到或付出的一切款项，无论其发生时间早晚或是否应该由本期承担，均作为本期的收益和费用处理。

随堂练习

某食品公司2021年1月发生以下经济业务：

（1）1月5日，销售主营业务商品一批，增值税专用发票上价款5 000万元，增值税额650万元，符合收入确认准则，款项尚未收到。

（2）1月6日收到上个月的货款1 130万元，存入银行。

（3）1月10日，销售原材料一批，增值税专用发票上价款3 000万元，增值税额390万元，符合收入确认准则，收到一张无息商业承兑汇票。

（4）1月11日，该公司与A公司签订了销售合同，向其销售甲、乙两种商品，甲商品的单独售价为6万元，乙商品的单独售价为24万元，合同价款为25万元，合同约定，甲商品于合同开始日交付，乙商品在一个月后交付，只有当两项商品全部交付之后，该公司才能收到25万元的合同价款，假定甲商品和乙商品分别构成单项履约义务，其控制权在交付时转移给客户。上述价格均不包含增值税，且假定不考虑相关的税费。

根据以上资料，分析计入经营利润和计入现金流量的差异。

第二种情况：在支出成本时现金流出多。在同一会计期间，因填制利润表和现金流量表依据的会计基础不一样，填制利润表时以实际发生的为准，而现金流量表是以实际支出或收到款项为准，此时实际支出成本费用比实际发生成本费用要多，这时现金流出就多，会产生现金净流量少而利润高的“差异”。这种“差异”并不是因为错误导致的，而是因为时间差、计量基础的原因。即使是销售收入能够以现金的形式收回，但如果公司销售成本、税金也以现金的形式流出，最后相抵的结果也可能导致“每股现金流量”低于“每股收益”。例如：固定资产的折旧，无形资产的摊销等。

案例分析

假设有一家公司2021年1月1日花100万元买一台机器，预计使用10年，采用年限折旧法计提折旧，10年后这台机器没有预计净残值（不值一分钱了）。该公司原来是每年的净利润是30万元，同时每年的现金流量也是30万元。即原来这家公司的利润和现金流是没有差异的。假设购买设备并不影响这家公司原本的盈利能力和经营活动产生的现金流（当月购买的固定资产，当月不计提折旧，从下月起开始计提折旧，在这里为便于比较现金流和利润的差异），在2021年应计提折旧额=100÷10=10（万元）。则原来的现金流是30万元，2021年购买设备的支出是100万元，则2021年的现金流就变成了–70万元。原来的利润是30万元，计提折旧10万元，则2021年的利润=30–10=20（万元）。同样，在2022年，没有购买设备的支出，现金流仍是30万元，但2022年仍然需要计提折旧10万元，2022年的利润则变成了30–10=20万元。由此可见，现金流和利润因购买设备计提的折旧，成本支出多而产生差异。

第三种情况：权益性投资收益多。任何一个公司想要发展，都要不断地进行投资，以维持扩大再生产。因此，一般情况下，上市公司现金流量表中的投资活动引起的现金净流量与净利润产生“差异”。如果一家上市公司以“权益法”核算的对外股权投资多，而被投资公司又有一定的经营利润时，上市公司就可以按照投资比例确认投资收益，而不论这部分收益是否已经以现金及其等价物的形式收回。在确认这种“投资收益”的情况下，上市公司的“净利润”会增加，但“现金流量”却并不“同步”增长。

案例分析

甲公司持有乙公司20%有表决权股份，能够对乙公司的财务和生产经营决策施加重大影响，2021年，甲公司将其账面价值为700万元的商品以1 200万元的价格出售给乙公司。至2021年资产负债表日，该批商品尚未对外部第三方出售。假定甲企业取得该项投资时，乙公司各项可辨认资产、负债的公允价值与账面价值相同，两者在以前期间未发生过内部交易。乙公司2021年净利润为2 000万元。假定不考虑所得税费用因素。甲公司在该项交易事项中净利润为500万元（1 200–700=500），其中的100万元（500×20%=100）是针对本企业持有的对联营企业的权益份额，在采用权益法计算确认投资收益时应予抵销，即甲公司计入投资收益的金额为300万元［（2 000–500）×20%］，在此时确认的是投资收益增加300万元，会使甲公司利润增加300万元，但是此次经济业务的发生并没有现金流入企业，现金流量增加额为0元，但是甲公司的利润增加了300万元，从而现金流量和利润产生差异。

第四种情况：筹资少还本付息多。企业的筹资活动是指导致企业资本及债务规模和构成发生变化的活动，包括吸收投资、发行股票、分配利润、支付债权人的本金和利息以及融资租入资产所支付的现金。筹资活动对于净利润与现金流量“差异”的影响，不像经营活动、投资活动那么显著。因为无论是吸收权益资本还是借款及发行债券，都会很快有现金流入上市公司，此时的时间间隔不会很长。而偿还利息及本金，基本上也能够做到费用的确认与现金的流出同步。

筹资活动下现金流量的不均衡，更多地表现为当期筹资活动流入过多而偿还本金及利息支付现金较少，这样使得上市公司的“现金净流入”增加。而只有当筹资少还本付息多时，才会使得上市公司的现金净流入减少。例如，上市公司当年未进行新的融资，而又偿还了大量的本息，就形成了大量的“现金净流出”。

以房地产行业为例，2017年房地产行业融资性现金流净额达到峰值8 053亿元，同比增长128%，同时经营性现金净流入35亿元；在行业并购现象加剧下，投资性现金流净额为历年最高，为净流出5 070亿元，整体房地产行业依靠融资来驱动投资，对融资依赖度较高。2017年后，随着融资环境不断收紧，融资性现金流净额规模被动下滑，2018年、2019年及2020年分别下降了36%、54%及49%。2021上半年融资性现金流净额首次为负，净流出达657亿元，“三条红线政策”出台后，对房地产企业进一步加大了债务偿还力度，这样会造成筹集资金减少，还本付息增加，从而使现金流和利润产生差异。

拓展阅读

房地产三条红线是为了限制房地产行业风险的一条政策，若未达标，监管层将要求金融机构对相应房企的全口径债务进行限制。房地产三条红线的具体内容为：①剔除预收款后的资产负债率不超过70%；②净负债率不超过100%；③现金短债比不小于一。房地产企业被分为四档进行管理：①若上述三项指标全部“踩线”，有息负债不得增加；②若指标中两项“踩线”，有息负债规模年增速不得超过5%；③若只有一项“踩线”，有息负债规模年增速可放宽至10%；④若全部指标符合监管层要求，则有息负债规模年增速可放宽至15%。

案例分析

2017年后，我国融资环境不断收紧，融资性现金流净额规模被动下滑，2018年、2019年及2020年分别下降了36%、54%及49%。万科集团现金流量表中融资活动产生的现金流量，如表7–2所示。

表7–2　万科集团现金流量表中融资活动产生的现金流量　单位：亿元

截止日期	2022年3月31日	2021年12月31日	2021年9月30日	2021年6月30日	2021年3月31日	2020年12月31日	2020年9月30日	2020年6月30日
新增借款	0.00	1 222.13	0.00	0.00	0.00	1 150.77	0.00	0.00
偿还借款	0.00	−1 169.02	0.00	0.00	0.00	−1 374.71	0.00	0.00
吸收投资所得	0.00	387.94	0.00	0.00	0.00	316.94	0.00	0.00
发行股份	0.00	0.00	0.00	0.00	0.00	71.65	0.00	0.00
已付股息（融资）	−31.77	−415.64	−345.04	−130.80	−58.65	−347.16	−261.79	−101.12
已付利息（融资）	0.00	−11.12	0.00	0.00	0.00	−9.86	0.00	0.00
融资活动产生的现金流量净额其他项目	115.44	−245.32	138.73	145.93	−89.02	−132.68	−55.97	146.46
融资活动产生的现金流量净额	83.67	−231.04	−206.32	15.13	−147.67	−325.04	−317.76	45.34

数据来源：根据东方财富网数据整理而成。

根据以表7–2我们可以看到在2020年6月30日时没有新借款，没有吸收投资所得，没有发行股份，支付股息101.12亿元，融资活动产生的现金流量净额其他项目为146.46亿元，融资活动产生的现金流量净额增加45.34万元，而导致2020年6月30日现金流和净利润不相等，产生现金流入多于支付的利息；而在2020年9月30日，同样没有新借款、吸收投资所得、发行股份，支付股息261.79亿元，融资活动产生的现金流量净额其他项目为−55.97亿元，融资活动产生的现金流量净额减少325.76万元，而导致2020年9月30日现金流和净利润的不相等。在2020年12月31日和2021年的12月31日，虽然有新的借款，吸收投资所得，但是偿还借款、支付股息、融资活动产生的现金流量净额其他项目为负数的金额大于新的借款和吸收投资的金额，最终还是使现金流和净利润有差异。

（三）利润和现金流孰重孰轻

利润和现金流，孰重孰轻，到底谁重要呢？换句话说，是“赚钱重要”还是“手里有钱重要”呢？

现金流量体现了企业的流动性、偿还能力、盈利的质量、未来发展的内在潜力和理财水平。企业只有不断周转，完成一个又一个生产经营周期，企业才具备在市场中进一步生存、发展的能力。股东和债权人的资金流入企业通常具有自愿性，企业对其无能为力，而企业对债权人、职工工资、税收、客户贷款的支付通常具有强制性，一旦到期没有足够的现金而使得这些强制性支出不能按期支付，危机就会出现。现金流不等于利润，盈利性企业也可能破产。当企业盈利水平很高，但资金链断裂时，企业难以维持正常的运营，企业不得不选择破产清算，这就提醒我们，盈利好的企业也不一定有好的现金流管理。

尽管不同的投资者投资动机不尽相同，对现金流量的关注程度也不一样，但对于控股性大股东而言，他们不像非控股性的中小股东那样，大多以企业的短期盈利能力为追逐目标，控股性大股东一般以追求企业长期发展为动力，他们需要的是企业价值最大化，只有企业价值最大化，才能真正实现股东财富最大化。因此，大股东对企业价值最大化的追求，就体现在对企业创造现金流量能力的关注上，这种关注在股价变化上得到充分体现。现金流量与股价呈正相关变动关系，诠释了股东对企业创造现金流量的渴望，也反映了现金流量对于股东心理所形成的未来预期。

假如企业出售了100万元的商品，能拿到101万元的收入，这样利润就只有1万元。而企业再用到手的现金去进100万元的货，这样又能挣一万，这样企业就可以有完善的现金流循环着去挣钱。但是如果企业能将这100万元的货物赊销收到120万元的“应收账款”，虽然看似利润比原来多了20倍，但是没有拿到现金，即使利润率很高，但是正常运营的资金难以得到保证。如此循环往复，最终导致资金链断裂，公司被拖垮。

由此我们可以看出企业如果想顺利地生存运营下去，完善的资金流是必不可少的。利润重要还是现金流重要？我们看下面的两个案例。

案例分析

华为缘何收入下降利润却大增？①

华为技术有限公司是全球领先的（ICT）解决方案供应商，成立于1987年，总部位于广东省深圳市龙岗区。华为在电信运营商、企业、终端和云计算等领域构筑了端到端的解决方案优势，为运营商客户、企业客户和消费者提供有竞争力的ICT解决方案、产品和服务，并致力于实现未来信息社会、构建更美好的全连接世界。

2020年11月17日，华为投资控股有限公司整体出售荣耀业务资产。对于交割后的荣耀，华为不占有任何股份，也不参与经营管理与决策。华为财报显示：2020年营业收入8 914亿元，同比增长3.8%，净利润646亿元，同比增长3.2%；

① 资料来源：根据网络资料整理分析而成。

2021年实现营业收入6 368亿元，同比下降28.6%，实现净利润1 137亿元，同比增长75.9%，此外，经营现金流有较大增长，达到597亿元，资产负债率降低到57.8%，整体的财务结构的韧性和弹性都在增加。

华为在2020年虽然把荣耀系列整体出售，导致2021年营业收入相比于2020年有所下降，但净利润却从646亿元增长到1 137亿元，经营现金流有较大的增长，达到了597亿元。

广田集团如何才能渡过难关?

广田集团成立于1995年，是一家集建筑装饰设计与施工、绿色建材研发生产于一体的大型上市集团企业，业务涉及室内装饰、幕墙、轨道交通、文旅、园林、智能、消防、机电、新材料、软装、土建等领域。

广田集团财务数据显示，2021年广田集团亏损约56亿元，实现营业收入80.36亿元，同比下降34.38%；归属母公司股东净利润–55.88亿元，同比下降612.51%；经营活动产生的现金流量净额–9.05亿元，同比下降250.04%。截至2022年3月31日，公司总资产155.73亿元，总负债151.13亿元，营业收入9.17亿元，归属于母公司股东的净利润为–7 707.76万元。

造成广田集团债务危机的很大原因是受第一大客户恒大集团的影响，应收账款的周转天数在2021年6月30日到2022年3月31日从197.6亿元增加到573.5亿元，应收账款周转率从0.911%下降到0.157%，从这两个指标我们看出广田集团的资金使用率不高。而5月30日，广田集团收到债权人深圳风铭顺金属制品有限公司发来的“重整及预重整申请通知书”，这无疑对广田集团是雪上加霜。在部分资产出现减值，部分项目合同无法正常履行的同时，相关固定运营成本仍正常发生，导致公司2021年业绩出现较大亏损。目前，对于广田集团而言，稳定的现金流相比较利润更重要。

利润表反映企业在一定时期内的经营成果，现金流量表反映的是一段时间内各项现金的使用情况；利润表是一张收益视角的表，而现金流量表是一张风险视角的表。我们问是利润重要还是现金流量表重要？其实是在问企业，是追求利润还是控制风险？在利润和现金流之间的取舍，关键是要看经营风险如何，在高风险的情况下，现金流更重要；在风险相对可控的情况下，利润就更重要了。

三、现金流分析

现金流量表是反映企业在一定会计期内有关现金和现金等价物的流入和流出信息的报表，现金流量表按照经营活动、投资活动和筹资活动进行分类报告，目的是便于报表使用人了解各类活动对企业财务状况的影响，以及估量未来的现金流量。对现金流量表的分析又称现金流分析。

（一）全生命周期现金流分析

在企业全生命周期阶段，现金流的结构十分重要，现金流在经营活动、投资活动和融资活动之间分布不同，则意味着不同的财务状况。

当企业处于初创期时，企业需要投入大量的资金，才能形成生产能力，开拓市场，其资金来源只有举债、融资等筹资活动，这时经营活动现金净流量为负数，投资活动现金净流量为负数，而融资活动现金净流量为正数。

当企业处于发展期时，在这个阶段企业的产品迅速占领市场，销售呈现快速上升趋势，表现为经营活动中大量货币资金回笼，同时为了扩大市场份额，企业仍需大量追加投资，而仅靠经营活动现金流量净额可能无法满足所需投资，必须筹集必要的外部资金作为补充。这时经营活动现金净流量为正数，投资活动现金净流量为负数，而融资活动现金净流量为正数。

当企业处于成熟期时，在这个阶段产品销售市场稳定，已进入投资回收期，但是很多外部资金需要偿还，以保持企业良好的资信程度。这时经营活动现金净流量为正数，投资活动现金净流量为正数，而融资活动现金净流量为负数。

当企业处于衰退期时，在这个时期的特征是：市场萎缩，产品销售的市场占有率下降，经营活动现金流入小于流出，同时企业为了应付债务不得不大规模收回投资以弥补现金的不足。这时经营活动现金净流量为负数，投资活动现金净流量为正数，而融资活动现金净流量为负数。

案例分析

恒大集团的现金流①

恒大集团曾经是“多元产业+数字科技”的世界500强企业集团，截至2020年12月，恒大总资产2.3万亿元，年销售规模超7 000亿元，在世界500强排名第122位。

2013年，恒大集团提出“大智慧、大战略、大发展、大胜利”的战略目标，制定了“到2020年实现销售额5 500亿元、土地储备超过3亿平方米、解决就业超过200万人”的奋斗目标。为配合战略实现，恒大集团加大融资活动力度，融资活动净现金流量达744.12亿元，主要来源于新增借款732.70亿元，而经营活动产生的现金流为–388.71亿元。

① 资料来源：根据东方财富网数据整理而成。

2017年，恒大集团启动战略转型，从“规模型”向“规模+效益型”模式转变。恒大集团在2017年融资活动产生的现金流量净额1 529.13亿元，在经营模式上从高负债、高杠杆、高周转、低成本的“三高一低”模式向低负债、低杠杆、低成本、高周转的“三低一高”模式转变。

从2017年开始，房地产行业走上了快速上涨的趋势，恒大集团公司核心业务利润达405.1亿元，同比大增94.7%；净利润370.5亿元，同比大增110.3%；营业额3 110.2亿元，同比大增47.1%；总资产达17 618亿元，同比大增30.4%；现金余额2 877亿元，多项核心数据均创行业第一。同时，净负债率下降近六成。

2018年，恒大集团开始实施“新恒大、新起点、新战略、新蓝图”重大战略决策，经营活动、投资活动和融资活动相比较2017年都有所降低，经营活动产生的现金流为547.49亿元。

2020年，恒大全面实施“高增长、控规模、降负债”的新发展战略，“高增长”是要实现销售高速增长，提出本年实现销售8 000亿元的目标；“控规模”是要严控土地储备规模，实现土储负增长；“降负债”是要把有息负债平均每年降低1 500亿元。

2021年，《中国房地产报》公布的数据显示，恒大上半年有息负债5 700亿元，位居所有上市房企有息负债排行榜首位。2021年8月18日上午，上海证券交易所发布公告，许家印卸任恒大地产集团的董事长一职，由赵长龙继任，恒大陷入债务危机。

思考与讨论

请同学们在相关网站上查阅恒大集团2013—2020年的现金流量表数据，随着经济形势和公司战略的变化，分析其现金流量特征。

（二）什么是资金链

马克思的资本循环理论和资本周转理论包含着适用于一切社会生产的共同规律，对改善社会主义企业经营管理具有重要的指导意义。马克思的资本循环理论核心是分析和概括保证产业资本循环进行的必要条件。保证产业资本循环顺利进行的必要条件是：资本的三种职能形式即货币资本、生产资本和商品资本在空间上同时并存，在时间上连续起来。马克思在其资本循环理论的探讨中，就已有关于资金链内涵的表现，他认为，企业实现资本循环需要通过：购买原材料、生产产品和销售产品这三个阶段，而在这一过程中，资本会以货币、生产和商品的形式存在于不同阶段。

资本在完成一个循环后又会进入到下一个循环，如此反复。马克思用公式表现整个过程，即Pm G–W⋯P⋯W′ –G′A。这三个阶段的过程就是资金链。根据资本在循环的过程又把资金链划分为三个阶段：资金的筹集、投入和回流。资金的筹集是基础，企业只有具备强大的筹资能力才能够获得生产经营的初始资本，以满足企业后续经营活动的开展；接下来资金投入是企业的核心，衡量能否产生增值就取决于企业对于资金的使用效果；最后资金回流是保障，资金实现增值并且能够及时安全地回收，是评价企业健康生存与持续经营的重要风向标。

资金链是维系企业正常生产经营运转所需要的基本循环资金链条，就是资金不断循环的过程。"现金—资产—现金（增值）"的循环是企业经营的过程，企业要生存和发展，就必须保持这个良性循环运转。

例如，商品流通企业的经营包含供应和销售两个环节，资金通过所有者投入或借贷进入企业，引起企业货币资金的增加；企业用货币资金购买商品，形成商品资金；将商品销售，收回货款，得到新的货币资金。在这个周转过程中，企业还要使用资金支付房租、工人工资、购置办公用品等，也还有一部分资金彻底地退出企业，比如偿还银行借款、上缴税金和分派利润或股利。商品流通企业的资金运动，如图7–1所示。

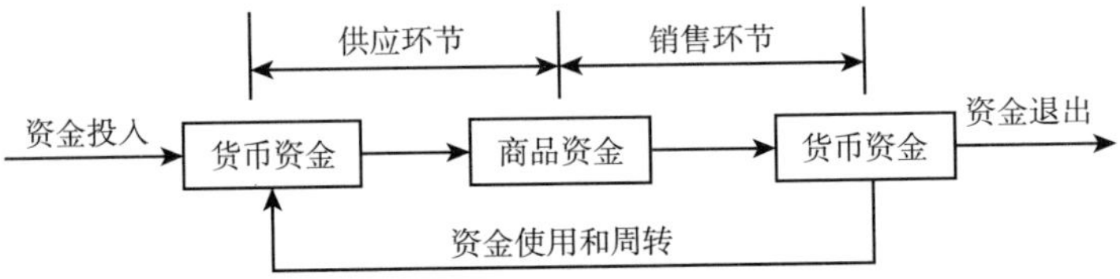

图7–1　商品流通企业的资金运动

在上述循环中，当使用和退出企业的资金大于下一次投资的资金需求，如果没有新资金的流入，企业的资金链就会出现断裂，从而带来一系列的生存风险。例如，曾经发展势头良好的乐视集团在2015年大举进入汽车和房地产等重资产行业后，出现了超额投资引发的巨额资金链缺口，一方面企业自身"造血"机制贫弱，另一方面又要偿还过高的债务，乐视集团很快就爆发了资金链危机，从而引起乐视帝国的全面崩塌。缺乏融资渠道，经营资金不能良性循环，在初创企业中表现尤为显著，成为初创企业失败的重要原因。

表面上看，资金链断裂是存货增加、收款延迟、规模扩张过快等原因造成的，但其根源却是企业财务风险和现金流意识的缺乏，所以在企业生长发展的任何时期，都应该将资金的预算和管理、融资能力的提升放在重要位置，以保证资金链的连续性发展。

企业防范资金链断裂，可从以下三个方面着手加强管理：

（1）建立资本积累机制。首先立足企业内部，保证主营业务在每个循环后要有增值，利润分配时要留足资本公积金，扩大留存收益，以备发展之需。其次，建立顺畅的外部融资渠道，将股权融资、债务融资以及政府补助等多种渠道结合，优化融资结构，降低融资成本。

（2）有效监控重要财务指标。要有效管理和控制好货币资金、存货、应收账款等指标，提高资金的周转率。存货管理要加强产成品库存管理，实行以销定产，减少商品积压，降低存货资金占用。应收账款管理要建立信用管理和收账期限，加速资金回笼。

（3）建立资金风险预警体系。要建立年度资金收支预算以体现企业年度内资金供给与支出关系，计算出年度筹融资计划，做到初步预警；建立资金滚动平衡预算，根据经营工作中的实际情况对年度资金预算动态调整，及时预警。

拓展阅读

企业健康发展的几大要素：第一是正确的案例，所投资案例获利理想。第二是资金充足或融资渠道畅通，不出现资金链断裂。第三要有正确、先进的经营理念和良好的制度保障，从管理中要效益。第四，与利益各方的财务关系良好，也是企业发展的重要保障。

案例分析

众泰汽车的资金链

众泰汽车股份有限公司于1998年8月31日成立，其前身是黄山金马股份有限公司，2000年6月16日在深圳证券交易所上市，简称“金马股份”。

众泰汽车发展时间线如下列所示：

1998年8月28日，黄山金马股份有限公司成立。

2000年6月16日，在深交所上市，简称金马股份。

2003年4月25日，铁牛实业间接性取得黄山金马股份的实际控制权。

2006年，实行股权分置改革，黄山金马集团有限公司持股46.92%。

2007年，发行普通股9 200万股，黄山金马集团有限公司持股33.3%。

2015年9月29日，铁牛集团计划涉及本公司购买杭州益维的全部股权。

2015年12月10日，铁牛集团购买母公司浙江众泰汽车以及众泰新能源的全部股权。

2016年9月22日，完成工商变更，铁牛集团成为永康众泰的实际控股人。

2016年10月，公司与铁牛集团等多方签署购买协议，并且达成补偿协议。

2017年4月，金马股份通过非公开发行股票，购买永康众泰的全部股权，自此之后永康众泰成为全资子公司，更名为“众泰汽车”。

2017年6月，完成新增股份的登记和上市。

2018年8月，众泰汽车用1元每股回购并注销铁牛集团的股份10 060 991股。

2019年5月，因拖欠货款遭到上游公司的起诉。

2019年9月，再次被起诉，由于经营资金的问题，陆续停产。

2019年10月，由于铁牛集团持有该公司的股份被司法冻结，业绩承诺无法实现。

2020年5月，永康众泰仍旧未能全面恢复生产。

2020年6月24日，股票简称变更为“*ST众泰”。

2021年3月22日晚间，*ST众泰公告称，因近期公司股价异常波动，为维护投资者利益，经公司申请，公司股票自2021年3月23日开市起停牌，自披露核查公告后复牌。

2022年5月20日，股市开市撤销退市风险警示，公司股票简称已由“*ST众泰”变更为“ST众泰”，股票交易的日涨跌幅限制仍为5%。

思考与讨论

请分析众泰汽车资金链断裂的过程。根据众泰汽车的利润表和现金流量表，以及风险指标、盈利指标等状况，分析其资金链断裂的迹象及原因。

第二节 企业资金预算

项目需求

一个月的工资该如何分配呢？

小王是公司的一名“90后”财务人员，月初收到上个月的工资12 350.6元，这笔工资还上个月的花呗6 000元，需要交纳房租2 000元，还车贷3 500元，还剩下850.6元。小王还需要考虑手机话费、置换衣服费、聚餐费、打车费等支出。那么小王这个月又要继续折借花呗才能维持生存。小王的工资并不是很低，但每个月却是入不敷出，假如你是小王，这一个月的工资你将如何支配呢？

项目分析

足够的现金流是企业正常运转的保障，我们可以通过现金比率、现金流量比率、现金流量利息保障倍数、现金流量与负债比率和现金周转期等指标计算临近值，企业正常运营所需的现金必须大于等于临近值，这就需要我们合理计算企业启动资金并预测企业资金的来源和流向。企业资金来源通常有股权、债务和衍生工具等三个方面，企业资金流动则需采用财务战略，对其进行全局性、长期性与创造性的谋划。

一、现金效率比公式

我们通常关心利润，本质上是关心企业的未来，但是利润不能解决的问题，就是企业的生存问题，而现金流是企业能否生存的关键。在调查中小企业时，35.96%的企业认为自己账上的现金只能维持一个月的生存，31.92%的企业认为只能维持两个月，17.03%的企业认为只能维持3个月，只有9.2%的企业认为自己账上的现金只够维持6个月以上的生存。而20世纪90年代，每家破产的企业中，有3家是盈利的，1家是亏损的。企业虽然是盈利的，但是也难免会破产，这是因为资金链断裂，缺少资金的正常运转，那么企业该留存多少资金才能保证正常的运转呢？

（一）现金比率

现金比率是财务上衡量现金持有水平的一项常用指标。现金比率是衡量企业短期偿债能力的参考性指标。在速动资产中，流动性最强、可直接用于偿债的资产是现金。与其他速动资产不同，现金本身可以直接偿债，而其他速动资产需要等待不确定的时间，才能转换为不确定金额的现金。现金与流动负债的比值称为“现金比率”。

现金比率＝货币资金 ÷ 流动负债

现金比率表明1元流动负债有多少现金作为偿债保障。它等于现金加短期投资除以流动负债，其中短期投资就是可以短期内收回的投资，就像我们在银行购买的理财产品的钱；流动负债是指那些一年之内企业要支付的钱，包括尚未付给供货商的钱和尚未支付的职工工资等。

企业现金比率保持多少合适呢？就企业而言，最佳持有量意味着现金余额为零，但是，基于交易、预防、投机动机的要求，企业又必须保持一定数量的现金，企业能否保持足够的现金余额，对于降低或避免经营风险与财务风险具有重要意义。我国上市公司的现金比率平均大概是20%，现金比率越高，说明企业的变现能力越强。

因此，应该选择合适的模式（成本分析模式、存货模式、随机模式）确定最适合企业的最佳现金持有量。

拓展阅读

最佳现金持有量的模式常用的有三种，成本分析模式、存货模式和随机模式。成本分析模型是通过分析企业持有现金的成本，寻找成本最低时现金持有量的一种方法，该模型认为企业因持有现金而发生三种成本：机会成本、管理成本和短缺成本。而这三种成本之和即为持有现金的总成本，其之和最小者即为最佳现金持有量。

存货模式又称为鲍曼模型，用以确定目标现金持有量模型。该模型将现金视为一种特殊的存货资源，各种组织作为一个特殊的理性经济人应该着眼于现金的有关成本最低。该模型只考虑机会成本和转换成本，通过权衡持有现金的机会成本和将有价证券转换为现金的交易成本，寻求一个均衡现金持有量，使得持有现金的总成本最低。该模型有如下假设：①现金的支出过程比较稳定，波动较小，而且每当现金余额降至零时，均通过变现部分证券得以补足（不允许短缺）；②企业预算期内现金需要总量可以预测；③证券的利率或报酬率以及每次固定性交易费用可以获悉。最佳现金持有额 $C^*=\sqrt{\frac{2TF}{K}}$，最小相关成本总和=$\sqrt{2TFK}$（“T”代表一定时间内的现金需求量，“F”代表每次出售有价证券以补充现金所需的交易成本，“K”代表持有现金的机会成本率）；现金持有量的存货模式是一种简单、直观的确定最佳现金持有量的方法，但它也有缺点，主要是假定现金的流出量稳定不变，实际上这种情况很少出现。

随机模式是在现金需求量难以预知的情况下进行现金持有量控制的方法，企业根据历史经验和现实需要，测算出一个现金持有量的控制范围，即制定出现金持有量的上限和下限，将现金量控制在上下限之内。上限 H=3R−2L，现金返回线 $R=\sqrt[3]{\frac{3b\delta^2}{4i}}+L$（其中“$b$”表示每次有价证券的固定转换成本，“$i$”表示有价证券的日利息率，“$\partial$”表示预期每日现金余额波动的标准差（可根据历史资料预算）；而下限“L”的确定，则要受到企业每日的最低现金需要、管理人员的风险承受倾向等因素的影响。

（二）现金流量比率

经营活动现金流量净额与流动负债的比值，称为现金流量比率。其计算公式如下：

现金流量比率=经营活动现金流量净额 ÷ 流动负债

经营活动现金流量净额，通常使用现金流量表中的“经营活动产生的现金流量净额”。它代表企业创造现金的能力，且已经扣除了经营活动自身所需的现金流出，是可以用来偿债的现金流量。一般而言，该比率中的流动负债采用期末数而非平均数，因为实际需要偿还的是期末金额，而非平均金额。现金流量比率表明每1元流动负债的经营活动现金流量保障程度。该比率越高，偿债能力越强。用经营活动现金流量净额代替可偿债资产存量，与流动负债进行比较以反映偿债能力，更具说服力。因为一方面它克服了可偿债资产未考虑未来变化及变现能力等问题；另一方面，实际用以支付债务的通常是现金，而不是其他可偿债资产。

通过该比率分析，可了解维持公司运行、支撑公司发展所需要的大部分现金的来源，从而判别企业财务状况是否良好、公司运行是否健康。一般而言，公司现金流入以经营活动为主，以收回投资、分得股利取得的现金以及银行借款、发行债券、接受外部投资等取得的现金为辅，是一种比较合理的结构。与主营业务收入利润率指标相类似，当经营现金流量比率低于50%时，预警信号产生。

（三）现金流量利息保证倍数

现金流量利息保证倍数是指经营活动现金流量净额对利息支出的倍数，其计算公式如下：

现金流量利息保证倍数=经营活动现金流量净额 ÷ 利息支出

现金流量利息保证倍数是现金基础的利息保证倍数，经营活动产生的现金流量净额加付现所得税再除以现金利息支出所得的比率。表明1元利息支出有多少倍的经营活动现金流量净额作为支付保障。它比利润基础的利息保障倍数更为可靠，因为实际用以支付利息的是现金，而不是利润。它反映了企业一定时期经营活动所取得的现金是现金利息支出的多少倍，更明确地表明了企业用经营活动所取得的现金偿付债务利息的能力。

（四）现金流量与负债比率

现金流量与负债比率，是指经营活动现金流量净额与负债总额的比率，其计算公式如下：

现金流量与负债比率=（经营活动现金流量净额 ÷ 负债总额）× 100%

一般来讲，该比率中的负债总额采用期末数而非平均数，因为实际需要偿还的是期末余额，而非平均金额。

该比率表明企业用经营活动现金流量净额偿付全部债务的能力。比率越高，偿还负债总额的能力越强。

（五）现金周转期

现金周转期是指从购买存货支付现金到收回现金这一期间的长度，也就是企业从购买商品原材料到产成品出售所需要的天数。根据现金周转速度来确定持有量模式。

现金周转期=应收账款周转期－应付账款周转期+存货周转期

计算现金周转率，指一定时期内现金的周转次数。

现金周转率=计划期天数 ÷ 现金周转期

最佳持有量=年现金需求量 ÷ 现金周转率

营运资金管理是企业财务管理的重要内容，良好的营运资金管理是企业得以生存和发展的基础。企业运营周期短，资产的周转速度越快，企业经营效率越高，管理也越好，反之，一切则相反。为使企业运营周期短，可以应收账款和存货的周转期，加快应付账款的周转期。

思考与讨论

假如你向银行借了10万元去做生意，卖了12万元的货，可客户要欠账，要一年后才会还你，这样，你一年除去还银行的利息，可能就只赚了1万元多一点。但假如你的现金流转得快一点，客户下个月就把这12万元给你了，那你的10万元在这一年能用12次，每次都能赚2万元。除去利润的部分再投资，其实你这一年把这10万元当作120万元在用了，除去银行的利息，那你这一年就能赚23万元多一点。这两种方式你会选择哪一种呢？运用现金比率公式进行解释说明。

二、资金预算

（一）启动资金的计算

在创业公司的收入没有进来之前，公司需要准备足够的资金来养活团队、购置设备和材料、准备生产，所需的资金就是启动资金。启动资金要能支撑到公司产生销售收入、产生现金流的流入为止。若是自备的启动资金撑不到那一天，创业者应预测到公司的现金流何时会中断，而在此之前取得必要资金流进企业，这样才能保持创业公司的资金链不断裂。

企业大多可以分为这三类：实体企业、在线企业和服务提供商。不同的业务类型将面临不同的创业启动费用。但有一些创业成本是通用的，比如办公空间、设备和办公用品、通信费用、水电费、办理执照和许可证的费用、保险费、律师和会计师费用、库存、员工工资、广告与市场营销费用、市场调研费用、营销材料印刷制作费、网站制作维护费用等，也有特殊业务的针对性费用。

以上费用，有的是固定成本，有明确的数额；有的是酌量性成本，可根据情况酌情选择，比如广告费，可以通过上网查资料、联系供应商和服务商等方式来确定企业开支标准。然后再把这些开支划分为一次性开支和每月持续性的开支。其中一次性开支是指启动业务所需要的初始成本，比如购买主要设备、支付一次性的版权使用费等。每月的开支通常包括员工薪水、房租和水电费。

准备启动资金，至少要计算6个月的支出，如果从研发算起，所需要的费用和时间就更长。启动资金按支出性质和用途分类后，就可以列出费用清单，由此就可以预估出创业的初始资金了。

温馨提示

为预防不可见的环境风险，在准备启动资金时，宁可高估前期投资成本、低估销售额。美国宾夕法尼亚大学商学教授埃里克这样建议：先计算启动成本，然后把得到的数字加倍，最后再把所得的结果加倍，只有这样，你才会有一个实际能抗风险的数字。

思考与讨论

小王和小商对准备开办的FD冻干加工公司做了启动资金的分析，如表7-3所示。二人认为一次性投入需要25.5万元，以后每个月再投入14万元就可以运转了，所以准备好初始资金40万元绰绰有余，你能给他们一些建议吗？

表7-3 初始资金预测样表 单位：万元

资金需求类别	一次性开支	资金需求	月度持续性开支	资金需求
营业场地	押金	2	租金	2
	装修费用	1.5		
库存商品			原材料	5
			包装费	0.1
			运输费	0.5
			销售佣金	0.4
设备	生产设备	20		
	办公设备	1		1
工资及福利			工资	2
			社保	0.5

续表

资金需求类别	一次性开支	资金需求	月度持续性开支	资金需求
管理费用			保险费	0.5
			维修费	
			水电费	0.01
			打印纸等办公用品	
专业许可	经营许可	1		2
	执照费用			
广告宣传			数字广告	
			宣传资料	0.5
合计		25.5		14.01

（二）资金预测

初创企业不仅要预测出启动资金，还需要围绕现金流，通过预测收入和成本来作更详细的资金预算，对企业的资金需求、资金周转和盈利能力有一个综合的预测，要做到心中有“数”，用数字来经营和管理企业，让决策更为有效。

1.预测现金流入

收入的确定主要来自商品的定价和销售量，把这二者放在时间的框架中看它们如何增长，这便是“收入的预算”。例如，产品定价可采用“目标利润法”，将成本加上企业希望的利润就是定价。也可以采用“随行就市定价法”，按市场同类产品的定价而定价，不过如果市场普遍定价比企业的生产成本还低，那表明企业的生产经营肯定存在着严重问题。销售量的预测，可以在同行业企业和经销商中做调研，根据企业生产规模、销售促销政策等因素来预测销售数量。

产品定价和销售量的预测，还需要按时间维度持续进行。创业公司的财务预算要精确到“月”，与会计记账的期间一致。比如产品设计需要3个月，再加2个月时间进行测试、改进、量产，然后正式投入市场，所以销售收入流入企业最早在第6个月，如果赊销有60天账期，销售收入的现金流入企业又要延迟两个月，现金在第8个月流入企业。

2.预测现金流出

初创企业准备的创业资金用在什么地方，可以按资金需求、按性质分为日常经营性支出和资本性支出。其中，资本性支出是指通过它所取得的收益可以在多个会计期间所发生的那些支出，比如生产设备、办公设备等，这些数据比较容易计算。日常经营性的支出还可按与销售量的关系细分为固定成本和可变成本。例如，管理人员的工资、房租、办公费、广告费等，与生产业务总量之间没有依存关系，会计上称为“固定成本”；原材料、生产工人工资以及包装费、运输费，是随着生产量的变化而变化的，会计上称为“变动成本”。

成本类型细化以后，就很容易计算出不同销售量下的成本了。比如，某企业预测的不同销售量下的日常经营支出如表7–4所示，当销售量为4 200元、4 800元、5 400元、6 000元及6 600元时，日常经营性支出分别为17 620元、18 537元、19 454元、20 371元、21 289元。

表7–4 企业日常经营支出预测 单位：元

类别	销售量A	销售量B	销售量C	销售量D	销售量E
业务量	4 200	4 800	5 400	6 000	6 600
变动成本					
电力、油料	4 200	4 800	5 400	6 000	6 600
直接材料	420	480	540	600	660
生产工人工资	1 800	2 057	2 314	2 571	2 829
小计	6 420	7 337	8 254	9 171	10 089
固定成本					
折旧费	3 000	3 000	3 000	3 000	3 000
管理人员工资	1 000	1 000	1 000	1 000	1 000
房租	6 000	6 000	6 000	6 000	6 000
办公费	1 200	1 200	1 200	1 200	1 200
小计	11 200	11 200	11 200	11 200	11 200
总计	17 620	18 537	19 454	20 371	21 289

和收入一样，成本也是在时间框架里一点一点发生的，也要将成本细化到每个月，就会发现变动成本是随业务量变化的，所以可以随着业务量的增加逐步投入，而不必一次性全部准备齐，这样就使得启动资金的预算更准确。

3. 预测利润

利润是收入减去成本，因为成本可以按形态划分为固定成本和变动成本，以计划期内预计的不同销售量作为出发点，从不同销售量水平的销售收入中扣减相应的成本，就可以计算出来预计能实现的利润或发生的亏损。当销售额为85 000元时，预测出来的利润为19 000元，因为变动成本在一定的业务量范围内与业务量呈正比例变化，所以可以计算出变动成本率=51 ÷ 85 × 100%=60%，预测出销售额在11万时的利润总额为：110 000 ×（1–60%）–15 000=29 000（元）（见表7–5）。这种预算编制的方法，会计上称为“弹性利润预算”。

表7–5　　弹性利润预算编制　　单位：元

类别	销售量A	销售量B	销售量C	销售量D
销售额	85 000	95 000	100 000	110 000
变动成本	51 000			
固定成本	15 000	15 000	15 000	15 000
利润总额	19 000			

按照上述方法，还可以计算出利润为0时的销售额=15 000÷（1–60%）=37 500（元）。

此时的销售额，就是刚好保本时的销售额，被称为盈亏平衡点、收支平衡点或保本点。找到盈亏平衡点后，把盈亏平衡点之前的所有费用加在一起，就是你需要准备的启动资金。

把每个月的收入预算、成本预算按案例和类别分开，对应放入同一个时间框架中，就出现了全面资金预算表（见表7–6）。通常，资金预算要做连续12个月，编制资金预算的过程，就是协调和控制资金的获得和配置的过程。表中增加了实际实现的收入和发生的成本，是对资金进行考核和控制，以便于有效地组织和协调，完成既定的经营目标。

企业的预算不仅仅是财务预算，而应该是由销售、采购、生产、财务等预算组成的责任综合指标体系，是公司的整体"作战方案"。只不过创业公司要更加关注现金流，所以教材以资金的预算为例进行了详细讲解。

创业公司的财务预算也不是一成不变的，每个月都应该进行仔细地对照和监控，要根据实际运营情况进行调整，使之更符合现实、更加优化，如果实际情况和预算总是相差甚远，要及时找出原因，使情况迅速好转，否则应该当机立断停下来，重新考虑创业公司未来的策略。

表7–6　　各月资金预算明细表

序号	收支案例	1月				2月				3月	……
		本月预算（万元）	本月实际（万元）	预算占产值比（%）	实际占产值比（%）	本月预算	本月实际	预算占产值比（%）	实际占产值比（%）	本月预算金额	
1	当月收入	200.00	180.00	100	100						
2	月初可用资金余额	120.00	100.00	60	56						
3	资金收入合计	180.00	170.00	90	94						
	营业收入收款	180.00	170.00	90	94						
	营业外收入收款										
	收到银行贷款										
4	日常经营性资金支出合计	123.00	121.00	62	67						
	工资支出	40.00	40.00	20	22						

续表

序号	收支案例	1月				2月				3月	……
		本月预算（万元）	本月实际（万元）	预算占产值比（%）	实际占产值比（%）	本月预算	本月实际	预算占产值比（%）	实际占产值比（%）	本月预算金额	
	劳务费支出			0	0						
	原材料采购支出	60.00	60.00	30	33						
	水电物业费支出	2.00	2.00	1	1						
	房屋、场地租金支出	10.00	10.00	5	6						
	运输费支出	3.00	3.00	2	2						
	交纳税费	8.00	6.00	4	3						
5	资本性资金支出合计	20.00	20.00	10	11						
	固定资产支出	20.00	20.00	10	11						
	对外投资支出										
	偿还银行贷款本金										
	支付利息										
	其他资本性支出										
6	本月收支结余（6=2+3-4-5）	157.00	129.00	79	72						

三、资金筹措

资金筹措是在国家当前法规和政策许可的条件下，以资金成本最低为原则，通过一定渠道、采取适当方式进行筹措资金的财务活动，是财务管理的首要环节。进行筹资的方式有很多种，总体来说包括股权筹资和债务筹资两类。

（一）股权筹资

1. 什么是股权筹资

股权筹资是指企业股东出让部分企业所有权，通过增资的方式引进新股东的融资方式。股权融资所获得的资金，企业无须还本付息，但新股东将与老股东同样分享企业的盈利与增长。对于初创企业，股权融资的资金主要来源于个人积蓄、亲朋好友或合伙人投入。

2. 股权筹资的方式

股权筹资形成企业的股权资金，是企业最基本的筹资方式。吸收直接投资、发行股票和利用留存收益，是股权筹资的三种基本形式。

3.股权筹资的优缺点

与债务筹资相比，股权筹资具有以下优点：

（1）是企业稳定的资本基础。

（2）是企业良好的信誉基础。

（3）财务风险较小。

与债务筹资相比，股权筹资具有以下缺点：

（1）资本成本较高。

（2）控制权变更可能影响企业长期稳定发展。

（3）信息沟通与披露成本较大。

（二）债务筹资

1.什么是债务筹资

债权筹资是指企业通过借钱的方式进行的融资。债权融资所获得的资金，企业首先要承担资金的利息，另外在借款到期后要向债权人偿还资金本金。债权融资的资金主要来源于银行、非银行金融机构、政府机构、风险资本和商业信用。

2.债务筹资的方式

（1）银行借款，是指企业向银行或其他非银行金融机构借入的，需要还本付息的款项，包括偿还期限超过1年的长期借款和不足1年的短期借款，主要用于企业购建固定资产和满足流动资金周转的需要。

（2）发行公司债券，是公司依照法定程序发行、约定在一定期限还本付息的有价证券。债券是持券人拥有公司债权的书面证书，它代表债券持券人与发债公司之间的债权债务关系。公司债券可以公开发行，也可以非公开发行。

（3）租赁，是指通过签订资产出让合同的方式，使用资产的一方（承租方）通过支付租金，向出让资产的一方（出租方）取得资产使用权的一种交易行为。在这项交易中，承租方通过得到所需资产的使用权，完成了筹集资金的行为。

3.债务筹资的优缺点

与股权筹资相比，债务筹资具有以下优点：

（1）筹资速度较快。例如银行借款、租赁等债务筹资方式不需要经过复杂的审批手续和证券发行程序，可以迅速地获得资金。

（2）筹资弹性较大。筹资数量、筹资的时间及债务条件可以根据企业的经营情况、财务状况灵活协商。

（3）资本成本较低。一般来说，债务筹资的资本成本要低于股权筹资。

（4）可以利用财务杠杆。债权人从企业那里只能获得固定的利息或租金，不能参加公司剩余收益的分配。当企业的资本收益率（息税前利润率）高于债务利率时，会增加普通股股东的每股收益，提高净资产收益率，提升企业价值。

（5）稳定公司的控制权。债权人没有经营管理权，增加债务不会分散公司的控制权。

与股权筹资相比，债务筹资具有以下缺点：

（1）不能形成企业稳定的资本基础。债务资本有固定的到期日，到期需要偿还。

（2）财务风险较债务资本有固定的到期日、固定的债务利息负担，抵押、质押等担保方式取得的债务，资本使用上可能会有特别的限制。

（3）筹资数额有限。债务筹资的数额往往受到贷款机构资本实力的制约，除发行债券方式外，一般难以像发行股票那样一次筹集到大笔资金，无法满足公司大规模筹资的需要。

（三）衍生工具筹资

1.什么是衍生工具筹资

衍生工具筹资，包括兼具股权和债务性质的混合融资和其他衍生工具融资。我国上市公司目前最常见的混合融资方式有可转换债券融资和优先股股票筹资，最常见的其他衍生工具融资是认股权证融资。

2.衍生工具筹资的方式

（1）可转换债券，是一种混合型证券，是公司普通债券与证券期权的组合体。可转换债券的持有人在一定期限内，可以按照事先规定的价格或者转换比例，自由地选择是否转换为公司普通股。

一般来说，可转换债券可以分为两类，一类是不可分离的可转换债券，其转股权与债券不可分离，债券持有者直接按照债券面额和约定的转股价格，在规定的期限内将债券转换为股票；另一类是可分离交易的可转换债券，这类债券在发行时附有认股权证，是认股权证与公司债券的组合，发行上市后，公司债券和认股权证各自独立流通、交易。认股权证的持有者认购股票时，需要按照认购价格（行权价）出资购买股票。

（2）认股权证，是一种由上市公司发行的证明文件，持有人有权在一定时间内以约定价格认购该公司发行的一定数量的股票。广义的权证，是一种持有人有权于某一特定期间或到期日，按约定的价格认购或沽出一定数量的标的资产的期权。按买或卖的不同权利，可分为认购权证和认沽权证，又称为看涨权证和看跌权证。认股权证，属于认购权证。

（3）优先股，是指股份有限公司发行的具有优先权利、相对优先于一般普通种类股份的股份种类。在利润分配及剩余财产清偿分配的权利方面，优先股持有人优先于普通股股东，但在参与公司决策管理等方面，优先股的权利受到限制。

（四）不同资金来源的对比

企业是选择债权融资还是出让股份获得资金，并没有标准模式，不同方式的利弊要取决于企业自身的特点和实际情况等因素。不同融资方式的利弊，如表7–7所示。

表7–7　不同融资方式的利弊

融资类型		优点	缺点
股权融资	使用个人存款	（1）独享全部利润 （2）减少债务数量 （3）风险转化为动力 （4）向借款人展示良好的信用	（1）需要个人较大付出 （2）丧失了用于其他投资可能产生的收益
	合伙企业	（1）宽松的现金来源 （2）较小的压力和制约	（1）私人关系破裂的风险 （2）增加企业运营的复杂性
	成立公司	（1）可筹集较大量资金 （2）分散财务风险 （3）降低法律风险 （4）降低税负	（1）让出部分利润 （2）让出企业部分控制权和所有权
	使用风险投资	（1）帮助企业加速成长 （2）有利于寻求贷款	风险投资只关注其资本增值
债权融资	各种形式的贷款	（1）比较容易获得 （2）企业控制权和所有权得到维护 （3）可以选择有利的时间归还 （4）节约自由资金 （5）借款利息可在税前列支 （6）通货膨胀可以减少实际还款数	（1）要负担利息成本 （2）要承担将来利润可能不足以归还借款的风险 （3）可能导致滥用和浪费资金 （4）让他人了解了财务及其他一些保密信息 （5）贷款机构（人）有可能要附加一些限制条款

拓展阅读

在风险投资领域，我们经常听说天使投资（Angel Investment，AI）、风险投资（Venture Capital，VC）、私募股权（Private Equity，PE）。三种投资都是通过股权投资的形式成为企业的权益所有者。天使投资是指富有的个人出资协助具有专门技术或独特概念的原创案例或小型初创企业，进行一次性的前期投资；风险投资是把资本投向蕴藏着失败风险的高新技术及其产品的研究开发领域，旨在获取高资本收益的一种投资方式；私募股权投资是指通过私募形式对非上市企业进行的权益性投资，在交易实施过程中附带考虑了将来的退出机制，即通过上市、并购或管理层回购等方式，出售持股获利。

初创企业一般起点低、团队稚嫩、案例范围窄、成功率低等特征，这些特征决定了初始创业资金的来源主要是创业者个人的积蓄、家庭资助或朋友借款、天使投资、政策补贴贷款等。创业者要对企业发展状况有清晰的认知和判断，结合企业的发展阶段和实际需要制定合适的融资方案，有的放矢以有效完成融资。

四、企业财务战略矩阵

财务战略是指为谋求企业资金均衡有效地流动和实现企业整体战略，为增强企业财务竞争优势，在分析企业内外环境因素对资金流动影响的基础上，对企业资金流动进行全局性、长期性与创造性的谋划，并确保其执行的过程。

财务战略关注的焦点是企业资金流动，这是财务战略不同于其他各种战略的质的规定性；企业财务战略应基于企业内外环境对资金流动的影响，这是财务战略环境分析的特征所在。企业财务战略的目标是确保企业资金均衡有效流动而最终实现；企业财务战略应具备战略的主要一般特征，即应注重全局性、长期性和创造性。

财务战略矩阵是假设一个企业有一个或多个业务单位，并通过对比一个业务单位的投资资本回报率与其资本成本的差额，以及销售增长率与可持续增长率的差额，来评价公司的价值增长状态，衡量企业资源耗费的状况。纵坐标是一个业务单位的投资资本回报率与其资本成本的差额，实际上经济增加值（EVA），财务战略矩阵用该指标来评价业务单位的价值增长状态。横坐标是销售增长率与可持续增长率的差额，用于衡量业务单位现金耗费的情况。可持续增长率可以通俗地理解为在不增发新股或回购股票、保持现有的经营效率和财务政策的情况下，业务单位增长可以提供的现金供给能力。销售增长率代表业务单位所需资金。企业财务矩阵如图7–2所示。

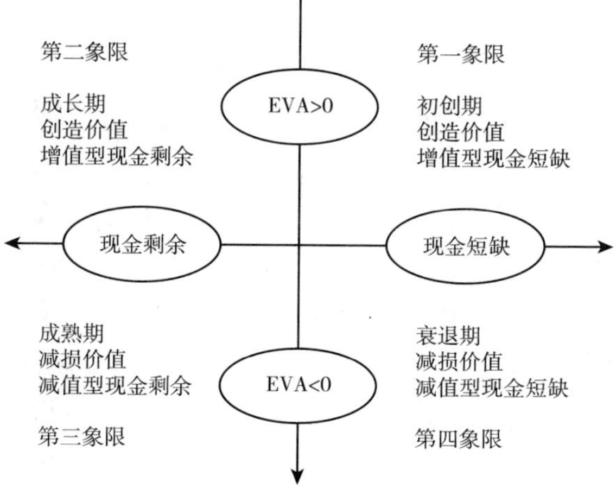

图7–2 企业财务矩阵

企业全生命周期在财务矩阵中，那么企业应该采用什么方式筹集资金？又该如何有效的管理和使用这些资金呢？

在第一象限中，“EVA>0”，“销售增长率>可持续增长率”。该象限业务往往处于业务成长期，一方面该业务能够带来企业价值增值，另一方面其产生的现金流量不足以支持业务增长，产生现金短缺。这种情况下业务增长越快，现金短缺越严重。相应的财务策略应本着尽量增加现金流入来维持企业运营的原则执行。争取新的权益资本投入，配股或增发股票都可以获得大量的资金流入，但昂贵的股权资本成本使得企业必须增加负债来降低资本成本并保持最优的资本结构。此外还可以通过减少或取消红利分配来增加现金流量。但如果企业不能利用增加的现金流量进行有效运营，即不能继续有效增加EVA，那么必须通过减少低边际利润、低资本周期率的产品来缩小经营的规模，使得企业的自我维持水平可以满足销售增长率。这个战略可以使企业通过进入更加细分的市场来提高保留业务的价值创造能力。

在第二象限中，“EVA>0”，“销售增长率<可持续增长率”。该象限业务往往处于成熟期，即该象限业务能够为企业带来价值增值，业务产生的现金流量足以满足其自身发展需求。这是四个象限中最优的一种状况，企业应尽量维持延长该状况。采取的财务策略是利用过剩资金促进业务的增长，可以通过增加内部投资和收购相关业务来完成假设企业此时已处于成熟期，没有增长机会，就可以把过剩资金分散到其他独立且有利润的业务中去。若无未能利用剩余资金获得预期的报酬率（超过加权资本成本的报酬率），那么企业应将这些资金返还给股东，股东可以选择其他投资一味占用股东的资本，又不能给予股东相应的回报，这样不利于企业的长期价值增加。

在第三象限，“EVA<0”，“销售增长率<可持续增长率”。该象限业务虽然能够产生足够的现金流量维持自身发展，但是业务的增长反而会降低企业的价值。这是企业处于衰退期的前兆。面对这种业务，必须尽快进行重构，一旦发现无法重构，应立即放弃。重构的指导思想很明确，在现金流量尚能自给之前稳固业务，通过控制经营费用增加边际利润、有效的管理资产等方法，将多余的资金用于提高报酬率，如果当年无法提高报酬率，应立即将营运资金之外多余的资金返还给股东，减少次年的股利分配压力。

在第四象限，“EVA<0”，“销售增长率>可持续增长率”。该象限的业务已明显处于衰退期的末期，既不能带来企业价值的增值，又不能支持其自身的发展。管理层如果不能彻底改变目前局面，就必须果断全面退出该业务。按照财务战略矩阵的构建，从石化，造纸业和服务业三个板块中选取一些最具代表性的股票进行分析。首先计算每一只股票的“ROIC-WACC”，即销售增长率和可持续增长率的差额，根据数值大小在财务战略矩阵上标出它们所处的象限，通过财务战略矩阵验证出不同质地的股票。经过计算，得到了18只样本股票在财务战略矩阵中所处不同生命周期的百分比，如图7–4所示，财务战略矩阵可以清晰描绘企业所处的生命周期。优质股票与劣质股票在财务战略矩阵中的位置体现了明显的差异。优质股票中有接近90%处于成长期和成熟期，而劣质股票有67%都处于衰退期和撤退期。

财务战略矩阵可以帮助企业了解自身的生命周期，根据不同的象限位置决定相应的财务策略，从而迅速作出有利于企业价值增值的战略性调整财务战略，作为企业整体战略的一个子系统。

（1）通过对企业内外环境分析并结合企业整体战略的要求，它提高了企业财务的能力，即提高了企业财务系统对环境的适应性；

（2）财务战略注重系统性分析，这提高了企业整体协调性，从而提高了企业的协同效应；

（3）财务战略着眼于长远利益与整体绩效，有助于创造并维持企业的财务优势，进而创造并保持企业的竞争优势。

案例分析

中国联通的财务矩阵

中国联通是经国务院批准成立的控股公司，其业务范围是电信投资。该公司仅限于通过联通BVI公司持有联通红筹股份，并保持对红筹公司的实际控制。2017年中国联通进行混合所有制改革，引进大量战略投资者投入近780亿元，用于中国联通的4G优化业务和5G发展业务，以及其他创新发展业务的发展和建设。根据2013—2017年中国联通的财务数据以及万得（Wind）数据知道2013—2017年的销售增长率、可持续增值率、投资资本回收率和资本成本，分析中国联通公司的财务矩阵（见表7–8）。

表7–8　2013—2017年中国联通财务矩阵数据

项目	2013年	2014年	2015年	2016年	2017年
销售增长率（%）	18.52	–4.99	–3.99	–1.03	0.23
可持续增长率（%）	3.59	3.78	2.71	–1.34	0.31
现金余缺（亿元）	14.93	–8.77	–6.70	0.31	–0.08
投资资本回报率（%）	3.17	4.25	5.05	1.38	1.77
资本成本（%）	7.56	7.32	5.90	5.80	5.55
EVA	–4.39	–3.07	–0.85	–4.42	–3.78

2013年中国联通推动规模效益发展的一个个指标、一项项举措通过工作报告印到代表心中，在大发展、大融合、大变革的产业形势下，通信行业将在全面建成小康社会、服务国民经济转型升级及推动社会管理信息化等方面迎来许

多难得的发展机会。2013年继续保持3G网络，增加3G宽带覆盖率。但是2013年EVR小于0，销售增长率大于可持续增长率，属于财务战略矩阵第四象限，属于减损型现金短缺，在财务战略矩阵中处在较为危险的位置，理论上可以通过业务重组、出售等方式进行改善。

2014年和2015年的，EVA小于0，销售增长率小于可持续增长率，属于财务战略矩阵第三象限，属于减损型现金剩余，理论上通过提高投资资本回报率、降低资本成本来提升企业增加值，或者出售业务单元等方式解决现金多余。从2013年到2015年的变化，这是因为2014年中国联通解决了2013年的资金短缺问题，筹集了较多资金，其中一年内到期的非流动负债增加111.7亿元，应付债券增加104.5亿元，大范围地筹集资金，使2013年的现金短缺问题得以解决。

2015年公司面对4G网络大范围的发展浪潮中公司在2015年全面扩大4G网络覆盖范围，且不断完善深度覆盖，加快推进农村4G网络覆盖建设，在此情况下中国联通在2015年可以说是一个战略转型期，在行业竞争中不断被推动着向前发展。但由于中国联通错失了4G发展的良好时机，将过多时间和资金用在2G、3G建设上，流失了大量4G用户。在2015年末到2016年都处于不断减损状态，2016年中国联通在财务战略矩阵上又回到了第四象限，直至2017年混合所有制改革后重新回到第三象限，混合所有制改革确实为中国联通的发展带来了新的机遇，但能否创造价值，提高企业增加值，这还需要中国联通在发展契机中把握机会。

因此根据财务战略矩阵，通过实际情况分析，选择适合企业自身的资本结构，改变经营策略，加速资金周转，提高产品增加值，进而实施产生升级转型，实现利益最大化，最终实现双赢。

训练项目

巨人集团的资金危机

在中国改革开放30年的浪潮中，史玉柱是具有传奇色彩的人物之一。从“巨人汉卡”到“巨人大厦”，从“脑白金”到“黄金搭档”，如果经商也是一场游戏，史玉柱玩了一场大翻盘，表现可圈可点。

请同学们搜索巨人集团的发展历程，就巨人集团每次出现的危机进行分析，并结合自己所学知识给出适当的建议。

8 Part 第八章

风险思维：风险管理和内部控制

学习目标

了解风险的概念，理解企业产生风险的原因，识别企业风险的类别，通过财务风险控制、全面预算和内部控制等应对企业风险的案例，培养风险意识，提升风险思维。

知识点、技能点

风险；财务风险；预算；内部控制

风险，就是生产目的与劳动成果之间的不确定性，风险产生的结果可能带来损失、获利或是无损失也无获利，企业可以利用财务风险控制、全面预算、内部审计和购买保险等措施来应对风险、规避风险、转移风险、控制风险。

第一节 企业风险管理

项目需求

企业在全生命周期过程中有哪些风险?

小李和小王在大学毕业后，准备成立一家移动水果加工厂。在前期筹备时，小李要考虑这个项目是否可行？将来是否有市场？如果运营比较好，加工厂是否可以扩张？是否需要融资？如果加工厂存在严重的市场竞争，是否需要转型？从企业的角度考虑，这些问题都是企业在创业期、成熟期、稳定期和衰退期中要面对的风险。

项目分析

风险存在于企业全生命周期内，不同时期存在不同风险。因此企业必须要进行风险管理。风险管理有五步，其中最重要的是制定风险管理策略。为应对不同的风险可采用风险承担等工具以及头脑风暴等方法，从而及时发现风险、预测风险和防止风险发生，将企业风险降到最低，实现利益相关者利益最大化。

一、风险

生活中，风险时刻存在，因为风险具有不确定性，是一个概率事件，有时我们无法预计风险的危害，只能进行防范或者积极应对。企业在经营过程中，也会遇到不同的风险，为了使损失最小化，我们会在事前、事中、事后进行全程的风险管理，将风险降到最低，使股东权益最大化。

（一）什么是风险

从保险学、统计学、经济学等不同领域的角度出发，风险有不同的意义。对风险的理解应该是相对的，一方面与机会、概率、不测事件和随机性相结合，另一方面与危险、损失和破坏相结合。

风险即损失的不确定性。这种不确定性，包括损失发生与否不确定、发生的时间不确定、损失的程度不确定三层含义。不确定性意味着预期结果与实际结果之间可能存在的差异。据此，风险的大小决定于风险事故发生的概率及风险事故造成的损失程度。

从统计学的角度看，风险是实际结果与预期结果的偏差。换句话说，是在某一个特定时间内，人们将所期望达到的目标与实际出现的结果之间产生的距离称为风险。

从经济学角度看，风险是损失机会和损失可能性，简单地说，损失机会是在企业经济活动中因选择一种情况而放弃另外一种情况所产生的经济利润。损失的可能性是在一定的条件下产生的概率事件，这种概率的大小会根据决策者对风险的偏好而确定。

2006年国务院国有资产监督管理委员会发布的《中央企业全面风险管理指引》（以下简称“《风险管理指引》”）中将企业风险定义为“未来的不确定性对企业实现其经营目标的影响”，并以能否为企业带来盈利等机会为标志，将风险分为纯粹风险（只有“带来损失”一种可能性）和机会风险（“带来损失”和“盈利”的可能性并存），认为风险是未来的不确定性对企业实现其经营目标的影响。

案例分析

2016年中国房地产市场呈现新的气象，政策环境也呈现新的变化。2016年全国两会提出“因城施策去库存”，但随着热点城市房价地价快速上涨，政策分化进一步显现。

2017年是中国历史上房地产调控政策出台最密集的年份，各地楼市调控政策有力阻击了热点城市的投机行为。从3月北京楼市收紧政策密集出台以来，调控路线沿袭一线城市、一线城市周边热点城市、三四线城市传递。据统计，年内超百城发布246次楼市调控政策。

2018年，全国商品住宅销售面积14.6亿平方米，同比基本持平。在住房全面商品化后的20年，商品住宅销售达到巨量顶峰，2018年新房商品交易总额（GMV）达12万亿元，同比增加10%，增速回落至20年以来低位。而四季度以来全国商品住宅销售面积逐月同比下滑，销售疲态尽显。图8–1为全国新房年度销售面积及同比增长率数据。

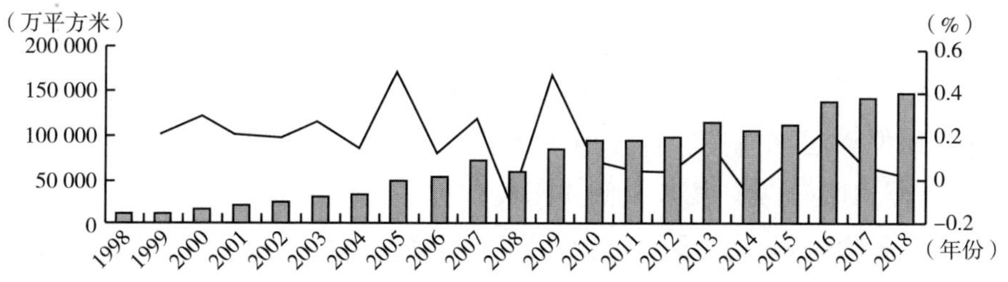

图8-1　1998—2018年全国新房年度销售面积及同比增长率

数据来源：国家统计局。

从图8-1我们可以看出，从2016年房地产价格的迅速增长到2018年房地产价格接近平稳，这期间国家在不断调控房地产政策。这期间，对于房地产企业而言，可能会面临政策风险。2016年房地产过热，很多企业外扩，还存在市场风险和金融风险。

（二）风险的要素

风险由风险因素、风险事件（事故）和损失三个基本要素构成。风险因素增加或产生风险事故，风险事故引起损失，三者的串联构成了风险形成机制。

1. 风险因素

风险因素是指引起或增加风险事故发生的机会或扩大损失程度的原因和条件。例如，易燃易爆材料的存储、有关人员的疏忽、消防设备的失效是导致火灾的重要因素。风险因素包括实质风险因素、道德风险因素和心理风险因素三种类型。

实质风险因素是有形的并能直接影响事物物理功能的因素。例如，汽车刹车系统失灵是车祸发生的实质风险因素；环境污染是影响人们健康的实质风险因素。

道德风险因素是与人的品德修养有关的无形因素，即由于个人不诚实、不正当或不轨企图促使风险事件发生，或提高已发生风险事故的损失程度的原因和条件，如欺诈、抢劫、盗窃、贪污等。

心理风险因素是由于人们主观上的疏忽或过失，以致增加风险事故发生机会或扩大损失程度的原因和条件，是与人的心理状态有关的无形因素。例如，安保人员未尽职守，居民外出忘记锁门增加了盗窃风险发生的可能。

2. 风险事故

风险事故，又称风险事件，是造成生命财产损失的偶发事件。风险事件发生的根源主要有自然力作用、社会经济变动、人的行为等。火灾、地震、洪水、台风、车祸、股市崩盘等都是导致财产损失的风险事件。

3. 损失

损失是指非故意的、非预期的和非计划的经济价值的减少。在保险行业中又可以分为直接损失和间接损失。直接损失是实质的、直接的损失。间接损失包括额外费用损失、收入损失和责任损失。间接损失有时会大于直接损失。

风险是由风险因素、风险事故和损失三者构成的统一体。风险因素引起或增加风险事故，风险事故发生可能造成损失，损失的发生使风险因素和风险事件得以呈现或暴露，使风险最终形成。

（三）风险的分类

企业面临的风险主要有两大类：外部风险和内部风险。其中，外部风险主要包括政治风险、合规风险与法律风险、技术风险、市场风险等。内部风险主要包括战略风险、运营风险、财务风险等。

1. 外部风险

（1）政治风险。政治风险是指完全或部分由政府官员行使权力和政府组织的行为而产生的不确定性。政府的不作为或直接干预也可能产生政治风险。政治风险通常表现为限制投资领域、设置贸易壁垒、外汇管制规定、进口配额和关税、组织结构及要求最低持股比例、限制向东道国的银行借款和没收资产。例如，2019年2月21日印度商工部发布公告称，对原产于或进口自中国的太阳能电池组件用EVA塑料片作出反倾销终裁，建议对中国的涉案产品征收反倾销税，有效期为5年。

拓展阅读

党的十九大以后，围绕加强党的政治建设的问题，习近平总书记明确提出了“防范政治风险”的重大命题和重大任务。在2018年6月29日中共中央政治局第六次集体学习时，习近平总书记明确强调：“要把准政治方向，坚持党的政治领导，夯实政治根基，涵养政治生态，防范政治风险，永葆政治本色，提高政治能力，为我们党不断发展壮大、从胜利走向胜利提供重要保证。”

（2）合规风险和法律风险。合规风险是指违反法律或监管要求而受到制裁，遭受金融损失以及因未能遵守所有适用法律、法规、行为准则或相关标准而给企业信誉带来损失的可能。法律风险是指企业在经营过程中因自身经营行为的不规范或者外部法律环境发生重大变化而造成不利法律后果的可能性。

合规风险和法律风险都与法律法规有关，二者既有交集，又有区别。合规风险侧重于行政责任和道德责任的承担，而法律风险则侧重于民事责任的承担。例如，银行与客户约定的利率超出了人民银行规定的基准利率幅度，银行的合规风险表现在监管机关的行政处罚、重大财产损失客户的投诉和声誉损失等，而法律风险表现在银行对客户民事赔偿责任的承担。但是两者有时也会分开，比如银行的违规经营被媒体曝光，银行的声誉将面临重大损失，这是合规风险，与法律风险无关。

拓展阅读

2018年颁布的《中央企业合规管理指引（试行）》（以下简称《合规指引》），标志着国务院国资委从强调全面风险管理转变为强调合规管理。工作重心集中在中央企业对法律法规和规章制度的遵从性方面，以提高可操作性的方式促进管理措施的真正落实。

合规风险和法律风险的区别如表8–1所示。

表8–1　合规风险和法律风险的区别

项目	合规风险	法律风险
基本目标	遵循、符合企业内外部的强制性规定和自愿性承诺。合规要求合格，对违规事件是零容忍，没有协商余地	通过对各种法律风险的有效管控帮助企业实现战略目标和经营目标，法律风险的管理策略有规避、承担、转换和控制等方式，企业采取何种管理策略需要权衡收益和风险，并服从于企业的战略目标
责任后果	合规风险突出表现在监管机关的行政处罚、重大财产损失和声誉损失，如吊销营业执照、许可证；对高管个人责任的追究等	法律风险管理侧重于商事活动，主要是依据普适性的法律风险规定，如《民法典》等，与合规相比，外部监管关联性比较弱；法律风险侧重于行为人对民事赔偿责任的承担
内涵外延	依据《中央企业合规管理指引》（以下简称《合规指引》）第二条规定："本指引所称合规风险，是指中央企业及其员工因不合规行为，引发法律责任、受到相关处罚、造成经济或声誉损失以及其他负面影响的可能性。"	《风险管理指引》第三条所称企业风险，指未来的不确定性对企业实现其经营目标的影响。企业风险一般可分为战略风险、财务风险、市场风险、运营风险、法律风险等；也可以能否为企业带来盈利等机会为标志，法律风险仅是企业风险的一部分
识别范围	《合规指引》要求"中央企业及其员工的经营管理行为符合法律法规、监管规定、行业准则和企业章程、规章制度以及国际条约、规则等要求"，即在合规风险识别上，应将企业及其员工的经营管理行为作为识别对象，法律法规、监管规定、行业准则和企业章程、规章制度以及国际条约、规则等要求为识别依据	《风险管理指引》将法律风险的识别分为"收集风险管理初始信息"和"风险评估"两个部分，并在信息搜集方面给出了部分指引："在法律风险方面，企业应广泛收集国内外企业忽视法律法规风险、缺乏应对措施导致企业蒙受损失的案例，并至少收集与本企业相关的以下信息：（一）国内外与本企业相关的政治、法律环境；（二）影响企业的新法律法规和政策；（三）员工道德操守的遵从性；（四）本企业签订的重大协议和有关贸易合同；（五）本企业发生重大法律纠纷案件的情况；（六）企业和竞争对手的知识产权情况。"因此，初始信息搜集的范围即为法律风险的识别范围

续表

项目	合规风险	法律风险
操作流程	从《合规指引》第二条的定义来看，“合规管理”是一个分阶段实施且内容交织、循环往复的复杂过程，按通常的逻辑顺序依次为风险识别、风险应对、制度制定、合规培训、合规审查、责任追究、考核评价七个部分。合规管理强调从实施结果出发的责任追究，更为具体、实际	《风险管理指引》第五条规定，风险管理基本流程包括以下主要工作：“（一）收集风险管理初始信息；（二）进行风险评估；（三）制定风险管理策略；（四）提出和实施风险管理解决方案；（五）风险管理的监督与改进。”法律风险管理更侧重管理学意义上的策略引导和循环改进，高度更高但落实不易

案例分析

“滴滴出行”是涵盖出租车、专车、滴滴快车、顺风车、代驾及大巴、货运等多项业务在内的一站式出行平台，2015年9月9日由“滴滴打车”更名而来。

2021年7月2日，网络安全审查办公室公告称，对“滴滴出行”实施网络安全审查，审查期间“滴滴出行”停止新用户注册。7月4日，国家互联网信息办公室通报称：根据举报，经检测核实，“滴滴出行”App存在严重违法违规收集使用个人信息问题。国家互联网信息办公室依据《中华人民共和国网络安全法》相关规定，通知应用商店下架“滴滴出行”App。2021年7月16日，国家互联网信息办公室等七部门进驻滴滴出行科技有限公司开展网络安全审查。这说明之前的“滴滴出行”运行存在着合规风险和法律风险。

（3）技术风险。从技术风险范围考察，技术风险的定义有广义和狭义之分。广义技术风险是指在某一种新技术给某一行业或某些企业带来增长机会的同时，能对另一行业或另一些企业形成巨大的威胁。例如，晶体管的发明和生产严重威胁了直头管行业；高性能塑料和陶瓷材料的研制和开发严重削弱了钢铁业的获利能力。

狭义技术风险是指技术在创新过程中，由于技术本身的复杂性和其他相关因素变化的不确定性而导致技术创新遭遇失败的可能性。技术手段的局限性、技术系统内部的复杂性、技术难度过高、产品寿命的不可预测性、替代性技术的缺乏等原因都可能导致技术创新夭折。若技术创新目标出现较大起伏，企业现有科研水平不能满足新技术目标的需求，那么技术创新就有面临失败的风险。从技术活动过程所处的不同阶段考察，技术风险可以划分为技术设计风险、技术研发风险和技术应用风险。

案例分析

小天才电话手表是为了满足孩子需求，专为5~12岁的孩子量身打造，集打电话、定位、微聊、交友等功能于一体的儿童智能手表，据《IDC中国智能穿戴设备市场跟踪报告》统计，截至2018年6月，小天才电话手表累计销量达1 000万台。

2019年6月20日，“小天才”发布了行业首款翻转式前后双摄电话手表，后置800万像素、前置500万像素摄像头，支持实时高清视频通话。家长可远程切换摄像头，前置看清孩子，后置看清周围环境。但是自2015年5月该款手表上市以来，仅某电商平台就出现了令人触目惊心的仿冒商品。“小天才”借助法律手段，并在维权平台的帮助成功下架部分制假售假店铺，清理了一批“小小天才”“快乐小天才”“××小天才”等仿冒店铺。

“小天才”的仿冒品不断出现，对其造成了很大的损害。从技术活动过程中所处的不同阶段考察，小天才手表投入市场后，面临他人的技术模仿风险，属于技术风险中的技术应用风险。

（4）市场风险。市场风险指企业所面对的外部市场的复杂性和变动性所带来的与经营相关的风险。市场因素的变化可能对企业正常经营活动产生直接或间接的影响，而企业经营活动能否盈利是影响企业能否持续成长、永续经营的重要因素。依据《风险管理指引》，市场风险至少要考虑以下几个方面：①产品或服务的价格及供需变化带来的风险；②能源、原材料、配件等物资供应的充足性、稳定性和价格的变化带来的风险；③主要客户、主要供应商的信用风险；④税收政策和利率、汇率、股票价格指数的变化带来的风险；⑤潜在进入者、竞争者、与替代品的竞争带来的风险。

案例分析

目前我国新能源汽车与传统燃油车相比没有明显的竞争优势，与国际上先进的新能源汽车相比也有较大差距。

2021年新年伊始，新能源汽车巨头特斯拉新款车型“Model Y”正式向国内消费者亮相，Model Y在中国共推出长续航版和高性能版两款车型，其中长续航版起售价为33.99万元，较此前预售价48.8万元下调了14.81万元；高性能版起售价为36.99万元，较此前预售价53.5万元下调了16.51万元。Model Y的价格直接杀到了蔚来、比亚迪等众国产新能源汽车的价格区间。国产新能源汽车面临潜在进入者、竞争者、与替代品的竞争带来的风险。

2. 内部风险

企业的发展历程中，风险无时不在，也无处不在，既有源于企业外部的不可控因素导致的风险，如社会动荡、自然灾害等，也有源自企业内部可控因素所导致的风险。

（1）战略风险。战略风险是指企业在战略管理过程中，由于内外部环境的复杂性和变动性以及主体对环境的认知能力和适应能力的有限性，而导致企业整体性损失和战略目标无法实现的可能性及损失。依据我国《企业内部控制应用指引第2号——发展战略》，从企业制定与实施发展战略角度阐明，战略风险的具体表现为：①缺乏明确的发展战略或发展战略实施不到位，可能导致企业盲目发展，难以形成竞争优势，丧失发展机遇和动力；②发展战略过于激进，脱离企业实际能力或偏离主业，可能导致企业过度扩张，甚至经营失败；③发展战略因主观原因频繁变动，可能导致资源浪费，甚至危及企业的生存和持续发展。

案例分析

柯达公司是一家大型跨国摄影器材公司，简称“柯达”。前身是由发明家乔治·伊士曼和商人亨利·斯壮在1881年建立的“伊斯曼干版公司”（Eastman Dry Plate Company），后由于生产的第一部傻瓜型胶卷相机名为“柯达”，遂改名。总部位于美国纽约罗切斯特。

柯达早在1976年就开发出了数字相机技术，并将数字影像技术用于航天领域；1991年柯达就有了130万像素的数字相机。但是到2000年，柯达的数字产品只卖到30亿美元，仅占其总收入的22%；2002年柯达的产品数字化率也只有25%左右。从2000—2003年柯达各部门销售利润报告可以看出，尽管各部门2000—2003年的销售业绩只有微小波动，但销售利润下降却十分明显，尤其是影像部门呈现出急剧下降的趋势。具体表现在：柯达传统影像部门的销售利润从2000年的143亿美元，锐减至2003年的41.8亿美元，跌幅达到71%！ 2012年1月，柯达公司正式申请破产保护。

在拍照从“胶卷时代”进入“数字时代”之后，柯达公司面对新型照相设备的兴起，业务转型迟缓，最终导致破产，柯达公司面临的风险属于战略风险。

（2）运营风险。运营风险是指企业在运营过程中，由于内外部环境的复杂性和变动性以及主体对环境的认知能力和适应能力的有限性，而导致的运营失败或使运营活动达不到预期目标的可能性及损失。

依据《风险管理指引》，运营风险至少要考虑以下几个方面：①企业产品结构、新产品研发可能引发的风险；②企业新市场开发，市场营销策略（包括产品或服务定价与销售渠道、市场营销环境状况等）可能引发的风险；③企业组织效能、管理现状，企业文化，高、中层管理人员和重要业务流程中专业人员的知识结构、专业经验等方面可能引发的风险；④期货等衍生产品业务中发生失误带来的风险；⑤质量、安全、环保、信息安全等管理中发生失误导致的风险；⑥因企业内、外部人员的道德风险或业务控制系统失灵导致的风险；⑦给企业造成损失的自然灾害等风险；⑧企业现有业务流程和信息系统操作运行情况的监管、运行评价及持续改进能力方面引发的风险。

案例分析

石家庄三鹿集团股份有限公司前身是1956年2月16日成立的“幸福乳业生产合作社”，经过几代人半个世纪的奋斗，曾具备领先同行业的发展优势。

2008年9月8日，甘肃岷县14名婴儿同时患有肾结石病症，引起外界关注。至2008年9月11日甘肃全省共发现59例肾结石患儿，部分患儿已发展为肾功能不全，同时已死亡1人，这些婴儿均食用了三鹿18元左右价位的奶粉。而且人们发现两个月来，中国多省已相继有类似事件发生。经调查，中国卫生部确认三鹿牌婴幼儿配方奶粉受到三聚氰胺污染，三聚氰胺是一种化工原料，可以提高蛋白质检测值，人如果长期摄入会导致人体泌尿系统膀胱、肾产生结石，并可诱发膀胱癌。最终，三聚氰胺事件被定性为“重大食品安全事故”。2008年三鹿集团因管理意识淡薄、风险控制不当，陷入经营危机，存在重大运营风险。最终该事件导致三鹿集团破产关闭。

（3）财务风险。财务风险，是指企业在生产经营过程中，由于内外部环境的各种难以预料或无法控制的不确定性因素的作用，使企业存在一定时期内所获取的财务收益与预期收益发生偏差的可能性。财务风险是客观存在的，企业管理者只能采取有效措施来降低财务风险，而不可能完全消除财务风险。

依据《风险管理指引》，财务风险至少要考虑以下几个方面：①企业负债、负债率、偿债能力方面可能引发的风险；②现金流、应收账款及其占销售收入的比重、资金周转率方面可能引发的风险；③产品存货及其占销售成本的比重、应付账款及其占购货额的比重方面可能引发的风险；④制造成本和管理费用、财务费用、营业费用方面可能引发的风险；⑤盈利能力方面可能引发的风险；⑥成本核算、资金结算和现金管理业务中曾发生或易发生错误的业务流程或环节可能引发的风险；⑦与企业相关的产业会计政策、会计估算，与国际会计制度的差异与调节（如退休金、递延税项等）等信息方面可能引发的风险。

案例分析

永城煤电控股集团有限公司（以下简称“永煤集团”）是以煤炭、化工、有色金属、装备制造、物流贸易、建筑矿建、现代服务业等产业为主的大型企业集团，其子公司分布在河南省15个地级市及上海、贵州、内蒙古、安徽、陕西等省（市）。

2019年，其子公司永煤集团股份有限公司（以下简称“永煤股份”）签订了120亿元的市场化债转优先股协议，并已于2019年12月及2020年3月分别落地资金20亿元和4亿元。同时受期间费用下降及煤炭销量增加影响，公司经营性业务利润同比增加，盈利能力有所提升，但2019年的资产负债率高达76.71%。

截至2020年3月末，永煤集团总债务及短期债务分别进一步增至1 019.86亿元和697.35亿元，2020年3月的资产负债率高达77.66%，债务压力有所增加，债务结构有待改善。因此，依据《企业内部控制应用指引第6号——资金活动》，永煤集团在2019年和2020年3月所面临的风险主要为资金调度不合理；资金营运不畅，可能导致企业陷入财务困境和筹资决策不当，引发资本结构不合理，可能导致企业债务危机的财务风险。

二、风险管理

对企业来说，风险管理就是在项目或者企业运营过程中，如何在一个肯定有风险的环境里把风险可能造成的不良影响减至最低的管理过程。风险管理对现代企业而言十分重要。当企业面临市场开放、法规解禁、产品创新时，都有可能使变化波动程度提高，连带增加经营的风险性。良好的风险管理有助于企业降低决策错误概率、避免损失可能、相对提高企业本身附加价值。

（一）什么是风险管理

风险管理是指经济单位通过对风险的认识、衡量和分析，以尽可能小的成本获得尽可能大的安全保障的管理方法。风险管理的本质是应用一般的管理原理去管理一个组织的资源和活动，并以合理的成本尽可能减少灾害事故损失和它对组织及其环境的不利影响。

经营目标，通过在企业管理的各个环节和经营过程中执行风险管理的基本流程，培育良好的风险管理文化，建立健全全面风险管理体系，包括风险管理策略、风险理财措施、风险管理的组织职能体系、风险管理信息系统和内部控制系统，从而为实现风险管理的总体目标提供合理保证的过程和方法。

这一定义体现了企业风险管理以下几个主要特征：

1.战略性

尽管风险管理渗透到企业各项活动中，存在于企业管理者对企业的日常管理当中，但它主要运用于企业战略管理层面，站在战略层面整合和管理企业层面风险是全面风险管理的价值所在。

2.全员性

企业全面风险管理是一个由企业治理层、管理层和所有员工参与，旨在把风险控制在风险容量以内，增进企业价值的过程。企业风险管理本身并不是一个结果，而是实现结果的一种方式。在这个过程中，只有将风险意识转化为全体员工的共同认识和自觉行动，才能确保风险管理目标的实现。

3.专业性

风险管理人才要实施专业化管理。

4.二重性

企业全面风险管理的商业使命在于：①损失最小化管理；②不确定性管理；③绩效最优化管理。当风险损失不能避免时，尽量将损失最小化；风险损失可能发生可能不发生时，设法降低风险发生的可能；风险预示着机会时，化风险为增进企业价值的机会。全面风险管理，既要管理纯粹风险，也要管理机会风险。

5.系统性

全面风险管理必须拥有一套系统的、规范的方法，建立健全全面风险管理体系，包括风险管理策略、风险理财措施、风险管理的组织职能体系、风险管理信息系统和内部控制系统，从而为实现风险管理的总体目标提供合理的保证。

拓展阅读

传统风险管理是被动地将风险管理作为成本中心，与企业战略联系不紧，目的是转移或避免风险，运用事后反应式的风险管理方法，即先检查和预防经营风险，然后采取应对措施，其聚焦的焦点专注于纯粹和灾害性风险。而全面风险管理的焦点在所有者与相关者的共同利益最大化上。

案例分析

2020年新冠肺炎疫情期间，餐饮行业进入“寒冬”。速冻食品生产企业“三全食品”在遭遇疫情、加大消费端供给进而影响生产节奏的情况下，仍持续不断创新，在水饺、煎炸、点心、火锅料等品类陆续推出多款产品，赢得了消费者的普遍信赖和认可。2020年上半年年报显示，报告期内，公司实现营业收入

37.30亿元，同比增长22.60%，其中零售及创新市场实现营业收入33.76亿元，同比增长26.07%。归属于上市公司股东的净利润4.52亿元，同比增长409.61%。风险也可能带来意想不到的机会，三全食品公司化风险为增进企业价值的机会，体现了风险管理特征中的二重性。

（二）风险管理的目标

传统的风险管理目标由两部分组成：损失发生前的风险管理目标和损失发生后的风险管理目标。前者的目的是避免或减少风险事故形成的机会；后者的目的是努力使损失的标的恢复到损失前的状态。

1.损失发生前的风险管理目标

（1）降低损失成本。风险事故的发生势必增加企业的经营成本，影响企业利润计划的实现。因此，企业必须根据本身的运作特点，充分考虑到所面临的风险因素，并对这些风险因素可能形成的风险事故进行分析，从经济和技术角度进行抵御风险的处理，从而使风险事故可能对企业造成的损失降到最低，达到最大安全保障的目的。

（2）减轻和消除企业和个人的精神压力。风险因素的存在，对于人们的正常生产和生活造成了各种心理的和精神的压力，通过制定切实可行的损失发生前的风险管理目标，可减轻和消除这种压力，从而有利于社会和家庭的稳定。

（3）遵守和履行外界赋予企业的责任。例如，政府法规可以要求企业安装安全设备以免发生工伤。同样，一个企业的债权人可以要求贷款的抵押品必须被保险。

2.损失发生后的风险管理目标

（1）维持企业的生存。维持企业生存是企业风险管理工作的最低目标。在损失发生之后，企业至少需要一段时间才能部分恢复生产或经营。只有在损失发生后能够继续维持受灾企业的生存，才能使企业有机会减少损失造成的影响，尽早恢复损失发生之前的生产状态。

（2）生产能力和服务能力的保持。如何使风险事故对企业造成的损失降为最小，保证企业的生产能力和服务能力不受严重影响，是企业在风险管理工作中必须制定的目标。企业的社会责任之一就是保证其对于社会和消费者所作出的服务承诺的正常履行。这既是维护企业社会形象的需要，也是为了保证企业发挥作为整个社会正常运转的一个链条作用。例如，公用事业必须保证对公共设施提供不间断的服务。生产民用产品的企业必须能够在损失发生后保证继续履行对客户承诺的售后服务，以防止消费者转向该企业的竞争对手。

（3）稳定收入，实现预期利润。这是企业风险管理工作的最高目标。为了保证这个目标的实现，企业在制定和设计损失发生后的风险管理目标的过程中，就必须根据企业的资本结构和资产分布状况确定消除风险事故影响的最佳经济和技术方案。

（4）履行社会责任。这是企业风险管理工作的社会责任目标。之所以要尽可能减轻企业受损对其他人和整个社会的不利影响，是因为企业遭受一次严重的损失灾难会影响到雇员、顾客、供货人、债权人、税务部门以至于整个社会的利益。企业作为社会的一部分，其本身的损失可能还涉及企业员工的家属、企业的债权人和企业所在社区的直接利益，从而使企业面临巨大的社会责任压力。因此，企业在制定自身的风险管理目标时，不仅要考虑到企业本身的需要，还要考虑到企业所担负的社会责任。

传统的风险管理虽然也很重要，但是与企业战略联系不紧，目标是转移或避免风险，降低损失，重点在对公司的行为监督和检查上。全面风险管理紧密联系企业战略，为实现企业总体战略目标寻求风险优化措施，因而风险管理目标的设计要充分体现这一思想。

我国《风险管理指引》设定了风险管理如下的总体目标：

（1）确保将风险控制在与公司总体目标相适应并可承受的范围内；

（2）确保内外部，尤其是企业与股东之间实现真实、可靠的信息沟通，包括编制和提供真实、可靠的财务报告；

（3）确保遵守有关法律法规；

（4）确保企业有关规章制度和为实现经营目标而采取重大措施的贯彻执行，保障经济管理的有效性，提高经营活动的效率和效果，降低实现经营目标的不确定性；

（5）确保企业建立针对各项重大风险发生后的危机处理计划，保护企业不因灾害性风险或人为失误而遭受重大损失。

三、风险管理的识别程序

依据《合规指引》第二条的规定，风险管理的程序包括：识别风险；评估风险；制定风险管理策略；提出和实施风险管理决策方案；风险管理效果评价与改进。

（一）识别风险

识别风险就是在广泛地、持续不断地收集与本企业风险和风险管理相关的内部、外部初始信息的基础上，对企业面临的潜在的风险加以判断、归类和鉴定风险性质的过程，它是风险管理的第一步。应把收集初始信息的职责分工落实到各个有关职能部门和业务单位。

风险识别的方法具体有以下五种：

（1）对企业财产和生产经营进行定期或经常性的实地检查，及时发现安全隐患。

（2）使用内容广泛的风险分析征求意见表，收集在生产和经营一线人员对损失风险的意见。

（3）编制生产和经营流程图，分析每个环节的潜在损失风险。

（4）使用财务报表、以往的损失报告和统计资料识别重大的损失风险。

（5）请保险公司、保险代理人、保险经纪人提供风险评估咨询服务。

（二）评估风险

评估风险就是在识别风险的基础上，通过对所收集的大量的详细损失资料加以分析，衡量损失风险对企业的影响，包括风险分析和风险评价。风险分析是对辨识出的风险及其特征进行明确的定义描述，分析和描述风险发生可能性的高低、风险发生的条件。风险评价是评估风险对企业实现目标的影响程度、风险的价值等。

进行风险分析和评价应采取定性与定量方法相结合。定性方法包括问卷调查、集体讨论、专家咨询、情景分析、政策分析、行业标杆比较、管理层访谈、由专人主持的工作访谈和调查研究等。定量分析包括统计推论、计算机模拟、失效模式与影响分析、事件树分析等。进行风险定量评估时，应统一制定各风险的度量单位和风险度量模型，并通过测试等方法确保评估系统的假设、前提、参数、数据来源和定量评估程序的合理性和准确性。要根据环境的变化，定期对假设前提和参数进行复核和修改，并将定量评估系统的估算结果与实际效果对比，据此对有关参数进行调整和改进。

风险分析应包括风险之间的关系分析，以便发现各风险之间的自然对冲、风险事件发生的正负相关性等组合效应，从风险策略上对风险进行统一集中管理。

企业在评估多项风险时，应根据对风险发生可能性的高低和对目标的影响程度的评估，绘制风险坐标图，对各项风险进行比较，初步确定对风险进行管理的先后顺序和策略。风险评估，应由企业组织有关职能部门和业务单位实施，也可聘请有资质、信誉好、风险管理专业能力强的中介机构协助实施。企业应对风险管理信息实施动态管理，定期或不定期实施风险分析和评价。

（三）制定风险管理策略

风险管理策略是指企业根据自身条件和外部环境，围绕企业发展战略，确定风险偏好、风险承受度、风险管理有效性标准，选择风险自留、风险规避、风险转移、风险转换、风险对冲、风险补偿、风险控制等适合的风险管理工具，并确定风险管理所需人力和财力资源的配置原则的总体策略。

企业要根据风险的不同类型制定适宜的风险管理策略。例如，一般认为，对战略、财务、运营、政治、法律风险等可采取风险自留、风险规避、风险转换、风险控制等方法。对能够通过保险、期货、对冲等金融手段进行管理的风险，可以采用风险转移、风险对冲、风险补偿等方法。

企业制定风险管理策略的一个关键环节是应根据不同业务特点，统一确定风险偏好和风险承受度，即企业愿意承担哪些风险，明确风险不能超过的限度，并据此确定风险的预警线及相应采取的对策。确定风险偏好和风险承受度，要正确认识和把握风险与收益的平衡，防止和纠正两种错误倾向：一是忽视风险，片面追求收益，认为风险越大收益越高的观念和做法。二是单纯为规避风险而放弃发展机遇。

在制定风险管理策略时，还应根据风险与收益相平衡的原则，以及各风险在风险坐标图上的位置，进一步确定风险管理的优先顺序，明确风险管理成本的资金预算和控制风险的组织体系、人力资源应对措施等总体安排。

（四）提出和实施风险管理决策方案

制定风险管理策略后，企业要提出实施风险管理解决方案，也就是执行前一阶段制定的风险管理策略，进一步落实风险管理工作。在这一阶段，企业应根据风险管理策略，针对各类风险或每一项重大风险，制定风险管理解决方案。方案一般包括风险解决的具体目标，所需的组织领导，所涉及的管理及业务流程，所需的条件、手段等资源，风险事件发生前、中、后所采取的具体应对措施以及风险管理工具。

企业风险管理决策方案可以分为外部解决方案和内部解决方案。

1. 外部解决方案

外部解决方案一般指外包。企业经营活动外包是利用产业链专业分工提高运营效率的必要措施。企业许多风险管理工作可以外包出去，如企业使用投资银行、信用评级公司、保险公司、律师事务所、会计师事务所、风险管理咨询公司等专业机构，将有关方面的工作外包，这样可以降低企业的风险，提高效率。外包可以使企业规避一些风险，但同时可能带来另一些风险，应当加以控制。如果企业制定风险管理解决的外包方案，应注重成本与收益的平衡、外包工作的质量、自身商业秘密的保护以及防止自身对风险解决外包产生依赖风险等，并制定相应的预防和控制措施。

2. 内部解决方案

内部解决方案一般是以下几种手段的综合应用：风险管理策略、组织职能、内部控制（包括政策、制度、程序）、信息系统、风险理财措施。企业制定风险管理内部解决方案应满足合规的要求，坚持经营战略与风险策略一致、风险控制与运营效率及效果相平衡的原则，针对重大风险所涉及的各管理及业务流程，制定涵盖各个环节的全流程控制措施。对其他风险所涉及的业务流程，要把关键环节作为控制点，采取相应的控制措施。内部控制是企业通过有关流程设计和实施的一系列政策、制度、程序和措施，控制影响流程目标的各种风险的过程。一般说来，内部控制系统针对的风险是可控、纯粹风险，其控制对象是企业中的个人，控制目的是规范员工的行为，控制范围是企业的业务和管理流程。

在实施风险管理实施方案时，应做到如下几点：

（1）高度重视风险管理，充分认识风险管理是企业时刻不可放松的工作，是企业价值创造的根本源泉。

（2）风险管理是企业全员的分内工作，没有风险的岗位是不创造价值的岗位，没有理由存在。

（3）将风险管理方案落实到各级各类组织，明确分工和责任。

（4）对风险管理解决方案的实施进行持续监控改进，并把实施情况与绩效考核联系起来，以确保工作的效果。

（五）风险管理效果评价与改进

风险管理效果评价是分析、比较已实施的风险管理策略取得的结果和预期目标的契合度，以此来评判管理方案的科学性、适应性和收益性。由于风险的可变性，以及对风险认识的阶段性和风险管理技术的不断完善，需要对风险的识别、评估、管理策略进行定期检查和修正，以保证风险管理策略能够适应变化了的新情况。所以，风险管理是一个周而复始的管理过程。

案例分析

松下电器的企业风险管理之旅

松下电器是世界上最大的电子产品生产商之一，公司在2005年着手开展企业风险管理工作。松下实施企业风险管理主要基于四个因素：一是《萨班斯—奥克斯利法案》。鉴于公司在纽约证券交易所上市，所以必须遵守该法案的规定。为了合规，松下前所未有地实施了一个统一且全面的风险评估方案。二是经常出现与产品质量和责任以及信息安全有关的问题，这让公司意识到必须加强管理层面的活动来应对这些问题。三是公司领导层再次重温了松下创办人松下幸之助的管理哲学——将问责制和学习视为管理的核心价值。松下集团公司风险管理办公室总经理宫崎说："我们创办人的管理哲学与风险管理有着密切的联系。松下幸之助认为失败的原因总是在于我们或者公司自身。如果某人总是抱怨失败，并将其归咎于他人或者外部环境，那么这个人永远不能从失败中吸取教训。如果一个人认为失败的根本原因是在于自身。他将从失败中学习，并彻底解决失败的根源，那么不管将来面对怎样的商业环境，他都不会失败。”四是为了实现一个非常重大和富有挑战性的业务目标——在2010年前成为全球杰出企业，即利润率达到10%，销售额达到100亿日元。宫崎说：“为了达到这个目标，我们必须努力达到更高要求，同时也需要降低风险。”

第一步：成立风险管理委员会

松下成立了全球集团风险管理委员会，有9名董事组成，负责特别职能，如环境和产品责任。

第二步：风险识别

采用调查问卷的方式进行风险调查。问卷涵盖了40个有可能在公司范围内存在的标准风险。问卷被分发到全球所有业务部门。风险管理办公室收集问卷结果后，要求松下总部的每一个业务职能部门就结果进行评估，并将他们的意见和信息综合。

第三步：风险评估/衡量

风险管理办公室以财务影响为标准来评估部分风险：“极高”表示风险对财务的影响大于100亿日元；“高”表示影响在10亿至100亿日元之间；“中”表示影响在1亿至10亿日元之间；“低”表示影响小于1亿日元。此外，还评估了四个核心要素：①股东意见；②品牌及社会信任；③生命安全；④合规情况。

将风险发生的可能性分为三个等级：高、中、低。“高”代表每年发生一次或以上；“中”代表在每年一次至十年一次之间；“低”代表少于十年一次。

第四步：制定风险管理方案并实施

松下电器企业风险管理方案的实施主要围绕两个要素：风险和业务风险。风险是存在不可预知的因素或事件，影响业务目标的实现，因此必须评估。业务风险是存在不可预知的因素或事件，影响业务政策、计划及战略的执行。风险管理委员会每年都会对业务风险进行评估以强化业务计划，确保管理层的目标得以实现。

企业风险管理和松下业务计划的联系十分明显。首先，公司所有39个业务领域的总办事处均会搜集其下辖部门的信息，进行分析并整合结论。每个业务领域在12月中旬之前将这些评估结果上报至公司总部。每年3月都会举行会议讨论业务风险问题，期望就风险达成共识，并了解如何采取具体措施来降低风险及其影响程度。

第五步：风险管理效果评价

宫崎认为，松下集团所采用的风险管理方案能带来四大效益：

（1）所有不利因素解除后，便能更容易实现公司的企业战略和行动计划。

（2）企业风险管理可以预防损害公司的不可接受事件或情况出现，从而降低潜在损失。

（3）松下的业务领域能够做出更充分的准备，管理因商业环境变更而出现的新风险。

（4）有效的企业风险管理能改善公司的业务计划和财务目标。

四、风险管理策略的工具

《风险管理指引》指出，企业风险管理体系包括五大系统：①风险管理策略；②风险理财措施；③风险管理的组织职能体系；④风险管理信息系统；⑤内部控制系统。在这里我们仅分析风险管理策略。

风险管理策略，指企业根据自身条件和外部环境，围绕企业发展战略，确定风险偏好、风险承受度、风险管理有效性标准，选择风险承担、风险规避、风险转移、风险转换、风险对冲、风险补偿、风险控制等适合的风险管理工具，并确定风险管理所需人力和财力资源的配置原则的总体策略。

从这一纲领性的指引中不难看到风险管理策略的总体定位：

（1）风险管理策略是根据企业经营战略制定的全面风险管理的总体策略；

（2）风险管理策略在整个风险管理体系中起着统领全局的作用；

（3）风险管理策略在企业战略管理过程中起着承上启下的作用，制定与企业战略保持一致的风险管理策略减少了企业战略失误的可能性。

（一）风险承担

风险承担亦称风险保留、风险自留。它是指企业对所面临的风险采取接受的态度，从而承担风险带来的后果。

企业面临的风险有很多，通常企业能够明确辨识的风险只占全部风险的少数。风险评估工作的结果对于企业是否采用风险承担影响很大。

（1）对未能辨识出的风险，企业只能采用风险承担。

（2）对于辨识出的风险，企业也可能由于以下几种原因采用风险承担：①缺乏能力进行主动管理；②没有其他备选方案；③从成本效益考虑，风险承担是最适宜的。

对于企业的重大风险，即影响到企业目标实现的风险，企业一般不应采用风险承担。

案例分析

甲公司新购置了一辆价值10万元的新能源汽车，考虑到该汽车发生故障需要大额维修费用的可能性比较小，因此，甲公司即没有买保险，也没有计提减值准备，从风险管理策略的角度看，甲公司采用了风险承担的策略。

（二）风险规避

风险规避是指企业回避、停止或退出蕴含某一风险的商业活动或商业环境，避免成为风险的所有人。风险规避的常见方式有下面几种。

（1）退出某一市场以避免激烈竞争；

（2）拒绝与信用不好的交易对手进行交易；

（3）外包某项对工人健康安全风险较高的工作；

（4）停止生产可能有潜在安全隐患的产品；

（5）禁止各业务单位在金融市场进行投机；

（6）不准员工访问某些网站或下载某些内容。

当风险潜在威胁的可能性极大，并会带来严重的后果且损失无法转移又不能承受时，风险规避是一种最有效的风险管理方式，可用修改目标、范围等方式来实行，具体可分为两种情况：一是放弃或终止某项活动的实施，即在尚未承担风险的情况下拒绝风险；二是在已承担风险的情况下，通过改变某项活动的性质、工作地点、工艺流程等途径避免未来经营活动中可能承担的风险。

案例分析

中兴通讯自2010年1月至2016年4月期间，在知晓美国依据《伊朗交易与制裁条例》对伊朗长期实施制裁的情况下，仍将内含美国制造的受限类配件和软件产品出口到伊朗，以获取伊朗公司的合同并参与当地庞大通信网络的供应、建设、运营及服务，这些合同金额达到数亿美元。2018年4月16日，美国商务部网站公告，7年内禁止美国企业与中兴通讯开展任何业务往来。公告称，中兴违反了2017年与美国政府达成的和解协议。当时，美国政府指控中兴非法向伊朗和朝鲜出口产品。

2018年5月8日，美国特朗普政府宣布退出伊核协议，并重启对伊朗的制裁。2018年6月7日，美国商务部部长罗斯接受采访时表示，美国政府与中兴通讯已经达成协议，只要后者缴纳10亿美元罚金，并改组董事会，即可解除相关禁令。2018年6月19日，美国参议院以85：10的投票结果通过恢复中兴通讯销售禁令法案。并在当年11月5日全面恢复对伊朗的经济制裁。而吉利公司在权衡利弊之后，为避免风险，放弃了2018年12月向伊朗出口1 500台沃尔沃轿车的机会。

在本案例中，中兴公司没有及时地规避风险，缴纳10亿元美金的惩罚；而吉利公司及时放弃与伊朗的汽车交易，在风险管理策略中，属于风险规避。

（三）风险转移

风险转移是指企业通过合同将风险转移到第三方，企业对转移后的风险不再拥有所有权。转移风险不会降低其可能发生的严重程度，只是从一方移除后转移到另一方。例如：

（1）保险：保险合同规定保险公司为预定的损失支付补偿，作为交换，在合同开始时，投保人要向保险公司支付保险费。

（2）非保险型的风险转移：将风险可能导致的财务风险损失负担转移给非保险机构，如签订服务保证书等。

（3）风险证券化：将风险事件作为保险标的，通过构造和在资本市场上发行保险连接型证券，使保险市场上的风险得以分散。这种证券的利息支付和本金偿还取决于某个风险事件的发生或严重程度。

拓展阅读

巨灾债券，即通过发行收益与指定的巨灾损失相联结的债券，将保险公司或再保险公司的巨灾风险转移给资本市场上的债券投资者。一般地，根据巨灾债券合同，如果在约定期限内发生指定的巨灾，且损失超过事先约定的限额，则债券持有人就要损失或延期获得债券的部分或全部的本金或利息，而发行债券的保险机构则获得相应的资金，用于赔付超过限额的损失。当然，如果指定的巨灾没有发生或者巨灾损失没有超过约定的限额，则债券投资者仍有权按照约定的利率收回本金和利息。

案例分析

2015年7月3日，中国第一只以国内地震风险为保障对象的巨灾债券在境外市场成功发行。该债券由中国再保险（集团）股份有限公司所属全资子公司“中再产险”作为发起人，发行主体为专设在百慕大的特殊目的机构（SPV）Panda Re，募集金额5 000万美元。到期日为2018年7月9日。中再集团及中再产险以再保险转分的方式，将其所承保的部分国内地震风险分保给特殊目的机构Panda Re，再由Panda Re在境外资本市场发行巨灾债券进行融资，以融资本金为这部分风险提供全额抵押保险保障。这是中国的巨灾风险首次在国际资本市场得以分散，在风险管理策略中属于风险转移。

（四）风险转换

风险转换指企业通过战略调整等手段将企业面临的风险转换成另一个风险。风险转换的手段包括战略调整和使用衍生产品等。

风险转换一般不会直接降低企业总的风险，其简单形式就是在减少某一风险的同时增加另一风险。例如，通过放松交易客户信用标准会增加应收账款，但扩大了销售。企业可以通过风险转换在两个或多个风险之间进行调整，以达到最佳效果。

风险转换是要在低成本或者无成本的情况下达到转换风险、降低损失的目的。

案例分析

2017年5月，丹东登海良玉种业有限公司为推广优质玉米新品种“良玉99号”，与当地农民签订协议，协议规定：农民可先领取玉米种子，来年收成的玉米丹东登海良玉种业有限公司按1.01元/斤的价格回购，农民此时再支付种子的费用，但为保证种子的优良，此块地只能种植“良玉99号”，不能掺杂其他种子。在本案例中，丹东登海良玉种业有限公司本来可以“一手交钱，一手交货”，但为了销售新品种，运用金融工具实现了风险转换，即不会降低市场的总风险，只是在减少了市场风险中的销售风险的同时，增加了市场风险中的信用风险。

（五）风险对冲

风险对冲是指采取各种手段，引入多个风险因素或承担多个风险，使得这些风险能够互相冲抵，也就是使这些风险的影响互相抵消。常见的例子有资产组合使用、多种外币结算的使用和战略上的多种经营等。

在金融资产风险管理中，对冲也包括使用衍生产品，如利用期货进行套期保值。在企业面临的风险中，有些具有自然对冲的性质，应当加以利用。例如，不同行业的经济周期风险对冲。

风险对冲不是针对单一风险，而是涉及风险组合。对于单一风险，只能采用风险规避、风险控制等其他工具。

案例分析

福耀玻璃工业集团股份有限公司，1987年在福州注册成立，是一家生产汽车安全玻璃和工业技术玻璃的中外合资企业。该公司因进行对外销售面临着外汇风险。于是，该公司于2011年投资2亿美元在俄罗斯卡卢加州建立生产工厂，开拓俄罗斯市场，成立福耀玻璃俄罗斯有限公司。2013年10月，公司收购通用废弃工厂；2014年在美国俄亥俄州建立代顿工厂，成立福耀玻璃美国有限公司；2014年7月以5 600万美元收购PPG工厂，成立福耀玻璃伊利诺伊有限公司；2018年完成德国海尔布隆的新工厂的建设并正式进入运营状态，服务整个欧洲市场，向其提供就近玻璃增值服务；2020年国际市场占有率超过30%。该公司通过以上生产经营措施达到外汇风险对冲的目的。

（六）风险补偿

风险补偿是指企业对风险可能造成的损失采取适当的措施进行补偿。风险补偿表现在企业主动承担风险，并采取措施以补偿可能的损失。

风险补偿的形式有财务补偿、人力补偿、物资补偿等。财务补偿是损失融资，包括企业自身的风险准备金或应急资本等。例如，某公司之前一直购买灾害保险，但经过数据分析，认为保险公司历年的赔付不足以平衡相应的保险费用支出，因此不再续保；同时，为了应对可能发生的灾害性事件，公司与银行签订应急资本协议，规定在灾害发生时，由银行提供资本以保证公司的持续经营。

拓展阅读

风险补偿机制就是让“证券投资者保护基金”成为投资者的“保护伞”。设立证券投资者保护基金，这从立法上和政策上都健全和完善了保护中小投资者权益的机制，这将对保护普通投资者的利益起到非常重要的作用。证券法曾规定，国有企业和国有资产控股的企业，不得炒作上市交易的股票。之后证券法作出了妥善修订，规定国有企业和国有资产控股的企业买卖上市交易的股票，必须遵守国家有关规定。

（七）风险控制

风险控制是指通过控制风险事件发生的动因、环境、条件等，来达到减轻风险事件发生时的损失或降低风险事件发生概率的目的。

通常影响某一风险的因素有很多。风险控制可以通过控制这些因素中的一个或多个来达到目的。控制风险事件发生的概率，如室内使用不易燃地毯、山林中禁止吸烟等。控制风险事件发生后的损失，如修建水坝防洪、设立质量检查防止次品出厂等。

风险控制对象一般是可控风险，包括多数运营风险，如质量、安全和环境风险，以及法律风险中的合规性风险。

案例分析

苏宁易购是大型商业零售企业之一，依托线上线下平台优势，率先在行业内推行O2O模式。在“互联网+”时代，苏宁易购存在数据缺失、信息泄露等安全风险。为保证信息安全，苏宁易购不断完善安全性风险控制措施。2013年苏宁信息系统平台投入使用，开发人员对平台的安全管理制度不断进行完善，不断健全安全信息保障体系；同时建立数据入侵防御系统，确保客户信息不被泄露，让客户安心的同时也有利于公司安全工作的开展。

五、风险管理的方法

风险管理的方法很多，既有定性分析方法，也有定量分析方法，这取决于不同风险识别技术和方法的特点。风险定性分析，往往带有较强的主观性，需要凭借分析者的经验和直觉，或者是以行业标准和惯例为风险各要素的大小或高低程度定性分级，虽然看起来比较容易，但实际上要求分析者具备较丰富的经验和较强的能力，否则会因操作者经验和直觉的偏差而使分析结果失准。风险定量分析是对构成风险的各个要素和潜在损失的水平赋予数值或货币金额，当度量风险的所有要素都被赋值，风险分析和评估过程及结果就得以量化。定量分析比较客观，但对数据的要求较高，同时还需借助数学工具和计算机程序，其操作难度较大。

风险管理的方法及技术主要有头脑风暴法、德尔菲法、失效模式、影响和危害度分析法、流程图分析法、马尔科夫分析法、风险评估系图法、情景分析法、敏感性分析法。这些技术与方法适用于风险辨识、分析及评价等风险评估各阶段。

（一）头脑风暴法

头脑风暴法是通过小型会议的组织形式，诱发集体智慧，相互启发灵感，最终产生创造性思维的一种风险管理技术与方法，适用于在风险识别阶段充分发挥专家意见，对风险进行定性分析。

1. 主要优点

（1）激发了专家想象力，有助于发现新的风险和全新的解决方案；

（2）主要的利益相关者参与其中，有助于进行全面沟通；

（3）速度较快并易于开展。

2. 主要局限

（1）参与者可能缺乏必要的技术或知识，无法提出有效的建议；

（2）头脑风暴法的实施过程和参与者提出的意见容易分散，较难保证全面性；

（3）集体讨论时可能出现特殊情况，导致某些有重要观点的人保持沉默而其他人成为讨论的主角；

（4）实施成本和对参与者的素质要求较高。

拓展阅读

头脑风暴法是由美国BBDO广告公司的奥斯本首创，该方法主要由价值工程工作小组人员在正常融洽和不受任何限制的气氛中以会议形式进行讨论、座谈，打破常规，积极思考，畅所欲言，充分发表看法。

盖莫里公司是法国一家拥有300人的中小型私人企业，该企业生产的电器有许多厂家和它竞争市场。该企业的销售负责人参加了一个关于发挥员工创造力的会议后大有启发，开始在自己公司谋划成立了一个创造小组。

在冲破了来自公司内部的层层阻挠后，他把整个小组（约10人）安排到了一家小旅馆里，在之后的三天中，每人都采取了一些措施，以避免外部的电话或其他干扰。

第一天全部用来训练，通过各种训练，组内人员开始相互认识，他们相互之间的关系逐渐融洽，开始还有人感到惊讶，但很快他们都进入了角色。

第二天，他们开始创造力训练，开始涉及智力激励法以及其他方法。他们要解决的问题有两个，在解决了第一个问题——发明一种拥有其他产品没有的新功能电器后，他们开始解决第二个问题——为此新产品命名。

解决第一、第二两个问题都用到了智力激励法。在为新产品命名这一问题的解决过程中，经过两个多小时的热烈讨论后，共为它取了300多名字，主管则暂时将这些名字保存起来。

第三天一开始，主管便让大家根据记忆，默写出昨天大家提出的名字。在300多个名字中，大家记住20多个。然后主管又在这20多个名字中筛选出了三个大家认为比较可行的名字。再就这些名字征求顾客意见，最终确定了一个。

结果，新产品一上市，便因为其新颖的功能和朗朗上口、让人回味的名字，受到了顾客热烈的欢迎，迅速占领了大部分市场，在竞争中击败了对手。

从上例可见，所谓头脑风暴法，实际上是一种智力激励法。这种方法的英文原意是“brainstorming”，直译为“精神病人的胡言乱语”，奥斯本借用这个词来形容会议的特点是让与会者敞开思想，使各种设想在相互碰撞中激起脑海的创造性“风暴”。

（二）德尔菲法

德尔菲法又称专家意见法，德尔菲法采用匿名发表意见的方式，即专家之间不得互相讨论，不发生横向联系，只能与调查人员发生关系，通过多轮调查了解专家对问卷所提问题的看法，反复征询、归纳、修改，最后汇总成专家基本一致的看法。该方法适用于在风险识别阶段专家取得一致性意见基础上，对风险进行定性分析。

1.主要优点

（1）因为是匿名的，所以专家更有可能表达出那些不受欢迎的观点；

（2）所有观点都有相同的权重，避免重要人物的观点占据主导地位；

（3）专家不必聚集在某个地方，实施比较方便；

（4）专家最终形成的意见具有广泛的代表性。

2.主要局限

（1）权威人士的意见难免影响他人的意见；

（2）有些专家可能碍于情面，不愿意发表与其他人不同的意见；

（3）有的专家可能出于自尊心而不愿意修改自己原来的意见；

（4）过程比较复杂，花费时间较长，这是德尔菲法的主要缺点。

拓展阅读

科学有效的突发公共卫生危机应急治理指标是涵盖公共卫生危机预警、应急响应、事后复工复学综合分析的指标体系，是决策者作出科学应急决策的前提。于翠萍教授运用德尔菲法设计突发公共卫生危机多主体应急治理指标。首先选取专家共36名。为确保指标体系的科学性，选择专家标准：一是工作单位覆盖面广，主要包括政府相关部门、大型企业有关部门、卫生行政部门、高等医学院校、三甲医院、疾病预防控制中心、媒体；二是工作年限要求高，所选专家在公共卫生领域或参与公共卫生危机事件处理且具有10年以上工作经验；三是学历为硕士以上，职称为副高级以上。然后采用德尔菲法，选取36名专家匿名对突发公共卫生危机响应过程指标设计作出评价。按照专家对突发公共卫生危机的熟悉程度分为“不熟悉、稍熟悉、一般熟悉、比较熟悉和很熟悉”分别对应赋值0.2、0.4、0.6、0.8和1。专家判断依据来源：个人直觉、工作经验积累、文献资料、理性分析，影响程度按照“强、中、弱”赋值。通过问卷调查，专家对突发公共卫生危机防控响应都比较熟悉，其中88.6%的专家判断来源于实践经验，71.2%的专家判断来源于理论分析。经过36名专家的分析和判断，得出突发公共卫生危机多元主体治理指标体系，如表8–2所示。

表8-2　　突发公共卫生危机多元主体治理指标体系初稿

一级指标	二级指标	三级指标
基础指标	经济指标	地方财政总收入
		地方人均平均收入
事前预警阶段	预防能力	应急预案完善程度
		应急培训专业程度
		应急意识敏感程度
		组织结构合理程度
		应急队伍专业程度
		应急制度完备程度
		应急储备完善程度
事中控制阶段	资源响应	应急物资保障程度
		应急交通保障情况
		技术资源跟进情况
	政府响应	风险管理能力
		指挥协调能力
		防控监管能力
		信息共享程度
	医疗响应	医疗救治能力
		消毒隔离
		保护措施适当程度
		疾病排查程度
	社会响应	公众风险意识
		企业、社会组织及公众参与度
		企业、社会组织及公众募集情况
	媒体响应	对事件跟踪报道程度
		防治信息沟通程度
事后恢复阶段	防治情况	患者恢复状况
		日常防范情况
	生产生活状况	政策指导状况
		企业复工复产状况

（三）失效模式影响和危害度分析法

失效模式影响和危害度分析法是从引起系统整体故障、零部件所发生的故障和系统之间存在一定的因果关系出发，通过对系统各部件的每一种可能潜在的故障模式进行逐一分析，找出所有潜在的失效模式，并分析其可能的后果，从而预先采取必要的措施，以提高系统可靠性的一种活动。失效模式影响和危害度分析法是“事前的预防措施”，适用于对失效模式、影响及危害进行定性或定量分析。

1. 主要优点

（1）适用广泛；

（2）识别组件失效模式及其原因和对系统的影响，同时用可读性较强的形式表达出来；

（3）能够在设计初期发现问题，节省无谓的设备改造开支；

（4）识别单个失效模式以适合系统安全的需要。

2. 主要局限

（1）只能识别单个失效模式，无法同时识别多个失效模式；

（2）一般耗时较长且开支较大。

（四）流程图分析法

流程图分析法是对流程的每一阶段、每一环节逐一进行调查分析，从中发现潜在风险，找出导致风险发生的因素，分析风险产生后可能造成的损失以及对整个组织可能造成的不利影响。

流程图是指使用一些标准符号代表某些类型的动作，直观地描述一个工作过程的具体步骤。流程图分析法将一项特定的生产或经营活动按步骤或阶段顺序以若干个模块形式组成一个流程图系列，在每个模块中都标示出各种潜在的风险因素或风险事件，从而给决策者一个清晰的总体印象。

在企业风险识别过程中，运用流程图绘制企业的经营管理业务流程，可以将与企业各种活动有影响的关键点清晰地表现出来，结合企业中这些关键点的实际情况和相关历史资料，就能够明确企业的风险状况。

流程图分析法适用于对企业生产或经营中的风险及其成因进行定性分析。优点清晰明了，易于操作，且组织规模越大，流程越复杂，流程图分析法就越能体现出优越性。局限性是绘制流程图必须具有较高的专业素质，因此该方法的使用效果依赖于专业人员的水平。

案例分析

网上购物日益成为我们生活中的一部分，购买商品自然会面对退款退货的问题，一般情况下主动退货流程图如图8–2所示。在这个流程图中，可能存在的风险有：①顾客信任风险；②商品质量问题，产品本身的质量风险；③客户的信誉度风险；④物流中存在的不可抗因素的风险（自然灾害）等。

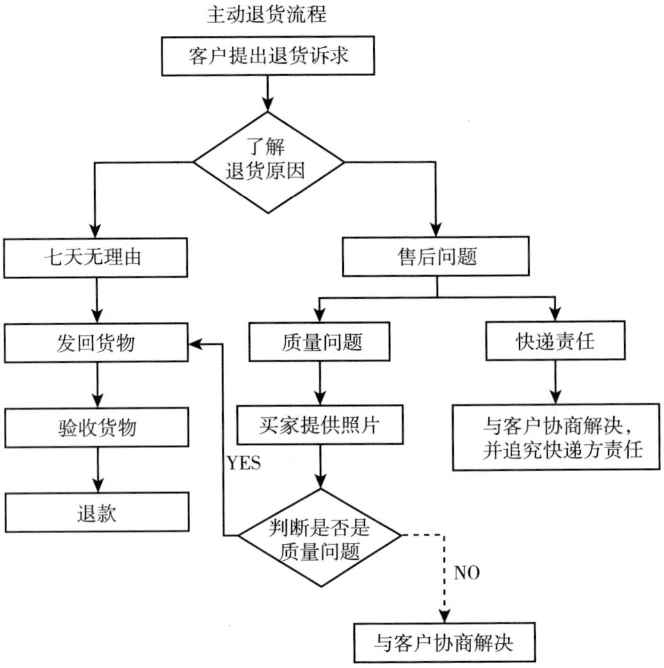

图8–2 退货流程图

（五）马尔科夫分析法

如果系统未来的状况仅取决于其现在的状况，那么就可以使用马尔科夫分析法。这种分析通常用于对那些存在多种状态（包括各种降级使用状态）的可维修复杂系统进行分析。马尔科夫分析法是一项定量技术，可以是不连续的（利用状态间变化的概率）或者连续的（利用各状态的变化率）。虽然马尔科夫分析法可以手动进行，但是该技术的性质使其更适合于计算机程序。马尔科夫分析方法主要围绕“状态”这个概念展开。随机转移概率矩阵可用来描述状态间的转移，以便计算各种输出结果。

1. **主要优点**

能够计算出具有维修能力和多重降级状态的系统的概率。

2. **主要局限**

（1）需假设状态变化的概率是固定的；

（2）所有事项在统计上都具有独立性，因此未来的状态独立于一切过去的状态；

（3）需要了解状态变化的各种概率；

（4）有关矩阵运算的知识比较复杂，非专业人士很难看懂。

拓展阅读

马尔科夫分析法通常用于对那些存在多种状态（包括各种降级使用状态）的可维修复杂系统进行分析。该方法主要围绕“状态”这个概念展开，而随机转移概率矩阵可用来描述状态间的转移，以计算各种输出结果。例如，“森英化工”每年都对设备进行检修。森英化工运用马尔科夫分析法在对设备故障风险进行分析时，先将设备运行情况划分为几种情景状态，然后用随机转移矩阵描述这几种状态之间的转移，最后用计算机程序计算出每种状态发生的概率。

（六）风险评估系图法

风险评估系图法也称风险矩阵图，是指按照风险发生的可能性和风险发生后果的严重程度，将风险绘制在矩阵图中，展示风险及其重要性等级的风险管理方法。该方法适用于对风险进行初步的定性分析。

1. 主要优点

风险评估系图法作为一种简单的定性方法，直观明了。

2. 主要局限

如需要进一步探求风险原因，则显得过于简单，缺乏有效的经验证明和数据支持。

拓展阅读

如图8–3所示，根据企业实际绘制风险评估系图。与影响较小且发生可能性较低的风险（点2）相比，具有重大影响且发生的可能性较高的风险（点1）更加需要关注，绘制风险评估系图后再分析每种风险的重大程度及影响。

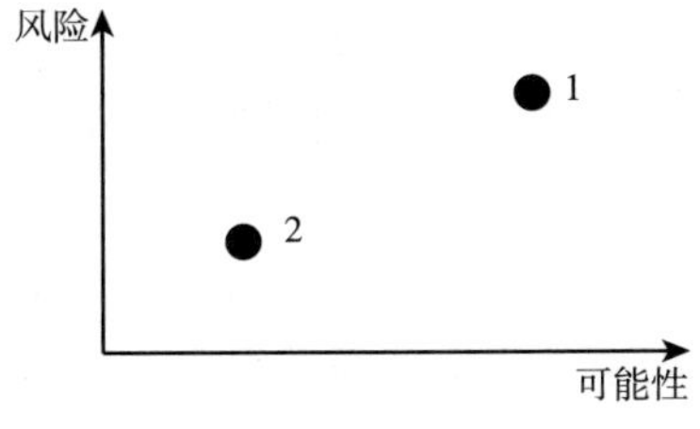

图8–3 风险评估系图

（七）情景分析法

情景分析法又称前景描述法，是假定某种现象或某种趋势将持续到未来的前提下，对预测对象可能出现的情况或引起的后果作出预测的方法。通常用来对预测对象的未来发展作出种种设想或预计，是一种直观的预测方法。该方法适用于对企业面临的风险进行定量和定性分析。

1. 主要优点

对于未来变化不大的情况能够给出比较精确的模拟结果。

2. 主要局限

（1）在存在较大不确定性的情况下，有些情景可能不够现实；

（2）在运用情景分析时，主要的难点涉及数据的有效性以及分析师和决策者开发现实情境的能力，这些难点对结果的分析具有修正作用；

（3）如果将情景分析作为一种决策工具，其危险在于所用情景可能缺乏充分的基础，数据可能具有随机性，同时可能无法发现那些不切实际的结果。

案例分析

面对未来国内外经济形势不确定因素增加的局面，鑫华基金公司利用情景分析法按照较好、一般、较差三种假设条件，对公司未来可能遇到的不确定因素及其对公司收入和利润的影响作出定性和定量分析。情景分析法在识别和分析那些反映诸如最佳情景、最差情景及期望情景的多种情景时，可用来识别在特定环境下可能发生的事件及其后果，以及每种情景出现的可能性。

（八）敏感性分析法

敏感性分析法是指从众多不确定性因素中找出对项目经济效益指标有重要影响的敏感性因素，并分析、测算其对项目经济效益指标的影响程度和敏感性程度，进而判断项目承受风险能力的一种不确定性分析方法。敏感性分析可以寻找出影响最大、最敏感的主要变量因素，进一步分析、预测或估算其影响程度，找出产生不确定性的根源，采取相应有效措施；通过计算主要变量因素的变化引出项目评价指标变动的范围，使决策者全面了解项目方案可能出现的效益变动情况，以减少和避免不利因素的影响；通过可能出现的最有利与最不利的效益变动范围的分析，为决策者预测可能出现的风险程度，并为原方案采取某些控制措施或寻找可替代方案，为最后确定可行方案提供可靠的决策依据。敏感性分析最常用的显示方式是龙卷风图。龙卷风图有助于比较具有较高不确定性的变量与相对稳定的变量之间的相对重要程度，它因其显示形式像龙卷风一样而得名。该方法适用于对不确定性因素对项目经济效益的指标产生的影响进行定量分析。

1. 主要优点

（1）为决策提供有价值的参考信息；

（2）可以清晰地为风险分析指明方向；

（3）可以帮助企业制定紧急预案。

2. 主要局限

（1）分析所需要的数据经常缺乏，无法提供可靠的参数变化；

（2）分析时借助公式计算，没有考虑各种不确定因素在未来发生变动的概率，无法给出各参数的变化情况，因此其分析结果可能和实际相反。

案例分析

通达路桥公司拟在某省兴建一座大桥。这项工程将面临诸多不确定因素，如工程总投资、银行贷款、过桥费收入等。公司为了预测这项工程所产生的效益并防范可能发生的风险，组织相关人员分析了上述每一个因素的变化对该项目内部收益率的影响。敏感性分析法是针对潜在的风险，研究项目的各种不确定因素变化至一定幅度时，计算其主要经济指标的变化率及敏感程度的一种方法。“这项工程将面临诸多不确定因素……相关人员分析了上述每一个因素的变化对该项目内部收益率的影响”表明通达路桥公司所采用的风险管理方法是敏感性分析法。

第二节 企业内部控制

项目需求

企业如何进行内部控制呢？

小李和小王共同建立一家咖啡公司，公司的宗旨是让老百姓喝上正宗的咖啡。但是经营多年后，小李发现公司存在账实不符情况（咖啡的库存量和账面数不符），于是小李和小王开始组织内部审查。那么该公司如何进行内部控制呢？制定什么样的控制制度才能规避风险呢？

项目分析

企业在经营时可能会遇到投资失败、汇率变动、财务造假、偷税漏税等风险，内部控制是有效控制其风险的重要手段，依据规章制度规范各项工作，对其内部进行组织、制约、考核等，从而实现企业经营管理目标。企业常见的内部控制手段有经营风险转移、财务风险控制和税务风险控制。

一、内部控制

企业在不同的阶段，存在不同的风险，然而企业会根据具体的情况进行评估，并采用不同的方法来解决企业所面对的风险。内部控制则是我们常用的控制风险的手段。内部控制又与风险管理不同，风险管理的目的是要及时地发现风险、预测风险以及防止风险可能造成的不良影响，并设法把这种不良影响控制在最低的程度上；而内部控制是企业内部采取的风险管理流程规范，仅仅是管理的一项职能，只是对目标的制定过程进行评价，主要是通过事后和过程的控制来实现其自身的目标。内部控制是在内部环境下，根据国家有关法律法规和企业章程，建立的公司治理结构和议事规则。风险管理是以应有的风险意识开展企业管理的各项工作，内部控制是开展各项工作应遵循的操作规范。

（一）什么是内部控制

内部控制是为实现经营管理目标、组织内部经营活动而建立的各职能部门之间对业务活动进行组织、制约、考核和调节的方法、程序和措施。依据内部控制制度运行的有效性程度不同，内部控制的目标可划分为：企业战略；经营的效率和效果；财务会计报告及管理信息的真实可靠；资产的完全完整；遵循国家法律法规和有关监管要求。

内部控制虽然是一个过程，它的效果却表现为在某一时点上这一过程的状态。企业建立与实施有效的内部控制，应当具备五个相互联系的要素，它们源自管理层的经营方式，并与管理层紧密相连。

（1）内部环境。内部环境是企业实施内部控制的基础，一般包括治理结构、机构设置及权责分配、内部审计、人力资源政策、企业文化等。

（2）风险评估。风险评估是企业及时识别、系统分析经营活动中与实现内部控制目标相关的风险，合理确定风险应对策略。

（3）控制活动。控制活动是企业根据风险评估结果，采用相应的控制措施，将风险控制在可承受度之内。

（4）信息与沟通。信息与沟通是企业及时、准确地收集、传递与内部控制相关的信息，确保信息在企业内部、外部之间进行有效沟通。

（5）内部监督。内部监督是企业对内部控制建立与实施情况进行监督检查，评价内部控制的有效性，发现内部控制缺陷，对内部控制制度及时加以改进。

（二）内部控制的原则

1.全面性原则

内部控制是一个复杂的系统，涉及企业各个层级，贯穿于决策、执行和监督全过程，覆盖企业及其所属单位的各种业务和事项，包括一系列正式规则、非正式规则和实施机制，由企业员工共同实施。

2.重要性原则

内部控制应当在全面控制的基础上，关注重要业务事项和高风险领域。将内部控制与其他监控进行比较，可以看出内部控制较为复杂，包括多种影响因素、结构组成等。当企业应用内部控制模式时，在全面控制的基础上，可将不同领域的各项事务和不同的风险性因素都考虑在内，然后根据具体的情况选定相关的参数和流程，再进一步识别出流程中的控制关键。这样既能保证内部控制体系的简洁性，也能更加清晰地抓住控制重点。

3.制衡性原则

内部控制应当在治理结构、机构设置、权责分配、业务流程等方面形成相互制约、相互监督，同时兼顾运营效率。

4.适应性原则

构建内部控制体系是为了解决企业实际存在的问题。一个内部控制体系如果不具有可操作性和实际使用价值，哪怕设计得再完美、再严密，都只是一个“花架子”“空架子”，不能给企业带来任何效益，反而会徒增成本，损害效率。一味地照搬国外经验，不立足国情，不符合企业实际，都是行不通的。所以，企业内部控制的建设必须与企业所处的经济环境以及企业自身的经营方式、经营范围、经营规模、经营状态及风险水平等情况相适应，并随着环境及自身情况的变化及时加以调整。

5.成本效益原则

内部控制由于自身的局限性，对防控风险目标的实现只能提供合理保证。如果一心只想建设一个全面严密的内部控制体系，而不顾建设和运行成本的多少，必然会使成本大大超过由此带来的效益，反而得不偿失。所以，在构建企业内部控制时必须权衡实施成本和预期效益，实现控制目标和控制效果的和谐统一。当然，企业也不能因为要节约成本而不建立或者不健全内部控制体系，由于时间价值因素的影响，实施内部控制的效益有可能在短时期内不能表现出来，所以，不能简单地把内部控制的成本效益局限在当期损益，且相应的风险损失并非是单纯的财务指标可以测度衡量的。

（三）建立内部控制制度的注意事项

企业内部控制是现代企业管理的重要手段。内部控制有效与否，直接关系到一个企业的兴衰成败。企业实行有效的内部控制制度，有助于促进企业拓展生产，提高经济效益。建立内部控制制度需要注意以下几点：

1.健全管理法律法规和公司制度

企业管理内部控制，在很大程度上取决于规章制度的监管，而监管力度的大小与国家颁布的相关法律法规和公司制定的制度有关。所以，国家法律在各行业财务管理中需明确各项权利和职责，对违法行为进行严格惩罚，同时，不断完善各项规章制度，加快各项管理的有效实施；企业管理者需要明确各岗位的工作职责和要求，保证工作和管理的顺利实施。

2.组织机构控制

组织机构的控制包括组织机构的设置、分工的科学性、部门岗位责任制、人员素质的控制。在设置内部机构时，企业管理者既要考虑工作的需要，也应兼顾内部控制的需要，使机构设置既精练又合理。因此，对企业内部组织结构和职责分工要有整体规划。

3.预算控制

预算控制是内部控制的重要组成部分，其内容可以涵盖企业经营活动的全过程，包括筹资、采购、生产、销售、投资等方面。所以企业管理者进行预算控制，是为达到企业既定目标而编制的经营、资本、财务等的年度收支总体计划。

4.风险防范控制

在市场经济中，企业不可避免地会遇到各种风险，因此为防范规避风险，企业管理者应建立风险评估机制。企业常有的风险评估内容有筹资风险评估、投资风险评估、信用风险评估。

5.财产保全控制

企业的各种财产物资只有经过授权，才可以被接触或处理，以保证资产的安全。主要内容有：①限制接近资产。只有经过企业管理者授权批准的人员才能够接触现金、其他易变现资产、存货资产等。②定期盘点实物。企业管理者建立对资产定期盘点制度，对盘点中出现的差异应进行调查，对盘亏资产应分析原因、查明责任。③财产保险。企业管理者通过对资产投保增加实物受损后的补偿机会，从而保护实物的安全。

拓展阅读

COSO是美国反虚假财务报告委员会下属的发起人委员会（The Committee of Sponsoring Organizations of the Treadway Commission）的英文缩写。1985年，美国管理会计师协会、美国注册会计师协会、美国会计协会、财务经理人协会、内部审计师协会联合创建了反虚假财务报告委员会，旨在探讨财务报告中的舞弊产生的原因，并寻找解决之道。两年后，基于该委员会的建议，其赞助机构成立COSO委员会，专门研究内部控制问题。1992年9月，COSO委员会发布《内部控制整合框架》，简称“COSO报告”，1994年对其进行了增补。COSO委员会从2001年起开始根据风险组合的观点，从贯穿整个企业的角度对风险进行研究，在2003年7月完成了《企业风险管理框架》（草案）并公开向业界征求意见。2004年4月美国COSO委员会在《内部控制整体框架》的基础上，结合《萨班斯—奥克斯法案》（Sarbanes-Oxley Act）在报告方面的要求，同时吸收各方面风险管理研究成果，颁布了《企业风险管理框架》（Enterprise Risk Management Framework），旨在为各国的企业风险管理提供一个统一术语与概念体系的全面的应用指南。

二、经营风险转移

经营风险是由于生产经营变动或市场环境改变导致企业未来的经营性现金流量发生变化，从而影响企业的市场价值的可能性。企业价值的变化程度取决于变动因素对企业未来销售量、价格和成本的影响程度。

注册会计师审计准则方面的规定：经营风险源于对被审计单位实现目标和战略产生不利影响的重大情况、事项、环境和行动，或源于不恰当的目标和战略。

（一）经营风险的基本分类

按照形成的原因与结果进行分类，经营风险可以分为纯粹风险与投机风险、静态风险与动态风险。

1. 纯粹风险与投机风险

这两种风险的区别是风险所致的结果不同。纯粹风险所致的结果只有两种：一是遭损，二是无损。例如，企业经营中的运输风险、财产风险、职工安全风险等都属于纯粹风险。投机风险所致的结果有盈利、保本或亏损三种。例如，证券投资风险、外汇交易风险、营销风险等属于投机风险。

2.静态风险与动态风险

这两种风险的区别在于风险形成的原因不同。静态风险是由于自然力量或人们的错误行为所造成的，如地震、海难事件等。动态风险则是由于经济或社会结构的变动所致，如汇率变动、税制改革、能源危机等。

（二）经营风险形成的原因

一般来说，企业的经营风险主要来源于内部原因和外部原因，内部原因包括企业风险意识薄弱、内控制度不健全以及管理水平低下，外部原因则涉及国家宏观政策及市场方面的影响，下面将对这些问题予以详细的分析。

1.内部原因

从企业内部角度考虑，首先，部分企业管理者对经营风险的认识浅薄，仅仅凭借个人经验主义行事，这就造成了企业管理者往往不能在市场环境发生变化时及时作出反应，无形中增加了企业的经营风险。再加上企业受到利益驱使，一味追求经济利益而忽视了经营风险，建立的风险管理体系不完善，无法发挥出对企业经营风险的控制作用，企业因而蒙受了巨大损失。其次，企业制定的内部控制制度缺乏完整性，难以指导企业工作的开展，对员工的约束力不足，导致员工违规行为屡屡发生却得不到应有的惩戒。员工的工作态度松散，过于随意，企业经营风险也会随之上升。最后，对于我国企业来说，重效益、轻管理是一种常态，企业的管理水平低、管理人员的素质不高，这些都会制约企业的风险管理效果，使得企业频频遭遇风险。

2.外部原因

从国家政策的角度出发，国家为了保证市场经济的健康发展通常会出台一系列的调控政策，而这些政策的实施必然会改变企业所处的外部环境，导致企业面临的经营风险陡然上升。从市场的角度出发，激烈的市场竞争对于经济的发展起到了一定的推动作用，同时也限制了企业的发展步伐，加大了企业的经营风险。最为普遍的就是材料价格的波动所造成的企业生产成本的升高，那么企业获得的利润就会大幅度缩水。

（三）企业经营风险的控制对策

1.加大市场开发力度

要想保证企业能够在市场竞争中占据优势地位，就要加大市场调研力度，积极回，直至成为坏账。资产长期被债务人无偿占用，严重影响企业资产的流动性及安全性。

在利润分配环节，按照有关法律规定，公司可以自主安排盈利中有多少用于给股东发放股利，有多少用于保留盈余作为公司进一步发展的资本，这就形成了公司股利分配政策。股利分派水平过低，股东的近期利益得不到满足；而股利分派水平过高，虽然满足了股东近期的愿望，但不利于企业长期发展。

因此，即使财务风险不能完全消除，我们也需要加强财务风险控制，减少企业的损失。

1. 内部控制

从企业内部控制的角度，财务风险控制可以从以下几个方面展开。

（1）全面预算。全面预算是指企业以发展战略为导向，在对未来经营环境预测的基础上，确定预算期内经营管理目标，逐层分解、下达到企业内部各个经济单位，并以价值形式反映企业生产经营和财务活动的计划安排。

依据《企业内部控制应用指引第15号——全面预算》，企业实行全面预算管理，至少应当关注下列风险：①不编制预算或预算不健全，可能导致企业经营缺乏约束或盲目经营。②预算目标不合理、编制不科学，可能导致企业资源浪费或发展战略难以实现。③预算缺乏刚性、执行不力、考核不严，可能导致预算管理流于形式。

案例分析

上海锦江酒店的全面预算

企业进行预算管理大多是从传统的Excel手工预算开始的。但随着企业规模的不断扩张，全面预算日益成为增强企业管控能力的重要工具，Excel显然无法满足这一需求。2007年上海锦江国际酒店集团开始启动全面预算管理系统建设。如今，全面预算管理系统的实施，在锦江酒店中发挥了巨大的作用——支持了锦江酒店的经济型酒店高速扩张中的资源配置，将集团管控方向聚焦在成本管控；实现了集团财务会计报告平台和责任会计报告平台的一体化应用；实现了预算管理与核算系统自动化集成，及时跟踪分析预算的执行情况；规范和固化了预算编制和分析的规则和流程，并兼容了责任主体在预算管理中的差异；实现了预算编制、滚动预测、调整和执行动态分析的整体应用；借助IT技术得以实现可控制的战略扩张，降低了战略执行过程的风险。

（2）资金活动。资金活动，是指企业筹资、投资和资金营运等活动的总称。依据《企业内部控制应用指引第6号——资金运动》，企业资金活动至少应当关注下列风险：①筹资决策不当，引发资本结构不合理或无效融资，可能导致企业筹资成本过高或债务危机。②投资决策失误，引发盲目扩张或丧失发展机遇，可能导致资金链断裂或资金使用效益低下。③资金调度不合理、营运不畅，可能导致企业陷入财务困境或资金冗余。④资金活动管控不严，可能导致资金被挪用、侵占、抽逃或遭受欺诈。

案例分析

杰克公司具有较强的新产品开发能力，主要生产5大系列28个品种120多种规格的电动机。公司具有完整的质量保证体系，2002年通过ISO9000系列质量管理体系认证。

随着公司的发展壮大，在经营过程中出现了一些问题，已经影响到公司的发展。该公司出纳员李敏在其工作的一年半期间，先后利用22张现金支票编造各种理由提取现金98.96万元，均未记入现金日记账，构成贪污罪。

其具体手段如下：

（1）隐匿3笔结汇收入和7笔会计开好的收汇转账单（记账联），共计10笔销售收入98.96万元，将其提现的金额与其隐匿的收入相抵，使32笔收支业务均未在银行存款日记账和银行余额调节表中反映。

（2）由于公司财务印鉴和行政印鉴合并，统一由行政人员保管，李敏利用行政人员疏于监督开具现金支票。

（3）伪造银行对账单，将提现的整数金额改成带尾数的金额，并将提现的银行代码“11”改成托收的代码“88”。杰克公司在清理逾期未收汇时曾经发现有3笔结汇收入未在银行日记账和余额调节表中反映，但当时由于人手较少未能对此进行专项清查。

（3）财务报告。财务报告不等于财务报表。财务报表一般是指“三表”，而财务报告不仅指“三表”还包括“附注说明”或完整的财务分析等，是对一个公司的财务流程的具体展示的一个途径。

依据《企业内部控制应用指引第14号——财务报告》，企业编制、对外提供和分析利用报告，至少应当关注下列风险：①编制报告违反会计法律法规和国家统一的会计准则制度，可能导致企业承担法律责任和声誉受损。②提供虚假报告，误导报告使用者，造成决策失误，干扰市场秩序。③不能有效利用报告，难以及时发现企业经营管理中存在的问题，可能导致企业和经营风险失控。

全面预算制度是协调的工具、控制的标准、考核的依据，是推行控股公司内部管理规范化和科学化的基础，也是促进公司各级经营管理人员自我约束、自我发展能力培养的有效机制。由于预算涉及企业现金收支的各个方面和各个环节，所以它对风险可以产生一种系统性的控制。在全面预算的基础上，准确编制现金流量预算，这是企业加强财务管理，有效防范财务风险工作中特别重要的一环。

2. 内部审计

内部审计是一种独立、客观的确认和咨询活动，它通过运用系统、规范的方法，审查和评价组织的业务活动、内部控制和风险管理的适当性和有效性，以促进组织完善治理、增加价值和实现目标。

内部审计是“外部审计”的对称。由部门、单位内部专职审计人员进行的审计，目的在于帮助部门、单位的管理人员实行最有效的管理。内部审计与外部审计相配合并互为补充，是现代审计的一大特色。健全的内部审计制度，可为外部审计提供可信赖的资料，减少外部审计的工作量。在中国，内部审计不仅是部门、单位内部经济管理的重要组成部分，而且作为国家审计的基础，被纳入审计监督体系。

案例分析

某公司在年末处理一批年内陆续从客户处退回的“三包”退货，这些货物分散存放在公司外地客户处的中转库里。虽然退货已经过公司质检处的检验，但由于考虑到年终绩效考核问题，公司管理层没人对该批退货是否应该核销当年销售收入作出处理决定。公司的外部审计师在审核公司年度报表并对销售收入进行符合性测试时，没有条件对该公司众多的外部中转库存货情况进行全面盘点，因此无法及时发现该公司的这批退货。最后还是公司的内部审计师在检查质量部工作报告时发现了线索，并最后追踪到了这批外库退货，及时向该公司管理层提出了核销销售收入和调整存货的意见。本案说明，内部审计由于工作范围广、时间长，所以有机会发现更多的管理问题。

（三）控制财务风险的关注点

在财务风险控制时还需要考虑财务结构、资产管理，多种财务风险策略和风险意识的树立，具体如下：

1. 适度负债，合理安排资本结构，确保财务结构平衡

（1）正确把握负债的量与度，企业的息税前利润率大于负债成本率是企业负债经营的先决条件。

（2）适度利用财务杠杆作用，合理控制财务杠杆的副作用。

（3）合理安排资本结构，实现资金成本最低化。企业必须权衡财务风险和资金成本的关系，确定最优的资本结构。

2. 加强资产管理，提高资产营运能力

加强资产管理，提高资产营运能力，增强盈利水平是防范财务风险的保证与标志。企业资产对负债能力有两方面的影响：

（1）短期影响，即企业资产的变现能力对偿债能力的影响。企业资产的变现能力，尤其是流动资产的变现能力，直接影响可用现金流量的多少，决定企业负债能力的高低。

（2）长期影响，即企业资产营利能力对负债能力的影响，企业资产的营利能力直接影响到企业整体盈利水平，而保持高盈利水平往往是企业负债能力高、财务风险相对低的有效保证和标志。因此，加强企业资产管理，提高资产营运能力对一个企业负债能力来讲极其重要。

3.运用多种财务策略，尽可能减少风险损失

在对风险的预测和分析的基础上，坚持尽可能减少和降低风险费用损失的原则，针对不同的情况采取相应的措施。

（1）风险接受策略。企业可以依据稳健原则建立起“坏账准备金”制度，可以依据需要设立专项储备或提取风险基金。为应对市场变化，企业还应有一定数量的保险库存。

（2）风险回避策略。对于超过企业承受能力的风险和风险较明显且影响因素很难控制的生产经营项目，企业的决策者应根据自身的经营特点和财力，正确权衡收益和风险的得失，或采取回避政策，或制定出正确的判断标准，求得风险取舍的最佳选择。

（3）风险分散策略。多元化经营是现代企业分散风险的重要方法。其理论依据在于，不同行业或产品的利润率、更新换代周期是独立的、不完全相关的，所以经营多种产业、多种产品在时间、空间和损益上是相互补充和抵消的。一般财力雄厚、技术和管理水平较高的大型企业更愿意采用这种方法。

4.树立风险意识，构建起健全、有效的财务风险控制机制

树立风险意识，正确承认风险，是建立有效的风险防范机制、应对风险的前提。构建完善的财务控制机制是降低财务风险的关键所在。

（1）建立起财务风险的全过程控制机制，即采取事前、事中、事后的控制，使从决策、实施到评价得到有效全面的监控。

（2）建立和完善财务风险预警机制。建立财务预警系统，对企业的资本营运过程进行跟踪、监督，对财务报表和财务指标进行分析，一旦发现某种异常征兆就着手应变，以避免或减少风险损失。

（3）实行全员风险管理，健全风险控制的动力机制。实行全员风险管理，将风险机制引入企业内部，使管理者、员工、企业共同承担风险责任，做到责、权、利三位一体，对每项存在风险的财务活动实行责任制。

案例分析

安然公司为什么会破产？

安然公司曾是一家位于美国的得克萨斯州休斯敦市的能源类公司。安然欧洲分公司于2001年11月30日申请破产，美国本部于两日后同样申请破产保护。安然曾经是叱咤风云的“能源帝国”，1985年由两家天然气公司合并而成，在短短16年内一路飞腾，2000年总收入高达1 000亿美元，名列《财富》杂志“美国500强”中的第7位。

2001年10月16日，安然发表2001年第二季度财报（是第三季财务报表），宣布公司亏损总计达到6.18亿美元，即每股亏损1.11美元。同时首次透露因首席财务官安德鲁·法斯托与合伙公司经营不当，公司股东资产缩水12亿美元。2001年11月8日，安然被迫承认做了假账，虚报数字让人瞠目结舌：自1997年以来，安然虚报盈利共计近6亿美元。2001年11月9日，迪诺基公司宣布准备用80亿美元收购安然，并承担130亿美元的债务。当天午盘安然股价下挫0.16美元。2002年12月2日，安然公司正式向破产法院申请破产保护，破产清单所列资产达498亿美元，成为当时美国历史上最大的破产企业。

（1）财务作假，虚增利润。财务舞弊被曝光是安然倒闭的直接原因，安然公司通过财务舞弊虚增利润，使得投资者丧失了对公司的信心，直接导致安然公司股票价值的暴跌。安然财务舞弊的方式是：利用资本重组，形成庞大而复杂的企业组织，通过错综复杂的关联交易虚构利润，利用财务制度上的漏洞隐藏债务。

（2）大量应用高风险的金融工具，但缺失有效的风险防范和披露制度。安然手中握有为数众多的交易契约，但由于缺乏充分透明的披露制度，这些商品合约除了安然交易人员外，连债权银行都搞不清楚这些合约到底有没有价值，或者值多少钱。安然成功时，人们对这些契约价值还并不存有疑问，但是一旦问题暴露，这些契约价值立刻受到投资者的怀疑，也加剧了安然公司倒闭的进程。

（3）过度举债谋求大发展。安然为了大发展而不顾后果四处举债。安然自己的资产负债表上只列了130亿美元，而其负债总额实际高达400亿美元：270亿美元（其中30亿美元银行借款，70亿美元公司债）债务一直不为外界所知；130亿美元属能源衍生性商品。其间还采用了种种复杂的举债工具。

四、税务风险控制

税务风险是指企业在遵从税法时的实际表现与应该达到的实际标准之间存在差

异进而导致损失的不确定性。税务风险主要包括两方面：一方面是企业的纳税行为不符合税收法律法规的规定，应纳税而未纳税、少纳税，从而面临补税、罚款、加收滞纳金、刑罚处罚以及声誉损害等风险；另一方面是企业经营行为适用税法不准确，没有用好有关优惠政策，多缴纳了税款，承担了不必要的税收负担。

（一）税务风险产生的原因

1.外部环境的变化产生税务风险

企业外部税务风险因素主要有：经济形势和产业政策、适用的法律法规和监管要求、市场竞争和融资环境、税收法规或地方性法规的适用性与完整性、行业惯例、上级或股东的越权及违规行为等。具体来讲，经济环境、政策和法规环境、执法环境发生变化，以及社会意识、税务执法等都会造成一定的税务风险。

为保持经济持续发展，在相当长一段时间内，我国税收政策、法规等将会不断调整和更新，在对财务、税收知识进行理解、认知、掌握和运用的过程中，企业财务人员难免因为对新出台的政策理解出现偏差而给企业带来税务风险；不同税务执法机构和人员对同一企业的同一涉税行为的判断和裁定往往存在不同看法，尤其在我国正处于经济社会转型时期，税务机关在涉税事务中具有的自由裁量权，会给企业造成一定的税务风险可能性。

2.内部管理过程中存在税务风险

企业内部税务风险因素主要包括：经营者税务规划及其对税务风险的态度、企业经营理念与发展战略、经营模式或业务流程、部门间的权责划分与相互制衡、税务风险管理机制的设计与执行、企业信息的基础管理情况、财务状况和经营成果、对管理层的业绩考核、监督机制有效性等。当前，企业管理者涉税意识有待加强、财务工作者业务水平偏低、内部审计不健全、内部控制制度不完善，以及近年来税务代理服务的出现，都是企业在微观上所面临税务风险的主要因素。

企业经营过程中，管理者对经营状况了解有限以及对税务筹划理解扭曲，导致企业涉税行为出现偏差。财务人员具备过硬的专业知识和业务水平，是保证涉税资料真实、科学、合法的重要砝码，也是企业正确进行税务风险管理的基础。如果财务人员工作失误过多，企业便会遇到较大的税务风险。企业内审是否健全，关系到税务风险水平的高低，内部审计工作失效会增加企业税务风险，同时极易造成企业非蓄意的税收违规行为。内部控制制度不完善也会给企业带来深层次的涉税缺陷。税务代理机构鱼龙混杂，业务人员能力有限、素质偏低的现状，使得多数代理机构服务只局限于代理纳税申报、发票领购、小型业户的建账和记账等简单的事务性工作，对企业税收筹划和咨询等较为复杂的代理业务则较难开展。